FINNLAND
St. Petersburg
Helsinki
Oslo
Uppsala
Reval (Tallinn)
Nowgorod
Stockholm
Dagö
Estnische SSR
Peipussee
Wolga
Ösel
Moskau
SCHWEDEN
Letti
Göteborg
Gotland
Riga
Litauis
SSR
Kopenhagen
OSTSEE
Wilna
Königsberg
Minsk
Danzig
Weißrussische SSR
SOWJETUNION
Stettin
POLEN
Berlin
Bug
Warschau
DDR
Frankfurt
Kiew
Dnjepr
Leipzig
Elbe
Oder
Dresden
Breslau
Ukrainische SSR
Weichsel
Lwow/Lemberg
Krakau
Prag
Dnjestr
Bug
Pilsen
Ostrau
TSCHECHOSLOWAKEI
Tschernowitz
Cherson
Donau
Moldauische SSR
München
Wien
Odessa
Linz
ÖSTERREICH
Budapest
Klausenburg
Innsbruck
Graz
UNGARN
Drau
Arad
RUMÄNIEN
Maribor
Bled
Zagreb
Bukarest
Konstanza
Triest
Kroatien
(Agram)
Novi Sad
Save
Venedig
JUGOSLAWIEN
Belgrad
Donau
SCHWARZES MEER
Bologna
Travnik
Sarajevo
Zadar
Visegrad
Soko Banja
Burgas
BULGARIEN
Split
SAN MARINO
Mostar
Serbien
Sofia
Hrvar
Plowdiw
Dubrovnik
Istanbul
Shkodra
ADRIA
Ohrid
Bursa
Rom
Tirana
ITALIEN
Saloniki
ALBANIEN
Neapel
Brindisi
TÜRKEI
ÄGÄIS
Smyrna
(Izmir)
GRIECHENLAND
Athen
Sizilien

Z

MICHAEL MARTENS

IM BRAND DER WELTEN

IVO ANDRIĆ
EIN EUROPÄISCHES LEBEN

Paul Zsolnay Verlag

Gefördert aus Mitteln des „Stabilitätspakts Südosteuropa“
des Auswärtigen Amts.

1. Auflage 2019

ISBN 978-3-552-05960-3

Satz: Ivonne Stark, Wien
Autorenfoto: © Leonhard Hilzensauer / Paul Zsolnay Verlag
Umschlag: Anzinger und Rasp, München
Foto: © Alija Akšamija
Druck und Bindung: GGP Media GmbH, Pößneck
Printed in Germany

FSC
www.fsc.org
MIX
Papier aus verantwortungsvollen Quellen
FSC® C014496

INHALT

3
GENOSSE IVO

4
DIE BRÜCKE ÜBER DIE BRÜCKE

1

EUROPAS BRENNENDE BLUMEN

GÖTTER UND GEISTER

Das Wichtigste war, niemals unter einem Nussbaum einzuschlafen. In Bosnien hielten nämlich die Teufel Rat auf solchen Bäumen, und die Unglücklichen, die in ihrem Schatten in den Schlaf sanken, wachten als Besessene wieder auf. Gewiss, so etwas konnte Schlafenden auch unter anderen Bäumen widerfahren, „wen aber diese Krankheit unter einem Nussbaume befällt, der sucht vergebens Heilung. Es ist ihm nie und nimmermehr zu helfen", schrieb ein Reisender, der Ende des 19. Jahrhunderts Lieder und Brauchtum der bosnischen Bevölkerung sammelte. Einen Nussbaumschläfer konnten selbst die sephardischen Drogisten in Sarajevo nicht mehr heilen, obwohl ihr Mumienpulver sonst fast jedes Übel vertrieb, wie es in einem 1911 erschienenen Buch zur Geschichte der bosnischen Juden heißt: „Fast jeder Kranke ist von bösen Geistern besessen, es gilt also vor allem, die bösen Geister zu vertreiben. Dass die Mumie diese wunderbare Kraft hat, liegt auf der Hand, sie ist ja Fleisch und Knochen eines Toten." Das Mumienpulver wurde mit etwas Zucker vermischt und dem Besessenen verabreicht. Oder man gab ihnen Wasser, in dem einige Gramm Mumie aufgelöst waren, dazu Gebete und geweihtes Salz. Half selbst das nicht, gab es noch in Dattelmus gemischtes Opium.

Als die habsburgischen Truppen im Sommer 1878 in Bosnien-Hercegovina einmarschierten, wie es auf dem Berliner Kongress zwischen Europas Großmächten vereinbart worden war, lebten dort etwa 1,2 Millionen Menschen. Mehr als vier Jahrhunderte lang war Bosnien-Hercegovina eine Provinz des Osmanischen Reiches und der Islam die herrschende Religion gewesen, doch noch immer folgte eine Mehrheit der Bosnier dem Kreuz. Fast ein

Fünftel der Bevölkerung waren katholische Kroaten, an die 45 Prozent orthodoxe Serben. Die bosnischen Muslime stellten nicht ganz vierzig von hundert Bosniern. In der Hauptstadt Sarajevo lebten außerdem noch einige tausend sephardische Juden. Kreuz, Halbmond und Davidstern herrschten in Bosnien jedoch nie allein über Herz und Verstand der Bosnier. Sie mussten sich ihre Macht mit allerlei Geistern, Hexen, Kobolden, Wasserfeen und Waldschraten teilen. Diese Fabelwesen konnten unversehens in die Körper von Menschen fahren, zogen aber für gewöhnlich den Aufenthalt in Wäldern, Kirchtürmen, Minaretten und Windmühlen vor. Sie durchdrangen die offiziellen Konfessionen, überlagerten und grundierten sie. Mochten alle anderen Gräben noch so tief sein: Christen, Muslime und Juden in Bosnien waren geeint in einem gemeinsamen Aberglauben, „einem wahnwitzvollen Gemisch unverdauter östlicher und westlicher Angstbrauereien", behauptete 1885 der österreichische Ethnologe, Slawist und Sexualforscher Salomon Krauss. Ein Reisender aus jener Zeit hielt fest, die Bosnier glaubten „an Hexen, Poltergeister, Zauberer, Gespenster und Weissager so fest und hartnäckig, als ob sie alles dies in der Natur tausendmal gesehen hätten".

Sie glaubten an Geschichten wie die von der Vila, einer bösen Nixe, die dem Baumeister der Brücke über die Drina in Višegrad erschienen war und verlangte, dass er zwei Kinder in einen Brückenpfeiler einmauern lasse. Der Baumeister gehorchte, da er wusste, dass die Nixe andernfalls alles, was am Tage gebaut worden war, in der Nacht wieder zerstören würde. Man entriss einer Mutter ihre neugeborenen Zwillinge und mauerte sie in den Mittelpfeiler der Brücke ein. Aus Mitleid wurden aber zwei Öffnungen eingefasst, durch welche die Kinder gestillt werden konnten. Noch Jahrhunderte später soll aus diesen Öffnungen eine weißliche Flüssigkeit getropft und die Bevölkerung selbstverständlich davon überzeugt gewesen sein, dass es sich um die Milch jener unglücklichen Mutter handele. Die am Gemäuer getrocknete Flüssigkeit wurde abgeschabt und zu einem Heilpulver für Stillende verarbeitet. Die Legende von der bösen Nixe war freilich keine bosnische Spezialität. Sie taucht auf dem ganzen Balkan auf. Alles in solchen Balkan-Legenden sei von einem poetischen Aberglauben durchdrungen, schrieb Goethe: „Rückkehrende Tote spielen große Rollen; auch durch wunderliche Ahnungen, Weissagungen, Vogelbotschaften werden die wackersten Menschen verschüchtert."

Als nun an die 200 000 Soldaten des Habsburgerreiches in diese Heimat fremder Götter und Geister einmarschierten, sahen sie schon bald nach der Grenze seltsame Türme rank und weiß in die Höhe ragen wie riesige, zum Himmel weisende Finger. Zu diesen Himmelsfingern, Minarette genannt, gehörten Kuppelbauten, die Moscheen hießen und in denen zum Gott der Türken gebetet wurde. Er hieß Allah und war den aus allen habsburgischen Provinzen stammenden Soldaten des Kaisers ein wenig unheimlich. Unheimlich war aber auch den bosnischen Muslimen zumute, als sie nach Jahrhunderten der Türkenherrschaft die Armee eines christlichen Staates einmarschieren sahen. Es gab heftigen Widerstand gegen die Okkupation, der erst nach drei Monaten gebrochen wurde. Mehr als fünftausend habsburgische Soldaten fielen bei den Kämpfen. Wie viele bosnische Muslime ums Leben kamen, ist unbekannt.

Die gegenseitige Fremdheit blieb auch in Friedenzeiten. Bosnien, so der deutsche Historiker Holm Sundhaussen, sei der Öffentlichkeit der Donaumonarchie trotz der geographischen Nähe fast gänzlich unbekannt gewesen, „manche behaupten, unbekannter als das Innere von Afrika oder Asien. Unwissen und Neugierde, Faszination, Frustration und Misstrauen bestimmten die Wahrnehmung auf beiden Seiten." Die Bosnier waren aber auch einander fremd. Zwar sprachen sie dieselbe Sprache (und die Sephardim, zumindest zu Hause, auch Ladino oder „Judenspanisch"), aber sie schrieben, sofern sie schreiben konnten, in vier Schriften: Kyrillisch die Serben, Arabisch die Muslime, Lateinisch die Kroaten, Hebräisch die Juden. Einige bosnische Franziskanermönche beherrschten zwar auch eine Form des Kyrillischen, und jüdische oder muslimische Kaufleute wussten mit dem Lateinischen in der Regel etwas anzufangen, doch das änderte nichts an der Andersartigkeit ihrer Welten. Gebildete bosnische Muslime lasen arabische Bücher wie ihre Glaubensbrüder in Mekka oder Kairo, aber mit der geistigen Welt ihrer andersgläubigen Nachbarn hatten sie keine Berührung. Die Juden besaßen die berühmte Haggada von Sarajevo, eine Mitte des 14. Jahrhunderts im Königreich Aragonien entstandene Handschrift, die zu den wertvollsten Büchern des sephardischen Judentums zählt und auf nicht überlieferte Weise in die Stadt gelangt war. Doch nur für sie war dieses Unikat von Bedeutung. Bosniens Franziskanermönche lasen lateinische Schriften, die aus Rom und anderen Städten des Okzidents in ihre Klöster geschmuggelt wurden. Der orthodoxe Bischof der Serben empfing kirchenslawische Werke aus Moskau oder Kiew, die außer ihm kaum jemand in der Provinz verstehen konnte. Abseits der Marktplätze, wo in einer Sprache verkauft und gehandelt wurde, kamen die Konfessionen kaum miteinander in Berührung. Das Leben der Anderen blieb ein Buch mit sieben Siegeln.

Sarajevo war nach Saloniki die wichtigste Stadt im osmanischen Europa. Saloniki aber war schon vor der Eroberung durch die Osmanen berühmt gewesen, Bosniens Hauptstadt dagegen die Gründung eines muslimischen Heerführers. Er ließ im 15. Jahrhundert eine Brücke bauen über die Miljacka, die im Sommer kaum Wasser führt, zur Zeit der Schneeschmelze aber gewaltige Fluten talwärts stemmt und die Stadt oft überschwemmt, bis sie in habsburgischen Zeiten reguliert wird. Bald siedelten außer osmanischen Soldaten auch Handwerker und Händler in dem neuen Ort. Sarajevo wuchs so schnell wie das aufstrebende Reich, zu dem es gehörte. Die Krieger des Halbmonds drangen immer weiter nach Norden vor, eroberten Ungarn, standen vor Wien, bedrohten

Venedig. Sarajevo wurde zu einem der Ausgangspunkte ihrer Feldzüge in Europa. Das Abendland zitterte. Sarajevo blühte.

Wohlhabende Muslime gründeten Stiftungen, schenkten der Stadt Bäder, Karawansereien, Markthallen, Bibliotheken, Moscheen. Allein im ersten Jahrhundert ihrer Herrschaft errichteten die Herren Sarajevos mehr als hundert Gebetshäuser in der Stadt. Als der osmanische Weltreisende Evliya Çelebi, ein Marco Polo der muslimischen Welt, 1660 nach Sarajevo kam, wollte er 277 Moscheen und mehr als 180 Medresen gezählt haben. Çelebi verglich den Bazar der Stadt, die auf Türkisch „Saray Bosna" heißt, mit dem von Aleppo. Er schwärmte von kostbaren Waren aus Polen, Böhmen, Arabien, Persien und Indien, die Kaufleute über Venedig, Ragusa (Dubrovnik) und Split in die Stadt brachten. Es gebe viele Städte mit dem Namen „Saray" (was im Türkischen „Palast" bedeutet), Sarajevo aber sei prächtiger als alle anderen, hielt er fest und pries die Schönheit der serbischen, bulgarischen und kroatischen Sklavinnen in den Häusern der reichen Muslime. In Sarajevo, schrieb er, gebe es mehr als tausend Geschäfte und Brunnen, 17 000 Häuser und 26 000 Gärten. Zwar müssen die Angaben des im Umgang mit Zahlen notorisch ungenauen Çelebi übertrieben sein, denn träfen sie zu, hätte die Stadt schon zu Zeiten dieses muslimischen Weltreisenden an die 90 000 Einwohner gezählt – eine Bevölkerungszahl, die sie in Wirklichkeit erst viel später erreichte. Doch auch andere Zeitzeugen beschreiben das frühe Sarajevo als prachtvollen, blühenden Ort.

Die Eroberer brachten allerdings nicht nur Bibliotheken und Bäder nach Bosnien, sondern auch die Devşirme. Die Einheimischen nannten sie „danak u krvi", wörtlich übersetzt „Blutgabe". Im Deutschen ist meist von der „Knabenlese" die Rede. Auf dem osmanisch beherrschten Balkan wurden christlichen Familien männliche Kinder entrissen und nach Istanbul entführt. Dort wurden sie beschnitten, mussten das islamische Glaubenskenntnis ablegen, die Sprache lernen und ihren neuen Herren dienen. Durch

Männer wie den aus Kroatien stammenden Bartholomäus Georgievitz drang Kunde von dieser Praxis bis nach Nordeuropa. Georgievitz war 1526 in Ungarn in osmanische Gefangenschaft geraten. Unter verschiedenen Herren diente er im Osmanischen Reich, bis er fliehen konnte und über Jerusalem zurück nach Europa gelangte, wo er mehrere äußerst erfolgreiche Bücher über seine Zeit als Sklave der Türken verfasste. Zur Knabenlese schrieb er, den Christen unter türkischer Herrschaft seien regelmäßig ihre schönsten Kinder entrissen worden: „Die Türken trennten diese Kinder von ihren Eltern und unterwiesen sie in der Kriegskunst. Diese gewaltsam entführten Kinder kehrten nie wieder zu ihren Eltern zurück." In Istanbul (das man in Bosnien Carigrad nannte, Kaiserstadt) seien die geraubten Christenjungen gewaltsam zu Muslimen gemacht worden: „Ich finde nicht recht die Worte, um das Weh und Leid, das Jammern und Klagen der Eltern zu schildern, als ihnen die Kinder aus ihrem Schoße und aus ihren Armen seitens dieser Grausamen entrissen wurden." Am schwersten sei den Eltern der Gedanke gefallen, „dass es den Missetätern bald gelingen werde, sie ganz von der Religion ihrer Ahnen abspenstig zu machen und aus ihnen fürchterliche Feinde der christlichen Religion und der Christen zu machen".

Alle fünf Jahre (zu manchen Zeiten auch häufiger) kamen die Kinderräuber des Sultans über den Balkan wie eine ägyptische Plage. Es gibt Schilderungen darüber, wie christliche Eltern ihre Söhne davor zu retten suchten. Reiche boten Geld und Gold. Arme sollen ihre Söhne zu Krüppeln geschlagen oder ihnen ein Auge ausgestochen haben, denn für Missgestaltete interessierten sich die Menschensammler nicht. Doch das ist nur eine Seite der Geschichte. Eine andere besagt, dass einige Eltern ihre Söhne keineswegs versteckten, sondern im Gegenteil alles daransetzten, sie über den Weg der Knabenlese nach Istanbul zu schicken. Bosnien war die einzige Provinz des Osmanischen Reichs, in der außer Kindern christlicher Familien auch Söhne muslimischer Eltern für den Sultan geerntet wurden – obwohl das nach islamischem Recht eigentlich verboten war. Einige muslimische Väter sollen die Beamten aus Istanbul sogar bestochen haben, damit sie einen Sohn der Familie mitnahmen – denn in Istanbul boten sich Möglichkeiten, von denen sich in Bosnien nur träumen ließ. Die meisten Jungen, die durch die Knabenlese für den Sultan gepflückt wurden, dienten entweder in der osmanischen Armee oder in vornehmen Häusern bis hinauf zum Hof des Sultans. Manche stiegen gar zu Großwesiren auf. Der Großwesir war nach dem Sultan der mächtigste Mann in einem Weltreich, das in seinen besten Zeiten von Europa über den Kaukasus bis nach Asien und Afrika reichte, von Budapest bis Bagdad, von der Donau bis zum Nil. War ein Sultan schwach, trank er oder fand mehr Gefallen an seinem Harem als an der Staatskunst, wurde der Großwesir sogar der eigentliche Herrscher dieses Reiches. Einige der mächtigsten Großwesire der osmanischen Geschichte stammten vom Balkan und waren erst durch die Knabenlese Muslime geworden.

Die große Zeit des Osmanischen Reiches und Bosniens als seiner nördlichsten Provinz währte gut zweihundert Jahre. Nachdem 1683 die zweite Belagerung Wiens misslungen war und Sultan Mehmed IV. seinen bei der Eroberung der Stadt gescheiterten Großwesir mit einer Seidenschnur hatte erdrosseln lassen, setzte die Zeit des Niedergangs ein. Zwar sollte es noch mehr als zwei Jahrhunderte dauern, bis die Türken fast gänzlich aus Europa vertrieben wurden, doch osmanische Siege auf dem Schlachtfeld wurden nun selten. Das Reich fiel militärisch, technologisch und wirtschaftlich zurück. Für Bosnien blieb das nicht folgenlos. Als die Truppen des österreichischen Prinzen Eugen 1697 in Bosnien einfielen, versprach der Heerführer den Einwohnern Sarajevos Schonung bei einer friedlichen Übergabe der Stadt, drohte aber, noch das Kind im Mutterleibe niedermetzeln zu lassen, sollte es Widerstand geben. Es gab Widerstand, und der Prinz ließ noch das Kind im Mutterleibe niedermetzeln. Zwar zogen die Habsburger wieder ab, doch das zerstörte Land erholte sich lange nicht von dem Einfall, zumal aus dem verlorenen Ungarn vertriebene muslimische Großgrundbesitzer nach Bosnien strömten. Das Leben der leibeigenen bosnischen Bauern, der christlichen Kmeten, die nun noch mehr Herrenmäuler zu stopfen hatten, wurde härter. Sie mussten nicht nur Frondienste für ihre Grundherren verrichten und ihnen obendrein Abgaben zahlen, sondern auch noch Jahr um Jahr höhere Steuern an das nimmersatte Istanbul entrichten. Die Eintreiber setzten die Abgaben meist viel zu hoch an, doch die Kmeten konnten sich nicht wehren, denn vor Gericht galt die Aussage eines Christen gegen einen Muslim nichts. Außerdem ließen sich die Kadis, die muslimischen Richter, ihre Urteile ohnehin von den Landbesitzern bezahlen.

Bosniens Muslime waren eine späte Verstärkung der Umma, der Weltgemeinschaft des Islam. Sie waren erst nach der osmanischen Eroberung konvertiert, und zwar vor allem aus nüchterner Abwägung, wie Historiker vermuten – denn in der nunmehr osmanisch beherrschten Provinz konnten nur Anhänger der neuen Religion auf Dauer ihren Besitz retten. So bildete sich mit der Zeit eine neue Klasse von Großgrundbesitzern heraus – bosnische Slawen muslimischen Glaubens, auch Begs oder Agas genannt. Je schwächer der osmanische Staat wurde, desto stärker verfinsterte sich das Verhältnis zwischen den Agas und ihren Fronbauern. Das waren Katholiken oder Orthodoxe, in jedem Fall aber bosnische Slawen wie ihre Herren. Der britische Gelehrte Arthur Evans, der später durch die Entdeckung des Palastes von Knossos auf Kreta weltberühmt wurde, hat eindrucksvolle, wenn auch stark von seiner Abneigung gegen den Islam gefärbte Schilderungen vom Leid der Kmeten hinterlassen. Evans' Berichte von seinen Wanderungen durch die Hercegovina in der Spätzeit der osmanischen Herrschaft wurden unter anderem im *Manchester Guardian* veröffentlicht. „Der christliche Kmet, der Ackerbauer, ist schlimmer dran als so manch ein Leibeigener in unserem dunkelsten Zeitalter und ist dem mohammedanischen Gutsherren auf Gedeih und Verderb ausgeliefert, als ob er Sklave wäre", schrieb Evans. „Da die türkische Regierung weiß, dass ihre Herrschaft über die Hercegovina keine 24 Stunden währen würde, wenn sie ernstlich etwas gegen die einheimischen slawischen Mohammedaner unternähme, kann der Beg oder der Aga das Recht ungestraft brechen. Er macht vom Stock Gebrauch und schlägt den Kmeten ohne Erbarmen, in einer Weise, in der niemand sonst auch nur sein Vieh behandeln würde." Evans berichtete von grausamen Strafen. Im Sommer binde man Männer nackt an Bäume, beschmiere sie mit Honig und liefere sie den Insekten aus. „Im Winter kann man die Menschen bequemer foltern: Man bindet sie an einen Pfahl und lässt sie dort barfuß stehen, bis ihnen die Füße erfrieren."

Im 19. Jahrhundert mehrten sich Aufstände christlicher Bosnier gegen die Agas. Als 1875 in der Hercegovina wieder einmal eine Rebellion ausgebrochen war, schrieb der österreichisch-ungarische Außenminister Graf Julius Andrássy: „Es gibt wirklich kein Gebiet der europäischen Türkei, in welchem der Widerstreit zwischen dem Kreuz und dem Halbmond gleich schroffe Formen angenommen hat." Auslöser für die Erhebung von 1875 war schiere Not. Die Ernte war mager gewesen, und dennoch sollten die Kmeten mehr Steuern zahlen als im Vorjahr. Ihr Widerstand dagegen breitete sich über den Balkan aus wie Feuer in einem ausgedörrten Wald. Auch die Bulgaren erhoben sich. Sie wurden unterstützt von Russland, das auf die Eroberung Istanbuls hoffte. Russlands Truppen rückten rasch vor, Istanbuls Vororte waren schon in Sicht. Der als Folge des Blutvergießens einberufene Berliner Kongress entschied, die Unruheprovinz Bosnien-Hercegovina, wo alles angefangen hatte, der Verwaltung Österreich-Ungarns zu übertragen.

Schon einige Jahre zuvor hatten die Osmanen unter dem Druck der christlichen Großmächte, insbesondere Russlands, dem Bau einer orthodoxen Kirche in Sarajevo zustimmen müssen. Als sie im Sommer 1872 geweiht wurde, sollen mehr als zehntausend Menschen daran teilgenommen haben. Es ertönte sogar Glockengeläut in der Stadt: „Zum ersten Mal konnte man das Christentum nun auch hören, und die Muslime trauten ihren Ohren nicht. Ein Geräusch wurde zur Machtfrage", schreibt Sundhaussen. Ein Zeitgenosse hielt fest, wie sehr der Bau der Kirche die Muslime von Sarajevo bewegte: „Höher und höher erhob sich der Bau; die in ihrem heißesten Sehnen so lange unterdrückten Christen suchten in ihm ihre Genugtuung, die muhammedanische Einwohnerschaft aber sah es mit täglich steigender Erbitterung, wie die Kirche die Moscheen immer mehr und mehr überragte, wie sie schließlich selbst auf die Moschee des Sultans stolz herabsieht. Als der höchste Grad vermessener Beschimpfung erschien es ihr aber, als gewaltige Glocken in die Höhe der Türme emporgezogen wurden, um mit ihrem unerträglichen Dröhnen den frommen Rechtgläubigen in seinen stillen Betrachtungen gewaltsam zu stören, den heiligen Ruf des Muezzin zu übertönen."

Auch ein anderes Phänomen beunruhigte die Muslime: Es kam jetzt mitunter zu Abfällen vom Islam. Das geschah zwar selten, aber da solche Fälle an Unvorstellbares rührten – ein Muslim sagt sich von der Religion des Propheten los! –, sorgten sie jedes Mal für so viel Aufsehen wie der Fall von Uzeifa Deliahmetović, die sich im August 1890 im Alter von sechzehn Jahren entschloss, zum Katholizismus überzutreten, und in einem Kloster vor dem muslimischen Volkszorn versteckt werden musste. Es kam zu einem Prozess. Die Familie der Konvertitin behauptete, das Mädchen sei sich über die Tragweite der eigenen Entscheidung nicht bewusst und womöglich zum Glaubensübertritt genötigt worden. Doch vor Gericht wiederholte die junge Frau den Wunsch, Katholikin zu werden. „Der Grund der Conversion ist in der Regel das Heiraten. Jeder Übertritt ist zwar ein kleiner Romanstoff, aber sein Motiv ist nicht der Zweifel an den Satzungen der Religion, sondern irgendein äußerer Grund", hielt ein österreichischer Beamter fest.

Nicht nur die Hierarchie der Konfessionen geriet Ende des 19. Jahrhunderts ins Wanken. Es begann nun auch die Zeit der Fabriken. Im osmanischen Bosnien hatte es keine Banken gegeben, und so fehlte es an Kapital zum Aufbau einer Industrie. Während anderswo in Europa längst Schlote rauchten, Telegraphendrähte surrten, Dampfmaschinen stampften und elektrische Lampen glühten, war das spätosmanische Bosnien von der Industrialisierung fast unberührt geblieben. Immer mehr Eisenbahnen dampften durch Europa, aber in Bosnien gab es nur eine einzige Linie. Sie führte ab 1872 etwa hundert Kilometer lang von Banja Luka, einer Stadt im Norden Bosniens, zu einer Poststation an der osmanisch-habsburgischen Grenze. Doch als die Habsburger sechs Jahre später ins Land kamen, war selbst diese kurze Strecke schon wieder außer Betrieb. Auch die Straßen befanden sich in desolatem Zustand. Ihre erbärmliche Beschaffenheit schütze das Land besser vor fremden Einfällen als eine chinesische Mauer es könnte, hieß es. Manche Orte waren im Winter wochenlang von der Außenwelt abgeschnitten. Eine Reise von Sarajevo nach Istanbul dauerte neun Tage, mindestens.

Das wichtigste Exportprodukt der osmanischen Provinz Bosnien waren getrocknete Pflaumen. Hatten die Bauern oder die Franziskanermönche nicht Sliwowitz daraus gebrannt, wurden Pflaumen aus dem ganzen Land nach Brčko gebracht, eine Kleinstadt im Norden Bosniens. Brčko liegt an der Grenze zu Kroatien, das damals zum ungarisch verwalteten Teil des Habsburgerreiches gehörte. In Brčko hatten Händler ihren Sitz, die bosnische Pflaumen nach halb Europa weiterverkauften. Zu den wenigen anderen Produkten, die zur osmanischen Zeit aus Bosnien exportiert wurden, gehörten Dauben für Eichenholzfässer, die als „merrain de Bosnie“ vor allem in den Weinbauregionen Frankreichs beliebt waren. Pflaumen und Dauben – viel mehr hatte Bosnien wirtschaftlich nicht zu bieten, als Österreich-Ungarn die Verwaltung übernahm. Doch das änderte sich rasch. Zunächst wurde das Verkehrsnetz ausgebaut. Das Militär forderte bessere Verbindungen, um bei Aufständen oder Angriffen rasch Truppen verlegen zu können. Also wurden Schienen verlegt, Straßen, Tunnel und Brücken gebaut. Kaum vier Jahre nach dem habsburgischen Einmarsch, im Herbst 1882, bestaunte Sarajevo die Einfahrt der ersten Eisenbahn. Die Züge fuhren mit kaum mehr als dreißig Kilometern pro Stunde, was selbst für damalige Verhältnisse langsam war – aber dennoch ein Fortschritt im Vergleich zu der Zeit, als die Menschen zu Fuß, auf Eseln oder Pferden unterwegs gewesen waren. Man konnte nun sogar mit dem Zug nach Wien fahren! Bosnien-Hercegovina, einst am nordwestlichen Rand des Osmanischen Reichs und nun am südlichen Rand Österreich-Ungarns gelegen, lag zwar immer noch hinter den Bergen, aber nicht mehr hinter dem Mond.

Mit der Eisenbahn kam auch die Industrie. Es entstanden Tabakfabriken und Papiermühlen, sogar ein Stahlwerk wurde gebaut. Sephardische Juden aus Sarajevo gründeten in Travnik die „Erste Bosnisch-Hercegovinische Zündwarenfabrik". Im Norden Bosniens begann 1895 die „Erste Bosnische Ammoniaksodafabrik A. G." ihre Produktion und nahm rasch eine führende Stellung in der Monarchie ein. In Sarajevo eröffnete eine Teppichweberei, die einen persischen Maler für die Entwürfe der Muster einstellte. Die Fabrik beschäftigte vor allem Frauen. Das war eine unerhörte Neuheit für Bosnien, wo Frauen eine derart schlechte Stellung innehatten, dass ein von dort zurückgekehrter italienischer Händler einmal gesagt haben soll, er wäre lieber ein Pferd in Venedig als eine Frau in Bosnien.

Zur wichtigsten Einnahmequelle der Provinz wurde nun der Holzexport. Bosnien, dünn besiedelt und dicht bewaldet, verfügte über riesige Ressourcen. Konzessionen wurden vergeben, tausende Arbeiter holzten Bosnien ab. Die Bosnisch-Hercegovinische Forstindustrie A. G. aus Bayern, die deutsch-österreichische Bosnische Forstindustrie Eisler & Ortlieb und die Fratelli Feltrinelli aus Mailand beherrschten den Markt. Sägemühlen wurden errichtet und Schmalspurbahnen durch die Wälder gebaut, um das Holz abzutransportieren. Die Handelsstatistik der Doppelmonarchie dokumentiert, wie rasch sich das Geschäft entwickelte: 1886 wurden 2,5 Millionen Fassdauben aus Bosnien exportiert, vier Jahre später schon mehr als 25 Millionen. Der profitable Raubbau fand jedoch nach der Jahrhundertwende ein Ende. Schon 1904 stellten österreichische Beamte fest: „Es gibt keine Eichen mehr in Bosnien-Hercegovina." Arbeitslose Holzfäller gingen in die Städte. In den neuen Fabriken trafen sie Facharbeiter, die aus den Industrieregionen der Monarchie zugewandert waren. Manche Bosnier kamen nun mit sozialistischen, anarchistischen und anderen revolutionären Ideen in Berührung, die man in Bosnien noch eine Generation zuvor allenfalls vom Hörensagen gekannt hatte. Kurz vor dem Ersten Weltkrieg gab es mehr als 65 000 Industriearbeiter in Bosnien – wenig im europäischen Vergleich, doch näherte sich die Provinz auch in dieser Hinsicht der europäischen Normalität an. Es gab erste Streiks und Arbeiteraufstände.

Während die Industrie sich recht schnell entwickelte, gab die Doppelmonarchie für Schulen und Lehrer kaum Geld aus. Schon das osmanische Bosnien war eine ungebildete Provinz gewesen. „Sieht man von den islamischen Gelehrten ab", schreibt der bosnisch-kroatische Historiker Srećko Džaja, „war der Intellektuelle in der osmanischen Epoche in Südosteuropa rar, gehörte fast ausschließlich zum Kirchenbereich, lebte zumeist im Kloster und blieb oft halbausgebildet." Drei Jahrzehnte, nachdem die Provinz an Österreich-Ungarn gefallen war, übertraf Bosniens Analphabetenrate noch immer die fast aller anderen Länder Europas. Gut zwanzig Jahre nach dem Einmarsch der Habsburger – Bosniens Bevölkerungszahl war auf fast zwei Millionen Einwohner gestiegen – gab es nur fünf höhere Schulen in der Provinz. Noch 1910 waren fast neunzig Prozent der erwachsenen Bosnier Analphabeten. Bei den Katholiken konnte kaum jeder Vierte lesen und schreiben, bei den Orthodoxen nur jeder Zehnte. Die Analphabetenrate der

Muslime betrug 95 Prozent. Ein belgischer Reisender glaubte bei den Bosniern eine „heilige Scheu vor Gedrucktem" bemerkt zu haben. Die meisten lasen zwar begeistert den Kaffeesatz oder die Schicksalslinien einer Hand, Bücher oder Zeitungen aber nicht. Zwar gab es auch in Bosnien brillante Köpfe, die Shakespeare, Puschkin, Goethe (und zum Verdruss der habsburgischen Behörden auch Marx) lasen oder sogar übersetzten. Doch der Kreis dieser Gebildeten war winzig und gewann erst in den Jahren vor dem Ersten Weltkrieg stärker an Einfluss. Als in vielen anderen europäischen Staaten längst Schulpflicht herrschte, konnten in Bosnien auf den Dörfern selbst viele Popen kaum lesen oder schreiben. Alphabetisierte Frauen waren wie vierblättriger Klee. „Tamni Vilayet" (finsteres Land) wurde Bosnien in einer Mischung aus Bosnisch und Türkisch genannt, übrigens durchaus auch von Bosniern selbst.

So schwer es das geschriebene Wort hatte in dieser Welt, so beliebt war das gesungene. „Die Bosnier haben keine Historiker, aber die Vergangenheit lebt in ihrer Heldendichtung", schrieb der Brite Evans. Er war beeindruckt von serbischen Rhapsoden, die über die Dörfer fuhren und in Begleitung der Gusla, eines einsaitigen Streichinstruments, vielhundertstrophige Heldenepen von der Schlacht auf dem Amselfeld im Jahr 1389 vortrugen: „Epische Lieder vom schicksalhaften Tag von Kosovo werden von Vaganten fast jeden Tag vor bäuerlichen Zuhörern gesungen; die Rhapsodien, wie sie durch die Saiten der Gusla hervorgebracht werden, hallen im großen nationalen Klagelied über die engen Tälern Bosniens hinweg in die dunklen Schlupfwinkel des Balkans." Wo es weder Schulen noch Bücher gab, ersetzte das Lied den Geschichtsunterricht, auch wenn diese Tradition schon auf dem Rückzug war, als die Habsburger ins Land kamen.

In diese Welt, in der die Habsburger herrschen, die osmanische Vergangenheit aber noch lebendig ist, wo Menschen zu Göttern mit unterschiedlichen Namen beten, aber dieselben Teufel und Hexen fürchten, wird im Herbst 1892 Ivo Andrić hineingeboren. Die an Pflaumen, Liedern und Legenden reiche Provinz wird ihm lebenslang Stoff für Romane und Erzählungen liefern. Andrić wird Bosnien in Worte verwandeln.

VÄTER UND PRIESTER

Die Osmanen waren große Krieger, aber große Archivare waren sie nicht. Abgesehen von meist penibel geführten Steuerregistern haben sie auf dem Balkan in den Jahrhunderten ihrer Herrschaft kaum Schriftliches hinterlassen – zumindest im Vergleich zu dem, was in anderen Teilen Europas im gleichen Zeitraum geschrieben, gedruckt und bewahrt wurde. Der Schweizer Historiker Oliver Jens Schmitt hat den Mangel an schriftlichen Quellen in Südosteuropa mit der Bemerkung auf den Punkt gebracht, über das Schoßhündchen von Papst Pius II. sei mehr bekannt als über manchen Heerführer des Balkans.

Was für balkanische Heerführer gilt, trifft auf Ivo Andrićs Vorfahren erst recht zu. Seine Eltern waren katholische Kroaten aus Bosnien, das immerhin steht fest. Sie gehörten zur letzten Generation in Bosnien, die noch zu Zeiten der Osmanenherrschaft aufwuchs. Formal wird sogar Ivo Andrić 1892 noch als osmanischer Staatsbürger und Untertan des Sultans geboren, denn obwohl Österreich-Ungarn schon vierzehn Jahre zuvor die Verwaltung Bosniens und der Hercegovina übernommen hatte, blieb die Provinz völkerrechtlich zunächst Teil des Osmanischen Reiches. Erst 1908 annektiert die Monarchie das Gebiet, wodurch Andrić als Sechzehnjähriger formal vom „Türken" zum „Österreicher" wird. Zu diesem Zeitpunkt ist sein Vater längst tot.

Antun Andrić wurde 1863 in Sarajevo geboren, als achtes von elf Kindern einer Familie, die aus der Umgebung von Sarajevo stammte. Erst um die Zeit der Französischen Revolution ließen sich die Andrićs in der Stadt selbst nieder. So wird es zumindest in der Familie erzählt. Laut einer Version der Familiengeschichte waren die Andrićs auf die Herstellung von Kaffeemühlen spezialisiert, bis ein Stadtbrand in Sarajevo ihre Manufaktur und das Wohnhaus vernichtete. Laut einer anderen Version konnte die Familie mit ihren handgemachten Kaffeemühlen der Konkurrenz billiger österreichischer Industrieware nicht mehr standhalten, die nach 1878, als Bosnien in das Zollgebiet der Monarchie eingegliedert wurde, den bosnischen Markt überschwemmte. Vielleicht stimmt die erste Variante, vielleicht die zweite, vielleicht stimmen beide zum Teil, vielleicht sind beide falsch. Sicher ist: Der Mann, den das Taufregister als Andrićs Vater ausweist, wird nicht als Kaffeemühlenhersteller, sondern als Gerichtsdiener geführt. So steht es auch unter dem Datum des 3. September 1888 im Kirchenbuch der römisch-katholischen Herz-Jesu-Kirche zu Sarajevo, in der Antun und Katarina Andrić geheiratet haben. Antun Andrić stirbt mit nur 33 Jahren an Tuberkulose. Weder das Sterbealter noch die Todesursache sind zu jener Zeit etwas Besonderes. Die Schwindsucht rafft in Europa Hunderttausende dahin, und in Andrićs väterlicher Linie ist sie besonders fleißig. Mit Ivo Andrićs Tod 1975 erlischt die Familie.

Andrićs Mutter Katarina, geborene Pejić, überlebt ihren Ehemann zwar um fast drei Jahrzehnte, doch auch über sie ist wenig bekannt. Geboren 1869 in Sarajevo, stammt sie wie ihr Mann aus einer katholischen Familie. Sie ist das einzige überlebende von fünf Kindern eines Handwerkers, der sich erhängt, als sein Enkel Ivo zwei Jahre alt ist. Was aus Katarinas Mutter Marija wurde, Andrićs Großmutter mütterlicherseits, ist unbekannt. Andrić hat seine Mutter als stille, fleißige, furchtsame und bescheidene Frau beschrieben, die kaum lesen und schreiben konnte, aber sehr gläubig war. In das Portrait der namenlosen Mutter in Andrićs 1918 erschienenem Erstling *Ex Ponto* scheinen Züge von Katarina Andrić eingeflossen zu sein: *Die Mutter hat wie jeden Sonnabend auf einem Blech Wacholderbeeren und Zucker angezündet und das ganze Haus eingeräuchert. Während ein Mädchen im Hof beim Waschen singt, taucht sie trockenes Basilikum in Weihwasser und besprengt die Ecken des Zimmers. Sie ist alt geworden. Jetzt bleibt sie stehen. Als niemand sie sieht, bekreuzigt sie sich vor einem Kruzifix im Halbdunkel einer Ecke und nennt ihm alle Lasten, die sie schweigend durchs Leben trägt und die den ganzen Tag in den stolzen, ausweichenden Worten ruhen: „... gut, Gott sei Dank, und wie geht es Ihnen?"*

Ivo Andrić hat oft von seiner Mutter erzählt, seinen Vater aber höchstens beiläufig erwähnt. Persönliche Erinnerungen konnte er ohnehin nicht haben, aber offenbar hat auch die Mutter nichts über den Vater erzählt – oder aber der Sohn behielt es stets für sich. Von der Mutter habe er mit großer Achtung gesprochen, berichtet Andrićs langjährige Sekretärin und Vertraute Vera Stojić nach dessen Tod: „Ich erinnere mich aber nicht daran, dass er den Vater je erwähnt hätte." Womöglich gab es da auch nicht viel zu erwähnen. Gestorben ist Antun Andrić laut Eintrag im Totenbuch im August 1896 in Banja Luka, während die Mutter weiterhin in Sarajevo ansässig war. Der Gedanke liegt nahe, Antun Andrić habe in Banja Luka eine besser bezahlte Arbeit angenommen, um die Familie zu unterstützen. Doch so scheint es nicht gewesen zu sein, wie sich noch zeigen wird. Vielleicht sprach Andrić auch deshalb nicht über den Vater, weil er die Gerüchte kannte, die spätestens nach dem Zweiten Weltkrieg, vermutlich aber schon früher, in Belgrad kursierten. Ivo Andrić, so erzählte man sich nämlich, sei in Wirklichkeit Sohn eines katholischen Priesters, dem seine Mutter nicht nur im Haushalt zur Hand gegangen sei.

Dass solche Geschichten spätestens in den vierziger Jahren in Belgrad die Runde machen, ist unter anderem aus dem postum veröffentlichten „Tagebuch eines Niemands" des serbischen Literaturkritikers Branko Lazarević ersichtlich. Lazarević, ein kluger, verbitterter, alter, einsamer, gesellschaftlich ausgegrenzter Mann, der im Krieg Frau und beide Söhne verloren hat, schreibt zwischen 1944 und 1947 wie besessen an diesem beeindruckenden Tagebuch. Da er ohnehin keine Chance sieht, es zu veröffentlichen, tut er sich keinen Zwang an und schreibt ganz offen. In vielen Einträgen befasst er sich mit Andrić und lässt in seine seitenlangen psychologischen Portraits einfließen, was in Belgrad über den Schriftsteller getratscht wird. Am 20. November 1946 hält er fest: „Seine Mutter war eine große Katholikin. Ich habe von jemandem gehört, dass Ivo das Kind eines Ordensbruders in einem Kloster bei Travnik sein soll." Andrić trage an einer schweren Last, notiert Lazarević und fragt sich, ob das an seiner Herkunft liege: „Ein Bastard ist in unserer Umgebung schweren Bedingungen und Beleidigungen ausgesetzt." An anderer Stelle heißt es: „Er ist ein außereheliches Kind. Er trägt den Nachnamen seiner Mutter. Sie ‚war' später ständig mit einem pensionierten Gendarmeriewachtmeister ‚zusammen', später Unternehmer in Višegrad, aber sie heiratete ihn nicht. Wessen Kind Ivo väterlicherseits ist, weiß ich nicht; ob von diesem Wachtmeister oder von irgendjemand anderem noch in Travnik, wo er auch geboren wurde?" Ganz in diesem Sinne hatte der 1943 gestorbene Jovan Dučić, der bekannteste serbische Dichter der Generation vor Andrić, über solche Gerüchte notiert: „(Er ist) Sohn einer Bosnierin, die bis zu ihrem Tod bei irgendeinem Frater gedient hat. Es ist unbekannt, woher der Name Andrić kommt. Seine Freunde kennen nur seine Mutter."

Noch ein halbes Jahrhundert später, auf einer Tagung in Zagreb 1994, befassen sich mehrere Wissenschaftler mit den Gerüchten über Andrićs Vater, der inzwischen sogar Vor- und Nachnamen hat. Es ist nun nicht mehr allgemein von einem „Ordensbruder aus einem Kloster bei Travnik" die Rede, sondern von einem gewissen Alojzije Perčinlić, Franziskanermönch und Priester aus einem Dorf bei Travnik. Ein Konferenzteilnehmer zitiert Berichte, laut denen Andrićs Mutter vor ihrer Heirat bei Bruder Alojzije Hausmädchen gewesen und von ihm geschwängert worden sei. Dass es im Hause von Bruder Alojzije zu einer Liebschaft oder Vergewaltigung gekommen sei, aus der ein Kind hervorging, für das Antun Andrić die Vaterschaft übernahm, ist jedoch unwahrscheinlich. Denn Alojzije Perčinlić war kaum sechzehn, als Andrić geboren wurde. Er war gerade als Novize in den Franziskanerorden aufgenommen worden. Zur Vaterschaft könnte er zwar physisch fähig gewesen sein, aber Novizen haben keine Hausmädchen, und in der Regel auch keine um Jahre älteren Freundinnen. Zwar diente Katarina Andrić zeitweilig tatsächlich in Klöstern oder Pfarrhäusern als Haushälterin, und Andrić selbst schreibt einem Freund knapp ein Jahr vor Ausbruch des Ersten Weltkriegs, seine Mutter sei *gezwungen, Wirtschafterin in einem Franziskanerkloster zu sein.* Auch den Haushalt von Bruder Alojzije führt sie tatsächlich eine Zeitlang – aber da ist ihr Sohn schon ein junger Mann.

Es gibt aber eine weitere Auffälligkeit, die zu den Gerüchten um Andrićs Herkunft beigetragen haben könnte. Als er längst ein berühmter Schriftsteller ist, sagt Ivo Andrić über sich: „Ich bin eigentlich sowohl väterlicher- als auch mütterlicherseits aus Sarajevo." Entscheidend ist hier das Wort „eigentlich" – denn geboren wurde Ivo Andrić nicht in Sarajevo, sondern genau dort, wo es die später aufkommenden Gerüchte wollten: in Travnik, einer katholisch geprägten Stadt in Mittelbosnien. Im Register der Kirche des heiligen Johannes des Täufers zu Travnik ist seine Geburt für den 9. Oktober 1892 eingetragen. (Andrić hat später manchmal den 10. Oktober als Datum angegeben, weshalb es so in vielen Lexika steht.) Der Pfarrer von Travnik schrieb neben das Geburtsdatum, dass die Eltern, der Gerichtsdiener Antun Andrić und dessen Frau Katarina, geborene Pejić, in Sarajevo ansässig seien. Doch warum kam Andrić dann in Travnik zur Welt? Er selbst hat später gesagt, er sei „zufällig" dort geboren worden, da seine Mutter für einige Tage in diese Stadt gefahren sei. Über die Gründe für diese zufällige Reise zu einer Zeit, da einfache Menschen schon deshalb nicht ohne Not verreisten, weil sie sich das nicht leisten konnten, schwieg Andrić. Und je länger er schwieg, desto mehr zerrissen sich andere die Mäuler.

Hat Katarina Andrić Verwandte besucht? Oder den Kollegen und Trauzeugen ihres Mannes, der in Travnik ein Haus besaß und auch Taufpate wird? Aber warum ist sie ohne ihren Ehemann gefahren, als Hochschwangere? Oder war das Kind eine Frühgeburt, wurde die Mutter in Travnik also von den Wehen überrascht? Dazu ein Detail: 1923, als Andrić in Jugoslawien bereits zu einiger Bekanntheit gelangt ist, erscheint in Jugoslawien ein Schulbuch, das neben einem seiner Texte auch die falsche Angabe enthält, der Autor sei 1891 „als kroatischer Dichter" in Sarajevo geboren worden. Andrić schreibt dem Verleger einen Brief: „Erlauben Sie mir bei dieser Gelegenheit, einige biographische Daten auszubessern: 1. Es gibt keinen Zweifel, dass ich ein geborener Kroate bin. Inwieweit ich dann als Autor ‚kroatisch' bin, das ist eine andere Frage, über die ich nicht sprechen werde, noch bin ich dazu berufen, dies zu lösen." Er weist auch darauf hin, dass er nicht 1891, sondern 1892 geboren wurde – doch den falschen Geburtsort korrigiert er nicht. War es ihm womöglich recht, als gebürtiger Sarajevoer zu gelten, um die Episode seiner „zufälligen" Geburt in Travnik vergessen zu machen? Die Frage, ob ein Kind ehelich oder unehelich zur Welt kam, ist damals schließlich nicht nebensächlich, schon gar nicht im erzkonservativen Bosnien. Eine uneheliche Herkunft ist ein Stigma. Schon der Verdacht, das Getuschel, die böse Nachrede können Betroffenen schaden. Andrićs lebenslange Verschlossenheit in privaten Dingen könnte hier ihren Ursprung haben. Es gibt aber eine Stelle in seinem Werk, die womöglich mit Anspielungen auf die Vaterschaftsfrage gespickt ist. Zumindest enthält sie auffällige biographische Parallelen. In der 1951 veröffentlichten Kurzgeschichte *Buffet Titanic,* die in Sarajevo zur Zeit des Zweiten Weltkriegs spielt, steht Stjepan Ković im Mittelpunkt, *ein bekannter Nichtstuer aus Banja Luka,* über den es heißt: *Seine Vorfahren waren einst gute Handwerker gewesen, und das Handwerk hatte sich vom Va-*

ter auf den Sohn vererbt. Nach der Österreichischen Okkupation, 1878, ging ihr Handwerk zugrunde, und die Ković zerstreuten sich über ganz Bosnien als Tagelöhner oder bestenfalls als kleine Subalternbeamte von Staat oder Gemeinde … Das ist, wenn die Überlieferungen zutreffen, ziemlich genau die Geschichte des Antun Andrić. Und die Parallelität geht noch weiter, denn sogar Gerüchte über eine uneheliche Herkunft finden sich in der Geschichte, wenn auch um eine Generation verlagert auf den Gerichtsdiener Augustin Ković, den (vermeintlichen) Vater von Stjepan. Der habe seine Frau plötzlich und überraschend geheiratet, heißt es in der Geschichte. *Sie gebar ihm nur ein Kind, und das schon sieben Monate nach der Hochzeit. Die Nachbarinnen, die fremde Monate und fremde Schritte zählten, flüsterten, der Vater dieses Kindes sei ein Offizier.* Natürlich ist das Literatur, also Fiktion. Auffällig sind die Parallelen zu den Gerüchten um Andrićs Herkunft aber durchaus. Deutet er hier versteckt seine Familiengeschichte an?

Doch selbst wenn Antun Andrić tatsächlich der leibliche Vater war, scheint er sich mit seiner Rolle im Zeugungsakt begnügt zu haben. Aus Banja Luka schickt er der Familie offenbar kein Geld, denn noch zu Lebzeiten ihres Mannes entschließt sich Katarina Andrić zu einem Schritt, den wohl kaum eine Mutter ohne Not unternimmt: Sie gibt ihren Sohn weg. Im Jahr 1894, als er zwei oder höchstens drei Jahre alt ist, noch zu Lebzeiten seines abwesenden Vaters, kommt Ivo Andrić in die Obhut von Ana und Jan Matkovczik. Ana ist eine Schwester von Andrićs Vater und hat recht gut geheiratet: Ihr Mann ist Wachtmeister und Vorsteher der Grenzgendarmerie in der bosnischen Kleinstadt Višegrad an der Drina. (Daher wohl das spätere Gerücht, Andrićs Mutter habe sich von einem Wachtmeister aushalten lassen.) Während Andrićs Mutter in großer Armut lebt, genießen die kinderlosen Matkovcziks einen bescheidenen Wohlstand. Sie haben eine Kuh und ein kleines Haus mit Garten an der Drina. Sie können sich sogar eine Küchenhilfe leisten.

So wird nach dem „zufälligen" Travnik Višegrad zum „eigentlichen" Geburtsort Andrićs. In diesem Städtchen an der Drina wächst er heran, lernt sprechen, lesen, schreiben. Hier hört er erstmals Legenden aus der Türkenzeit, die später in seine Romane einfließen. Hier gewöhnt sich sein Ohr an den Singsang des Bosnischen, dessen Poesie er später so treffend abbildet. Hier trifft er die noch von der ausgehenden Osmanenzeit geprägten Menschen, die später das Panoptikum seiner Literatur bevölkern. Hier findet sein Beobachtungsgenie frühe Nahrung.

SAVA, RAKA, TIKATAKA

Die Drina trennt über weite Strecken ihres Laufs Bosnien von Serbien und bildet in Andrićs Kindheit damit zugleich eine Grenze zwischen dem Kaiserreich der Habsburger und dem Königreich der Serben. Višegrad hatte seine Bedeutung aber schon mehr als drei Jahrhunderte zuvor erlangt, als die Drina kein Grenzfluss war, sondern an beiden Ufern die Osmanen herrschten. Seit Menschengedenken hatten Fährleute an der Stelle, an der später Višegrad entstand, Karawanen über den Fluss gesetzt. Ihre Zeit endete, als im Jahr 1571 die steinerne Brücke fertiggestellt wurde, die sich seither als regionales Weltwunder in elf wuchtigen Bögen 170 Meter von Ufer zu Ufer spannt. Um diese Zeit muss auch das Volkslied vom sagenhaft reichen Mehmed Pascha entstanden sein, das man in Višegrad noch sang, als Ivo Andrić dort aufwuchs: „Mehmed Pascha diente drei Kaisern / und häufte drei Türme mit Schätzen an / und saß da und sann / was er mit diesen Schätzen tun kann: / Ob er den Schatz den Armen geben wolle / ob er den Schatz in die Drina schütten solle / ob er in Bosnien gute Werke bauen wolle / So dacht' er und entschied sich dann / ‚Ich werde in Bosnien gute Werke bau'n / und als Erstes über die Drina eine Brücke.'" Also ruft Mehmed Pascha einen berühmten Baumeister zu sich und befiehlt: „Geh' Du in die Stadt Višegrad / über die Drina eine Brücke zu bau'n / nimm dreihundert Meister mit, / und tausend Kinder Arbeitsknechte / dass sie den kalten Stein behau'n."

Doch das Vorhaben steht unter einem schlechten Stern, wie die Legende weiß: Als der Baumeister mit seinen dreihundert Meistern und tausend Kindersklaven in Višegrad ankommt, ertrinkt er fast in dem Fluss, über den er eine Brücke schlagen soll. Bei dem Versuch, mit seinem Rappen zur Prüfung der Wassertiefe in die Drina zu reiten, schlingt eine Wasserfee ihr Haar um ein Bein des Pferdes, um es samt Reiter in die Tiefe zu ziehen. Doch der Rappe kann sich entwinden, und der Baumeister zieht seinen Säbel gegen die böse Fee. Die verspricht ihm, wenn er sie ziehen lasse, wolle sie ihm bei dem Bau der Brücke helfen. Also lässt er sie ziehen. Als sieben Jahre verstrichen sind und die Brücke noch immer nicht steht, ruft der Baumeister die Fee um Hilfe. Die rät ihm, zwei Kinder lebendig in das Fundament der Brücke einzumauern, um sein Werk zu retten. So geschieht es, und tatsächlich scheinen sich die Dinge nun zum Besseren zu wenden. Kaum ist das doppelte Menschenopfer vollbracht, zerstören die Fluten den Unterbau der Brücke nicht mehr. Doch dann, die Brücke ist fast fertig, erhebt sich die Drina eines Tages doch noch einmal und droht, alles zu vernichten. Da die Fee sich nicht blicken lässt, rät der Baumeister seinem Auftraggeber, dem reichen Mehmed Pascha, er solle eine silberne Schaufel nehmen und die Drina mit einem Teil seiner Schätze besänftigen. Der Wesir folgt dem Rat, schaufelt seine Schätze ins Wasser – und von diesem Tag an bedroht der Fluss die Brücke nie wieder: „Sie blieb damals und blieb für alle Zeit", heißt es im Lied.

Diese Legende vom Bau der Brücke über die Drina (es gibt viele weitere) hat einen wahren Kern, denn den reichen Mehmed Pascha gab es wirklich, und er hat tatsächlich den Bau der Brücke befohlen. Es war der Großwesir Mehmed Pascha Sokollu, einer der mächtigsten Männer des Osmanischen Reiches. Er wurde um das Jahr 1505 geboren und lebte bis zum 12. Oktober 1579. Mehmed Pascha Sokollu war Diplomat, Admiral der osmanischen Flotte und ein energischer Militärbefehlshaber, der viele siegreiche Feldzüge führte, bevor er schließlich drei Sultanen als Großwesir diente: erst Süleyman dem Prächtigen, der nach Belgrad auch Ungarn erobert und dem Reich damit zu seiner größten Ausdehnung in Europa verholfen hatte. Dann Selim II., der ein Trunkenbold war und sich um das Regieren ebenso wenig kümmerte wie sein Sohn und Nachfolger Murad III., der das Opium den Staatsgeschäften vorzog. Zu Zeiten Selims II. und Murads III. war Mehmed Pascha Sokollu der eigentliche Herrscher in Istanbul und auf den drei Kontinenten des Reiches. „Mehmed Pascha hat alle Macht im Reich in solchem Maß an sich gerissen", berichtete ein Diplomat aus Dubrovnik, „dass Botschafter, die zum Sultan kommen, allein mit seinem Wesir verhandeln und mit ihm alle Geschäfte abschließen. Selim dient ihnen nur dazu, um ihm die Hand zu küssen."

Diese Lebensgeschichte ist bemerkenswert genug, doch sie wird noch bemerkenswerter durch den Umstand, dass Mehmed Pascha Sokollu, der das islamische Weltreich der Osmanen regierte und eine Sultanstochter heiratete, aus einem christlichen Dorf bei Višegrad stammte. Er war durch die Knabenlese nach Istanbul gekommen. Ursprünglich trug er den Familiennamen Sokolović und hieß der Überlieferung nach Bajo oder Bajica mit Vornamen. Mit dem Islam nahm Bajica Sokolović dann seinen neuen Vornamen Mehmed an, während der südslawische Familienname zu Sokollu turkisiert wurde. Natürlich wurde nicht einmal aus einem von tausend geraubten Kindern ein so mächtiger und berühmter Mann wie Mehmed Pascha Sokollu, dessen prächtiges Grab in Istanbul noch heute in Ehren gehalten wird. Doch Bajica Sokolović alias Mehmed Pascha Sokollu, der selbst aus der Galerie der Großwesire noch als ein Großer herausragt, ist ein Beispiel dafür, dass die Knabenlese keineswegs nur ein Unglück für die Betroffenen sein musste. Bajica war schon fünfzehn, als er die Religion der Besatzer annahm. Für seine Sippe hatte das den Vorteil, dass er sich an seine Herkunft erinnerte, als er an der Spitze des Reiches stand. Er ließ nicht nur die Brücke über die Drina errichten, sondern finanzierte auch andere Bauten in seiner Heimat und versah seine Verwandten, die auf seine Aufforderung ebenso zum Islam übergetreten waren, mit einträglichen Ämtern. Einen seiner Brüder, der nicht zum Islam gewechselt war, setzte er zum Patriarchen der serbisch-orthodoxen Kirche ein, die mit Erlaubnis des Sultans neu entstanden war. Allerdings wurde dem bosnischen Großwesir seine enge Bindung an die Heimat auch zum Verhängnis. Sein Mörder, so wird berichtet, sei ein Landsmann aus Bosnien gewesen, der erbost darüber war, dass Mehmed Pascha ihm ein Lehen entzogen hatte. Er verkleidete sich als Derwisch, trat unter einem Vorwand an den Großwesir heran und erdolchte ihn.

Als Ivo Andrić 1894 nach Višegrad kommt, sind seit der Ermordung des Großwesirs schon mehr als drei Jahrhunderte vergangen, doch die Legenden über den Bau seiner Brücke sind noch lebendig. Jan und Ana Matkovczik, seine Pflegeltern, leben am linken Drina-Ufer, Andrićs Schule befindet sich am rechten. Auf seinem Schulweg überquert Andrić täglich zwei Brücken – die berühmte über die Drina und eine einfache, hölzerne über den Rzav, einen Nebenfluss, der zur Laichzeit so viel Fisch führt, dass die gesamte Stadt sich tagelang davon ernähren kann. *Ende Februar und in der ersten Hälfte des März schwammen die Fische in dichten Geschwadern den Rzav herab. Gewöhnlich erschienen die Schwärme in drei großen Wellen im Abstand von einigen Tagen. … Diese drei Tage im Jahr gleichen drei Feiertagen, die sich regelmäßig und sicher jedes Jahr vor Frühlingsbeginn wiederholen. Dann riechen alle Häuser nach Öl, und es wird so viel Fisch gegessen, dass er die Leute anwidert und die Preise stark fallen.*

Die Schule liegt direkt hinter der Brücke über den Rzav und ist, wenn der über die Ufer tritt, als eines der ersten Häuser betroffen, wovon bis heute die an dem Gebäude angebrachten Markierungen zu historischen Hochwasserständen zeugen. Von den Legenden über die Entstehung der Brücke über die Drina wird Andrić schon in frühem Alter gehört haben, auch wenn sein Onkel und Ersatzvater ihm nicht viel davon erzählen kann, denn Jan Matkovczik ist Ausländer. Er gehört zu den Beamten, die nach 1878 als Repräsentanten des Habsburgerreiches nach Bosnien gekommen sind. „Kuferaši" (etwa: Kofferleute) werden die aus anderen Teilen der Monarchie Zugezogenen von den Einheimischen abschätzig genannt. Viele Österreicher, Ungarn und Polen, aber auch Tschechen, Slowaken und Slowenen sind unter den Fremden, die nach dem Abzug der Türken die Verwaltung des Landes übernehmen. Allein aus dem (damals als Staat nicht existierenden) Polen sind sechshundert Beamte im Dienste des Habsburgerreiches nach Bosnien gekommen. In der Geschichte *Am Ufer* lässt Andrić einen Koffermenschen auftauchen, der, *an die österreichisch-serbische Grenze versetzt, in das ferne und unbekannte Višegrad,* unübersehbare Parallelen zu seinem Onkel aufweist. Von der Bevölkerung werden die habsburgischen Beamten misstrauisch beäugt. Man traut ihnen nicht. *Diese Fremden ruhten nicht und ließen auch niemanden in Ruhe; sie schienen entschlossen, mit ihrem unsichtbaren, aber immer stärker fühlbaren Netz von Gesetzen, Verordnungen und Vorschriften das Leben selbst mit seinen Menschen, Tieren und toten Gegenständen zu erfassen und alles um sich herum zu verändern und zu verrücken …* Die Einheimischen, die noch den osmanischen Schlendrian gewöhnt sind, fragen sich, was die neuen Besatzer wohl im Schilde führen: *Jede Arbeit, die sie begannen, erschien harmlos, ja sogar sinnlos. Sie vermaßen irgendein Brachland, kennzeichneten Holz im Wald, besichtigten die Aborte und Abflusskanäle; schauten Pferden und Kühen ins Maul, prüften Maße und Gewichte, fragten nach Krankheiten im Volk, nach Zahl und Namen der Obstbäume, nach den Schaf- oder Geflügelrassen. (Es sah aus, als spielten sie. So unverständlich, unwirklich und unernst waren all ihre Arbeiten in den*

Augen der Leute.) Als dann die Rekrutierungen für die habsburgische Armee beginnen, eine Art Knabenlese auf Zeit, deren Einführung anfangs für Wut und Verunsicherung sorgt, geht den Leuten auf, dass die Fremden keinesfalls spielen, sondern dass ihr scheinbar sinnloses Tun immer ein Ziel hat. Verständnis haben sie dafür trotzdem nicht. *Denn dieses ständige Bedürfnis der Fremden, zu bauen und abzureißen, zu graben und zu mauern, aufzurichten und umzugestalten, ihr ewiges Streben, die Wirkung der Naturkräfte vorauszusehen, um sie zu vermeiden oder zu steuern, verstand und schätzte hier niemand. Im Gegenteil, alle Stadtbewohner und besonders die älteren Leute sahen darin eine ungesunde Erscheinung und ein böses Zeichen. Wäre es nach ihnen gegangen, hätte die Stadt ausgesehen wie alle orientalischen Städte. Was gerissen wäre, hätte man geflickt, was sich geneigt hätte, abgestützt, aber vorbeugend, und darüber hinaus hätte sich niemand ohne Notwendigkeit und mit einem Plan Arbeit gemacht, an die Fundamente der Gebäude gerührt und das gottgegebene Aussehen der Stadt verändert.*

Einer dieser seltsamen Fremden, Jan Matkovczik aus Polen, wird als höflicher Mann und rechtschaffener Diener des österreichischen Kaisers geschildert. Er beherrscht neben seiner Muttersprache auch Deutsch und hat recht gut die Landessprache gelernt, sodass er sich trotz seiner eigenartigen Grammatik, die in einem seiner Briefe überdauert hat, mit den Bosniern verständigen kann. Manchmal nimmt er den ihm anvertrauten Jungen mit, wenn er zu einer Inspektion in die nahen Grenzdörfer ausreitet. Obwohl Jan Matkovczik Andrićs Ersatzvater wird, weiß man fast nichts über ihn. Es ist nicht einmal bekannt, aus welchem Teil Polens er stammte. Andrić hat später stets in wärmsten Worten von Polen gesprochen, insbesondere von seiner Lieblingsstadt Krakau. Rührte die Zuneigung zu Polen nur von seiner geistig und amourös offenbar äußerst anregenden Studienzeit in Krakau her, oder schwang darin auch eine Erinnerung an seinen Ziehvater mit? Welche Ansichten hat Jan Matkovczik dem jungen Andrić vermittelt?

Kam es zwischen den beiden in späteren Jahren zu ernsthaften Gesprächen? War Matkovczik wirklich ein loyaler „Schwarzgelber“, also ein Habsburger durch und durch, oder hegte er Sympathien für den Kampf der Slawen gegen die Doppelmonarchie? Schließlich war Polen damals außer von Russland und Preußen auch von Österreich-Ungarn besetzt, dem Staat, dem Matkovczik diente. Zwar galt die Fremdherrschaft in den habsburgischen Gebieten Polens als die mildeste und liberalste, während die preußische als die strengste und die russische bei den Polen als besonders rückständig gefürchtet war – Besatzungsmächte aber waren alle. Was hielt Matkovczik davon? Da Andrić sich nur beiläufig über seinen Onkel geäußert hat, gibt es keine Antworten auf solche Fragen.

Ana Matkovczik gehört durch die Stellung ihres Mannes zu den ersten Damen in Višegrad und bringt das durch ihre Kleidung nach Wiener Mode auch zum Ausdruck. In den wenigen Aussagen, die es über sie gibt, wird sie als sanft, freundlich und stets um ihren Ivo besorgt beschrieben. Die lebhafteste Schilderung, die Andrić von ihr hinterlassen hat, ist eine Beschreibung ihrer nach einem genau festgelegten Ritus ablaufenden Verhandlungen mit einem Bauern namens Mitar, der einmal in der Woche mit seinem Pferdekarren nach Višegrad kommt und Ware in die Stadt bringt. Ana Matkovczik kauft immer bei Mitar, doch der Austausch von Ware gegen Geld vollzieht sich auch nach Jahren nie ohne eine rhetorische Zeremonie von einigem Aufwand. „Es war üblich, dass er zuerst beim Haus der Tante vorbeifuhr“, erinnert sich Andrić: „Sie war vermeintlich zufällig im Hof, auch wenn sie seit dem frühen Morgen auf ihn wartete. ‚Möge Gott helfen, gnädige Dame!‘, pflegte Mitar zu sagen. ‚Möge Gott dir helfen, Mitar. Was führst du da?‘, fragte die Tante. ‚Kürbisse.‘ ‚Warum kommst du nicht bei mir vorbei?‘ ‚Vielleicht bist du kein Kunde?‘ ‚Gott sei mit dir, Mitar!‘ ‚Du stehst mir näher als andere.‘ ‚Wie viel kosten sie?‘ ‚Ich weiß nicht, ich war noch nicht auf dem Markt‘, sagt Mitar weise, denn eigentlich weiß er ganz genau, wie hoch der Preis ist. ‚Bei Gott, ich weiß es auch nicht', nimmt meine Tante das Spiel an, obwohl sie sich heute Morgen nach dem Preis für Kürbisse erkundigt hat. ‚Wie viele hast du?', fügt meine Tante beiläufig hinzu. ‚59 Stück,' sagt Mitar. Irgendwie erwähnt Mitar, wie nebenbei, den Preis von acht Kreuzern, und dann wird ein langes und interessantes Gespräch geführt, bis sie sich am Ende auf sechs Kreuzer einigen. Ganz am Anfang der Verhandlung wussten beide, dass dieser Preis dabei herauskommen muss." Wenn Andrić ein Ohr für die Sprache der Menschen in Bosnien hatte und wie kein Zweiter die bildhafte, von Turzismen durchsetzte Melodie ihrer Sätze wiedergeben konnte, dann auch deshalb, weil er als Kind in Višegrad solche Gespräche belauschte und genau im Gedächtnis behielt. Besonders hatte es ihm die Sprache der bosnischen Muslime angetan. „Mein Gott, wie schön sprachen die muslimischen Frauen in Višegrad", sagte er noch als alter Mann und konnte aus dem Stegreif Beispiele nennen. Wenn es später hieß, der gebürtige katholische Kroate Andrić sei „der beste muslimische Schriftsteller Bosniens", war das höchstens halb im Scherz gemeint.

Der andere sprachliche Einfluss, der früh auf Andrić wirkte, war der des Deutschen. Die Matkovcziks vermieteten manchmal ein Zimmer an österreichische Offiziere, und obwohl Andrić keinen dieser Untermieter beschrieben hat, wird er von ihnen wohl erstmals muttersprachliches Deutsch gehört haben – wenn auch in österreichischer Klangart und nicht in jener preußischen Färbung, mit der er es später als Diplomat in Berlin zu tun bekommen wird. Deutsch wird die Fremdsprache, die Andrić mit Abstand am besten beherrscht. Er spricht es nahezu perfekt, schreibt es elegant und flicht in seine private deutsche Korrespondenz immer wieder Wortspiele ein, die eine muttersprachliche Vertrautheit mit der Sprache verraten.

Während Andrić in Višegrad in guten Händen ist, lebt seine Mutter in Sarajevo unter schwierigen Umständen. Sie arbeitet in einer Teppichfabrik in Sarajevo, ist eine jener *unwissenden, ärmlich gekleideten und blutarmen Teppichmacherinnen,* die Andrić später in einer Geschichte beschreibt. Trotz ihrer kümmerlichen Lebensumstände gelingt es ihr aber, zumindest im Sommer den Sohn in Višegrad zu besuchen. Bis das Städtchen 1906 an das Eisenbahnnetz angeschlossen wird, muss sie dazu eine zweitägige Reise auf sich nehmen. Die Wege waren noch aus der osmanischen Zeit, alte Karawanenrouten. In der österreichischen Zeit wurden sie zwar verbreitert, aber eine Fahrt an die Grenze nach Višegrad blieb abenteuerlich, zumal es in abgelegenen Gegenden mitunter zu Überfällen kam. Das Übel nahm so überhand, dass Postkutschen schließlich von einem bewaffneten Gendarmen begleitet wurden. „Wir sind immer am Morgen aus Višegrad losgefahren und kamen noch bei Tageslicht in Rogatica bei der Herberge an. Hier übernachteten wir und das Gespann, und am nächsten Tag setzten wir die Reise früh fort, um vor dem ersten Dämmern bis Bulog zu kommen und schon zu denken, wir seien in Sarajevo", beschrieb Andrić eine dieser bosnischen Weltreisen von Višegrad nach Sarajevo. Als Višegrad an das Eisenbahnnetz angeschlossen wird, rückt die Welt über Nacht näher heran. *Die Fuhrleute und Pferde, die gedeckten Reisewagen und altmodischen kleinen Fiaker, in denen man einst nach Sarajevo reiste, waren nun ohne Beschäftigung. Die Reise dauerte nicht mehr wie bisher zwei volle Tage mit Übernachtung in Rogatica, sondern nur noch vier Stunden. ... Wie Wunderwesen wurden die ersten Städter angeschaut, die am Morgen nach Sarajevo gereist waren, dort irgendein Geschäft erledigt hatten und am Abend nach Hause zurückkehrten.* Doch die Eisenbahn macht das Leben nicht nur bequemer, sie verändert auch die Lebensweise in Višegrad. *Denn auch in dieser abgelegenen Stadt, in der das Leben zu zwei Dritteln noch vollkommen orientalisch war, begannen die Menschen zu Sklaven der Zahlen zu werden und an Statistiken zu glauben.*

Außer Beamten gibt es in Višegrad auch eine Kaserne mit zweitausend Soldaten, denn das Städtchen liegt nahe der Grenze zu Serbien. Von seinem Zimmer aus kann Andrić den abendlichen

Ruf des Militärhorns hören. Neben den Beamten und Soldaten leben im Ortskern von Višegrad sonst nur etwa 1500 Einheimische. Selbst mit den umliegenden Dörfern haben das Städtchen und seine Umgebung kaum mehr als dreitausend einheimische Einwohner. Die entsandten Beamten und Offiziere (nicht selten verkrachte, wegen irgendeiner Dummheit an die Drina strafversetzte Existenzen) verleihen dem Ort zwar eine Ahnung von Urbanität, doch letztlich ist Višegrad ein Kaff, gleichsam das bosnische Gegenstück zu Joseph Roths Brody in Galizien. Und genau wie Roth es in seinem „Radetzkymarsch" für Brody beschreibt, wird auch in Višegrad am anderen Ende der Monarchie viel getrunken. Andrić, der, abgesehen von einigen studentischen Ausflügen in den Rausch, zeitlebens nur maßvoll trinkt, hat solche Exzesse meisterlich beschrieben. In Višegrad hatte er Anschauungsmaterial genug. In den serbischen Dörfern der Umgebung, wo jeder Bauer selbst brennt, kostet der Liter Schnaps (meist aus Pflaumen, manchmal aus Birnen, Aprikosen oder Pfirsichen, seltener aus Quitten) etwa so viel wie ein Kilo Obst. „Wo ist hier nur die Rentabilität, wenn für einen Liter Schnaps etwa fünf Kilo gutes Obst nötig sind?", fragte ein Zugereister, der nicht verstanden hatte, dass die Ökonomie des Schnapses eigenen Gesetzen folgt. „Mir scheint, dass niemand so maßlos trinkt wie meine Višegrader", erzählte Andrić als alter Mann. Als er bei einem Besuch in seiner Geburtsstadt einem Einwohner sagte: „Ihr trinkt viel, das ist nicht gut für euch", antwortete der: „Auch du würdest trinken, wenn du hier leben würdest." Besonders berüchtigte Säufer sind die Višegrader Flößer. „Das ganze Flößerdorf ist voll mit Schnaps. Auf Schritt und Tritt trifft man auf wahre Jämmerlinge, mit zerrissenem Anzug, barfuß und ausgehungert, die in Buden und Hütten vor sich hin leben", heißt es in einem zeitgenössischen Bericht. Vor allem arme Bauern, die von ihren Höfen nicht leben können, oder Knechte, die sonst keine Arbeit finden, nehmen den schweren und gefährlichen Beruf auf sich. Schon zu osmanischen Zeiten waren Kiefern, Tannen und

Fichten aus den Wäldern um Višegrad zum Verkauf stromabwärts transportiert worden. Als sich in den habsburgischen Jahrzehnten mehrere Holzhandelsunternehmen in Višegrad ansiedeln, geben sie außer Flößern auch Holzfällern ein Auskommen. Auch der Viehhandel gewinnt an Bedeutung, denn auf der anderen Seite der Grenze, in Serbien, sind Rinder und Schweine billiger.

In Višegrad gibt es damals drei Moscheen, eine serbisch-orthodoxe Kirche, eine Synagoge und ein römisch-katholisches Gebetshaus. Die Mehrheit der Višegrader sind bosnische Muslime. Von Kindesbeinen an ist Andrić der Gebetsruf von den Minaretten ebenso vertraut wie das nächtliche Trommeln der Roma zum Ramadan, die vor Sonnenaufgang lärmend durch das Städtchen ziehen, um gegen ein Trinkgeld die Fastenden zu wecken, damit sie noch rechtzeitig vor Tagesanbruch etwas essen können. Außerdem gibt es orthodoxe Serben, die aber vor allem in den Dörfern der Umgebung leben, und einige Juden. Die meisten sind Sephardim. Viele sind Geldverleiher. *Santo rechnet aus, wie viel Ibro ihm bereits schuldet und wie viel er demnach und unter welchen Bedingungen jetzt auf die neue Ernte erhalten kann. „Cincuenta, cincuenta y ocho … cincuenta y ocho, sesenta y tres …“, zählt Santo auf Spanisch flüsternd zusammen. Der Bauer sieht ihn erwartungsvoll und besorgt an, als handelte es sich um Hexerei und nicht um eine Rechnung, die er auf Heller und Pfennig kennt und sogar im Traum im Kopf hat. Als Santo zusammengerechnet hat und den Betrag der Schuld mit Zinsen nennt, presst der Bauer langsam durch die Zähne: „Ist es so?“, nur um dadurch Zeit zu gewinnen, seine eigene Rechnung mit der von Santo zu vergleichen. „So ist es, Ibraga, und nicht anders“, antwortet ihm Santo mit seiner für solche Fälle heiligen Formel.*

Seit Bosnien zum Habsburgerreich gehört, siedeln sich aber auch aschkenasische Juden aus Galizien und anderen östlichen Landstrichen Österreich-Ungarns an. Zu ihnen gehört Lotika Zelermajer, die als junge Witwe nach Višegrad kommt und dort bis zu ihrem Tod 1938 bleibt. Sie führt, für eine Frau in jener Zeit nicht nur in der bosnischen Provinz sehr ungewöhnlich, allein das einzige Hotel am Platz. Ebenso energisch wie geschäftstüchtig, wird sie in der Stadt akzeptiert, als sei sie ein Mann. In der *Brücke über die Drina*, seinem berühmtesten Roman, hat Andrić Lotika Zelermajer portraitiert. Ein anderer polnischer Jude ist der Krämer Jankil Gutenplan, an den Andrić sich Jahre später erinnert. Im Jahr 1937, Andrić ist längst ein angesehener Diplomat, besucht er ein Konzert, als eine Frau hinter ihm husten muss. Dieses Geräusch löst in Andrić eine Assoziationskette aus, die ihn zurück nach Višegrad zu Jankil Gutenplan führt: *Ein stämmiger Mann mit breitem Schnurrbart, mit einer großen Familie belastet. Er war der einzige in unserer kleinen Stadt, der Orangen und deutsche Bonbons führte. Und wann immer ich in seinen kleinen Laden kam, aufgeregt, einige Kreuzer in die Kinderfaust gepresst, Orangen auswählend, hörte ich aus dem kleinen Zimmerchen neben dem Laden genau denselben spröden und kurzen Husten, der die goldene und üppige Vision verdarb, die mir die Orangen in dem Korb vor mir eröffnet hatten. In dem Zimmer lag in Elend und Lumpen Jankils alte Mutter und starb dort seit Jahren. Aus dieser alten Erinnerung rissen mich die letzten Akkorde des Orchesters und der Applaus überall um mich.*

Kroaten gibt es in Višegrad kaum. Katholiken, die in Andrićs Geburtsort Travnik einen starken Anteil an der Bevölkerung stellen, sind in Višegrad eine kleine Minderheit. Die katholische Gemeinde besteht fast nur aus Zugewanderten. In Višegrad erfährt Andrić früh, was es bedeutet, einer Minderheit anzugehören. Sonntags nimmt die Tante ihn zum katholischen Gottesdienst mit, und bei den Matkovcziks wird Weihnachten mit einiger Sicherheit am 24. und 25. Dezember gefeiert, nicht wie bei den Serben am 6. und 7. Januar. Andrić lernt früh, dass die Bosnier unterschiedliche Feste feiern und zu Göttern mit unterschiedlichen Namen beten, die ihren Gläubigen unterschiedliche Dinge abverlangen. Obwohl er sich von seinen katholischen Wurzeln früh löst, bleibt er stets angezogen von der Kraft, die der Glaube in den

Menschen in Bosnien entfacht. In seinen Werken kann diese Kraft menschlich und gut wirken, aber auch destruktiv und böse. Darüber, was durch den Glauben bewirkt oder angerichtet werden kann, was Menschen im Namen des Glaubens anderen Menschen antun können, wird Andrić in unzähligen Variationen immer wieder schreiben.

Äußerlich verläuft Andrićs Kindheit in den ruhigen, geordneten Bahnen eines Provinzstädtchens der ausgehenden Habsburgerzeit. Er geht wohl recht gern zur Schule, da er seinen ersten Lehrer, dem er später einen warmherzigen Nachruf widmet, sehr schätzt. Ljubomir Popović, ein Serbe, der aus dem gleichen Dorf stammt wie der berühmte Brückenbauer Mehmed Sokolović, ist in Serbien zur Schule gegangen und strahlt eine natürliche Autorität aus. Zwar werden die Schüler bei Fehlverhalten selbstverständlich mit dem Rohrstock bestraft, doch offenbar macht der Lehrer nicht allzu oft von dieser Methode Gebrauch. *Er war einer jener ungewöhnlichen Menschen, die weder ein hohes Amt in der Gesellschaft innehaben noch durch besondere Gaben hervorstechen, aber eine innere Kraft besitzen, die es nicht nötig hat, sich durch besondere Taten hervorzutun, aber die trotzdem lebt und sie trägt und auf jeden wirkt, den sie treffen.* In der Schule hängen zwei Landkarten, eine von Österreich-Ungarn und eine von Bosnien. Was mag der in Serbien ausgebildete Lehrer den Kindern über die Stellung Bosniens in der Monarchie erzählt haben? Dazu hat Andrić sich nicht geäußert, doch er hat erzählt, was ihn in der Schule besonders beeindruckte: „Eines Tages sagte uns der Lehrer, wir sollen fünf Kreuzer bringen, da ein Mann in die Schule kommen und uns eine Maschine zeigen werde, die spricht. Und es kam wirklich ein Österreicher und brachte uns das erste Grammophon. Für mich war das etwas Unglaubliches! Diese menschliche Stimme, die ich aus der Grammophonschachtel hörte, machte auf mich einen größeren Eindruck als später alle Kinos der Welt." Einen weniger guten Eindruck macht das Bild eines Wales, das in der Schule gezeigt wird. Andrić hat tagelang Angst vor dem riesigen Tier. Vermutlich haben ihn die Erwachsenen damit beruhigt, dass Wale in der Drina extrem selten seien. Die Schulzeit und Kindheit in Višegrad bieten Andrić lebenslang Stoff für das literarische Werk. Viele Kurzgeschichten sind aus der Perspektive von Kindern erzählt. Višegrad wirkt nach. Im Zweiten Weltkrieg, im von den Deutschen besetzten Belgrad, erinnert sich Andrić an einen Abzählreim aus Kindertagen und trägt ihn in sein Notizbuch ein: „En, ten, tinu! Sava, raka, binu; sava, raka, tikataka! Elen, belen, bus!"

Eine glückliche Kindheit also? Nicht, wenn wir Andrićs späteren Notizen glauben. Angst, schreibt er da, sei das bestimmende Gefühl seiner Kindheit gewesen: *Die Angst quälte mich. Angst vor dem, was die Älteren erzählten und was ich nicht verstand, hinter dem ich aber unbekannte Schwierigkeiten und ungeklärte und unklärbare Fragen vermutete. Angst vor dem Schatten, den die Petroleumlampe an die Decke warf, Angst vor der mächtigen Finsternis und der machtlosen Helligkeit. Und dieselbe Angst trieb mich dazu, mich vor dem Schlafen aus dem Bett zu stehlen, wach zu sein, Angst zu haben, aber in der Hoffnung zu leben, dass ich für meine Angst eine Lösung finden und ein Ende sehen werde, so wie ein Mensch, der müde und verirrt ist, sich nicht hinsetzen darf, sondern durch den dunklen Wald und die feuchte Nacht irrt in der Hoffnung, er werde den Weg und Ausgang finden."* Andrić beschreibt Višegrad (wie später Sarajevo) als Falle: *Ich fühlte, dass für jeden von uns schon im Augenblick unserer Geburt eine Falle aufgestellt ist, winzig und fein, die aber mit uns gemeinsam wächst und mit unseren Jahren stärker wird, die uns folgt wie unser Schatten und überall auf uns wartet, sicherer als das Grab. Ich wusste, auch wenn ich weder weiß woher noch wie, dass man den größten Teil des Lebens durch die Dunkelheit reist, und dass die Angst der Wegzoll ist, den wir sowohl im Dunklen als auch in der Sonne zahlen.*

Das sind Sätze aus Notizheften, die der Öffentlichkeit erst nach Andrićs Tod bekannt werden. In zu Lebzeiten veröffentlichten Texten schrieb er an vielen Stellen aber keineswegs positiver über die Stadt seiner Kindheit. *Ohne Schönheit* sei Višegrad gewesen, *ohne Freude, ohne Hoffnung auf Freude, ohne Recht auf Freude,* eine Stadt, *wo alles Trockenheit und Bitternis war,* bevölkert von *stummen Menschen mit verhärteten Herzen.* In der Geschichte *Liebe in der Kleinstadt,* die auf einer wahren Begebenheit beruht, die Andrić vermutlich aus Rücksicht auf noch lebende Zeugen oder Verwandte verfremdet, heißt es über Višegrad: *Die Leute dort kannten keine Fröhlichkeit.* Voller zurückgestauter Lebensfreude seien die Višegrader, unterbrochen von zügelloser Leidenschaft und unkontrollierten Ausbrüchen. *So wurden sie geboren, wuchsen auf, heirateten, erwarben Vermögen, lebten lange, schwer und dumpf.* Um den Kontrast zwischen dem Städtchen und der Außenwelt noch zu verstärken, lässt Andrić einen in Višegrad stationierten österreichischen Offizier an einen Freund schreiben, *in diesem verlassenen Winkel, zwischen dürrem Vieh und dumpfen Menschen* sei die Brücke über die Drina *der einsame Bote einer fernen, hellen Welt.* Andrić kehrt das Verhältnis später aber um, denn der Offizier ist ein oberflächlicher Zyniker, der durch eine Affäre ein jüdisches Mädchen in den Selbstmord treibt und sich in seiner Gleichgültigkeit gegenüber ihrem Schicksal viel roher und dumpfer verhält als die Einheimischen, die er mit Tieren vergleicht. Doch gerade dort, schreibt Andrić in einem autobiographischen Text, sei er als Kind überzeugt gewesen von dem Reichtum und der Schönheit der Welt. *Schwach, unwissend und mit nichts in den Händen war ich dort trunken von einem Glück, das mir den Atem raubt, glücklich über all das, was dort nicht ist, dort nicht sein kann und niemals dort zu finden sein wird.* Aber eben anderswo.

SARAJEVO

Da es in Višegrad nur eine Grundschule gibt, muss Andrić das Städtchen nach der vierten Klasse wieder verlassen, um seine Schulbildung fortsetzen zu können. Wäre er nur eine Generation früher geboren worden, hätte er zum Besuch eines Gymnasiums nach Zagreb, Belgrad oder Wien gehen müssen, was angesichts der Mittellosigkeit seiner Mutter kaum möglich gewesen wäre. Andrić wäre dann vielleicht ein habsburgischer Beamter der untersten Kategorie geworden wie sein Vater, oder, mit etwas Glück, ein kleiner Handwerker. Um nicht in einer Fabrik zu enden, hätte er als Kroate auch in das Mönchstum fliehen können. Vielleicht hätte er als Franziskaner die Chance gehabt, für ein Theologiestudium in Italien ausgewählt zu werden. Doch Andrić gehört einer Generation von Bosniern an, der auch im eigenen Land neue Wege offenstehen. In Sarajevo ist gleich im ersten Jahr nach dem Einmarsch der Habsburger ein Gymnasium gegründet worden, die erste weiterführende Schule des Landes, die nicht der religiösen Ausbildung vorbehalten ist. Vermutlich durch Bemühungen seines Onkels gelingt es, Andrić ein Stipendium der kroatischen Kulturgesellschaft „Napredak" (Fortschritt) zu verschaffen, mit dem er ab Herbst 1903 das Gymnasium in Sarajevo besuchen kann. Nur die Sommerferien verbringt er weiterhin in Višegrad. „Napredak" ist erst ein Jahr zuvor gegründet worden mit dem Ziel, kroatischen Schülern und Studenten aus armen Familien den weiterführenden Schulbesuch oder ein Studium zu ermöglichen. Bosniens Serben und Muslime haben ihre eigenen Fördervereine, wobei insbesondere die Serben auch Bewerber anderer Konfessionen aufnehmen. „Bekennt" sich ein katholischer oder muslimischer Bosnier ideologisch zum Serbentum, kann er ein serbisches Stipendium erhalten. Bei bosnischen Kroaten wie Andrić gelingt das selten, doch kommt es durchaus vor, dass bosnische Muslime, deren nationale Identität sich erst herausbildet, zu „Bildungsserben" werden, ohne ihre Religion aufzugeben. Um Bosniens Muslime gibt es allerdings eine Konkurrenz zwischen Serben und Kroaten. Für deren nationalistische Kreise existieren bosnische Muslime als eigene nationale Gruppe nicht, da sie als „islamisierte Serben" beziehungsweise „islamisierte Kroaten" gelten – weshalb man sie bei einem entsprechenden nationalen Bekenntnis gern in die eigenen Reihen aufnimmt, ohne einen Konfessionswechsel zu verlangen.

Für Andrić bedeutet das kroatische Stipendium, dass er trotz der Armut der Mutter, die weiterhin in der Sarajevoer Teppichfabrik schuftet, seine Schullaufbahn fortsetzen kann. Während die Mutter zur ersten Generation bosnischer Arbeiterinnen gehört und in der Weberei die ersten Streiks des Landes miterlebt, kann Andrić als Erster seiner Familie die Voraussetzungen für ein Studium erwerben. Das ist ein entscheidender Glücksfall für ihn, doch anfangs wird die Übersiedlung aus Višegrad in das vergleichsweise großstädtische Sarajevo ähnlich verstörend gewesen sein wie die Trennung von der Mutter als Kleinkind. Auf das kleine Haus am großen Fluss in Višegrad folgt die Beengtheit der in rascher Folge bezogenen und wieder aufgegebenen Zimmer und Kellerwohnungen in der Nähe der Teppichfabrik. Die Angst vor der Armut, von der selbst alle Reichtümer der Welt nie ganz erlösen können, hat Andrić oft beschrieben. Der materielle Aufstieg und ein unerwarteter Absturz ins Elend, der selbst den Wohlhabendsten in die Knie zwingen kann, sind ein häufiges Motiv bei ihm. Der lange Arm der Not reicht noch in das tiefste Versteck. Die Angst vor *der elenden und ewigen Armut, diesem Drachen mit Millionen von unersättlichen Mäulern,* ist sogar das zentrale Motiv in seinem Roman *Das Fräulein.* Darin gesellt Andrić den großen Geizkrägen der Literatur eine mindestens ebenso große Geizhälsin hinzu. Geiz, meist ausgelöst durch Erinnerungen an eine Kindheit voller Not und Elend, ist eine Eigenschaft auffällig vieler Figuren bei Andrić.

Andrićs Schwierigkeiten mit Sarajevo haben aber nicht nur mit den Lebensverhältnissen zu tun, die trotz des Stipendiums schwierig bleiben. Auch die neue Schule macht ihm zu schaffen. Das Gymnasium in Sarajevo beschreibt er später als *grob, hart, automatisch, ohne Willen, Glauben, Menschlichkeit, Wärme und Liebe.* Unversöhnlich noch nach Jahrzehnten, schreibt er im Alter, die Gymnasialzeit sei ihm als *Wüste und Strafe* erschienen, *lebenslänglich und unüberwindlich, ohne Führer und Wegweiser.* Als Kind ist Andrić oft krank und fehlt viele Tage in der Schule. Die in der väterlichen Linie so häufigen Atemwegserkrankungen brechen durch, vermutlich durch die ärmlichen Wohnverhältnisse begünstigt. Wenn er noch als Student schreibt, dass ihn an manchen Tagen jeder Atemzug anstrenge, ist das nicht metaphorisch gemeint. Die Fehlzeiten wirken sich auf die Noten aus, vor allem in der Mathematik. Die sechste Klasse muss Andrić wiederholen, nachdem er in Mathematik durchgefallen ist. „Bei der Wiederholungsprüfung sagte der Professor ganz laut: ‚Der kann doch gar nichts!' Und er ließ mich für jenes Jahr durchfallen. So musste ich die Klasse wiederholen", meint Andrić sich noch Jahrzehnte später erinnern zu können. „Leider hatte ich am Ende wieder eine schlechte Note in Mathematik. Es ging nicht anders als wieder zur Nachprüfung. Ich bin knapp, sehr knapp durchgekommen. Ich muss zugeben, dass mir die Worte des Professors später ein Leben lang in den Ohren schallten: ‚Der kann doch gar nichts!'"

Durch die schulischen Misserfolge verliert er sogar sein Stipendium. Nur weil der Onkel aus Višegrad einspringt, kann er weiter zur Schule gehen. Die Mathematik bleibt für den Gymnasiasten bis zur letzten Klasse unberechenbar, doch in allem, was mit Sprache zu tun hat, glänzt er. Latein und Französisch bereiten ihm keine Schwierigkeiten. In der Landessprache – die einst Serbokroatisch genannt wurde, heute aber je nach Ort und Sprechenden Bosnisch, Serbisch, Kroatisch oder Montenegrinisch heißt, was nichts daran ändert, dass sich ihre Sprecher besser untereinander verständigen können, als ihnen mitunter lieb ist – gehört er zu den Besten. Seine ersten Honorare verdient Andrić, indem er Mitschülern gegen Bezahlung Aufsätze schreibt. Mit der deutschen Sprache war er schon in Višegrad in Berührung gekommen. Auf dem Gymnasium macht er in diesem Pflichtfach rasch Fortschritte bei einem Lehrer, der den Schülern gründliche Kenntnisse der deutschen Klassiker vermittelt. Vor allem Heine und Goethe werden lebenslange Begleiter Andrićs bleiben. Dass er später als Diplomat in Paris und Marseille nie Schwierigkeiten mit dem Französischen hat oder als Gesandter in Berlin formvollendet mit deutschen Behörden korrespondieren kann, hat er auch dem ungeliebten Gymnasium in Sarajevo zu verdanken. Zudem sind seine Deutschkenntnisse für ihn eine Eintrittskarte in die Weltliteratur. Bücher aus Bosnien, Kroatien oder Serbien kann er natürlich im Original lesen, doch ausländische Autoren, insbesondere die damals sehr einflussreichen Skandinavier, sind kaum in Andrićs Muttersprache übersetzt. Zu Strindberg, Ibsen, Hamsun (dessen „Hunger“ er mit dem Titel seiner Kurzgeschichte *Durst* Reverenz erweist), findet er über deutsche Übersetzungen Zugang. In dem Text *Wie ich in die Welt der Bücher und der Literatur eingetreten bin* beschreibt Andrić diese frühen Leseerfahrungen später als *die große Leidenschaft und die große Qual* seiner jungen Jahre. *Denn das Buch war in unserem damaligen Leben selten und teuer, eine fast unerreichbare Sache. In unseren ärmlichen Wohnungen gab es keine Bücher außer Lehrbüchern oder irgendeinem ärmlichen Kalender. Die Schule bot wenig oder nichts, und von Kauf konnte keine Rede sein.* In Sarajevo habe es nur drei oder vier Buchhandlungen gegeben, erinnert sich Andrić. Die größte und beste wurde von einem „Koffermenschen“ geführt, einem Zugezogenen. Dort gab es neben einheimischen auch deutsche Bücher, *meist Ausgaben aus Wien oder München, größtenteils leichte Unterhaltungsliteratur, die für die Lektüre österreichischer Beamter und Offiziere gedacht war, und zusätzlich gab es auch einige deutsche Übersetzungen aus dem Russischen oder aus den skandinavi-*

schen Literaturen, die damals groß in Mode waren. Für mich waren sie übrigens alle gleich, denn über keine wusste ich etwas. Ich wusste nur, dass es Bücher sind und dass sie mich mit ihrer glänzenden Ausstattung und ihren geheimnisvollen Titeln und ihrem unbekannten Inhalt unwiderstehlich anziehen und dass ich sie leidenschaftlich haben will. Das Schaufenster der Buchhandlung wird zu Andrićs Fenster zur Welt, vor dem er viele Stunden verbringt. Vom Bistrik, dem ärmlichen Hangviertel, in dem er mit seiner Mutter lebt, geht er in die Innenstadt, um die Bücher, die er sich nicht leisten kann, wenigstens anzusehen. Die Titel versteht er kaum, was sie noch attraktiver macht, da er sich zusammenphantasiert, wovon die Bücher handeln könnten. *Ich ging einige Male von dieser Auslage weg und kehrte wieder zurück, bis der Herbstabend kam, das Licht in der Auslage aufflackerte und dessen Schatten auf den nassen Asphalt fiel. Dann musste man all das verlassen und nach oben in das Viertel zurück zu seinem alten Leben gehen. Doch die beleuchtete Auslage war nicht leicht zu vergessen. In den nächtlichen kindlichen Träumen und Wachträumen glitzerte die Auslage und drehte sich in fantastischen Transformationen.* Das sehnsuchtsvolle Betrachten von Büchern hinter einer Glasscheibe ist eine Art Initiationsritus für den Jungen. Er will zu dieser Welt gehören. *Viele Jahre sind seither vergangen, ich habe viele Bücher in meinem Leben gesehen, viele gelesen, einige geschrieben, aber die Bücher, jene Bücher aus der bescheidenen Auslage der provinziellen Buchhandlung in Sarajevo habe ich nie ganz vergessen.*

Als er älter wird, kann er sich schließlich doch eigene Bücher leisten. Viele Klassiker erreichen ihn über die *Universal-Bibliothek* des Reclam-Verlages aus Leipzig. *Die Hauptlektüre der damaligen jungen Menschen auf dem Gymnasium in Sarajevo in fremder Sprache waren die Ausgaben des bekannten und großen deutschen Verlagshauses Reclam. Diese kleinen, billigen Heftchen mit gelbem Umschlag und außergewöhnlich kleinem Druck bildeten die wichtigste Geistesnahrung, die den Schülern dieser Zeit zugänglich war; durch sie konnten sie nicht nur die deutsche Literatur, sondern auch alle größeren*

Werke der Weltliteratur in deutscher Übersetzung kennenlernen. Er liest den „Don Quijote" auf Deutsch, später Victor Hugo auf Französisch. Und natürlich liest er so, wie junge Menschen eben lesen: wild durcheinander, Erstklassiges neben Ramsch, Mittelmaß neben Klassikern. Kaviar zu Hirsebrei mit Malzkaffee und Champagner. Die abenteuerliche Mischung passt zu den politisch unruhigen Zeiten. Im Rückblick sind die letzten Jahre vor dem Ersten Weltkrieg oft zu stillen Fin-de-Siècle-Idyllen verklärt worden, zu einer behaglichen Sonntagnachmittagsöde mit Kaffee und Kuchen. Ob das je eine treffende Epochenbeschreibung war, sei dahingestellt – für Sarajevo und den Balkan galt es jedenfalls gewiss nicht. Dort prallen die Gegensätze der Zeit schon heftig aufeinander, als anderswo in Europa erst die Gewitterwolken am Horizont zu sehen sind. Vladimir Nabokov hatte über St. Petersburg geschrieben, die Stadt sei „eine Reflexion in einem trüben Spiegel, ein gruseliges Durcheinander von Gegenständen, von denen falscher Gebrauch gemacht wurde, Dingen, die rückwärts gingen, je schneller sie vorwärts liefen". Andrić beschreibt die Stadt seiner Jugend ähnlich: In Sarajevo, *dieser düsteren Stadt,* war *alles wie verhext, verschlossen, fremd, übelwollend und ausweglos; und alles glich einem grässlichen unwahrscheinlichen Missverständnis, das den Menschen würgt und ihn erdrosseln wird …* Andrić wird von dieser Atmosphäre früh erfasst. In Višegrad poetisiert, wird er in Sarajevo politisiert. *Aus Sarajevo kannst du nicht fliehen.* Er beginnt sich „zu engagieren". Sein Zorn richtet sich, wie der seiner Generation, gegen die Habsburgermonarchie.

Bosniens Stellung in dieser Monarchie ist wahrlich seltsam. Österreich-Ungarn ist erst seit 1867 im Wortsinne eine Doppelmonarchie, in der es fast alles zweimal gibt: zwei Parlamente, zwei Regierungen, zwei Ministerpräsidenten, zwei Eisenbahnsysteme, zwei Staatssprachen. Nur die Armee (in der die Kommandosprache trotz ständiger Proteste der Ungarn Deutsch bleibt), die Außenpolitik und bis zu einem gewissen Grade die Finanzen sind noch gemeinsame Angelegenheiten, aber auch hier gibt es Bestrebungen der ungarischen Reichshälfte, sich von Wien zu lösen. Die finanziellen Beziehungen zwischen Wien und Budapest müssen alle zehn Jahre neu ausgehandelt werden, was den Staat regelmäßig vor eine Zerreißprobe stellt. Wirklich einmalig an der Doppelmonarchie ist nur ihr Kaiser Franz Joseph. Als dieser seltsam verfasste Doppelstaat 1878 die Verwaltung Bosniens übernehmen sollte, stellte sich sofort die Frage, wem die neue Provinz gehören solle. Österreich? Ungarn? Österreich-Ungarn? Ungarn war anfangs (wie auch bestimmte Kreise in Österreich) gegen die Einverleibung Bosniens gewesen, da ein solcher Schritt dem Imperium nur noch mehr aufmüpfige Slawen einbringen würde. Österreicher und Ungarn, die der Monarchie ihren Namen geben, stellen nur etwas mehr als vierzig Prozent von deren Bevölkerung. Tschechen, Slowaken, Kroaten, Serben, Slowenen, Polen, Ukrainer, Rumänen, Italiener machen dagegen fast 46 Prozent aus. Insbesondere in Ungarn ist man nicht erpicht darauf, noch mehr Slawen in das Reich einzugliedern, denn mit den Serben in den südungarischen Gebieten und mit den Kroaten im ungarisch verwalteten Kroatien gibt es Scherereien genug. Andererseits sieht man nicht nur in Budapest die Gefahr, dass Bosnien an Serbien fallen könnte, sollte die Doppelmonarchie nicht zugreifen – und dann hätte Ungarn an seiner Südgrenze einen veritablen Gegner, der mit russischer Unterstützung früher oder später auch ungarische Gebiete für sich beanspruchen würde, zum Beispiel die Vojvodina, wo viele Serben leben. So gewinnen die Befürworter eines Einmarsches in Bosnien schließlich die Oberhand, was jedoch sofort zu einem Streit darüber führt, welcher Reichshälfte die neue Erwerbung zufallen soll. Die Lösung lautet schließlich: allen und keinem. Bosnien-Hercegovina wird dem Finanzministerium unterstellt, einem der drei gemeinsamen Ministerien von Österreich-Ungarn. Als oberster Landesherr verwaltet der Finanzminister die Provinz im Auftrag des Kaisers. Im Finanzministerium entsteht das „Büro für bosnische

Angelegenheiten". Da die neue Provinz nichts kosten soll, wird festgelegt, dass alle lokalen Investitionen aus bosnischem Steueraufkommen zu finanzieren sind. Was Bosnien nicht selbst bezahlen kann, etwa Eisenbahnlinien oder Fernstraßen, darf nur gebaut werden, wenn es durch identisch formulierte Gesetze von den Parlamenten beider Reichshälften gebilligt wird. Das erweist sich oft als unmöglich, da Österreicher und Ungarn eifersüchtig darüber wachten, dass sich die jeweils andere Reichshälfte keinen Vorteil in dem neu erworbenen Gebiet verschafft. So fordern das Militär und die österreichische Reichshälfte den Bau einer Eisenbahnlinie von Sarajevo nach Split. Über den Hafen von Split in Dalmatien, das zur österreichischen Reichshälfte gehört, hätte sich nicht nur der Truppentransport günstiger und schneller abwickeln lassen, sondern auch der bosnische Außenhandel. Doch Ungarn ist dagegen, da es seinen eigenen Adriahafen in Fiume (heute Rijeka) vor Konkurrenz schützen will. Als Folge dieses Patts führt die einzige Eisenbahnstrecke von Sarajevo nach Wien weiterhin über Ungarn. Ein Monopol, das sich die ungarische Eisenbahn vergolden lässt. Aus Rache für den verhinderten Bau der Eisenbahn nach Split blockiert Österreich Bauvorhaben, an denen Ungarn interessiert ist. Wien und Budapest betreiben in Bosnien oft ein Nullsummenspiel zu Lasten ihrer Kolonie.

Zwar investieren die Habsburger in den vierzig Jahren ihrer Herrschaft mehr in Verkehrswege, Schulen und Verwaltung als die Osmanen in den mehr als vier Jahrhunderten zuvor, doch politische Ruhe können sich die neuen Besatzer damit nicht erkaufen. Am ehesten sind noch die Kroaten geneigt, sich mit dem neuen Regime zu arrangieren. Immerhin hat jetzt eine katholische Macht das Sagen in Bosnien. Doch viele Kroaten wollen ihren eigenen Staat und sehen Bosnien, oder zumindest Teile Bosniens, als Teil davon. Andere Kroaten hoffen auf eine Föderation der Südslawen. Bosniens Muslime wiederum trauern den osmanischen Zeiten hinterher, als sie gemeinsam mit den Türken die Herren des Landes waren. Doch da die habsburgische Verwaltung den Besitz der Agas unangetastet lässt, macht die muslimische Oberschicht mit den neuen katholischen Herren dann halbwegs ihren Frieden. Zwar setzt nach dem Einmarsch der Habsburger eine kleine Auswanderungswelle ein, doch sie verebbt rasch. Mehmed-beg Kapetanović, von 1893 bis zur Jahrhundertwende Bürgermeister Sarajevos, fordert seine muslimischen Glaubensgenossen zum Bleiben auf. Es sei besser, ins Gymnasium statt nach Anatolien zu gehen, lautet seine Formel.

Anders steht es um die Serben. Sie blicken nach Serbien und Russland. Anfangs hatten die serbischen Bauern in Bosnien noch gehofft, dass die neuen katholischen Herren die Frondienste abschaffen und die Abgabenlast mildern würden. „Von hohem Felsen kracht ein Schuss, mit des Agas Drittel ist nun Schluss", lautete eine Losung. Doch die Bodenreform kommt nicht. Die ungarische Regierung hätte einer solchen Reform zustimmen müssen, ist dafür aber ihrerseits auf die Billigung durch das Parlament in Budapest angewiesen. Das aber ist von Großgrundbesitzern dominiert, und die sind gegen eine Verteilung von Grund und Boden an Kleinbauern in Bosnien, um nicht die eigene Landbevölkerung auf dumme Gedanken zu bringen. Zwar hat es in Bosnien ein Ende mit den barbarischen Bestrafungsmethoden, doch das wirtschaftliche Los der Kmeten bessert sich kaum. Wie zu osmanischen Zeiten setzen staatliche Inspektoren zur Erntezeit willkürlich eine Steuer fest, die entrichtet werden muss, bevor die Ernte verkauft ist. Also müssen die Bauern Kredite aufnehmen, und zwar oft bei ihren Agas, denen sie auch noch einen Teil ihrer Ernte abzuliefern haben. Dass sie danach den Rest der Ernte möglichst rasch verkaufen müssen, um sich von den Wucherzinsen ihrer Kredite zu befreien, drückt die Preise auf den Märkten, denn die Käufer kennen den Zeitdruck der Bauern. Auch die Fron wird nicht abgeschafft. Vor allem im Straßenbau und bei Gleisarbeiten greift die Monarchie auf zwangsarbeitende Bauern zurück. Ohne deren unbezahlte Arbeit wäre es unmöglich, die Infrastruktur der rückständigsten habsburgischen Provinz auszubauen, denn Bosnien darf ja „nichts kosten". Als die Kmeten erkennen, dass der habsburgische Staat die von ihnen erhofften Reformen verhindert, ist die Sache entschieden. Insbesondere die bosnischen Serben werden in ihrer Mehrheit nie wirklich loyale Staatsbürger der Doppelmonarchie werden.

Andrićs drei Jahrzehnte nach dem Zusammenbruch des Habsburgerreiches erschienene *Geschichte vom Zinsbauern Siman* thematisiert die Wut der bosnischen Landbevölkerung auf die Habsburger. Der Bauer Sima Vasković, genannt Siman, hofft nach dem Einmarsch der Österreicher endlich sein Joch abschütteln zu können und verweigert seinem Grundherrn Ibraga den Tribut. Erbost will Aga Ibraga den Kmeten zur Rede stellen. Siman, die Hände hinter dem Kopf verschränkt, liegt im Gras in der Sonne, als sein Grundherr vor ihn tritt. Ibraga kann diese Frechheit kaum fassen: *Ihm war, als wanke die Welt in ihren Grundfesten. Er hielt sich an einem Pflaumenbaum fest und schaute diesen frechen Menschen an, der wider alle Ordnung und Sitte dalag und sich vor ihm nicht erhob; er traute seinen Augen nicht und war fassungslos vor Staunen … Lange starrte Ibraga auf das, was nie ein Mensch gesehen und vernommen hatte, seit die Agas Agas und die Kmeten Kmeten waren.* Der Grundherr erinnert den Bauern an seine Pflicht, ihm ein Drittel der Ernte zu liefern, doch Siman bleibt unbeeindruckt. Es seien andere Zeiten gekommen, und mit ihnen ein anderes Recht und andere Richter: *Auch das, was dir gehört, hat einmal uns gehört und ist zu irgendeiner Zeit und nach irgendeinem Recht euer Eigentum geworden. Nun, wenn das, was einst mir gehört hat, dein Eigentum werden konnte, so wird wohl auch das, was du nun als das Deine bezeichnest, wieder mein Eigentum werden können, so wie es früher gewesen ist.* Als der Aga ihn ein letztes Mal auffordert, seinen Teil der Ernte zu entrichten, antwortet Siman: *Dort hast du Pflaumen, klettre auf den Baum und iss, soviel du willst, wohl bekomm's. Aber von hier mitnehmen wirst du nicht eine madige Frucht. Ich erlaube es nicht; ich will sehen, wie du mit leeren Körben von hier weggehst, von wo du immer mit vollen gegangen bist. Und das soll so sein zu meinem Vergnügen und – damit du es weißt – für den Seelenfrieden aller meiner Verstorbenen seit vierhundert Jahren.* Vierhundert Jahre, sagt Siman, seien die Türken auf den Serben geritten, *nun werden wir auf euch vierhundert Jahre reiten, danach aber können wir uns darüber unterhalten, wer auf wem in den nächsten vierhundert Jahren reiten wird.* Doch der Bauer, der fest darauf gesetzt hat, dass der neue Sultan in Wien ein besserer als der alte in Istanbul sein werde, verliert vor Gericht. Die habsburgischen Richter urteilen, dass die osmanischen Gesetze in Bosnien erst dann ihre Gültigkeit verlieren, wenn neue in Kraft getreten seien. Da ein neues Bodengesetz jedoch nicht kommt, bleibt das alte gültig. Siman verfällt dem Alkohol, stößt zwischen zwei Schnäpsen aber noch einen Fluch aus: *Die Leute werden über das Recht der Agas lachen, wie sie heute über mich lachen. Nur wird dies ein etwas größeres und schwereres Gelächter sein, ganz Bosnien wird davon widerhallen. Ich werde nur mehr eine Handvoll Knochen in der Erde sein oder nicht einmal das; aber eine schönere Seelenmesse kann ich mir gar nicht vorstellen.* Als Andrić seinem Bauern diese Prophezeiung 1948 in den Mund legt, ist der Krieg, in dem sie auf grausamste Weise eingetreten ist, erst wenige Jahre vorüber. Und sie wird zwanzig Jahre nach dem Tod des Autors noch ein weiteres Mal eintreten.

Im Sarajevo der Jahre vor dem Ersten Weltkrieg gehört Andrić zu jenen, die auf einen baldigen Zusammenbruch der Doppelmonarchie hoffen. Er träumt davon, dass danach aus einer Vereinigung Sloweniens, Kroatiens, Bosniens und Serbiens ein Staat entstehen wird, der stark genug wäre, alle künftigen Versuche fremder Einmischungen in der Region abzuwehren: Jugoslawien. „Jug" heißt auf Russisch und in den südslawischen Sprachen „Süden". Jugoslawien, also „Südslawien", ein gemeinsamer Staat der Slawen des Balkans (ohne die Bulgaren, denn die hatten schon einen eigenen Staat und waren nicht interessiert), ist ein lebenslanges politisches Ideal von Andrić. In einem Notizbuch von 1917 hält er einen Ausspruch dazu fest, den er irgendwo gelesen hat: „Jugoslawien ist nicht, ist hundert Mal nicht nur ein Land, sondern Jugoslawien ist ein Ideal. Wenn morgen die Staatsgrenzen alle unsere Gebiete umschließen, wird Jugoslawien nicht verwirklicht sein, sondern wird erst verwirklicht werden müssen." Mit dem vagen Ziel, ein wie auch immer geartetes Jugoslawien zu schaffen, ist in Andrićs Jugendzeit in Bosnien eine lose und heterogene Widerstandsbewegung gegen die habsburgische Herrschaft entstanden, für die sich später der Name „Mlada Bosna" (Junges Bosnien) einbürgert. Es gibt auch Bewegungen, die damals oder später „Junges Kroatien" oder „Junges Dalmatien" genannt werden und die ebenfalls die habsburgische Herrschaft abschütteln wollen. Die bekannteste Bewegung aber ist die Mlada Bosna, deren bekanntester Protagonist wiederum Gavrilo Princip wird. Er geht im Gymnasium in Sarajevo zwei Klassen unter Andrić zur Schule und wird am 28. Juni 1914 durch die Schüsse auf den österreichischen Thronfolger Franz Ferdinand und seine Ehefrau Sophie Chotek das folgenreichste Attentat der Geschichte verüben.

Tatsächlich ist die Mlada Bosna mehr eine Strömung als eine Bewegung, eher eine Zeiterscheinung als eine fest umrissene Gruppierung, weshalb es auch kein Widerspruch ist, dass so unterschiedliche Charaktere wie der zugleich schüchterne und ungestüme serbische Bauernsohn Gavrilo Princip und der kontemplative kroatische Halbwaise Ivo Andrić in ihr Platz finden. Als Vorbild dient der Mlada Bosna das *Junge Italien* (Giovine Italia) des italienischen Freiheitskämpfers Giuseppe Mazzini. Das *Risorgimento,* die italienischen Einigungsbestrebungen im 18. und 19. Jahrhundert, sind freilich ein ungenaues Vorbild. *Risorgimento* heißt Wiedererstehung – und ein gemeinsamer Staat der Südslawen hatte nie bestanden. Er wäre eine Reise ins Unbekannte. „Wenn es ein kulturelles Europäertum geben kann, eine kulturelle Gemeinschaft aller Europäer", fragt der kroatische Schriftsteller Antun Gustav Matoš, „warum könnte es dann nicht eine gemeinsame Arbeit der Söhne des südlichen Slawentums geben, umso mehr, da die kulturellen Kräfte so ähnlich sind ...?“ Matoš, der knapp zwanzig Jahre älter ist als Andrić, ist jedoch nicht frei von Zweifeln. Taugt das orthodoxe Königreich Serbien, das viele Jung-Bosnier als Kern des zu schaffenden Jugoslawien sehen, zum „Piemont des Balkans“? Wird es auch von katholischen Kroaten und Slowenen oder von Bosniens Muslimen als Nukleus, gar Führungsmacht eines gemeinsamen Staates anerkannt werden? Andrić schreibt dazu: *Der Sinn unserer nationalen Vereinigung zu einem großen und mächtigen modernen Nationalstaat liegt auch darin, dass unsere Kräfte dann im Land bleiben, sich hier entwickeln und ihren Beitrag zur allgemeinen Kultur unter unserem Namen leisten werden, und nicht von fremden Zentren aus.* Doch soll Belgrad das Zentrum dieses Staates sein? Noch schafft die gemeinsame Abneigung gegen die habsburgischen Besatzer Zusammenhalt zwischen den Jung-Bosniern. „Wenn Österreich-Ungarn uns verschlingt, dann werden wir seinen Magen zerfressen“, lautet eine Parole. Abgesehen davon herrscht aber keine Einigkeit unter den diffus begeisterten Jung-Bosniern, die ganz verschiedene Vorstellungen von dem Traum haben, der „Jugoslawien“ heißt. Die einen wollen es kommunistisch, andere anarchistisch, wieder andere als Bundesstaat oder Staatenbund. Manche stellen es sich einfach als vergrößertes Königreich Serbien vor, denn die Mlada Bosna wird vor allem von bosnischen Serben getragen, auch wenn sich bosnische Muslime und Kroaten wie Andrić ebenfalls für das Konglomerat an Ideen begeistern, das damit verbunden wird. Nur Bosniens Juden spielen fast überhaupt keine Rolle in der Mlada Bosna, da der Jugoslawismus als Idee damals, anders als später im Zweiten Weltkrieg, kaum Anziehungskraft auf sie ausübt.

Anders als ihre Eltern und Großeltern glauben die Jung-Bosnier jedenfalls nur noch literarisch an Geister oder Feen. Religiös sind die meisten nicht. Ihr Heiland kommt aus Russland und heißt Kropotkin. Sie lesen außer den anarchistischen Schriften Pjotr

Kropotkins und Michail Bakunins auch den Nihilisten Nikolai Tschernyschewski oder den Sozialrevolutionär Alexander Herzen, bewundern Fjodor Dostojewski, himmeln den tschechischen Philosophen und späteren Politiker Tomáš Masaryk an. Hauptsache, es geht gegen Österreich. Für diese Geisteshaltung steht eine Aussage, die der im böhmischen Theresienstadt eingekerkerte Attentäter Gavrilo Princip 1916 gegenüber dem Gefängnispsychiater Doktor Martin Pappenheim macht, der sie stichwortartig aufzeichnet: „Vater Bauer ... Schule in Sarajevo 5 Klassen, dann 3 Klassen in Belgrad ohne Matura. Habe die Schule in Sarajevo 1911 verlassen. ... Ideale der Jugend: Einheit südslawischer Völker, Serben, Kroaten und Slowenen, aber nicht unter Österreich. ... Dachte, dass wenn Österreich in eine schlechte Lage gebracht, dann würde eine Revolution kommen. ... Durch Attentat kann diese Stimmung vorbereiten. Schon vorher Attentate, die Attentäter waren wie Heroen für unsere Jugend. ... Habe gehört und gelesen, dass es in Österreich den slawischen Völkern nicht gut gehe. Werden verfolgt. ... In Sarajevo jede Nacht geträumt, er sei ein Attentäter, kämpfe mit Gendarmen und Polizisten. Las viel über russische Revolution, über die Kämpfe."

Dieser Sud aus jugendlichem Idealismus, Gerechtigkeitsempfinden, Revolutionsträumen, Todeskult, Nationalismus und mit Freiheitsliebe versetzten Mordphantasien ist typisch für die Generation Mlada Bosna. Die Mlada Bosna sei ein „Märtyrerorden" junger Männer, „die von dem Gedanken, ihr Leben wegzuwerfen, ganz begeistert waren", schreibt der an der Universität Cambridge lehrende Historiker Christopher Clark. Hinzu kommt literarischer Ehrgeiz. Fast alle Jung-Bosnier schreiben, sind beflügelt *von etwas launenhaften und wirren geistigen Neigungen*. Stundenlang debattieren sie über Politik und Literatur. Andrić erinnert sich an flammende Schülerdiskussionen auf der gemauerten Brüstung der Miljacka oder beim Billard im *Café Kairo*. Die Schüler zitieren außer ihren eigenen Dichtern und Denkern auch Karl Kauts-

Andrić (7) als Mitglied eines revolutionären Schülerkomitees in Sarajevo

ky und Ernst Haeckel, August Bebel und Knut Hamsun, August Strindberg und die Legende vom Kosovo. Natürlich alles durcheinander, wie es gerade passt oder auch nicht passt. Die Mlada Bosna ist auch ein Debattierclub – mit einzelnen Mitgliedern, die sich durch einen gelegentlichen Drang zum Fememord auszeichnen. Aus heutiger Sicht würde man wohl von literarisch ambitioniertem Terrorismus sprechen. Attentate auf österreichische oder ungarische Beamte gehören jedenfalls zum Programm, auch wenn nur wenige im Sinne ihrer Urheber gelingen. Um in diesem Kampf gegen Wien und Budapest die Spannungen und konfessionellen Unterschiede zwischen katholischen Kroaten, orthodoxen Serben und muslimischen Bosniern zu überwinden, versuchen viele Jung-Bosnier, sich von nationalen Zuschreibungen zu lösen. Sie nennen sich nicht mehr Kroaten oder Serben, sondern „Kroatoserben", „Serbokroaten" oder schlicht Jugoslawen. Ivo Andrić definiert sich in Sarajevo und als Student in Zagreb zwar noch als Kroate, doch schon in Kroatien beginnt der Prozess seiner schleichenden Umorientierung, der später in die Entscheidung für einen serbisch geprägten Jugoslawismus mündet.

In Sarajevo wird Andrić Vorsitzender eines geheimen Schülerbunds, der „Serbisch-kroatischen fortschrittlichen Jugend", schließt sich Streikkomitees und Demonstrationen an, schreibt revolutionäre Texte. An Attentaten beteiligt er sich allerdings nicht. Das ist sein Glück, denn hätte er zu den Attentätern von 1914 gehört, wäre er zum Tode verurteilt worden. Gavrilo Princip entgeht dem Strang nur, da Österreich-Ungarn als Rechtsstaat ihn als zum Tatzeitpunkt nach damaligen Maßstäben noch nicht Volljährigen laut den eigenen Gesetzen nicht zum Tode verurteilen darf. Andrić ist im Juni 1914 aber schon 21 und damit juristisch gesehen volljährig. Er hegt Sympathie für die Attentäter, kennt den revolutionären Doppelmörder Gavrilo Princip aber nur oberflächlich. Wie viele Jung-Bosnier schreibt auch Princip Gedichte, und es gibt eine Anekdote, laut der er Andrić, der in Sarajevo schon früh als bester Schreiber seiner Generation galt, seine Versuche zur Begutachtung vorlegen wollte. Dann habe er jedoch gezögert, und als Andrić ihn fragte, ob er es sich anders überlegt habe, soll Princip geantwortet haben, er habe sein Werk vernichtet, da es nicht gut genug sei. Ob diese Anekdote zutrifft, ist ungewiss. Enge Freunde waren Andrić und Princip jedenfalls nicht. Dafür kennt Andrić andere Teilnehmer des Attentats von 1914 gut. Wenn die Verschwörer ihn in die Pläne zur Ermordung Franz Ferdinands nicht einweihen, hat das nicht nur damit zu tun, dass Andrić in Krakau studiert, als die Mord-Idee Gestalt annimmt. Sie wissen auch, dass er nicht zum Attentäter taugt. Mitte der dreißiger Jahre hat Andrić seine Rolle in der Mlada Bosna treffend beschrieben: *Mein Mitwirken an der Aktion der nationalistischen Jugend der Vorkriegszeit war sehr bedeutend und sehr bescheiden zugleich. Bedeutend und wichtig für mein persönliches Schicksal und meine geistige Entwicklung, aber bescheiden und klein nach der wirklichen Aktivität und der Schwere des persönlichen Opfers nach.*

Obwohl er es nur aus der Ferne in Krakau miterlebte, bleibt „Sarajevo 1914" für die politischen Ansichten Andrićs zeitlebens bestimmend. Als in Sarajevo vier Jahrzehnte nach dem Attentat eine Gedenkveranstaltung abgehalten wird, muss man ihn nicht lange bitten, die Festrede zu halten. In seiner Ansprache an die *Kämpfer und Märtyrer aus der Zeit des Kampfes für die Befreiung* bezeichnet er die Habsburgermonarchie als Okkupationsregime, *das aus unserem Land ein Sprungbrett für sein weiteres imperialistisches Vordringen auf den Balkan machen wollte*, und nennt Österreich-Ungarn ein *ausbeuterisches und koloniales System*, das *düster und für alle und jeden gleichsam schädlich* gewesen sei. Die Träger jenes Regimes, *das weder die Zeichen der Zeit noch den Sinn der Geschichte zu verstehen in der Lage war, haben sich an diesem Land vergangen, an seinen Menschen, daran, was das schönste und wertvollste ist, an der jungen Generation. Sie interessierten sich überhaupt nicht für die Menschen, am wenigsten für die Menschen dieses Landes, sondern nur für das System, mithilfe dessen das Regime erhalten wurde. … All die Unmenschlichkeit dieses Regimes hat gerade die junge Generation Bosniens und der Hercegovina am besten gespürt, und sie ist dagegen aufgestanden, so wie sie es konnte und vermochte, so wie es unter den gegebenen Umständen unausweichlich war, mit den Mitteln, die ihnen der Unterjocher aufgezwängt hatte.* Auf diese Rechtfertigung des Attentats als Mittel der Politik folgen noch einige sozialistisch-realistische Girlanden und ein Lob auf den Sozialismus in Jugoslawien, doch wir können uns an dieser Stelle aus der Rede ausblenden, denn das Wesentliche ist klar: Hier spricht nicht der Dichter, sondern der Ideologe Andrić. Natürlich war die habsburgische Herrschaft genauso wenig rein negativ und übel, wie das sozialistische Jugoslawien später ein idealer Staat war. Aber um das Paradies geht es Andrić bei Jugoslawien auch nie. Jugoslawien ist für ihn ein Staat, in dem Serben, Kroaten, Slowenen, Bosnier und Mazedonier (nicht aber die Albaner aus dem Kosovo, wie noch deutlich werden wird) selbst über ihre Geschicke bestimmen können – und das ist ihm die Hauptsache. Welche Adjektive dieses Jugoslawien vor sich herträgt oder hinter sich herzieht, ob es demokratisch ist oder monarchistisch, republikanisch oder sozialistisch, föderal oder zentralistisch, gerecht oder ungerecht, interessiert ihn allenfalls in zweiter Linie. „Wir Jungen waren unversöhnliche Gegner Österreich-Ungarns und für die Vereinigung der Südslawen. Wir haben das Ende des Krieges und die Erschaffung der jugoslawischen Gemeinschaft mit Begeisterung erwartet", sagt Andrić wenige Jahre vor seinem Tod. Als Diplomat und später als „public intellectual" war Andrić sowohl dem ersten als auch dem zweiten Jugoslawien ein treuer Diener. Das erste Jugoslawien endete als monarchistische Diktatur, die Kommunisten ins Gefängnis steckte. Das zweite Jugoslawien war eine sozialistische Diktatur, die Monarchisten ins Gefängnis steckte. Wenn Andrić sich mit beiden arrangierte, so entsprach das seiner seit Sarajevo bestehenden Grundüberzeugung, dass ein schlechtes Jugoslawien allemal besser sei als gar keines. Denn wenn es schon Leid geben muss in der Welt, dann war es besser, wenn die Jugoslawen es sich gegenseitig zufügten, als wenn es Türken, Habsburger, Deutsche, Russen oder andere Besatzer taten. Zudem gab es noch einen weiteren Grund dafür, dass sich Andrić erst mit monarchistischen Kommunistenjägern und dann mit kommunistischen Monarchistenjägern gut stellte. Er tat und unterließ, was immer nötig war, um in Ruhe schreiben und veröffentlichen zu können. Und so schwieg er zu vielen Ungerechtigkeiten seiner Zeit, um sie in seinen Büchern beschreiben zu können.

EUROPAS BRENNENDE BLUMEN

Es ist Zeit, dass der Schriftsteller Ivo Andrić auftritt: Im September 1911 druckt die Sarajevoer Literaturzeitschrift *Bosanska vila* (Die bosnische Fee) einen kurzen Text mit dem Titel *In der Dämmerung* – der erste veröffentlichte Andrić. Der Autor ist noch Schüler des Gymnasiums in Sarajevo, und so klingt sein Werk auch. Elf Sätze kurz schwankt es zwischen Melancholie und Kitsch, Altklugheit und Selbstmitleid, Rührseligkeit und Vergangenheitsverherrlichung – kurzum, es liegt ganz im Geist der Zeit. *In der Dämmerung singen Mädchen. … Die Stimmen bedecken mich wie rote Blütenblätter.* So schreiben damals tausende. Ton und Stil entsprechen der Konfektionsware literarischer Sentimentalität, wie sie zwischen Stockholm und Lissabon populär ist. Nur den letzten Satz seines ersten Textes hätte auch der alte, nobelpreisgekrönte Dichter gut sechzig Jahre später noch (oder wieder) über sich schreiben können: *Mein Herz aber ist ein dunkler See, den nichts bewegt und in dem sich niemand spiegelt.*

Den Lesern und Herausgebern der *Bosnischen Fee* gefällt Andrićs Text offenbar. Im gleichen Jahr erscheint noch ein weiterer Text, 1912 sind es schon drei. *Die Initialen seines Namens unter den Reportagen standen in der ersten Zeit vor ihm wie zwei Berge, die keine Macht der Erde überragen oder versetzen konnte.* Als er 1914 verhaftet wird, hat er mehr als zwanzig Texte veröffentlicht – Prosa, Essays, Rezensionen und Übersetzungen, darunter Gedichte von Walt Whitman aus dem Englischen sowie Auszüge aus einem Roman von Strindberg aus dem Deutschen. Seine Rezensionen, so die einer Sammlung von Briefen Heinrich Heines, sind nüchterner als die frühe Prosa, auch eleganter. Sie zeigen einen selbstbewussten Rezensenten, der sich seiner Urteile sicher ist. In dem Maße, in dem Andrićs Ruf wächst, beginnen sich andere Zeitschriften für ihn zu interessieren. Auch in der Zeitung *Kroatische Bewegung* in Zagreb, in der ebenfalls dort erscheinenden Zeitschrift *Wirbelwind,* in dem Sammelband „Junge kroatische Lyrik" und in anderen Publikationen erscheinen nun seine Texte. In der ersten Kritik seiner Werke, einer Mischung aus Rezension und Portrait, steht über ihn: „Der wundersamste Mensch aus Sarajevo: ohne auch nur den geringsten türkischen Atavismus. ... Im Winter saugt er die Luft der Kaffeehäuser ein, um sich dann im Frühling mit den Atemzügen der weitläufigen Wiesen zu heilen. Unglücklich wie alle Künstler. Ambitiös. Empfindlich. Kurz: er hat eine Zukunft." Zwar ist Andrić noch nicht berühmt, doch literarisch Interessierte in Sarajevo, Zagreb und Belgrad werden auf seinen Namen aufmerksam.

Habsburgische Beamte auch. Im März 1914 erscheint im *Wirbelwind* ein Text, der zunächst die Zensur passieren kann, an den sich die Beamten wenige Monate später, als der Weltkrieg ausgebrochen ist und Österreich-Ungarn mit Serbien im Krieg steht, aber erinnern werden. Mit Sicherheit weiß man es zwar nicht, da die Gerichtsakten verschollen sind, doch ein kurzes Gedicht namens *Erstes Frühlingslied* könnte einer der Gründe gewesen sein, die Andrić schließlich in Haft bringen. Hinter dem harmlosen Titel, der eine arglose Naturbetrachtung oder ein sentimentales Liebesgedicht erwarten lässt, verbirgt sich nämlich ein politisches Pamphlet gegen Österreich-Ungarn – gepaart mit der Hoffnung auf eine Befreiung Bosniens durch Serbien. Serbiens bei den meisten Jung-Bosniern ohnehin schon guter Ruf ist nach den siegreichen Balkankriegen von 1912/13 noch einmal sprunghaft gestiegen. Schließlich ist Serbien im Gegensatz zu Bosnien nicht nur unabhängig und für die Maßstäbe der Zeit leidlich demokratisch – es triumphiert auch noch auf dem Schlachtfeld. Im ersten Balkankrieg hatten die vereinten Armeen von Serben, Montenegrinern, Bulgaren und Griechen die Osmanen von ihren letzten Besitzungen in Europa vertrieben. Nur weil danach ein Kampf um die Verteilung der Beute ausbrach (der zweite Balkankrieg), konnten die Osmanen ein bis heute zur Türkei gehörendes kleines Gebiet auf dem europäischen Festland um die Stadt Edirne zurückerobern. Serbien ging als Sieger aus beiden Balkankriegen hervor, es gewann einen großen Teil Mazedoniens und das gesamte Kosovo hinzu. Unter vielen südslawischen Rebellen in Bosnien kam Hoffnung auf: Wenn die serbische Armee die Osmanen aus Europa vertreiben konnte – sollte es ihr dann nicht auch möglich sein, die Habsburger aus Bosnien, Kroatien und Slowenien zu verjagen? Wenn das Königreich Serbien den kranken Mann am Bosporus besiegen konnte, sollte es da nicht auch mit dem kranken Mann an der Donau fertigwerden? Andrićs *Erstes Frühlingslied* handelt genau davon: *Heute Morgen ziehen die Wolken über den Himmel, und ich ahne Freude: wenn die Berge von dem unheimlichen Schein ihrer Waffen erblühen, wenn sie die brennenden Blumen auf den Feldern aussäen, wenn das erste Horn ertönt, wenn die ersten Reiter auftauchen, müde, staubig und mit Schaum besprüht wie in einem alten Gedicht: oh Freude! Wann kommen die königlichen Armeen? Die Frauen weben in Ruhe Geschenke für sie, an sie denken gute Menschen in ihren Gebeten, über sie singen die Mädchen an den Fenstern und für sie wachsen die Blumen in kleinen Gärten. Es warten hunderte fertige Zärtlichkeiten. Wann kommen die königlichen Armeen? Die Wolken ziehen wie eine Armee über den Himmel: ich ahne die Tage großer Taten. Heute Morgen sah ich einen knospenden Zweig. Wann kommen denn die königlichen Armeen?*

Da das Schlüsselwort „Serbien“ in dem Text nicht auftaucht, hatte der Zensor die Anspielungen vermutlich nicht verstanden und das Gedicht womöglich für eine Art Ritterromanze gehalten – schließlich ging es darin um singende Mädchen und knospende Zweige. Und da zwar von brennenden Blumen die Rede war, aber nicht von Bomben und Granaten, konnte es am Ende ja nichts Gefährliches sein. Als sich bald darauf Europas Armeen gegenüberstehen und brennende Blumen aussäen wie nie zuvor in der Geschichte, muss aber selbst dem begriffsstutzigsten Zensor schwanen, was der Text tatsächlich bedeutet – zumal der Autor eine subversive Vorgeschichte hat. Andrićs Leben hat sich spätestens seit 1912 auf eine Konfrontation mit den Behörden zubewegt. Da war er einer der Anführer von antimagyarischen Schülerdemonstrationen in Sarajevo, bei denen ungarische Flaggen verbrannt wurden. (Eine beliebte Freizeitbeschäftigung: Als Kaiser Franz Joseph 1895 Zagreb besuchte, verbrannten kroatische Studenten ebenfalls feierlich eine ungarische Flagge.) Als gefährlich schätzen die Behörden Andrić 1912 aber wohl noch nicht ein, denn eine Haftstrafe oder auch nur ein Schulverweis bleiben ihm im Gegensatz zu anderen Agitatoren erspart. Im Juni 1912 legt er die Matura ab und muss Mathematikprüfungen fortan nur noch in Alpträumen bestehen. Vier Monate später schreibt er sich, nun wieder mit einem kroatischen Stipendium versehen, für ein Philosophiestudium an der Universität Zagreb ein. *Mit Unterstützung der nationalen Bildungsgesellschaften gingen jetzt schon Bauernsöhne und die Kinder kleiner Handwerker auf die Universitäten,* schreibt Andrić in der *Brücke über die Drina* über Fälle wie seinen. *Jedes Jahr brachten sie in den Sommerferien freidenkerische Ansichten zu gesellschaftlichen und religiösen Fragen und die Begeisterung vom neu belebten Nationalismus mit, der in der letzten Zeit, besonders nach den serbischen Siegen in den Balkankriegen, zu einem allgemeinen Glauben geworden war und bei vielen Jugendlichen den fanatischen Wunsch nach Taten und persönlicher Aufopferung geweckt hatte.*

In den ersten beiden Semestern muss er auch Kurse in Mechanik, Anatomie, Mineralogie und anderen naturwissenschaftlichen Fächern belegen, die ihn kaum interessieren. Dafür hört er freiwillig einen Kurs über die Geschichte der kroatischen Literatur. Gegen Zagreb empfindet er allerdings von Beginn an eine Ablehnung, die fast sein Leben lang anhalten und später bestenfalls in Gleichgültigkeit umschlagen wird. Am vorletzten Tag des Jahres 1912 schreibt er seinem inzwischen in Wien studierenden Sarajevoer Schulfreund Vojmir Durbešić aus einem Kaffeehaus in Zagreb: *Wer weiß schon, ob Kroatien das miserabelste Land Europas ist, doch ich weiß, dass Zagreb der erbärmlichste Ort Kroatiens ist, denn wir, die dunklen und ernsthaften Söhne aus dem Süden, können keinen Sinn in dieser wurmstichigen und alkoholischen Stadt finden, wo fettes Essen den Geist einschläfert und der Wein die Augen trügt. Hier wird man in einem Jahr zu einem Tier, bestia zagrebiensis, und in zwei zu einem Spion.* Er solle nicht denken, seine Wut komme vom Hunger, mahnt Andrić seinen Freund: *Auch nach drei Paar Krainer Würsten und kroatischem Wein bleibe ich bei dieser Meinung!* Im gleichen Brief findet sich, wenn auch als Scherz verkleidet, einer von vielen Belegen für Andrićs frühe Überzeugung von der eigenen Bedeutung: *Du darfst diesen Brief nach meinem Tod nicht drucken, egal wie sehr meine Biographen Druck machen werden, denn sonst werden mir die Zagreber nie ein Denkmal aufstellen und sonst würde es in den kroatischen Lesebüchern „für die höheren Klassen der Mittelschulen" so stehen: „Wegen eines ungeordneten Lebens fiel unser Dichter in eine Nervenkrankheit und wir treffen – leider – immer mehr auf den pessimistischen Faden in seiner Poesie."*

Dass Andrić sich bei seiner *dummen Hausherrin Croatija* nicht wohlfühlt, bringt er in vielen Briefen zum Ausdruck. Doch seine Abneigung gegen Zagreb liegt wohl auch in ihm selbst und an der Einsamkeit, in die er dort gerät. Er hat zwar Freunde – Schriftsteller, Maler, Bildhauer, Schauspieler und einige „Bürgerliche" –, fühlt sich aber nicht willkommen. Den Heiligabend 1912 verbringt er offenbar mutterseelenallein und schreibt einem Freund: *Es gibt diese bittere Zufriedenheit des Bettlers am Dezembernachmittag, es gibt das traurige Glück, wenn man über das nasse Pflaster geht, am Heiligen Abend, und aus allen Fenstern lachen geschmückte Tannenbäume, mich peitscht der feine Regen und würgt der Nebel, und über der ganzen Stadt ist die Heilige Nacht, in der die Bürger essen, trinken, Gott feiern und die dicken Frauen reiten. Und an Weihnachten gibt es das feierliche gemeinsame Mittagessen im Caféhaus: Milchkaf-*

fee, vier Kipferl und 101 unanständige Witze. Für Andrić, der zuvor nie ein Weihnachten ohne Familie gefeiert hatte, war ein solches Boheme-Christfest eine neue und wohl triste Erfahrung. *Doch ich schwöre bei meiner Seele, dass mich diese Stadt nicht begraben und auch nicht Herr über mein Leben werden wird!*

Es lohnt sich, in Andrićs frühen Briefen zu stöbern, denn in ihnen gibt er so offen über sich Auskunft wie später nie wieder. Danach wird Andrićs Korrespondenz von Jahr zu Jahr verblassen, bis sie schließlich nur noch floskelhaft, kontrolliert, geschäftlich und damit langweilig ist – doch vor dem Ersten Weltkrieg sind seine Briefe noch voller Wut, Hoffnung, Lebensfreude, Verzweiflung, Arroganz, Selbstgeißelung. Vor allem Durbešić schüttet er sein Herz aus. Im Januar 1913 schreibt er ihm über sein Leben in Zagreb: *Wir welken an öffentlichen Orten, essen Mahlzeiten, die nicht für uns gekocht sind … schlafen in Betten, die entehrt sind … trinken aus Gläsern, die ansteckend sind, und die Hände, die uns liebkosen, haben auch andere schon liebkost und werden auch andere liebkosen … Der einzige Ausweg führt weiter gen Westen und tiefer in die Sünde und das Leiden und die Krankheit, und es gibt keinen Weg zurück in den Osten und „nach Hause" und niemals wieder Erbarmen.* Auch der Sommer bessert seine Stimmung nicht: *Man kann in diesem Land nicht so leicht fröhlich sein, wo es so viele Berge und so wenig Geist gibt und wo du alles so gut kennst und alle dich so schlecht kennen,* schreibt er im Juni, wähnt sich *jedem Übel zugeneigt* und sieht nur einen Ausweg: *Ich muss nach Wien.* Zagreb, hatte er in einem anderen Brief an Durbešić geschrieben, sei eine Stadt zum Fortlaufen. *Ich habe ihre besseren Menschen kennengelernt: ganz Croatia ist eine Tragödie …* Eine Tragödie, in der es für ihn keine standesgemäße Rolle gibt, wie Andrić findet: *Es ist doch – bei der Sonne deiner Mutter – erbärmlich, dass ein kroatischer Dichter und Nationalist in seiner Hauptstadt wie im Pissoir empfangen wird.* Seine Stimmung bringt der selbsternannte kroatische Nationalist aphoristisch auf den Punkt: *Es ist ziemlich kalt; nirgends spürt man das Grundgesetz.*

Was genau ihn an Zagreb stört, wird in all den Klagen kaum deutlich. Unter kroatischen Intellektuellen ist es damals allerdings Mode, Kroatien zu verspotten und sich am „freien Serbien" zu orientieren. Der kroatische Schriftsteller Vladimir Čerina, ein Freund Andrićs aus Dalmatien, wo damals besonders viele junge Leute proserbisch denken, geht noch weiter in seinem Hass auf Kroatien. Er schreibt, am besten wäre es, 50 000 Einwohner Zagrebs zu schlachten, 5000 in die Save zu werfen und die übrigen in ein „moralisches und nationales Fegefeuer" zu schicken: „Dieser Stadt der Zyniker muss man mit Gewalt die Seele und das Gehirn jener Stadt der Helden geben, die Belgrad heißt." Andrićs Hassausbrüche auf Kroatien gehören also in gewissen Kreisen zum guten Ton. Doch auch Paris oder London hätten es Andrić in jenen Jahren kaum recht machen können, denn er stand sich selbst im Wege. *In mir Liebe, groß, verspätet, unglücklich, und rund um mich Hass,* schreibt er Durbešić im Mai 1913. *Du weißt: der Hass all jener, mit denen ich in Kontakt komme, ein mir unbekannter Hass der kleinen, jämmerlichen Leute, denen die fremde Freude den Schlaf raubt und denen das fremde Glück das Brot und das Wasser vergiftet und denen die fremde Kraft die Seele beunruhigt. Warum gibt es so viele, die mich hassen, mein Lieber? Und was wollen die Leute?*

Dass nicht allein Zagreb und Kroatien schuld sind am Tohuwabohu in Andrićs Seele, zeigen seine Briefe aus Višegrad, wo er die Semesterferien 1913 verbringt. Er lädt Durbešić dorthin ein, warnt aber: *Du wirst die Tortur meiner geschwätzigen und dummen Tante und des guten dienstbeflissenen Onkels durchmachen, die von allen seelischen Fähigkeiten nur jene haben, dass sie mich lieben und liebkosen und aushalten.* Die Višegrader können es ihm noch weniger recht machen als die Zagreber: *Heute bin ich nervöser und kann nicht alles über sie schreiben, ich sage dir nur, dass ich sie bis zur Kriminalität hasse. Ich habe oft darüber nachgedacht – als ich mit ihnen zusammensaß –, wie wunderbar es wäre, ihnen die Wasserleitungen zu vergiften, damit sie eines Tages alle gerade in jenem Moment verenden, in dem sie nach dem Essen den Gürtel lockern und Wasser schlürfen. Oder ihnen eines Nachts alle Töchter und Schwiegertöchter zu entjungfern, diese krummbeinigen und stummen Mädchen.* Es macht Andrić aber keine Mühe, im gleichen Brief umstandslos von seinem Furor gegen alles und jeden zu Geschäftlichem zu wechseln. Er bittet seinen Freund, ihm Bücher von Heine und Ludwig Börne zu schicken: *Würde es auch diese Bücher nicht geben, würde ich verrückt werden. Diese Bürger spießen mich formal – seelisch – auf.*

Andrićs Niedergeschlagenheit hat auch physische Gründe, denn wie schon in der Schulzeit in Sarajevo ist seine Gesundheit stark angegriffen. Kurzen Zeiten der Erholung folgen heftige Rückschläge. Er spuckt Blut, fühlt sich schwach, ist oft erkältet, muss sich, als eine Halsentzündung bedrohlich wird, schließlich sogar einer schmerzhaften und nicht ungefährlichen Operation unterziehen. Immerhin bieten erste literarische Erfolge Trost. *Hier ist es, als würde man anfangen, mich zu bemerken: meine Kritiken sind gefragt, wir arbeiten an einer Anthologie der kroatischen Lyrik, in der ich einen schönen Platz einnehmen werde; und sie bezahlen mich,* schreibt er Durbešić, bevor er ab Herbst 1913 in Wien mit ihm zusammenlebt. Er kann das ungeliebte Zagreb nach zwei Semestern verlassen, um das Studium in der Hauptstadt fortzusetzen. Möglich wird das durch einen Gönner, der Andrić noch oft helfen wird: Tugomir Alaupović, sein Professor am Gymnasium in Sarajevo. Alaupović, Jahrgang 1870, bosnischer Kroate wie Andrić, stammt aus der Gegend von Travnik. Er hat die Grundschule bei den Franziskanern in seinem Heimatdorf besucht, später als einer der ersten Bosnier Slawistik und klassische Philologie in Wien studiert. Nach seiner Rückkehr unterrichtet er Griechisch, Latein und Serbokroatisch an Andrićs Gymnasium in Sarajevo, sowie später in Tuzla, einer Stadt im Norden Bosniens. Er wird sogar zum Regierungsrat und Schulinspektor befördert. Trotz dieser Karriere lehnt er das Habsburgerreich ab. Politisch ist er ein schwärmerischer Russophiler, der davon träumt, dass Russland die Südslawen befreien und ihnen, wie schon den Bulgaren, zu einem eigenen Staat verhelfen werde. Teodora Krajewska, eine polnische Ärztin, die zur Zeit von Andrićs Jugend in Bosnien arbeitet und vorher bei dem Studenten Alaupović in Wien Sprachunterricht genommen hatte, hat eine interessante Beschreibung von Andrićs Förderer hinterlassen. Als Sprachschülerin Alaupovićs war sie mit ihm auch auf Russland zu sprechen gekommen und hatte sofort bemerkt, dass ihr junger Lehrer von dem Land begeistert war. Als Krajewska ihm entgegenhielt, dass viele Polen Russland als Feindesmacht betrachteten, da schließlich nicht nur die Doppelmonarchie, sondern auch das Zarenreich Polen besetzt halte und Moskau das polnische Volk noch viel übler unterdrücke als Österreich-Ungarn, sei Alaupović in Tränen ausgebrochen und habe gesagt: „Wenn diese einzige Idee, die Idee der slawischen Gemeinschaft, nicht wahr ist, dann lohnt es sich nicht, dass ich auf dieser Welt lebe. Die slawische Idee ist ohne Russland unmöglich. Russland ist der Beschützer, der Ernährer aller slawischen Völker."

Eine solche Russlandbegeisterung ist häufig unter den Jung-Bosniern, wenn auch unter bosnischen Kroaten seltener als bei den Serben, die sich nicht nur durch die Verwandtschaft der Sprache, sondern vor allem durch ihre orthodoxe Religion mit den Russen verbunden fühlen. Alaupović bringt seine politischen Träume auch in Gedichten zum Ausdruck, deren Anzahl ihrer Qualität deutlich überlegen ist. Dafür hat er einen wachen Blick für die Gaben seiner Schüler. Früh erkennt Alaupović, zu dessen Schützlingen auch Gavrilo Princip und andere spätere Attentäter von 1914 gehören, Andrićs Begabung. Da er mit den ärmlichen Familienverhältnissen seines Schülers vertraut ist, sorgt er als Mitglied im Verwaltungsrat von „Napredak" über Jahre hinweg dafür, dass Andrićs Stipendium verlängert wird, und erfüllt ihm auch den Wunsch, nach Wien zu übersiedeln. Dort wohnen Durbešić und Andrić in der Severingasse im neunten Bezirk. Andrić schreibt weiter für kroatische Zeitschriften und hält Vorträge. Im kroatischen

Studentenverein „Zvonimir" in Wien spricht er zum Tode von Gustav Matoš, der an den Folgen einer ähnlichen Operation gestorben ist wie der, die Andrić überstanden hatte. In seiner Ansprache nennt Andrić Kroatien *ein schönes, zertretenes Land, durch ein historisches Absurdum in Knechtschaft geworfen, betrogen, ausgebeutet, zur Hälfte entkroatisiert.* Ganz Kroatien, sagt Andrić, *schnarcht auf unschöne Weise. Nur die Dichter und Attentäter sind wach.* Kroatien sei eine Mutter, *die ihre Kinder mit vergifteter Milch stillt.*

Anders als über Zagreb sind über Wien keine Zornesworte Andrićs bekannt, doch sein Aufenthalt dort währt auch nur wenige Monate. Das Jahr 1913 ist noch nicht vorbei, da wendet er sich wieder an Alaupović: *Verehrter Herr, mein ausgezeichneter Freund,* schreibt er im Dezember 1913, *ich konnte die Weihnachtsferien kaum erwarten, damit ich weg aus Wien kann, mein Leben in dieser Stadt war gut und nützlich; Bibliotheken, Seminare, Vorträge, viele Bücher, viel Zeit und Mittel, aber meine Gesundheit ist recht schlecht … der Arzt hat einen starken Katarrh festgestellt und mir ernsthaft geraten, Wien zu verlassen.* Andrić schreibt, ein Arzt habe ihm gesagt, Wien sei nicht gut für seine Lunge, weshalb er sich nach anderen Studienorten umsehe: *Ich habe auch Russisch und ein wenig Französisch gelernt, und da ich in Zagreb nicht studieren möchte und in Wien nicht studieren kann, bitte ich Sie, mir zu melden: würde die Gemeinde erlauben, dass ich das nächste Semester an irgendeiner kleinen Universität im Ausland verbringen würde, und das wichtigste ist: Ich bitte Sie, mir zu sagen, was Sie davon halten, Ihr Rat wird entscheidend für mich sein. Ich würde mich besonders freuen, wenn ich nach Russland könnte, denn ich kann gut Russisch, das Erlernen des Französischen würde mich noch Zeit und Geld kosten. Ich bitte Sie mir zu verzeihen, dass ich Sie Ihre Freundschaft missbrauchend quäle. Es liebt und ehrt Sie, Ihr Ivo Andrić.*

Seine angeschlagene Gesundheit ist womöglich nicht der einzige Grund für den Wunsch, nach Zagreb auch Wien rasch zu verlassen. Es gibt damals eine Kampagne unter südslawischen Studenten, Sprache und Kultur der habsburgischen Besatzer zu boykottieren, also nicht an einer deutschsprachigen oder ungarischen Universität zu studieren, sondern an einer slawischen, in Prag etwa oder in Petersburg. Womöglich hat das Andrić beeinflusst. Alaupović lässt seinen Schützling jedenfalls auch diesmal nicht im Stich. Zwar darf er nicht nach Russland (das kaum besser für seine Lungen gewesen wäre), doch kann Andrić Anfang April 1914 an die Jagiellonen-Universität in Krakau wechseln, nach der Prager Karls-Universität die älteste Hochschule Mitteleuropas. Auch sein Busenfreund Vojmir Durbešić kommt mit.

KRAKAU

Ähnlich wie Sarajevo hat auch die polnische Stadt Krakau zu Beginn des 20. Jahrhunderts ihre größte Zeit einstweilen hinter sich. Krakau war mit Unterbrechungen knapp fünf Jahrhunderte lang Polens Hauptstadt und länger als ein halbes Jahrtausend der Ort gewesen, an dem die polnischen Könige gekrönt wurden. Doch im April 1914, als Andrić sich an der philosophischen Fakultät der Jagiellonen-Universität einschreibt (in der Kategorie Religion trägt er *katholisch,* als Nationalität *Kroate* ein), gibt es schon seit mehr als einem Jahrhundert keinen polnischen Staat mehr. Polen ist zwischen Russland, Preußen (beziehungsweise ab 1871 dem Deutschen Reich) und Österreich-Ungarn aufgeteilt. Im Vergleich zu den russisch oder preußisch besetzten Teilen Polens sind die Krakauer dabei noch recht gut oder zumindest etwas weniger schlecht weggekommen. Die Polen unter preußischer Herrschaft sind einer antikatholischen Germanisierungspolitik ausgesetzt, Russland lässt polnische Aufstände blutig niederschlagen und versucht, jede Regung polnischen Nationalbewusstseins durch eine aggressive Russifizierungspolitik zu ersticken. Russland und Preußen haben sogar eine militärische und politische Zusammenarbeit zur Unterdrückung der Polen vereinbart. Die Polen in habsburgisch besetzten Gebieten sind zwar auch unfrei, doch ihre Ketten sind länger und ihre Kerker etwas heller. Sie genießen einige Freiheiten, die für ihre Landsleute in preußisch oder reußisch beherrschten Gebieten undenkbar sind. Deshalb sieht man Russland im katholischen Krakau, das nur wenige Kilometer von der russischen Grenze entfernt ist, sehr kritisch. Einem Panslawismus unter russisch-orthodoxer Führung, der in Serbien und bei Teilen der Mlada Bosna so populär ist, kann dort kaum jemand etwas abgewinnen. Kein Wunder: Serbien ist frei und hofft, mit russischer Unterstützung eines Tages auch Bosnien gewinnen zu können. Die Polen dagegen erleben Russland als Besatzungsmacht, die ihre Identität auslöschen will. Das entgeht dem jungen Studenten aus Bosnien nicht. Die politische und intellektuelle Stimmung, in die Andrić in Krakau gerät, wird starken Einfluss auf ihn haben. Anders als sein väterlicher Freund Alaupović wird Andrić nie ein russophiler Träumer werden.

Das Verhältnis zwischen Professoren und Studenten in Krakau ist für damalige Verhältnisse ungezwungen. Noch ein Jahr vor seinem Tod erwähnt Andrić bei einem Gespräch in Belgrad seinen Krakauer Professor Marian Zdziechowski, bei dem er Vorlesungen in Kulturgeschichte gehört hatte: „Stellen Sie sich vor: Er lud mich als Studenten zum Tee ein. Das vergisst man nicht." Er sei ziemlich unwissend nach Krakau gekommen, und die Polen hätten auf seine geistige Formierung in der Jugend den größten Einfluss gehabt, sagt Andrić oft. „Meine Heimat wird hoffentlich nicht böse sein, wenn ich sage, dass ich in Bosnien geboren wurde, aber geistig habe ich in Polen zu schauen begonnen." Professor Zdziechowski, an den Andrić sich auch nach sechzig Jahren noch erinnern kann, war eine außergewöhnliche Gestalt der europäischen Kulturgeschichte: Im Grunde prorussisch gesinnt, warb er für eine Aussöhnung zwischen den beiden größten slawischen Völkern und trat damit der unter seinen Landsleuten vorherrschenden negativen Meinung über Russland entgegen. Aber er sparte auch nie mit Kritik an der politischen Wirklichkeit im zaristischen Russland oder später in der stalinistischen Sowjetunion. Einen Panslawismus, in dem sich alle slawischen Völker russischer Führung unterzuordnen hätten, lehnte Andrićs Professor ab. Eine Gegenkonzeption von Intellektuellen wie Zdziechowski war der Neoslawismus, der eine Vereinigung von Tschechen, Slowaken, Polen und anderen Slawen innerhalb der habsburgischen Monarchie propagierte. Die Doppelmonarchie hätte demnach eine Dreifachmonarchie werden sollen, mit einer österreichischen, einer ungarischen und einer slawischen Komponente. Ob der Trialismus ein haltbares Konstrukt gewesen wäre, ist äußerst fraglich, aber sicher ist, dass Russland in solchen Konzeptionen nicht die Rolle der Mutter aller slawischen Völker einnimmt. Zu schlecht waren die Erfahrungen insbesondere der Polen mit der russischen Besatzung. Als Lew Tolstoi die habsburgische Annexion Bosniens kritisierte, stellte sich Zdziechowski dem berühmten Russen entgegen: „Die Gewalt, die Österreich auf die Serben ausübt, wäre in Warschau oder Posen eine Wohltat." Warschau war russisch, Posen preußisch besetzt. Man werde in Bosnien schwerlich jemanden finden, der die habsburgische Herrschaft über Bosnien gegen eine russische einzutauschen bereit sei, so Andrićs Professor. „Österreich", sagte er einem Besucher aus Großbritannien, sei der einzige Staat in Europa, „in dem die Polen polnisch sprechen können, in dem sie denken und arbeiten können, in dem sie eine politische Bedeutung haben; die Zerstörung Österreichs wäre für uns ein Unglück ..."

Zwar übernimmt Andrić solche Positionen nicht, sondern bleibt stets ein entschiedener Gegner Österreich-Ungarns. Aber es ist kaum zu übersehen, dass die Krakauer Periode, so kurz sie war, Einfluss auf Andrićs Russlandbild hat. Andrić bleibt zwar ein lebenslanger Bewunderer der russischen Literatur, der nicht allein Tolstoi, Dostojewski, Tschechow und Puschkin liest, sondern sich auch mit weniger gängigen Autoren wie dem genialen Außenseiter Andrej Platonow beschäftigt. Er empfiehlt Schriftstellern sogar, ihren Umgang mit Sprache an dem 1940 von Stalins Regime erschossenen Isaak Babel zu schulen: „Man muss jungen Autoren raten, dass sie an Babels Sätzen lernen, die in einem Maße prägnant sind, dass sie an Volksweisheiten erinnern. Man kann sagen, dass es in seinem Werk kein einziges Wort zu viel gibt." Aber er äußert nach Krakau nie wieder den Wunsch, in Russland zu leben, und neigt auch nie zu panslawistischen Schwärmereien. Dazu dürfte auch die Oktoberrevolution beigetragen haben, denn das Leben in einem sozialistischen Staat kann ihn als Bürgerlichen nicht gereizt haben. Frankreich, Spanien und Portugal gelten später seine Sympathien, Deutschland und Russland nur sein literarisches Interesse. Für Polen dagegen schwärmt er, was sonst untypisch für ihn ist. In Krakau sei er gleich in den ersten Tagen wie vom Blitz getroffen worden „von diesem riesigen geistigen Raum. Als junger Mensch kann man in Krakau nicht anders, als sich ganz den Künsten hinzugeben. Die kleinen Cafés auf dem alten Krakauer Platz haben etwas von unserem Süden", sagt er noch 1974 und mutmaßt, er hätte sich in seiner Jugend kaum eine bessere Stadt zum Leben aussuchen können: „Ich habe mich in Krakau wie ein hungriges Kind vor einem reich gedeckten Tisch gefühlt." Hätte es den Krieg nicht gegeben, wäre er vielleicht in Polen geblieben, hätte an der Jagiellonen-Universität als Lektor für serbokroatische Sprache gearbeitet, eine Polin geheiratet und sich vollkommen polonisiert, sagt er einmal. So kommt es nicht, doch bewahrt sich Andrić lebenslang eine Sympathie für alles Polnische (und für Polinnen, wie noch zu zeigen sein wird). Im Alter äußert er mehrfach Verwunderung darüber, dass die Kritiker den Einfluss der polnischen Romantiker auf seine Literatur nicht bemerkt hätten. Er habe viele polnische Klassiker in seiner Bibliothek, sagt Andrić bei solchen Gelegenheiten und nennt Adam Mickiewicz, Zygmunt Krasiński und Juliusz Slowacki, die drei polnischen Nationaldichter, als Schriftsteller, nach deren Werken er immer wieder greife. Besonders Slowacki sei lange Zeit sein bevorzugter Autor gewesen. „Nur wenige Menschen in Jugoslawien wissen, dass ich die polnische Sprache beherrsche", sagt Andrić, was nicht ganz zutrifft, denn er kann Polnisch zwar lesen, aber weder frei sprechen noch schreiben. Eine an anderer Stelle geäußerte Selbsteinschätzung, er habe Polen mehr geliebt als gekannt, trifft die Sache wohl besser. Die Fülle der Krakauer Eindrücke mag dazu beigetragen haben, dass Andrić nicht nur den Grad seiner Sprachkenntnisse, sondern auch die Dauer seines Aufenthaltes in Polen rückblickend mitunter übertreibt. Mehrfach spricht er von seinem „Jahr" oder gar den „Jahren" in Krakau. Dabei ist er nicht einmal drei Monate dort, von Anfang April bis zum 28. Juni 1914. Wenn er Krakau später eine Stadt nennt, *wo ich ein Jahr lang auf meine Art glücklich war*, ist das also eher eine poetische als eine biographische Wahrheit.

Dabei war ihm anfangs, wie oft in jenen Jahren, wieder einmal nichts recht gewesen. In einem Brief an einen Freund in Wien berichtet er wenige Tage nach seiner Ankunft von seinem Ärger mit kroatischen Verlegern (*Zagreb wird auch in 1000 Jahren nicht in Europa sein*) und nennt Krakau *eine verfluchte Stadt: lauter Museen und Gräber und Altäre; tote Könige; stummer Ruhm und lautstarke Juden.* Sein Leben sei *so, wie es sein muss: Man kann vor sich selbst nicht weglaufen; wenn mir der Mai und die heilige Jungfrau nicht helfen, wird es schlimm.* Doch schon wenige Tage später hat sich seine Stimmung gedreht: *Ich darf nicht sagen, dass mein Leben hier langweilig ist, wir sind fast zufällig in sehr gute Gesellschaft gekommen, wo es Dinge gibt, die sonst selten sind: gute Menschen, geistreiche Frauen und frische Sandwiches.* Menschen, Frauen und Sandwiches wirken offenbar belebend. Für die *Kroatische Bewegung* verfasst Andrić nun regelmäßig seine feuilletonistischen *Briefe aus Krakau.* Andrić und Durbešić sind Untermieter bei Eugenia Irzykowska und deren Töchtern in der Ulica Bonerowska 12, nur wenige Minuten von der Universität entfernt. Die Familie hat lange in Bosnien gelebt, alle vier Kinder sind dort geboren, die älteste Tochter Jadwiga sogar wie Andrić in Travnik, nur drei Jahre vor ihm. Ihre jüngere Schwester Helena kam 1896 in Banja Luka zur Welt. Aleksander Irzykowski, der Vater, war einer der bei den Einheimischen unbeliebten „Koffermenschen“, die nach 1878 nach Bosnien gekommen waren. Er war als Richter nach Bosnien entsandt worden, wo er die habsburgische Macht unter anderem am Gerichtshof in Sarajevo repräsentierte, als Andrić dort das Gymnasium besuchte. Vermutlich kannte Andrić die Familie Irzykowski schon aus dieser Zeit, da ein befreundeter polnischer Mitschüler mit ihr verwandt war. Warum der Vater in Bosnien blieb, als seine Frau mit den Kindern 1913 nach Krakau zog, hat selbst die polnische Slawistin Sylwia Nowak-Bajcar, die Andrićs Krakauer Zeit in einer akribischen Studie untersucht hat, nicht herausfinden können. Sie schreibt aber, die Verbindung zur Familie Irzykowski sei Andrićs Eintrittskarte in die Welt der Krakauer Salons gewesen, „in denen es nicht nur an ‚frischen Sandwiches‘ und ‚geistreichen Frauen‘ nicht mangelte, sondern deren unerlässliches Attribut damals – ähnlich wie in den Wiener und auch Zagreber bürgerlichen Haushalten – ein Klavier war, das von mehr oder weniger talentierten Pianistinnen aus den höheren gesellschaftlichen Sphären gespielt wurde, die in den Mädchenpensionaten ausgebildet wurden“.

Eine dieser Pianistinnen ist Helena Irzykowska, von der es heißt, sie sei Vorbild für eine der prononciertesten Frauengestalten in Andrićs Werk. In der Erzählung *Jelena, die Frau, die es nicht gibt* steht sie für die Frau als Chimäre des Glücks, für Unerreichtes oder Unerreichbares, die Illusion von Liebe und die Einsicht in deren Zerbrechlichkeit. Noch in seinem letzten Werk, den postum erschienenen *Wegzeichen*, taucht Jelena in einem Eintrag auf: *Nach langer Zeit, plötzlich, ein unerwarteter Gedanke an Jelena. Ungewöhnliche Laute um mich herum (das Flattern der Flügel eines Vogels und der schnelle Atem eines aufgeregten Mädchens) schienen ihre Ankunft anzukündigen. Doch es ist eine unschuldige Täuschung unserer Sin-*

nesorgane. … Und Jelena ist nicht da. Nirgends und in keiner Form. … Verloren. Vergessen. Aus der Welt der Möglichkeiten ausgelöscht. Im Frühling 1914, als Andrić sich für Helena Irzykowska aus Zagreb Notenhefte kroatischer und serbischer Volkslieder besorgen lässt und offenbar mit Leidenschaft an ihr hängt, scheint „Jelena" für kurze Zeit möglich. Doch sollte er wirklich von einem Leben in Krakau mit einer Jelena Andrić geträumt haben, macht seine abrupte Abreise am 28. Juni 1914 diesem Traum ein Ende. Genau deshalb passen „Krakau" und „Jelena" in Andrićs Leben zusammen: Sie stehen für Möglichkeiten eines ungelebten Lebens. Das Krakau seiner Jugend war „the road not taken" aus dem berühmten Gedicht von Robert Frost – der Weg, den jemand nicht ging, um einem anderen zu folgen. Krakau, schreibt Andrić in einer in seinem Nachlass gefundenen Notiz, sei für ihn keine bestimmte, konkrete Stadt, *sondern vielmehr ein Geisteszustand, einer der großen unerfüllten Träume, die man wie die wirklichste Wirklichkeit durch das Leben trägt …* Als ihm 1964 die Ehrendoktorwürde der Jagiellonen-Universität verliehen wird, freut Andrić sich darüber wie über keine andere der vielen Würdigungen, die nach dem Nobelpreis auf ihn niederprasseln. *Ich habe im Laufe meines langen Lebens viel gesehen, einiges gelernt und viel vergessen, aber meine jugendliche Probe an der Jagiellonen-Universität und meinen kurzen Kontakt mit dem polnischen Volk und der polnischen Kultur habe ich mir als Jugenderlebnis bewahrt, das eine bleibende Spur im Menschen hinterlässt,* heißt es in seiner Dankesrede, in der von Krakau als einer nie verloschenen Erinnerung *an etwas unzerstörbar Schönes, Mutiges und Aufregendes* die Rede ist.

Ein Nachhall seines Krakauer Jugendtraums ist Andrićs lebenslanges Interesse an polnischen Frauen. Es führt so weit, dass er in den zwanziger Jahren eine Affäre mit der attraktiven polnischen Ehefrau seines (dann nicht mehr) besten Freundes hat, des kroatischen Schriftstellers Gustav Krklec. Dass Andrić sogar Trauzeuge dieser Ehe war, gibt der Belgrader Gesellschaft reichlich zu tratschen. Krklec bricht daraufhin den Kontakt mit Andrić für Jahrzehnte ab und lässt sich scheiden, doch auch Andrić geht keine Bindung mit der Frau ein. Zumindest dauerhaft zieht er (mit einer Ausnahme, von der noch zu reden sein wird) Frauen als Idee und Konstrukt Frauen aus Fleisch und Blut vor. Die alterslose Möglichkeit einer phantasierten Frau ist ihm lieber als die Unberechenbarkeit einer realen, die ihn am Ende noch beim Schreiben stört. Einmal hat sich die Krakauer Möglichkeit noch bei ihm gemeldet. Nach seinem Tod findet man in Andrićs Papieren einen Brief von einer gewissen Helena Zulawska aus Krakau. In fast fehlerfreiem Serbisch schreibt sie: „Lieber Ivo! Ich weiß nicht, ob Sie sich an Krakau erinnern, an die ul. Bonerovska und die Familie Ižikovski. Ich bin Jelena Ižikovska." Helena Zulawska, inzwischen Witwe, gratuliert ihm zum Nobelpreis. „Ich habe alle Ihre Bücher gelesen, die ins Polnische übersetzt wurden, aber es wäre schön, sie im Original zu lesen. Ich werde nicht mehr schreiben, sondern Sie nur herzlich grüßen und ich warte auf Ihre Antwort. Ihre alte Freundin Jelena. Krakau, 15. November 1961." Andrić legt den Brief nicht bei der übrigen Korrespondenz ab. Er wird zwischen den Seiten eines unvollendeten Manuskripts für ein Theaterstück gefunden, des einzigen Dramas, an dem er sich versuchte. Er hatte es als junger Mann geschrieben, höchstwahrscheinlich in den Jahren des Ersten Weltkriegs oder bald danach. In dem Stück geht es um Liebe, Eifersucht und Untreue. Die Protagonistin ist eine Polin.

DER DONNERSCHLAG

Den Sommer 1914 werden diejenigen, die ihn hier verlebten, als den strahlendsten und schönsten Sommer seit Menschengedenken in Erinnerung behalten, denn in ihrem Bewusstsein glänzt und leuchtet er vor dem gewaltigen und düsteren Horizont des Leides und Unglücks, der sich bis ins Unabsehbare erstreckt. Und dieser Sommer hatte in der Tat gut begonnen, besser als so viele frühere. Die Pflaumenbäume trugen Früchte wie seit langem nicht, und das Getreide stand gut. … Die Erde schwoll an, und alles, was in ihr noch lebte, keimte, trieb Knospen, setzte Blätter an, blühte und trug hundertfache Frucht.

Am letzten Abend seines Lebens isst Franz Ferdinand frische bosnische Forellen und trinkt Žilavka dazu, eine Art bosnischen Riesling aus der Hercegovina, *der kostbare Wein einer strengen, kargen und doch gesegneten Landschaft*. Zum Nachtisch gibt es flambierte Ananascreme. Es ist der 27. Juni 1914. Erzherzog Franz Ferdinand von Österreich-Este, der prospektive künftige Kaiser von Österreich-Ungarn, hatte sich drei Tage zuvor in Triest eingeschifft und war mit der *Viribus Unitis*, einem der vier großen Schlachtschiffe der habsburgischen Marine, die Adriaküste hinunter bis zu einem kleinen Hafen im Süden Dalmatiens gefahren. Von dort ist er mit einem Sonderzug über Mostar, die Hauptstadt der Hercegovina, bis nach Ilidža gereist, einem Villenvorort von Sarajevo. In Bosnien hat ein großes Manöver stattgefunden, und die Anwesenheit des Thronfolgers, auch als Signal an das nach den beiden Balkankriegen immer kecker werdende Serbien, ist von Kaiser Franz Joseph ausdrücklich angeordnet worden, zumal er seinen Neffen zum Generalinspekteur der Armee ernannt hat. Die Frau des Thronfolgers, die böhmische Gräfin Sophie von Chotek, ist mit der Bahn über Ungarn nachgereist, denn am letzten Tag des Aufenthalts in Bosnien will das Thronfolgerpaar gemeinsam Sarajevo besuchen.

Während Franz Ferdinand sich in Ilidža Gräten aus den Zähnen stochert, werden im zehn Kilometer entfernten Sarajevo letzte Vorbereitungen zu seiner Ermordung getroffen. Sechs Attentäter sollen an der Strecke im Stadtzentrum, die der habsburgische Konvoi am nächsten Tag passieren wird, am Straßenrand stehen. Sie sind mit aus Serbien eingeschmuggelten Revolvern und Handgranaten bewaffnet. Einige haben in Belgrad von Mitgliedern der *Schwarzen Hand* Schießunterricht erhalten. Die *Schwarze Hand* ist ein militanter Geheimbund, der für die Errichtung eines großserbischen Staates kämpft. Die Attentäter sind in zwei Gruppen zu je drei Schützen aufgeteilt. Sollte einer nicht schießen oder sein Ziel verfehlen, bleiben fünf andere, um die Tat auszuführen. Jede Gruppe weiß von der Existenz einer anderen, aber nicht mehr. Nur der Siebte im Bunde kennt alle anderen sechs Teilnehmer der Verschwörung: Danilo Ilić, ein Jugendfreund Andrićs. Tagelang haben die beiden in ihrer Schulzeit am Ufer der Miljacka über Literatur diskutiert, ungezählte Stunden politisierend im *Kairo* beim Billard verbracht. Wie Andrić ist der ein Jahr ältere Ilić vaterlos aufgewachsen. Seine Mutter, eine Wäscherin, verdient sich seit dem Tod ihres Mannes Geld hinzu, indem sie Zimmer ihres Hauses in der Altstadt an Schüler vermietet. Einer ihrer Mieter ist Gavrilo Princip, der spätere Mörder Franz Ferdinands, mit dem Ilić sich ebenfalls anfreundet. Andrić, Ilić und Princip teilen ihre Begeisterung für eine Vereinigung der Südslawen – und für Literatur. Ilić hat Oscar Wilde übersetzt. Seinen Lebensunterhalt verdient er zwar als Lehrer, aber er sieht sich eigentlich als Dichter.

Jahre später gedenkt Andrić in dem kurzen Aufsatz *In der Danilo-Ilić-Straße*, einem seiner warmherzigsten Texte, seines hingerichteten Freundes. Im Sommer 1914 ahnt er jedoch nichts von dessen Attentatsplänen. Während er in Krakau ist, tritt sein Freund in Sarajevo als Organisator jenes Mordkomplotts hervor, das in Europa keinen Stein auf dem anderen lassen wird – auch wenn er in den letzten Tagen vor dem großen Tag zögert und sich fragt, ob ein Mord das richtige Mittel zur Durchsetzung politischer Ziele sei. Hatte nicht Lew Tolstoi in seinem Essay „Die Annexion Bosniens und der Hercegovina" zu Friedfertigkeit gemahnt? Zwar ist der österreichische Kaiser für Tolstoi nur „ein alter Mann mit verdrehten Begriffen" und Österreich-Ungarn nichts weiter als ein „Räubernest" wie jedes andere Großreich auch. Doch gebe es keine Rechtfertigung dafür, dass die Serben, „um sich zu befreien, zu demselben Mittel greifen, das die Ursache ihrer Sklaverei war und zum großen Teil noch jetzt ist – zur Gewalt, zum Krieg, zum Totschlag". Man dürfe Böses nicht mit Bösem vergelten, hatte der Alte von Jasnaja Poljana gemahnt. „Dadurch, dass Österreich die Völker Bosniens und der Hercegovina zu seinen Untertanen erklärte, entstanden nicht nur Verwicklungen in den Beziehungen der Mächte untereinander, diese Erklärung rief auch bei den slawischen Völkern eine starke Bewegung hervor, die bei den Serben und Montenegrinern so weit geht, dass sie einen Krieg herbeiwünschen." Der Krieg aber gehöre zu den größten Verbrechen der Menschheit, hatte Tolstoi geschrieben und sich gegen das „unsinnige, vertierte Morden" gewandt, das „einige Teile des Serbenvolkes" anstrebten. Der Heroismus von Serbenführern bei Aufständen gegen die Osmanen möge vor vielen Jahrhunderten einen Sinn gehabt haben, „jetzt aber sind solche Heldentaten nicht nur unnötig, sondern schädlich, und sie wären sogar lächerlich, wenn sie nicht so furchtbar verderblich wären!" Tolstoi hatte die Serben aufgefordert, den „Aberglauben des Patriotismus" aufzugeben und sich auch von einem unchristlichen „rohen serbischen und panslawistischen Patriotismus" loszusagen. Die Menschen müssten sich ihrer Menschenwürde bewusst werden, „die für alle die gleiche ist …" Diese urchristliche Argumentation dürfte ein Grund dafür sein, dass viele Jung-Bosnier, die sonst alles vergöttern, was aus Russland kommt, von Tolstois Mahnungen nichts hören wollen.

Ilić aber ist sich zuletzt unsicher. „Obwohl er der technische Organisator des Attentats war, fragte er sich in diesen Wochen, ob es klug sei, den Erzherzog zu ermorden, noch mehr, er lehnte sogar den individuellen Terrorismus als das beste Mittel des politischen Handelns ab", schreibt der jugoslawische Historiker Vladimir Dedijer. „Doch das waren keine klar definierbaren Überlegungen. Ilić war seiner Ansichten nicht sicher. Diese änderten sich von Tag zu Tag, und die ganze Zeit über plagte er sich mit der Frage, ob er mitmachen sollte oder nicht." Wenige Tage vor der Ankunft Franz Ferdinands in Sarajevo habe Ilić ein letztes Mal versucht, Princip dazu zu überreden, die Sache abzublasen. „Er sagte, die Reaktion der Behörden würde nach dem Attentat entsetzlich sein, und das Volk würde zu leiden haben, besonders die Serben, doch alles war vergebens", heißt es bei Dedijer. Am Ende machen die sechs Mordschützen, die Ilić ausgewählt hatte, ihrem Anführer klar: Das Attentat wird geschehen – mit ihm oder ohne ihn.

Und es geschieht. Am Vorabend, als der Kronprinz Ananascreme isst, suchen Ilić, Princip und ein weiterer Verschwörer ein letztes Mal das Grab von Bogdan Žerajić auf, der vier Jahre zuvor ein Attentat auf den habsburgischen Gouverneur von Bosnien-Hercegovina verübt und sich nach dessen Scheitern selbst getötet hatte. Der gescheiterte Selbstmordattentäter Žerajić ist ein kultisch verehrter Held für die Mlada Bosna, ein Idol. Ihm wollen die jungen Männer am nächsten Tag nacheifern, nur mit mehr Erfolg. *Nur die Besten und Stärksten unter ihnen stürzten sich tatsächlich mit dem Fanatismus von Fakiren in die Aktion und verbrannten dort wie Eintagsfliegen, um von ihren Altersgenossen sofort als Märtyrer und Heilige – denn es gibt keine Generation ohne ihre eigenen Heiligen – gefeiert und auf das Piedestal unerreichbarer Vorbilder erhoben zu werden.* Die Teilnehmer des Komplotts haben in Belgrad Zyanidkapseln bekommen, um sich im Falle einer Entdeckung (und erst recht nach einem geglückten Anschlag) zu töten, bevor sie der Polizei etwas über ihre Verbindungen nach Serbien ausplaudern können.

Ilić hatte die aus Serbien eingeschmuggelten Waffen über Umwege aus der nordbosnischen Stadt Tuzla nach Sarajevo gebracht und am Abend des 27. Juni die erste Troika damit ausgerüstet. Die zweite Troika bewaffnet er erst am nächsten Morgen im Gastraum einer Bäckerei in der Altstadt. Dann begeben sich die Attentäter auf die ihnen von Ilić zugewiesenen Positionen an der Uferpromenade der Miljacka. Ilić als ihr Aufseher bezieht ungefähr in der Mitte zwischen der ersten und der zweiten Troika Position.

Dass der Thronfolger dort vorbeikommen wird, ist kein Geheimnis. Die Zeitungen haben sein Besuchsprogramm im Detail veröffentlicht, damit die Bevölkerung sich zum Bejubeln des hohen Gastes einfinde. Nach der Morgenmesse fährt der Hofsonderzug von Ilidža nach Sarajevo, wo am Bahnhof sechs Autos warten. Vorweg fährt die Polizei, im zweiten Wagen sitzen der Bürgermeister von Sarajevo und andere Honoratioren, im dritten das Thronfolgerehepaar samt Adjutanten. Die übrigen drei Autos sind für die Entourage reserviert. So geht es in die mit Flaggen in den schwarzgelben Farben der Habsburger geschmückte Stadt Richtung Rathaus, wo ein Empfang ansteht. Danach soll Franz Ferdinand das neue Staatsmuseum eröffnen, später ist ein Mittagessen im Palast des bosnischen Gouverneurs angesetzt. An Warnungen vor dieser Reise hat es nicht gefehlt, zumal das Datum alles andere als geschickt gewählt ist: Der 28. Juni ist der Vidovdan, der Tag des heiligen Veit. Dieser Märtyrer, Sankt Vitus auf Lateinisch, der sich der Legende nach für seinen Glauben im antiken Rom in siedendem Öl kochen ließ, bis er von Engeln gerettet wurde, hat für Serben seit mehr als einem halben Jahrtausend große Bedeutung. Am Veitstag 1389 fand die Schlacht auf dem Amselfeld statt, in der die Osmanen unter Sultan Murad I. einem von dem serbischen Fürsten Lazar geführten Heer gegenüberstanden. Die historischen Details zu der Schlacht sind umstritten, als gesichert gilt aber, dass beide Heerführer darin den Tod fanden. Die Serben erinnern sich jedes Jahr am Veitstag an die Heldentat des Fürsten Miloš Obilić.

Dem soll es gelungen sein, sich in das Lager des Sultans zu schleichen und ihn zu erdolchen. Nachweisbar ist das nicht, aber auf Nachweisbarkeit kommt es auch nicht an. Serben feiern in Obilić seit Jahrhunderten den Tyrannenmörder, der sich einem übermächtigen Feind widersetzt. Und nun kommt der Repräsentant einer anderen feindlichen Macht ausgerechnet am Veitstag nach Sarajevo! Phantasie ist kaum nötig, um sich auszumalen, wie die jungen Attentäter das empfinden: Franz Ferdinand ist der neue Sultan Murad, und jeder von ihnen steht bereit, um als moderner Obilić in die Geschichte einzugehen. Es gibt Stimmen in der Umgebung des Thronfolgers, die auf die unglückliche kalendarische Koinzidenz hinweisen, doch Franz Ferdinand will davon nichts hören. Besorgnisse und Vorsichten lähmen das Leben, beschwichtigt er und erklärt, er werde sich nicht unter eine gläserne Glocke stellen lassen: „In Lebensgefahr sind wir immer. Man muss nur auf Gott vertrauen!"

Der Erste, an dem der habsburgische Konvoi vorbeifährt, ist Muhamed Mehmedbašić, der einzige bosnische Muslim unter den Verschwörern. Ilić hat ihm bewusst die prominenteste Stelle in seinem Peloton zugewiesen, denn wenn ein bosnischer Muslim Franz Ferdinand ermordet, wäre das ein besonderer Triumph für die serbische Sache. Es würde einen Keil zwischen die Habsburger und die bosnischen Muslime treiben und zeigen, dass nicht nur Serben die Doppelmonarchie aus Bosnien vertreiben wollen. Doch Mehmedbašić gibt weder einen Schuss ab, noch wirft er seine Handgranate. Später wird er sagen, Ilić habe ihn ermahnt, er dürfe nur tätig werden, wenn er sich ganz sicher sei, dass er den Thronfolger vor sich habe, und solle andernfalls lieber warten, bis die Kolonne auf dem Rückweg vom Rathaus noch einmal vorbeikomme. Bei anderer Gelegenheit erzählt er, dass ein Polizist neben ihm gestanden habe, als das Auto von Franz Ferdinand an ihm vorübergefahren sei, weshalb er die Handgranate nicht unbemerkt hätte zünden können, sondern vielmehr fürchtete, durch Ungeschicktheit das ganze Komplott zu verraten. Jedenfalls verpasst Mehmedbašić seine Gelegenheit, als muslimischer Selbstmordattentäter in die serbische Geschichte einzugehen. Da Muslime nicht verdächtigt werden, gelingt es ihm nach dem Attentat sogar, über die Grenze nach Montenegro zu fliehen. Er wird 1943 von kroatischen Faschisten in Sarajevo ermordet.

Der nächste potentielle Held ist Vaso Čubrilović, ein bosnischer Serbe, mit kaum mehr als siebzehn Jahren der jüngste der Verschwörer. Er besucht dasselbe Gymnasium in Sarajevo, das Andrić absolviert hat. Doch auch er unternimmt nichts. Vor Gericht wird er aussagen: „Ich habe den Revolver nicht angelegt, da die Herzogin dabei war, ich wollte nicht schießen." Čubrilović wird zu sechzehn Jahren Zuchthaus verurteilt und überlebt den Krieg. Später wird er in Belgrad als Historiker Mitglied der Serbischen Akademie der Wissenschaften und sogar Minister. Er geht zwar nicht als Mörder von Franz Ferdinand, dafür aber als ein Vordenker der Politik „ethnischer Säuberungen" in die Geschichte ein. Als Berater diverser jugoslawischer Regierungen legt er mindestens zwei Denkschriften zur Vertreibung der Albaner aus dem Kosovo vor, „einer grobschlächtigen, widerstandsfähigen und gebärfreudigen Rasse", die Serbiens Herrschaft bedrohe. Čubrilović schlägt eine Zwangsaussiedlung der Albaner in die Türkei vor, forciert durch staatliche Repressalien: willkürliche Geldbußen und Gefängnisstrafen, Enteignungen, Berufsverbote, Entlassungen, Bewaffnung serbischer Kolonisten, Niederbrennen albanischer Dörfer, „sodass es den Albanern unerträglich wird, bei uns zu bleiben". Zwar werde sich die Weltöffentlichkeit darüber ein wenig empören, „aber die Welt ist an weit Schlimmeres gewöhnt und dermaßen mit Tagesfragen beschäftigt, dass man sich von dieser Seite nicht besonders fürchten muss. Wenn Deutschland zehntausende von Juden vertreiben und Russland Millionen von Menschen von einem Teil des Kontinents in den anderen verschieben konnte, wird es wegen einiger Hunderttausend vertriebener Albaner schon nicht zu einem Weltkrieg kommen." Der Fall Čubrilović zeigt, dass es mit dem ursprünglichen Gerechtigkeitssinn einiger Attentäter von 1914 später nicht weit her war. Čubrilović, der mit Andrić bis zu dessen Tod in losem Kontakt blieb und ihm seine Bücher schenkte, starb als letzter Verschwörer von Sarajevo 1990 in Belgrad.

Nachdem die ersten beiden potentiellen Thronfolgermörder nichts unternommen haben, ist Nedeljko Čabrinović an der Reihe. Der Sohn eines Kneipenwirts in Sarajevo brennt darauf, den entscheidenden Schuss abzugeben, denn er schämt sich seines Vaters, der als Spitzel der habsburgischen Behörden seine Gäste belauscht und der Obrigkeit darüber berichtet. Čabrinović trägt sich schon lange mit dem Gedanken, die Schande der väterlichen Kollaboration durch einen revolutionären Akt auszuwetzen. Dem Untersuchungsrichter wird er sagen, er habe von der Besuchergalerie im Landtag eine Bombe auf die Abgeordneten werfen wollen, da Politiker samt und sonders Halunken seien. Doch die Ermordung des Thronfolgers bietet eine weitaus günstigere Aussicht auf Unsterblichkeit als das Zerfetzen unbekannter Parlamentarier. Am Morgen des 28. Juni ist Čabrinović optimistisch. In Erwartung des historischen Moments lässt er sich mit einem Freund in einem Atelier fotografieren, damit die Nachwelt sich ein Bildnis von ihm machen kann. Anders als die beiden Mitverschwörer vor ihm aktiviert er auch tatsächlich seine Handgranate. Doch er zählt nicht zwölf Sekunden ab, wie man ihm in Belgrad eingeschärft hat, sondern wirft die Bombe zu früh. Sie prallt am zurückgeklappten Verdeck des Wagens von Franz Ferdinand ab und fällt auf die Straße, wo sie erst unter dem nachfolgenden Auto detoniert und mehrere Insassen verletzt. Die Kolonne beschleunigt sofort das Tempo, weshalb die drei nachfolgenden Attentäter keine Chance mehr haben, Schüsse abzugeben.

Eigentlich wäre die Geschichte des 28. Juni 1914 damit zu Ende. Als „Attentatsversuch von Sarajevo" wäre die gescheiterte

Verschwörung rasch vergessen oder gar nicht erst erinnert worden und heute allenfalls noch Spezialisten ein Begriff, eine Randnotiz der Geschichte. Doch weil der Dilettantismus der Attentäter durch den Dilettantismus der Behörden noch übertroffen wird, kann geschehen, was geschieht: Zunächst fährt die Delegation wie geplant zum Rathaus, wo der Bürgermeister, als wäre nichts geschehen, seine Begrüßungsansprache vom Blatt abzulesen beginnt. Franz Ferdinand unterbricht ihn: „Herr Bürgermeister! Da kommt man nach Sarajevo, um einen Besuch zu machen, und man wirft auf einen mit Bomben. Das ist empörend!" Doch was nun? Soll das Thronfolgerpaar auf kürzestem Wege aus der Stadt gebracht werden, oder ist es im Gegenteil geboten, am Besuchsprogramm festzuhalten und sich unbeeindruckt zu zeigen? Die Entscheidung fällt für einen Mittelweg. Die Handgranate, die Franz Ferdinand gegolten hatte, hat einen österreichischen Offizier verwundet. Der Thronfolger besteht darauf, ihn im Hospital zu besuchen. Es wird nur vereinbart, bei der Rückfahrt nicht der in den Zeitungen angegebenen Route zu folgen, da dort weitere Attentäter lauern könnten. Statt wie vorgesehen von der Uferstraße in die kleine Franz-Joseph-Gasse abzubiegen (wo tatsächlich ein weiterer Attentäter wartet, nämlich Gavrilo Princip), soll die Kolonne in schneller Fahrt geradeaus fahren. Hätte man sich an diese Idee gehalten, wäre Franz Ferdinand an jenem Tag wahrscheinlich nicht erschossen worden. Doch man vergisst eine Kleinigkeit: Die Fahrer werden über die neue Route nicht informiert. Um Viertel vor elf verlassen Franz Ferdinand und seine Entourage das Rathaus. Wäre die Kolonne der alten, aus den Zeitungen bekannten Route gefolgt, diese aber wenigstens in hohem Tempo abgefahren, hätte Princip schwerlich seelenruhig zielen und mit zwei Schüssen zwei Menschen töten können. Doch nachdem die Fahrer der ersten beiden Wagen, korrekt ihren veralteten Instruktionen folgend, in die Franz-Joseph-Gasse eingebogen sind und der Chauffeur des Thronfolgerwagens mit der Wiener Nummer A III-118 ihnen folgen will, ruft der im gleichen Fahrzeug sitzende bosnische Gouverneur Oskar Potiorek ihm ärgerlich zu: „Sie fahren ja falsch!" Potiorek befiehlt dem Fahrer, er solle wenden. So kommt der Wagen, als der Fahrer den Rückwärtsgang einlegt, kurz zum Stehen – genau vor Gavrilo Princip. Zwei Schüsse fallen, und die Welt ist nicht mehr dieselbe.

Nun geschieht, was Danilo Ilić befürchtet hat. In Sarajevo kommt es zu Ausschreitungen gegen die serbische Bevölkerung. *Allerorts verhaftete man Serben und führte sie in provisorische Gefängnisse ab, und zwar jetzt nicht nur junge Leute und Studenten, sondern auch angesehene Kaufleute und friedliche Staatsbeamte. Das geschah nicht nach Recht oder nach einem ergründbaren Gesetz, sondern gewaltsam, blind und auf gut Glück; es war wie eine Seuche.* In *Das Fräulein* schildert Andrić die Momente, in denen ein Mob die Macht übernimmt: *In dem Haufen mochten etwa 200 Aufwiegler sein, Mohammedaner und Katholiken, meist dürftig gekleidet und schlecht genährt, mit den Spuren des Elends oder des Lasters im Gesicht und in der Haltung. Sie schrien wahllos „Nieder!" und „Hoch!", alles nach der Anleitung eines etwas besser gekleideten Mannes, der sie anführte und sehr große Ähnlichkeit mit einem Polizisten in Zivil hatte. Sie versuchten auch die Staatshymne zu singen, aber das Lied, das aus ihren ungeübten, groben Kehlen kam, klang verworren und brach mehrmals ab. Vorn trugen zwei Männer ein Bild des Kaisers Franz Joseph, eine jener eingerahmten farbigen Reproduktionen, die sie offenbar aus irgendeinem Amt geholt hatten. Diese beiden waren zerlumpte und verschlagene Individuen mit niedriger Stirn und trübem Blick. Gewohnt, irgendwo an der Peripherie zu leben und zu arbeiten, im Schatten ihres Elends, waren sie jetzt verlegen und zugleich voll dreisten Stolzes, dass sie das Bild des Kaisers durch die Hauptstraßen der Stadt tragen durften. In ihrer Eile und Verwirrung hatten sie das Bild umgedreht, sodass es mit dem Kopf nach unten wies, aber mit ihren riesigen Fäusten, die an ganz andere Arbeiten gewöhnt waren, hielten sie es fest wie die Neger ihren Fetisch.*

Zwar hätten sich die Gewitterwolken über Europa früher oder später auch ohne das Attentat von Sarajevo entladen – doch war es andererseits kein Zufall, dass der finale Akt vor dem bis dahin größten Krieg der Menschheit ausgerechnet in der Hauptstadt Bosniens aufgeführt wurde. „Ich bin kein Verbrecher, denn ich habe denjenigen beseitigt, der Böses tat. Ich denke, dass ich gut bin", sagt Princip vor Gericht und nennt sich einen „jugoslawischen Nationalisten". Andrić sagt später: *In meiner Erinnerung sind diese Zeiten hell und weit. Wie eine große Leidenschaft, wie der beste Teil des Lebens. Ich zweifle nicht daran, dass irgendwann einmal jemand in einem künstlerischen Werk diese Jugend, die mit ihrer kristallklaren Reinheit des Charakters, mit ihrem starken Wunsch und ihrem unlöschbaren Durst so großartig war, zusammenfassen und beschreiben wird. Wir dürsteten und waren begierig auf alles. Wir wollten ein würdigeres, breiteres, besseres Leben, das wir hinter den Grenzen jenes Landes vermuteten, in dem wir lebten, wir wollten ein wahres Vaterland, richtige Schulen und richtige Wissenschaften.*

Vier Jahre nach Princips Schüssen sind zwanzig Millionen Menschen ums Leben gekommen und außer den Habsburgern in Wien auch die Osmanen in Istanbul, die Hohenzollern in Berlin und die Romanows in St. Petersburg Geschichte. Im „Zauberberg" nennt Thomas Mann, den Andrić schätzt wie nur wenige andere Schriftsteller, das Attentat von Sarajevo eine „Schreckenstat", die zugleich „Volks- und Befreiungstat" gewesen sei. Was auch immer sie war: Princips Tat stülpt die Welt um. Vier Wochen nach seinen Schüssen setzt die habsburgische Kriegserklärung an Serbien das Mahlwerk des Weltkriegs in Gang.

ZELLE 115

Andrić ist in Krakau im Theater, als die Nachricht aus Sarajevo eintrifft. So beschreibt es ein halbes Jahrhundert später jedenfalls ein Kommilitone aus Krakauer Tagen in einem Artikel für eine polnische Zeitung. Der Direktor des Theaters sei auf die Bühne gekommen, habe dem Publikum von dem Attentat berichtet und die Vorstellung für beendet erklärt. Andrić ging, „da er sah, dass die österreichische Polizei ihm gegenüber als Anführer der nationalistischen Sarajevoer Jugend zweifellos Repressalien ergreifen wird, gleich aus dem Theater und – ohne in der Wohnung vorbeizuschauen – zum Bahnhof, und nachdem er einige Stunden auf den Zug gewartet hatte, nahm er einen Platz im Waggon der dritten Klasse ein …" Dass Andrić wirklich direkt aus dem Theater zum Bahnhof geht, also ohne Gepäck abreist, in eleganter Abendgarderobe, darf man bezweifeln, doch dass er Krakau in großer Hast verlässt, ist gewiss. Er nimmt weder Wertsachen noch sein Studienbuch mit, verabschiedet sich nicht einmal von seinem besten Freund. Knapp zwei Wochen später meldet er sich per Postkarte aus Wien bei Vojmir Durbešić, der noch in Krakau ist: *Ich bin lebendig, mein Lieber, und hungrig angekommen.* Andrić bittet ihn, seine silberne Uhr *und das Geld und was sonst noch wichtig ist* mitzubringen, sollte er selbst aus Krakau abreisen. Und schreibt ansonsten nur, was ohnehin offenkundig ist: *Ich bin in großer Eile abgereist.*

Aber warum eigentlich? Es ist seltsam, dass Andrićs überstürzte Abreise aus Krakau zwar in jedem Text über diese Zeit hervorgehoben wird, über die Gründe dafür aber nichts bekannt ist. Weiß er schon am 28. Juni, dass sein Freund Danilo das Attentat koordiniert und sein Schulkamerad Gavrilo es ausgeführt hat? Fürchtet er, dass bereits nach ihm gefahndet wird? Glaubt er, seine polnische Gastfamilie zu gefährden, wenn er in Krakau bleibt? Rechnet er mit seiner Festnahme und will lieber dort Häftling sein, wo er die Sprache der Wärter spricht und Verwandte hat? Will er seine polnische Favoritin Helena beeindrucken, indem er durch sein plötzliches Verschwinden insinuiert, er habe mit dem Verbrechen, über das die ganze Welt spricht, etwas zu tun? Möchte er in den historischen Stunden seinen Gesinnungsfreunden in Sarajevo nahe sein? Warum reist er in großer Eile aus Krakau ab, bleibt dann aber viele Tage in Wien? Andrić hat sich zu den Motiven seiner Abreise zumindest öffentlich nie geäußert, und seine Zeitgenossen haben sie als Tatsache hingenommen, ohne ihn nach den Motiven zu fragen.

So ist nur bekannt, dass Andrić aus Wien schließlich nach Zagreb und von dort Mitte Juli auf Einladung eines Freundes nach Split weiterreist – zum Strandurlaub. Noch herrscht schließlich Frieden auf dem hastig zum Krieg rüstenden Kontinent. Die Kriegserklärung Österreich-Ungarns an Serbien folgt erst am 28. Juli. Aus der Wiener Eröffnung entwickelt sich dann innerhalb von kaum mehr als zwei Wochen, was später der „große Krieg" und noch später der Erste Weltkrieg genannt werden wird. Am 1. August 1914 erklärt Deutschland Russland, am 3. August Frankreich den Krieg. Einen Tag darauf folgt die britische Kriegserklärung an Deutschland, am 6. August die Österreich-Ungarns an Russland und Serbiens an Deutschland. Am 12. August erklärt Großbritannien, am 13. August Frankreich Österreich-Ungarn den Krieg. Andrić kommt seine Lungenkrankheit nun ausnahmsweise zupass, als Lebensversicherung. Während Millionen andere Männer in den Krieg ziehen, muss Andrić nie an die Front. Die Erfahrung des Schützengrabens bleibt ihm erspart. Während viele seiner Freunde die Uniform der verhassten habsburgischen Armee tragen müssen (und in Galizien bei erster Gelegenheit zu den Russen überlaufen), verlebt Andrić noch einige Tage in Freiheit: *Ich ging baden, habe mich gesonnt, ließ den Meeressand durch meine Zehen gleiten, ging spazieren, aß die ersten Weintrauben, und ich wusste, dass es das letzte Mal sein würde, und ich habe all das gierig und schnell ge-*

tan, aber mit einer Ruhe, die mich selbst gewundert hat. Anfang August wird er verhaftet. Seinem bosnischen Freund Ljubo Jandrić, der eine Art Sekretär und Chronist seiner späten Jahre wird und in etwa die Rolle einnimmt, die Johann Peter Eckermann für Goethe spielte, hat Andrić die Szene Anfang der siebziger Jahre so geschildert: „Eines Morgens, ich war gerade an den Strand gekommen, kamen Agenten auf mich zu, fragten mich, ob ich der und der sei, und teilten mir mit, dass ich verhaftet sei. ... Die Agenten waren eigentlich höflich und gingen nicht grob mit mir um."

Andrić kommt in ein Gefängnis in Split. Von dort aus beginnt für ihn und mehr als dreihundert andere Gefangene eine Odyssee durch halb Europa. Mit dem Dampfer *Višegrad* geht es von Split nach Fiume, dann mit dem Zug über Zagreb an die ungarische Grenze, von dort nach Budapest. Maja Nižetić, eine Mitgefangene Andrićs, notiert zu dem Aufenthalt in Zagreb: „Auf dem Bahnhof herrscht großes Gedränge. Mobilisierung. Wir betrachten die Gesichter der Soldaten. Als würde sie all das erfreuen. Sie singen sogar. Soldaten aus einem Zug drohen uns und bespucken uns. Irgendjemand hat ihnen gesagt, wir seien die ersten serbischen Gefangenen." Von Budapest aus sollen die Gefangenen in ein Lager nach Arad gebracht werden, doch weil das schon mit serbischen Häftlingen aus Bosnien überfüllt ist, werden die meisten ins slowenische Marburg (Maribor) transportiert. Das dauert über eine Woche, denn die Gleise sind überfüllt, und Truppentransporte haben Vorrang. In Marburg kommt der Transport am 19. August an. Wie Kriegsbeute werden die Gefangenen durch die Stadt geführt, beschimpft, geschlagen, bespuckt. Nur weil sie von Soldaten mit gezückten Bajonetten begleitet werden, kommt es nicht zum Schlimmsten. Andrić hält das Erlebnis nach dem Krieg in einer Prosaminiatur fest: *Große blonde Frau aus Maribor, wenn ich mich heute Morgen – voller Freude angesichts des blühenden Obstgartens – an Sie erinnere, glauben Sie mir, dann ist es ohne die Bitterkeit von Rachegedanken, denn ich habe glücklich vergessen und nichts zu verzei-*

hen. Auch damals habe ich mich und Sie in gleicher Weise bedauert. Ja, in Ihrer Stadt, unbekannte blonde Frau, habe ich erfahren, wie es ist, bleich, müde und niedergeschlagen durch nasse Straßen zu gehen, während von den erleuchteten Balkonen gefühllose Männer und grausame Frauen applaudieren. Von Ihnen habe ich erfahren, wie einem gefesselten, machtlosen Sklaven zumute ist, wenn man ihm ins Gesicht spuckt. Das ist lange her. Jetzt habe ich alles glücklich überstanden. Aber das Elend geht der Reihe nach von einem zum anderen; vielleicht hat irgendein Unglück auch Ihr Haus mit dem Balkon getroffen. Sie tun mir heute Morgen leid, wenn ich daran denke, dass Ihnen in Ihrem Schmerz vielleicht manchmal auch noch unsere bleichen vorwurfsvollen Gesichter den unruhigen Schlaf stören.

Immerhin müssen die Gefangenen im Marburger Zuchthaus nicht hungern, und sie werden auch nicht misshandelt. Verglichen mit der Lage vieler seiner Weggefährten in Sarajevo lebt Andrić sogar komfortabel. In Sarajevo läuft noch der Prozess gegen die Attentäter, an dessen Ende Danilo Ilić zum Tod durch den Strang verurteilt wird. Gavrilo Princip erhält zwanzig Jahre Einzelhaft in Ketten, ohne Lesestoff, mit einer Dunkelzelle auf hartem Lager an jedem 28. Juni. In Marburg ist es bequemer, die Gefangenen dürfen sich sogar Bücher schicken lassen. Andrić liest Kierkegaards „Entweder-Oder", Gorkis „Mutter", die Memoiren des Fürsten Kropotkin. Seine Kierkegaard-Lektüre wird später von einigen Journalisten zu einem prägenden Einfluss überhöht, was Andrić immer relativiert. „Als man uns erlaubte, dass wir im Gefängnis Bücher empfangen können, brachten sie mir zufällig zwischen anderen meiner Bücher auch Kierkegaard. Für einen jungen Gefangenen, der schon mit der Poesie vergiftet war, war Kierkegaard wie Balsam, wie eine Art des geistigen Trostes." Einige Gedichte und frühe lyrische Texte mögen als Folge der Lektüre Spuren von Kierkegaard aufweisen, aber entscheidend für sein Schreiben sei das nicht gewesen, sagt Andrić später. Tatsächlich wird er „Entweder-Oder" nicht einmal in seiner Bibliothek haben.

Andrić bessert im Gefängnis mit einem Grammatikbuch sein Englisch auf, lernt italienische Vokabeln und übersetzt, angeblich anhand einer deutschen Ausgabe, Passagen aus Oscar Wildes „Ballade vom Zuchthaus zu Reading". Auch Schachspiel ist erlaubt. Wer Geld hat, darf sich sogar Essen aus den umliegenden Restaurants bringen lassen. Zudem ist jeden Tag eine Stunde Hofgang. Korrespondenz ist ebenfalls erlaubt, wobei natürlich jeder Brief, der das Gefängnis erreicht oder verlässt, von den Zensoren gelesen und gegebenenfalls passagenweise geschwärzt wird. Andrić korrespondiert eifrig mit Evgenija Gojmerac, einer bildhübschen, zwanzigjährigen Violinistin am Zagreber Konservatorium, die er als Student kennengelernt hat. *Ich langweile mich in diesem eigenartigen Haus fast nie, es hat überhaupt nur zwei Fehler: dass das Essen etwas zu teuer ist und dass es deutlich einfacher ist, hineinzukommen als hinaus,* teilt er ihr mit. Aus den Briefen an Evgenija Gojmerac wird deutlich, dass Andrić sein einst ablehnendes Verhältnis zu Kroatien offenbar geändert hat. Er nennt Kroatien jetzt (auch, um die Zensur zu täuschen) liebevoll die *Dame* und schreibt von Serbien als ihrer *Schwester*. Wenn er seine Mutter erwähnt, ist aber nicht Mütterchen Russland gemeint, sondern seine Mutter. *Mama schreibt mir; es geht ihr gut. Über die Dame höre ich wenig; sie ist unglücklicher als je zuvor, aber ich liebe sie mehr als je zuvor,* schreibt Andrić im Dezember 1914, und natürlich weiß die Empfängerin, wer jeweils gemeint ist. *Wie geht es der Dame? Ich höre, ihrer Schwester geht es gut,* heißt es in einem Brief, nachdem die serbische Armee eine Schlacht gewonnen hat.

Außer den Briefen an Evgenija schreibt Andrić literarische Miniaturen in sein Notizheft – und wartet auf seine Anklageschrift. Noch immer weiß er nicht, warum er verhaftet wurde. Ist sein *Erstes Frühlingsgedicht* schuld? Schließlich ist es nur drei Monate vor dem Attentat erschienen, und alle im Gefängnis wissen, dass Andrić ein Freund von Danilo Ilić ist, der das Attentat in Sarajevo koordiniert hatte. Im Oktober kommen endlich die Akten aus Split

„Ich langweile mich in diesem eigenartigen Haus fast nie."

in Marburg an, und die Ermittlungen beginnen. Aus Split kommt auch der Untersuchungsrichter Jerko Moskovita, der den Fall übernimmt. Das ist ein Glück für Andrić, denn Moskovita gilt als „heimlicher Patriot", der mit der Mlada Bosna sympathisiert. Er macht es Andrić und anderen Angeklagten so leicht wie möglich. Verhöre legt er auf Sonntage, wenn keine anderen Untersuchungsrichter im Gefängnis sind. Er ruft mehrere Verhaftete zugleich auf, damit sie sich in seinem Zimmer aussprechen und Neuigkeiten von den Fronten erfahren können. So hört Andrić wohl auch vom Todesurteil gegen Danilo Ilić, das Ende Oktober fällt. Was genau Andrić selbst vorgeworfen wird, ist nicht zu rekonstruieren, denn die Akten haben die Zeit nicht überstanden, und sollten sie doch noch in irgendeinem Archiv modern, so sind sie bis heute nicht gefunden worden. Bekannt ist aber das Ergebnis: Anfang März 1915, acht Monate nach seiner Verhaftung, wird Andrić aus der Haft entlassen.

Gegenüber Ljubo Jandrić hat Andrić, der mehr als einmal seine Biographie frisierte, später behauptet, er sei drei Jahre in Haft gewesen. Tatsächlich wird der vergleichsweise kurze und harmlose Gefängnisaufenthalt angesichts seines Talents, auch aus kleinen Steinen große Funken zu schlagen, viel künstlerisches Kapital abwerfen. In mehreren semiautobiographischen Erzählungen kommt Andrić in den kommenden Jahrzehnten immer wieder auf seine Haftzeit zurück, so 1918 in dem Text *Der erste Tag im Kerker von Split*, aber auch noch in der Erzählung *In der Zelle Nummer 115*, die 1960 erscheint. *Mir schien damals, dass im Gefängnis zu sein, das Ende ist – von allem. Das Ende des Lebens: Man wartete nur, wann sie kommen, um dich zum Schafott zu führen, man wartete auf nichts Anderes … Als ich mich in der Zelle wiederfand, dachte ich nur an den Tod. Ich erinnere mich an die Zelle Nummer 115 und meine unbeschreibliche Angst.* Im Gefängnis in Split teilt Andrić die Welt in Geräusche ein. Es gibt Gefängnisgeräusche, etwa das Gerassel der Ketten, das Hallen der Schritte der Wärter oder das Quietschen eines Schlüssels im Schloss der Zellentür. Und es gibt Freiheitsgeräusche wie Möwengeschrei oder das Tuten der Schiffssirenen. Ihren Höhepunkt erreicht Andrićs Gefängnisliteratur mit der 1954 erschienenen Erzählung *Der verdammte Hof*, einem raffiniert komponierten Werk, das in einem Istanbuler Gefängnis spielt, aber von vielen Zeitgenossen als Gleichnis auf die Verhältnisse in Titos Jugoslawien gelesen wird.

Ein freier Mann ist Andrić auch nach seiner Entlassung aus Marburg nicht. Er gilt weiterhin als verdächtig und wird in die Verbannung geschickt. Er muss sich auf direktem Weg an seinen Geburtsort Travnik begeben und sich dort bei der Polizei registrieren lassen. Vergeblich versucht er den Behörden zu erklären, dass ihn mit Travnik nichts außer dem Zufall seiner Geburt verbindet und er dort niemanden hat. Immerhin kann er auf der Polizeistation in Travnik eine leichte Abwandlung des Verbannungsortes erwirken. Wenige Kilometer von dem Städtchen entfernt liegt das katholische Dorf Ovčarevo, ein Nest von knapp 250 Seelen, in dem seine Mutter dem örtlichen Priester, dem Franziskanermönch Alojzije

Perčinlić, den Haushalt führt. (Daher stammt wohl das Gerücht, Perčinlić sei Andrićs Vater.) Das Pfarrhaus in Ovčarevo wird nun Andrićs Zuhause. Als er im März 1915 dort ankommt, sehen Mutter und Sohn einander das erste Mal seit drei Jahren. Andrić liest viel, hilft bei der Feldarbeit (wovon er prompt Blasen an den Händen bekommt) und begleitet Fra Alojzije bei dessen Besuchen in verschiedene Klöster. Dort unterhält er sich lange mit älteren Mönchen, die noch die Osmanenherrschaft erlebt haben. Damals erwacht auch sein Interesse an Klosterarchiven, aus denen er sich später zu einer ganzen Serie von Erzählungen anregen lässt, die er im Milieu der bosnischen Franziskanermönche zur Osmanenzeit ansiedelt. Andrić ist beeindruckt von der Schläue und Gerissenheit, mit der die alten Franziskaner unter der osmanischen Herrschaft lavierten. Er lernt davon und verhält sich später oft ähnlich vorsichtig und gerissen wie die Franziskanermönche im osmanischen Bosnien. Seiner Karriere als Schriftsteller und insbesondere seinem Fortkommen als Diplomat schadet das nicht.

In Briefen an Evgenija aus Ovčarevo beklagt Andrić sich oft über die Verbannung. *Ich esse gut, aber hier ist es kalt, und die ewige Einsamkeit und Schlaflosigkeit bringt mich um.* Dabei ist es ein unerhörtes Glück, nicht an die Front zu müssen. Während Andrić in Ovčarevo englische Grammatik lernt und gegen die Langeweile kämpft, kämpfen seine Altersgenossen an der Front um ihr Leben. Einer von ihnen, der serbische Dichter Miloš Crnjanski, drückt die Schrecken des Krieges auf eine Art aus, die von einer ganzen Generation in Jugoslawien als gültig anerkannt wird: „Nichts haben wir, weder Gott noch Herrn. Unser Gott ist das Blut. … Weder Mutter noch Haus haben wir, wir hausen in unserem Blut. … Friedhöfe erblühten und Berge, Wind trieb die Morgenröte durch Schluchten; weder Mutter noch Haus gibt es für uns, keine Bleibe, keine Kinder. Uns blieb nur das Blut."

Vom Urerlebnis seiner Generation, den Stahlgewittern des Weltkriegs, bleibt Andrić verschont. Einen Monat nach seiner

Haftentlassung wird er zwar gemustert, doch wieder rettet ihn die Tuberkulose. Im April 1915 erklärt man ihn für untauglich. *Du kannst dir denken, wie sehr das meine Mama freut. Ich bleibe hier*, schreibt er Evgenija und schildert ihr seinen Freispruch von der Front einige Tage später noch einmal: *Der Arzt hörte mich also ab und erklärte mich wegen der veralteten und schweren Lungenkrankheit – für untauglich. Eine etwas traurige Genugtuung. … P. S. Seit einiger Zeit tauchen Anfälle von Melancholie in ihrer ganzen Stärke auf und hindern mich an jeglicher Arbeit. Ich glaube, die Lungen sind an allem schuld.* Im Juli 1915 wird Fra Alojzije an eine Pfarre in der Industriestadt Zenica versetzt, wohin Andrić und seine Mutter ihm folgen. Bald darauf wird Andrić doch noch zum Militär eingezogen, wenn auch nur aus formalen Gründen. Als Wehrpflichtiger unterliegt er dem Kriegsrecht und kann umstandslos erschossen werden, sollte man ihm etwas vorwerfen. Andrić wird in ein Militärspital eingewiesen. Dort erreicht ihn Ende Juli ein Brief von Fanika Gojmerac, der um ein Jahr älteren Schwester von Evgenija, die schwer erkrankt ist und nicht selbst schreiben kann. Andrić erkennt den Ernst der Lage nicht und schreibt scherzhaft zurück: *Ich werde noch sentimental! Und du wirst wohl nicht die Dummheit begehen und sterben. Melde dich auf jeden Fall, also wenn du stirbst, wird das ein wenig schwierig, aber schau trotzdem, dass du dich meldest. Und denk beim Testament an mich!* Evgenija stirbt bald darauf an Leukämie. Eine Reaktion Andrićs ist nicht überliefert.

Er bleibt im Militärspital von Zenica, dessen Regeln ähnlich liberal sind wie die des Marburger Gefängnisses. Es gibt Wein, Schachspiel und Gesang. Andrić liest Heine. Ein Franziskanernovize bringt ihm Essen von der Mutter. Fotos aus dieser Zeit zeigen Andrić in tadelloser Kleidung, mit Anzug und Krawatte in fröhlicher Gesellschaft. „Gutes Essen, gute Weine … tja – es war wohl ein hübscher Krieg“, hatte Andrićs deutscher Generationsgenosse Kurt Tucholsky seine Weltkriegserfahrung in der Etappe sarkastisch resümiert, und ähnlich hätte es Andrić tun können – wenn nicht seine Krankheit ihm immer mehr zugesetzt hätte. Er magert bis auf die Haut ab. Auch seinen inhaftierten Freunden geht es schlecht. Im Januar 1916 stirbt Nedeljko Čabrinović, der voreilige Handgranatenwerfer von Sarajevo, in der Festung Theresienstadt an Lungentuberkulose. Andrić, der so geschwächt ist, dass er nicht zu Arbeitseinsätzen herangezogen wird, notiert einen Monat später in Zenica: *Es zieht das dritte Jahr des Weltkrieges dahin. Ein riesiges Lager von grauen Holzbaracken; in ihm über sechshundert Heerespflichtige … unfähig für das Heer und zum Heeresdienst, aber zur Arbeit dabehalten. Jetzt bessern sie Wege aus oder säen Rüben auf den Feldern um Zenica.* An manchen Tagen nimmt ihm die Krankheit den Lebensmut: *Ich bin ein Nichtsnutz, in meinem Wappen ist ein Trauerflor*, notiert er an einem Tag, und an einem anderen: *Man lebt so schwer, man lebt so kurz. Und dann vergeuden wir noch die gute Hälfte dieses schweren und kurzen Lebens darauf, dass es uns in Hass und Unverständnis vergeht.* Dazwischen dann wieder euphorische Momente, in denen er die Welt umarmen möchte: *Ich brauche wirklich alle Menschen. Alle, von jener Greisin, die mich in die Arme genommen hat, als ich geboren wurde, bis zu jenem unbekannten Passanten, der den Hut ziehen und sich bekreuzigen und mir ewigen Frieden und Ruhe wünschen wird, wenn mich irgendwelche Menschen zu irgendeinem Grab tragen werden.*

Im November 1916 tritt Karl I. die Nachfolge des gestorbenen Kaisers Franz Joseph an. Im Juli 1917 erlässt er eine Amnestie für politische Häftlinge. Auch Andrić ist nun frei. Er verbringt einige Zeit in Višegrad, wo ihn seine Tante vergeblich mit fetten Suppen aufzupäppeln versucht. Im November kommt Andrić nach Zagreb und wird in das *Krankenhaus der barmherzigen Schwestern* eingeliefert. Die Diagnose: Rippenfellentzündung. Andrić spuckt Blut. Auf den Schlachtfeldern Europas wendet sich das Blatt gegen die Mittelmächte, doch es gibt nicht viele, die darauf wetten würden, dass Andrić ihre Niederlage erleben wird. Auch nicht der Andrić in schwärmerischer Begeisterung zugetane kroatische Dramatiker Ivo Vojnović, der den jungen Dichter im Krankenhaus kennenlernt. „Er hat heute Blut gespuckt, mein großer Ivo, der Kleine! – Ein Märtyrer!“, schreibt der selbst schwerkranke Vojnović in sein Tagebuch, und an anderer Stelle: „Wie sich dieser schöne Kopf unter der Last des Schicksals beugt! Sein Vater und drei von dessen Brüdern, alle starben sie innert 32 Jahren an der Schwindsucht! Jetzt ist nur mehr er von der Sippe übrig!“ Den skeptischen Eindruck bestätigt der serbische Literaturwissenschaftler Miroslav Karaulac, der beste Kenner von Andrićs frühen Jahren: „Einige Bekannte jener Zeit erinnern sich, er sei sehr dünn gewesen, von strenger Eleganz, immer im schwarzen Anzug, mit schwarzem Hut mit breiter Krempe, von bedeckten Farben – eine lebende Illustration seines Dahinsiechens, der jedem, der ihn sah, das Gefühl der offenkundigen Anwesenheit des baldigen Todes gab.“

Doch Andrić hält aus.

2

DIE GERÄUSCHE DES KRIEGES

HAUPTSACHE JUGOSLAWIEN

Am 28. April 1918 stirbt Gavrilo Princip im Garnisonsspital der Festung Theresienstadt an Knochentuberkulose. Acht Monate später wird der Staat geboren, für den er zum Mörder geworden war. Am 1. Dezember 1918 proklamiert Serbiens Thronfolger Aleksandar Karadjordjević in Belgrad die Gründung des „Königreichs der Serben, Kroaten und Slowenen". Und genau das ist das Problem. Denn wer hatte eigentlich gesagt, dass das neue Reich der Südslawen ein Königreich mit einer serbischen Dynastie an der Spitze und Belgrad als Hauptstadt sein sollte? Eine Volksabstimmung darüber hatte es nie gegeben. Bis zum Zusammenbruch Österreich-Ungarns war die Feindschaft zur habsburgischen Monarchie die Klammer gewesen, die all die unterschiedlichen und oft gegensätzlichen Konzepte zur Ausgestaltung eines gemeinsamen Staates der Südslawen zusammenhielt. Nun ist diese Klammer fort, und die Gegensätze treten in aller Schärfe zutage. Die Anhänger eines föderalen Modells bezeichnen sich als „echte Jugoslawen" und lehnen die (vor allem serbischen) Verfechter eines zentralistischen, nach preußischem oder französischem Vorbild gestalteten Staates als „Pseudojugoslawien" ab.

Auf der griechischen Insel Korfu, dem Sitz der serbischen Exilregierung, hatten sich Serben, Kroaten und Slowenen im Sommer 1917 in einer gemeinsamen Deklaration nur in groben Linien darüber einigen können, wie der künftige südslawische Staat verfasst sein sollte. Den kroatischen Delegierten schwebte eine Art Föderation vor, in der Serben, Kroaten und Slowenen nur einige Teilgebiete staatlichen Handelns wie Finanzen, Außenpolitik und Verteidigung einer gemeinsamen Führung unterstellten, ansonsten aber selbstständig blieben. Ähnlich war die Machtteilung zwischen Österreich und Ungarn in der Habsburgermonarchie gewesen, auf deren Trümmern das neue Vielvölkerreich der Südslawen entstehen sollte. Ein solches Arrangement kam für die Serben jedoch nicht in Frage. Schließlich hatte Serbien die Führungsrolle im Kampf gegen die Osmanen und danach gegen die Habsburger gespielt, hatte im Krieg den höchsten Blutzoll entrichtet und verfügte im Gegensatz zu Kroatien und Slowenien über eine intakte Königsdynastie, die zur Übernahme der Macht bereitstand. Außerdem würden die Serben in dem neuen Staat, auf dessen Territorium damals etwa zwölf Millionen Menschen lebten, mit gut vierzig Prozent der Bevölkerung die größte Gruppe stellen, deutlich vor Kroaten (23 Prozent) und Slowenen (acht Prozent). Daraus schlossen viele Belgrader Politiker jedoch nicht, dass sechzig Prozent der Bürger des neuen Staates eben keine Serben waren, sondern nur, dass die (relative) Mehrheit das Recht habe, in dem gemeinsamen Staat die führende Rolle zu spielen. Viele Serben stellten sich den neuen Staat, dessen Bevölkerung doppelt so schnell wuchs wie die Deutschlands, als eine Art vergrößertes Serbien vor. Der Grundsatz „Der Balkan den Balkanvölkern!“ wurde so zu: „Der Balkan einigen Balkanvölkern!“ Montenegriner und muslimische Bosnier wurden in Belgrad als Serben respektive „islamisierte Serben“ betrachtet, Mazedonier als „Südserben“. Und die Albaner im Kosovo hatten ohnehin nichts zu melden. Andere große Bevölkerungsgruppen auf dem Territorium des zu gründenden Staates, vor allem Ungarn und Deutsche, die gemeinsam immerhin eine Million Seelen ausmachten, zählten ebenfalls nicht, denn Minderheiten galten nirgends viel im damaligen Europa. Sie hatten eben Pech und konnten froh sein, wenn sie nicht vertrieben wurden. Kroaten und Slowenen wiederum sollten nur Juniorpartner in einem Unternehmen unter serbischer Führung sein. Unter diesen Bedingungen hatte sich die serbische Regierung auf Korfu 1917 mit ihren kroatischen und slowenischen Verhandlungspartnern nur vage darauf einigen können, dass nach dem Krieg die „qualifizierte Mehrheit" einer verfassunggebenden Versammlung über die Details des Staatsaufbaus abstimmen solle. Dabei blieb offen, wie viele Stimmen für eine solche „qualifizierte Mehrheit" erforderlich sein sollten. Drei Fünftel? Zwei Drittel? Das sollte später entschieden werden.

Nach Kriegsende hat die Idee einer Vereinigung der Südslawen aber trotzdem noch große Unterstützung nicht allein in Serbien, sondern auch in Kroatien und Slowenien. Anfang Oktober 1918 wird in Zagreb ein „Nationalrat der Slowenen, Kroaten und Serben" gegründet, der die Vereinigung der Südslawen (immer minus Bulgarien) anstrebt. Ivo Vojnović, Andrićs Leidensgenosse aus dem Krankenhaus, hat einen dieser revolutionären Oktobertage in Zagreb in seinem Tagebuch festgehalten. Dort lesen wir, dass Andrić, krank und geschwächt, in Begleitung von Freunden auf dem Balkon des kroatischen Nationaltheaters die serbische Flagge geschwenkt habe, während auf dem Platz davor 50 000 Menschen Serbiens König bejubelten. Doch die Begeisterung wird nicht nur bei Vojnović, sondern auch bei hunderttausenden anderen Kroaten rasch in Gleichgültigkeit oder Ablehnung umschlagen. Schon am 5. Dezember, vier Tage nach der Proklamation des neuen Staates in Belgrad, kommt es in Zagreb zu antijugoslawischen Demonstrationen von Bürgern, die eine kroatische Republik fordern. Bei einem Polizeieinsatz zur Niederschlagung der Proteste werden dreizehn Menschen getötet und siebzehn verletzt. Im Januar 1921 kann die serbische Fraktion im ersten jugoslawischen Parlament durchsetzen, dass zur Annahme der neuen Verfassung nur eine einfache Mehrheit nötig ist, was Buchstaben und Geist der Deklaration von Korfu widerspricht. Zudem wird in Belgrad festgelegt, dass die Abstimmung über die neue Verfassung am 28. Juni 1921 stattfinden soll – ausgerechnet am Veitstag also, jenem serbischen Doppelfesttag, an dem die Serben die Ermordung Sultan Murads

1389 und Franz Ferdinands 1914 feiern. Nun soll als drittes Ereignis an diesem Datum die Gründung eines serbisch dominierten südslawischen Staates hinzukommen – so empfinden es jedenfalls viele Kroaten. Die Atmosphäre verschlechtert sich so sehr, dass eine Mehrheit der Kroaten von diesem Jugoslawien bald nichts mehr wissen will. Der weitgehend auf Belgrader Bedürfnisse und das serbische Königshaus zugeschnittene zentralistische Verfassungsentwurf wird von 53 Prozent der Parlamentarier gebilligt, doch selbst diese knappe Mehrheit kommt nur zustande, weil die meisten Abgeordneten aus Kroatien und Slowenien die entscheidende Sitzung boykottieren. Sie protestieren damit gegen eine Verfassung, in der sie sich nicht vertreten sehen. Das beginnt schon beim Staatswappen mit dem kyrillischen Schriftzug „CCCC" (für: *Nur Einigkeit rettet den Serben*) und setzt sich fort über eine bedenkliche Machtfülle für das serbische Königshaus. Was in der Verfassung angelegt ist, wird durch die Verfassungswirklichkeit noch übertroffen. Fast siebzig Prozent aller Ministerposten in der nur zwanzig Jahre währenden Geschichte des ersten jugoslawischen Staates werden an Serben fallen. In Armee und Verwaltung sieht es kaum anders aus. Manche versuchen anfangs, die Ungleichgewichte damit zu entschuldigen, dass es sich dabei um die unvermeidlichen Geburtswehen eines jungen Staates handele. Andere sprechen von einer Totgeburt.

Der neue Staat weist jedenfalls nicht weniger innere Widersprüche auf als die Habsburgermonarchie, aus deren Konkursmasse er entstanden ist. Kritik, wie sie Gavrilo Princip, Ivo Andrić und die Mlada Bosna an den Ungerechtigkeiten des Habsburgerreiches geübt hatten, können Kroaten, Slowenen, bosnische Muslime oder Kosovo-Albaner nun mit einiger Berechtigung gegen Jugoslawien vorbringen. Viele Kroaten empfinden den Übergang von habsburgisch-ungarischer zu jugoslawisch-serbischer Vormundschaft nur als Gefängniswechsel. Aus dem habsburgischen war für sie ein jugoslawischer Völkerkerker, aus dem Wien-Budapester ein Belgrader Joch geworden. Während sich jedoch viele Slowenen und auch Bosniens Muslime nicht zuletzt aus Mangel an besseren Möglichkeiten trotzdem mit dem neuen Staat arrangieren, haben immer mehr Kroaten das Gefühl, auf der Verliererseite der Geschichte zu stehen. In ihrer Wahrnehmung sind sie 1918 nicht befreit worden, sondern nur vom habsburgischen Regen in die serbische Traufe geraten. Niemand drückt das wortgewaltiger aus als Stjepan Radić, der Chef der *Kroatischen Bauernpartei* und bald mit Abstand beliebteste Politiker der Kroaten. Radić hatte vor 1918 ebenfalls für ein vereinigtes Jugoslawien gekämpft. Tiefgläubig und radikal antiklerikal zugleich, lautet sein Wahlspruch: „Gelobt seien Jesus und Maria, nieder mit den Pfaffen!" Radić wendet sich gegen den politischen Klerikalismus, denn er will nicht, dass Bischöfe Politik machen. Zugleich ist er erzkatholisch. Seinen Privatkatholizismus behält er nach 1918 bei, doch seine Befürwortung Jugoslawiens mutiert mit den Jahren zu einer immer erbitterteren Gegnerschaft. Radić wehrt sich dagegen, dass die Kroaten nur ein „Stamm" einer angeblich serbisch-kroatisch-slowenischen Nation mit Hauptsitz in Belgrad sein sollten. Die Amtssprache des neuen Staates heißt offiziell „Serbo-Kroato-Slowenisch" und zeichnet sich dadurch aus, dass sie von niemandem gesprochen wird, weil es sie nicht gibt. Radićs *Bauernpartei* wirft Serbien vor, die kroatische Souveränität usurpiert zu haben. Die Kroaten seien in Jugoslawien unterdrückt wie nie zuvor in ihrer Geschichte, sagt er.

Tatsächlich gibt es an dem neuen Staat nicht nur aus kroatischer Sicht viel zu bemängeln. Während Frauen in Österreich und in Ungarn nach 1918 das Wahlrecht erhalten haben, dürfen sie in der jugoslawischen Männergesellschaft weiterhin nicht an Abstimmungen teilnehmen. Auch bleibt der neue Staat weit hinter dem Niveau der Rechtsstaatlichkeit zurück, das Österreich-Ungarn trotz aller Mängel ausgezeichnet hatte. Zudem erbittert es viele Kroaten, dass sie ihrer Ansicht nach in Jugoslawien wirtschaftlich ausgebeutet werden. Ein kroatischer Ökonom behauptet, dass jene Teile des Staates, die zur Habsburgermonarchie gehört hatten, mehr als achtzig Prozent zum Steueraufkommen beitragen, jedoch mehr als siebzig Prozent der Investitionen in die Infrastruktur nach Serbien und Montenegro gingen. „Der junge Staat startete mit einem gefährlichen Legitimationsdefizit", fasst die Historikerin Marie-Janine Calic zusammen. Sie führt aus, dass Jugoslawien, abgesehen von einigen kurzen Aufschwungsperioden, auch wirtschaftlich ein Misserfolg war. Zwar boomt Belgrad, was den serbischen Satiriker Branislav Nušić zu der Bemerkung veranlasst, ein untrüglicher Beweis für Jugoslawiens Anschluss an Westeuropa sei die Tatsache, dass Frisuren, Röcke und Ehen kürzer werden. Doch auf dem Lande ist die Lage oft düster. „Viele bäuerliche Familien waren in einem Teufelskreis der Armut gefangen, da der Zuwachs an Produktivität nicht mit der demographischen Entwicklung Schritt hielt", schreibt Calic. Maisbrei und Brot sind für viele Bauern die Hauptnahrung. „Wir sind nie satt, wir sind immer hungrig", berichtet weinend ein vierzigjähriger Mann aus der mittelbosnischen Region Bugojno einer Ethnologin, die sich dazu notiert: „Niemand in seinem Dorf ist älter als vierzig oder fünfzig. Viele sterben im Frühjahr, wenn die Lebensmittel am knappsten sind." Auch Unwissenheit und Aberglaube sind keineswegs überwunden. „Ärzten standen die Bauern misstrauisch gegenüber, ‚um die Krankheit nicht zu ärgern'. Lieber rief man den Priester, damit er ein Gebet lese, oder, wenn dies nicht half, den Hodscha oder irgendein Kräuterweib", heißt es bei Calic. Die Teufel hausen noch immer auf den Nussbäumen.

Armut und nationale Unzufriedenheit führen dazu, dass der neue Staat fast ständig Aufstände bekämpfen muss – in Mazedonien, in Montenegro und anfangs vor allem im Kosovo, wo albanische Freischärler nicht nur gegen den Staat kämpfen, sondern auch serbische Kolonisten terrorisieren, die Belgrad dort angesiedelt hat, um die demographische Entwicklung zugunsten der Serben zu beeinflussen. Die Unruhen unterminieren die politische Stabilität immer weiter. Jugoslawiens Regierungen zwischen 1918 und 1941 hatten eine durchschnittliche Lebensdauer von sieben Monaten. Oft bilden die Berater von König Aleksandar das wahre Kabinett, während Regierungschefs kommen und gehen. Zwar sind auch andere europäische Staaten der Zwischenkriegszeit alles andere als Muster an Stabilität. Um den Parlamentarismus, wenn es ihn überhaupt noch gibt, ist es auch anderswo schlecht bestellt. Doch die Explosivität eines Vielvölkergemischs mit zwei großen Religionen, von denen die christliche wiederum in zwei Konfessionen gespalten ist, gibt es in dieser Form in Europa nur in Jugoslawien. Zu sagen, dass Jugoslawien deshalb von Anfang an zum Scheitern verurteilt gewesen sei, ist trotzdem ahistorisch und nur im Rückblick scheinbar überzeugend. Nicht alles, was gekommen ist, musste kommen, wie es kam. Dass Jugoslawien nach 1918 vom ersten Tag an vom Scheitern bedroht war, ist jedoch eine Tatsache.

Als der Chor der kroatischen Jugoslawien-Kritiker zu Beginn der zwanziger Jahre immer größer wird, hat Andrić zwar noch nicht alle seine kroatischen Wurzeln gekappt, schließt sich der Ablehnung des neuen Staates jedoch nicht an, im Gegenteil: Entschieden verteidigt er das Land gegen alle Gegner, die nicht nur in Jugoslawien zu finden sind. Die meisten Nachbarstaaten warten nur darauf, dass Jugoslawien zerfällt, um die Konkursmasse an sich reißen zu können. Ungarn will die Vojvodina zurück, Italien schielt auf Dalmatien, Bulgarien auf Mazedonien. Albanien strebt eine Vereinigung mit dem Kosovo an. Auch zur Abwehr solcher Ansprüche ist Andrić ein loyaler Jugoslawe. Ob dieses Jugoslawien demokratisch oder diktatorisch, gerecht oder parteiisch, lebenswert oder trist ist, bleibt für ihn nachrangig. Hauptsache, Jugoslawien. Seine unbedingte Loyalität bringt Andrić sogar schon zum Ausdruck, bevor der neue Staat überhaupt gegründet ist. Unter der Überschrift *Die Unberufenen mögen schweigen* erscheint im November 1918 in der Zagreber Zeitung *Novosti* sein wohl bekanntester politischer Text. Andrić warnt darin alle Gegner der jugoslawischen Ideale, so wie er sie auffasste: *Wir alle, die wir den Gedanken der Vereinigung unbefleckt durch die Bruderkriege getragen und ihn vor den meineidigen österreichischen Gerichten nicht verleugnet haben, werden ihn auch vor gewissenlosen Journalisten und hitzköpfigen selbsternannten Scharfmachern zu verteidigen wissen.*

Tatsächlich gilt das „wir" dieses Satzes aber nur für eine kleine Minderheit. Jugoslawien wird mit der Zeit immer mehr zu einem Elitenprojekt, getragen nicht von den Massen, sondern von den Machthabern in Belgrad und Intellektuellen wie Andrić oder dem damals weltberühmten kroatischen Bildhauer Ivan Meštrović, der den Gedanken einer Einigung der Südslawen in Stein zu meißeln sucht wie Arno Breker den Elitenwahn der Nationalsozialisten in Deutschland. Wenn das Dasein einer Nation „ein tägliches Plebiszit" ist, wie es Ernest Renan in seinem berühmten Vortrag von 1882 gesagt hatte, dann galt für das erste Jugoslawien: Ein Plebiszit fand nie statt. Und als es 1941 schließlich doch abgehalten wird, in Form eines Krieges, beendet es abrupt das Dasein einer „Nation", die ohnehin nur auf dem Papier und deren Staat nicht zuletzt dank der Unterstützung der Siegermächte des Ersten Weltkriegs existiert hatte. Daran konnte auch König Aleksandar nichts ändern, indem er seine Söhne Petar, Tomislav und Andrej nannte, nach einem serbischen, einem kroatischen und einem slowenischen König.

Es gibt Hinweise darauf, dass Andrić, obwohl er an seiner unbedingten Loyalität gegenüber Jugoslawien öffentlich nie Zweifel aufkommen lässt, auch eine zweite, gleichsam poetische Sicht auf die Geschehnisse hat. In die Zeit um 1918 fällt der Beginn seiner literarischen Beschäftigung mit einem Sujet, das bei ihm immer wieder auftauchen wird: Andrić zweifelt am Wert von Siegen und Siegern. In einem Notizbuch, das Einträge ab 1917 enthält, findet sich eine Passage, die in überarbeiteter Form in sein 1920 erschienenes Buch *Unruhen* eingeht: *Jahraus, jahrein höre ich das Geschrei über den Sieg, aber es gibt immer weniger Brot auf der Welt und immer weniger Kraft in den Menschen, während die Lüge vom Sieg über die Erde zieht. Euer Sieg hat eine niedrige Stirn und rote Augen,* heißt es da. *Ein unruhiger Blick liegt im Gesicht des Siegers. Verflucht ist euer feuriger Siegerwein. Oh, er erquickt nicht und macht nicht fröhlich!* Allein die Niederlage schärfe den Blick, mahnt Andrić. *Alles, was es an Schönem, an Trost und Freude auf der Welt gibt, enthüllt sich den Augen der Besiegten; Sieger sind blind, sie zittern und brennen, sie haben nichts als ihre wild flammende Freude, hinter der nur Asche zurückbleibt.* Andrić wird zwar nie Pazifist, schreibt aber 1920: *In den Augen eines einsamen Menschen gibt es weder gewonnene noch verlorene Schlachten, sondern in allen Kriegen ist es gleich: Gewonnen oder verloren, geschlagen ist die ganze Menschheit. Die Winde reisen, und die Regen ziehen dahin, gute und fruchtbare, immer gleich, allmählich verschleißen die Fahnen und zerreißen, die Farben verblassen, und alles gerät in Vergessenheit, doch der Mensch bleibt immer derselbe, schmerzgebeugt unter der Last der Arbeit; die Kränze verwelken, und die Fahnen vermodern. Es bleibt der säende, arbeitende Mensch und ein hilfreicher Regen.* Als wollte er alle Sieger von 1918 zur Mäßigung mahnen, heißt es bei Andrić: *Gott hat nur für einen Augenblick das Gesicht abgewandt und die Welt im Dunkeln gelassen, und ihr schreit: Sieg, aber es gibt keinen Sieg, sondern eine kleine blutige Lüge und ein großes Unglück. … Es gibt keine Siege und keine Niederlagen, sondern gleichermaßen immer und überall bei den Besiegten und bei den Siegern nur den geschundenen, erniedrigten Menschen.* In der 1922 veröffentlichten Erzählung *Der Sieger* führt er das Thema weiter aus, indem er David nach dem Sieg über Goliath beschreibt. Andrićs David ist kein Triumphator, sondern ein am Boden Zerstörter: *So hart war die Erde noch nie. Doch da, auf einmal begann er deutlich die Jubelschreie der Juden zu vernehmen, durchdringend, ekstatisch, und zugleich das schwere Geklirr der Waffen fliehender Philister. … Er aber – was hatte er zu tun, wo sollte er hin, allein, wie er war, halb nackt, auf einem Hügel zwischen den Fronten mit einer unwiderruflichen Tat, die ihn hierher geworfen und hervorgebracht hatte, die ihn blind, die ihn wahnsinnig zu machen, die ihn zu zertrümmern drohte: denn erst jetzt, da sie getan war, zeigte sich ihr ganzes Grauen, ihre Unermesslichkeit.* Während David von den Soldaten bejubelt wird, versinkt er immer tiefer im Abgrund eines Sieges, aus dem es kein Entrinnen gibt. In seinem *Märchen aus Japan* schließlich, einer Allegorie aus dem Jahr 1920, über die Vladimir Dedijer gesagt hat, sie sei „eine Art geistiges Testament der Mlada Bosna", geht es um den Kampf von 350 Verschwörern gegen eine böse japanische Kaiserin. Zu den Verschwörern gehört auch ein Dichter. Als der Kampf endlich gewonnen ist und die 350 die Macht unter sich aufteilen wollen, fehlt der Dichter. Er hinterlässt einen Abschiedsbrief, in dem es heißt, Dichter hielten *nur in der Not die Treue und verlassen jene, denen es gut geht,* denn Macht ertrügen sie nicht. Andrić hat zwar nach dieser Devise nicht gelebt, denn sonst wäre er kaum stellvertretender Außenminister und wichtigster Vertrauter des jugoslawischen Regierungschefs geworden. Er hat sich aber bis an sein Lebensende mit dem trügerischen Sog der Macht und des Sieges beschäftigt, wie sein postum erschienenes Werk *Wegzeichen* zeigt.

Nach außen hin bleibt er stets ein strammer Jugoslawe. Eine der ganz wenigen jugoslawienkritischen Äußerungen wird erst nach seinem Tod öffentlich und soll 1971 gegenüber Ljubo Jandrić gefallen sein: „Wir Jungen waren unversöhnliche Gegner Österreich-Ungarns und für die Vereinigung der Südslawen. Wir haben das Ende des Krieges und die Erschaffung der jugoslawischen Gemeinschaft mit Begeisterung erwartet. Doch bald erfasste uns eine Abkühlung, denn es war nicht so eine Gemeinschaft, wie wir sie gewünscht und erwartet haben, und weil viele unserer Ideale verraten waren." Doch in Andrićs Romanen ist kein Platz für Menschen, die an Jugoslawien zweifeln oder gar leiden. In der *Brücke* hat Andrić mit Toma Galus, der als Dichter und nationalistischer Redner eingeführt wird, eine Figur geschaffen, die ihm in vielem ähnelt. Galus hat seine Matura in Sarajevo bestanden und will ein Philosophiestudium in Wien beginnen. Ein leidenschaftlicher Leser, schöpft er aus deutschen Reclam-Heftchen seine philosophischen Kenntnisse, liest Nietzsche und Stirner, schreibt Gedichte *und war aktives Mitglied revolutionärer nationalistischer Schülerorganisationen.* Vor allem aber tut er sich in Diskussionen mit anderen jungen Männern als begeisterter Anhänger der Idee eines jugoslawischen Staates hervor: *Galus beschrieb danach die Vorteile und Schönheiten dieses neuen Nationalstaates, der um Serbien wie um Piemont alle Südslawen auf der Grundlage völliger Gleichberechtigung der Stämme, religiöser Toleranz und staatsbürgerlicher Gleichheit versammeln werde.* Er versucht einen muslimischen Freund zu überzeugen: *„Du wirst sehen, Fehim", versicherte der hingerissene Galus seinem Freund, als wäre das eine Angelegenheit dieser Nacht oder des morgigen Tages, „du wirst sehen, wir gründen einen Staat, der der wertvollste Beitrag zum Fortschritt der Menschheit sein wird, in dem jede Mühe gesegnet, jedes Opfer heilig, jeder Gedanke eigenwüchsig, getragen von unserem Wort, und jedes Werk mit dem Siegel unseres Namens gezeichnet sein wird."*

NACH BELGRAD! NACH BELGRAD!

Für Andrić ist 1918 nicht nur deshalb ein gutes Jahr, weil der Staat in Erfüllung geht, den er sich gewünscht hat. Auch sein erstes Buch erscheint. *Ex Ponto*, eine in einem Zagreber Verlag veröffentlichte Sammlung meditativer Prosa, erhält gute Kritiken – auch von dem jungen kroatischen Dichter Miroslav Krleža, der vierzig Jahre später Andrićs Rivale um den Literaturnobelpreis sein wird. Wichtiger als die Kritiken ist für Andrić aber, dass *Ex Ponto* ein Publikumserfolg ist. In den zwanziger Jahren wird das Buch vor allem für das junge Publikum in Jugoslawien, was man später „Kult" oder „cool" genannt hätte. Es gibt Leser, die ganze Passagen auswendig kennen. Als Andrić mit seinem Belgrader Verleger Svetislav Cvijanović 1920 einen Vertrag über eine zweite Auflage abschließt, die sich wiederum gut verkauft, hilft ihm das auch finanziell. *Ex Ponto* beruht auf Texten, die zum Teil noch im Gefängnis und später in der Verbannung entstanden sind. Darauf spielt schon der Titel an: Der römische Dichter Ovid hatte, als er um die Zeit von Christi Geburt an die Schwarzmeerküste verbannt worden war, in seinen „Briefen vom Schwarzen Meer", den „Epistulae ex Ponto", sein Leid geklagt. Auch Andrićs Erstling hat etwas Klagendes, und er zählt es rückblickend nicht zu seinen stärksten Werken. Bis auf wenige Ausnahmen wird er Übersetzungsanfragen ablehnen, wie zum Beispiel einen Antrag aus Frankreich 1938: *Dieses lyrische Werk aus der frühen Jugend, das unter ungewöhnlichen Umständen entstand, hat seinen Platz in meinem literarischen Werk und ist als Ausgangspunkt verständlich, gerechtfertigt und vermutlich vielen Lesern auch nahe. Doch es scheint mir verquer und falsch, es einem fremden Publikum als Beispiel unserer zeitgenössischen Literatur und als Bild meines literarischen Schaffens zu geben.* Zwar verzichte er ungern auf die große Freude, eines seiner Bücher in französischer Sprache zu sehen, *doch ich denke, ich schulde diese Strenge auch mir selbst und unserer Literatur, die im Ausland nur durch das dargestellt werden soll, was wirklich von Dauer und am besten daran ist,* begründet Andrić seine Ablehnung. Als 1963 in Jugoslawien erstmals eine Gesamtausgabe seiner Werke erscheint, besteht Andrić darauf, dass *Ex Ponto* nicht Teil davon ist. Wenige Monate vor seinem Tod begründet er seinen Widerstand gegen jegliche Neuauflage von *Ex Ponto* mit den Worten, das wäre so, als würde er in seinen alten Tagen kurze Hosen tragen.

Tatsächlich gibt es in *Ex Ponto* eine ganze Reihe missglückter Passagen. Der junge Andrić, mit Trauerflor im Dichterwappen, streut großzügig Schlüsselworte lyrischer Weltzerknirschtheit über sein Werk. Das „Geheimnis" kommt in Abwandlungen fünfzehnmal vor, die „Seele" gar 110 Mal, unter anderem als Seelengespräch, Seelenschmerz, Seelentiefe und Seelengewölbe. Fast hundertfach ist zudem irgendetwas „dunkel“ oder zumindest „halbdunkel“: das Wasser, eine Fichte, eine Mahnung, eine Ahnung, ein Herz, das Meer, die Berge, die Wolken, eine Bauernstube, ein Schauder, eine Straße, das himmlische Feuer, ein Rätsel, der Kosmos, die Worte, der Sinn, ein Schatten und, nicht zu vergessen, die Nacht. Den Kampf um gedankliche und sprachliche Präzision, um Rhythmus, Ton und Tempi, den er später so souverän beherrschte, hat Andrić 1918 noch oft verloren. Zwar gehört er zu den ersten Schriftstellern seiner Generation, die zum freien Vers übergehen, doch vieles an den frühen Schriften besteht aus Jungmännerarroganz und Geniegehabe samt handelsüblichem Welt- und Menschenekel, hier und da von etwas Gottesschwärmerei durchwirkt. Hinzu kommen sprachlicher Bodennebel, jähes Naturlob und fünf Prozent Elastan.

In Andrićs Erstling finden sich aber auch Sätze und Miniaturen, die seine spätere Könnerschaft andeuten. Mitunter blitzt schon der skeptische, geduldige, illusionslose, chirurgisch genaue, dabei aber nie kalte Blick auf, der ihn später auszeichnet. Noch oft wird er die verzweifelte Angst vor der Langeweile in der bosnischen Provinz ähnlich beschreiben wie in *Ex Ponto*: *Diese Angst ist der bestimmendste Faktor in einem Spießbürger-Leben. Sie ist der Grund für die aberwitzige Sehnsucht nach sozialem Kontakt. Sie treibt die Menschen an, zu heiraten, sich zu duellieren, Sprachen zu lernen, sich mit Politik zu befassen, Fische zu angeln oder Käfer zu sammeln. Sie grinst aus ihrem bösartigen Gerede und ist hellwach bei ihren trostlosen Saufgelagen.* Dabei gehört Andrić nicht zu jenen, die ihren schonungslosen Blick nur auf andere richten: *Wie oft denken wir beim Kennenlernen: Da haben wir einen neuen Freund, doch schon nach einem Tag freundschaftlicher Beziehung glotzen einen das hungrige Ich und die merkwürdige widerwärtige Selbstsucht an.*

Sosehr ihn der Erfolg von *Ex Ponto* freut, hat Andrić 1918 auch zwei große Sorgen: Seine Lungen sind weiterhin ein Doppeldesaster, und er hat keine reguläre Anstellung. Andrić verbringt

Monate an der Adria und in einem kroatischen Kurort mit Versuchen, seine Tuberkulose zu besiegen, wodurch die Honorare für *Ex Ponto* und seine Mitarbeit an der Literaturzeitung *Literarischer Süden* rasch dahinschmelzen. Da er nicht darauf vertraut, dauerhaft von der Literatur leben zu können, sorgt er sich auch um seine berufliche Zukunft. Doch wieder einmal hilft ihm eine der vielen glücklichen Fügungen seines Lebens: Tugomir Alaupović, sein Gymnasiallehrer und Förderer aus Sarajevo, ist zum Religionsminister Jugoslawiens ernannt worden und damit ein einflussreicher Mann in Belgrad. Andrić zögert nicht, seinen Landsmann und Gönner, der ihm schon Geld für seine Kur an der Adria hatte zukommen lassen, wieder um Hilfe zu bitten: *Meine Mutter lebt bei meinem Onkel und meiner Tante in Višegrad, sie leben nicht schlecht, aber mein Onkel ist ein Mann von 67 Jahren, mit einem Bein im Grab, und wenn er stirbt, dann fällt die schwere, aber heilige Pflicht auf mich, mich um die Mutter und die Tante zu kümmern. Das ist es, was es mir nicht erlaubt, mich auch weiterhin diesem ärmlichen, aber freien und schönen Leben hinzugeben. Ich werde auf jeden Fall irgendeine Anstellung annehmen müssen, auch wenn ich selbst nicht weiß, was und wie,* schreibt er dem Minister im März 1919. Dabei weiß er ziemlich genau, was er will: *Ich kann Polnisch und kenne und liebe dieses Volk, und mir ist eingefallen, ob es nicht bei unserer künftigen Gesandtschaft bei ihnen oder bei ihrer bei uns eine Stelle für mich geben würde. … Ich würde nur nicht wollen, dass mich mein Beruf gänzlich von der literarischen Arbeit abbringt.* In einem anderen Brief an den Minister, abgeschickt aus Zagreb, macht Andrić deutlich, dass es ihm vor allem wichtig ist, in der Hauptstadt zu leben, also in der größten Stadt, in der die Sprache gesprochen wird, in der er schreibt: *Das Leben hier ist unmöglich. Ich habe hier keine Menschenseele, und ich muss nach Belgrad, komme, was wolle!* Alaupović lässt seinen einstigen Schüler auch diesmal nicht im Stich. Er bietet ihm eine Stelle im Religionsministerium an. Andrić antwortet: *Für mich wäre es die größte Freude und Ehre, mit Ihnen zusammenzuarbeiten, und ich wünsche keinen besseren Platz als das.* Womöglich nicht ganz wahrheitsgetreu fügt er an: *Ich bin froh, dass ich eine konkrete und sinnvolle Arbeit angehe, die weit weg von diesen journalistisch-literarischen Cliquen ist.*

Im September 1919 unterzeichnet Thronfolger Aleksandar Karadjordjević den Erlass über Andrićs Anstellung als Sekretär III. Klasse im jugoslawischen Religionsministerium. Für Andrić ist eine Stelle im Referat für Katholizismus vorgesehen. Passend ist das eigentlich nicht, denn Andrić ist Atheist und hegt insbesondere gegen die Religion seiner Mutter große Vorbehalte. *Der Katholizismus ist ein Fluch für Staaten und Völker,* schreibt er wenige Wochen nach seiner Anstellung im Religionsministerium in einem privaten Brief, und in seinen Notizheften findet sich dieser Eintrag: *Der Mensch beobachtet tote Religionen wie die versteinerten Skelette riesiger prähistorischer Lebewesen, legt furchtlos den Finger auf die Zähne eines toten Dinosauriers oder Mastodonten. Aber von lebenden Religionen und ihren Institutionen sollte man sich fernhalten. Umgehe sie, so gut Du kannst, je weiter desto besser!* Doch die staatliche Logik ist eine andere: Da er Kroate ist, wähnt man ihn im katholischen Referat am besten aufgehoben. Nach seiner Übersiedlung aus Zagreb ist er zunächst erschrocken über die hohen Lebenshaltungskosten in Belgrad: *Die Teuerung wächst von Tag zu Tag. Man braucht wahrlich Mut, um hier zu leben.* Doch er findet ein sauberes Zimmer mit Ofen und kann sich sogar Holz zum Heizen leisten. Die Arbeit im Religionsministerium gefällt ihm allerdings nicht: *Ich habe viele Bekannte, bin aber viel alleine. Ich arbeite ein wenig und lese so viel, wie es mir die zwar nicht schweren, dafür umso langweiligeren Büroverpflichtungen erlauben,* schreibt er Zdenka Marković, einer Polonistin und Schriftstellerin aus der Zagreber Oberschicht. Marković ist in den zwanziger Jahren seine wichtigste Korrespondenzpartnerin.

Sosehr ihn die Arbeit im Religionsministerium anödet, so sehr fesselt ihn die grelle, wild wuchernde Hauptstadt Jugoslawiens, in der die Widersprüche des neuen Staates in aller Härte aufeinanderprallen. „Überall sieht man gegensätzliche Kräfte: in den Straßen, in den Häusern, sogar im Leben der Menschen", heißt es in einem englischen Zeitungsbericht aus den zwanziger Jahren. „Neben den Bauern im selbstgewebten Gewand spazieren schick gekleidete Leute der wohlhabenderen Klassen. Der knarrende Ochsenkarren bahnt sich seinen Weg neben der Luxuslimousine." Der französische Journalist Albert Mousset schreibt 1922 über Belgrad: „Es ist die Hauptstadt eines Volkes, das seine Zeit dem Kriegführen und nicht dem Bau gewidmet hat." Belgrad ist zwar in den inneren Bezirken weitgehend elektrifiziert, doch wegen ständigen Strommangels sind abends nur die Hauptstraßen beleuchtet, und auch das oft nur spärlich. „Die Belgrader Innenstadt sah damals furchtbar aus. Zerfurchte türkische Gassen, einzig in den Hauptstraßen leuchtet manchmal eine Karbidlampe", erinnert sich Andrić als alter Mann an seine erste Zeit in Belgrad. Geheizt wird mit Holz oder Kohle, und entsprechend schlecht ist die Luft in den Wintermonaten, was Andrićs Lungen nicht guttut. Geht es in der Stadtmitte trotz allem noch recht westeuropäisch zu, ist Belgrad an den Rändern und in den Gassen der ärmeren Viertel noch auf eine Weise orientalisch, die Andrić an Sarajevo erinnert haben dürfte: Zwischen bettelnden Krüppeln aus Serbiens drei Kriegen der vergangenen sechs Jahre bieten dort Zinngießer, Wachszieher, Opankenschuster, Barbiere, Hufschmiede, Sattler, Halvabäcker, Lastenträger, Sesamkringelverkäufer, Schaffellmantelschneider, Seifensieder, Honigkuchenbäcker lauthals ihre Waren und Dienste an, „eine noch andauernde lokale Färbung des vergangenen Jahrhunderts, ein wahrlich verspäteter peripherer Zauber des Orients", wie Miroslav Karaulac es genannt hat. Die Hauptstadt zieht Glücksritter aus allen Teilen des neuen Staates an, und nicht nur von dort: Tausende vor der Oktoberrevolution geflohene Russen und Ukrainer haben sich in Belgrad niedergelassen und drücken dem Kulturleben der Stadt binnen kurzer Zeit ihren Stempel auf, vor allem in der Oper und im Ballett. Der Dichter Miloš Crnjanski, ebenfalls aus der Provinz in die Hauptstadt gekommen, nennt Belgrad eine Stadt „voller Löcher, Ruinen und Unkraut“, die dennoch alles versprach und zumindest manchmal auch etwas hielt. Ein Vierteljahrhundert später, im deutsch besetzten Belgrad der vierziger Jahre, wird Andrić die besondere Atmosphäre evozieren, die in der Hauptstadt Jugoslawiens herrschte, als er dort ankam: *Durch die aufgewühlten Straßen und die zertrümmerten, verwahrlosten Häuser mit den sichtbaren Spuren des Krieges wälzte sich die bunte Menschenflut, die unaufhörlich wuchs, denn täglich stürzten sich Hunderte von Zuwanderern kopfüber in sie hinein wie Perlenfischer. … Hier waren viele junge Leute aus allen Gebieten des entstehenden Staates zu finden, die alles von den neuen Verhältnissen und dem morgigen Tag erwarteten … In diesem Gewimmel und in der Luft, die es umgab, herrschte eine ungesunde, trügerische, doch erregende, mächtige Atmosphäre unbegrenzter Möglichkeiten auf allen Gebieten … Etwas von der Üppigkeit und dem Chaos des Goldlandes Eldorado war in dem Leben und dem Aussehen dieser Hauptstadt eines großen Staates zu entdecken, der noch nicht einmal über feste Grenzen, eine innere Organisation und einen endgültigen Namen verfügte.* Zwar habe das Leben in Belgrad leicht und fröhlich ausgesehen wie ein Kinderspiel, in Wirklichkeit aber sei es trügerisch und unbarmherzig gewesen. *Das ungestüme, mächtige Leben der Hauptstadt schluckte alles, das Gute wie das Böse, den Ruhm wie die Schande, und bedeckte wie der Urwald oder das Meer alles mit dem Schleier des Vergessens.*

Üppig und widersprüchlich wie die Stadt, *sprunghaft, gewaltsam und ohne Ordnung,* ist auch das literarische Leben, in das Andrić in Belgrad gerät. Wie anderswo auf dem Kontinent hat das industrielle Massenschlachten des Weltkriegs auch in Südosteuropa eine Schriftstellergeneration hervorgebracht, die etablierte Werte und Formen der Literatur radikal in Frage stellt. Natürlich konnte man auch nach den Stahlgewittern der vergangenen vier Jahre noch so schreiben wie früher. Aber sollte man es? Crnjanski, der als habsburgischer Soldat in Galizien gekämpft hatte, bevor ihn ein Tuberkuloseausbruch vor weiteren Fronteinsätzen bewahrte, beantwortet diese Frage in seinen „Erläuterungen zu Sumatra", einem programmatischen Text aus dem Jahr 1920, radikal ablehnend: „Obwohl Tausende und Abertausende an Leichen und Trümmern vorübergeschritten sind ... suchen sie Gedanken, Gesetze und Leben, einstige und unveränderte. Sie fordern die alte, vertraute Literatur, die bekannten, behaglichen Sensationen, die bereits erklärten Gedanken. Die Lyrik der ewigen, abgedroschenen Metaphern, jenes traute Ruck-Zuck der Bilder, der Chrysanthemen, die so einfach und verständlich in den Sonntagsbeilagen geblüht haben." Der Krieg habe aber neue Gedanken, Gesetze und Moralvorstellungen geboren: „Man kann gegen uns sein, aber gegen unsere Inhalte und Intentionen zu sein, ist vergeblich." Wie eine Sekte bringe seine Generation „Unruhe und Umsturz – im Wort, im Empfinden, im Denken". Man habe die Sprache von ihren banalen Fesseln befreit, schreibt Crnjanski und beruft sich auf die Masse junger Europäer, die inmitten von Leichenhaufen und Giftgasen erwachsen geworden sind: „Wir drücken all das aus, was sie verbergen, was sie quält, aber unausweichlich einholt. Wir festigen fanatisch die neuen Werte, die die Dichtung schon immer früher als das Leben findet." Die moderne Literatur müsse „eine leidenschaftliche Beichte neuer Glaubenssätze" werden: „Ansonsten wäre diese ganze Masse von Gedichten tatsächlich nichts anderes als abstoßender Luxus."

Crnjanski ist nicht der einzige Schriftsteller in Jugoslawien, der den Bruch mit der literarischen Tradition sucht. Im *Hotel Moskva,* unweit von Andrićs Zimmer, treffen sich in den Jahren nach dem Weltkrieg regelmäßig die bunten Vögel des literarischen und künstlerischen Lebens der Stadt, um an Kaffeehaustischen die Welt aus den Angeln zu heben. Das Café des *Moskva* sei der Generalstab der Nachkriegsliteratur gewesen, da es als einziges in der Nacht beleuchtet war, schrieb Crnjanski Jahre später. Der aus einer sephardischen Belgrader Kaufmannsfamilie stammende serbische

Surrealist Moni de Buli hat Ende der sechziger Jahre, als er längst nach Paris emigriert war, seine Erinnerungen an diese Zeit aufgeschrieben: „Nach dem Ersten Weltkrieg versammelten sich die jungen Belgrader Literaten jeden Tag im Café ‚Moskva'. Alle um denselben großen Tisch herum, von morgens bis spätabends kamen die einen, gingen die anderen, die meisten kamen mehrmals den Tag über vorbei." Ihr Mittelpunkt war der Tisch unter dem großen Spiegel: „Unter diesem Spiegel entwickelte sich in den ersten Jahren nach 1918 unsere moderne Literatur." Dort traf man Menschen wie Boško Tokin, der die ersten Filmkritiken in Jugoslawien schrieb und von dem man sagte, er hätte auch einer der ersten Regisseure des Landes werden können, wenn er nicht einen bereits abgedrehten Film aus Enttäuschung über seine nicht erwiderte Liebe zur Hauptdarstellerin wieder vernichtet hätte. Tokin war Verfasser des Dramas „Herr Nadežda", in dem er als wohl erster Autor des Balkans das Leben eines Transvestiten thematisierte, weshalb das Stück auch nie aufgeführt wurde. Außerdem war Tokin Anhänger des „Zenitismus", einer in Jugoslawien ausgerufenen Kunstrichtung, von der nie recht klar wurde, für was sie eigentlich stand, was ihre Parteigänger aber nicht daran hinderte, sie umso lauter zu propagieren. So schrieb Tokin in einem „Manifest" 1921: „Europa + Asien + Afrika + Australien + Amerika + die noch nicht entdeckten neuen Kontinente + Mars + die Sterne (alle Sterne) + der Komet Pons + ∞ = ZENITISMUS. Ästhetisierung aller Dynamismen und Mystizismen = Zenitismus. Zenit überall und in allem. In euch. Fliegt, ihr neuen Menschen!"

Die Zenitisten haben eine eigene Zeitschrift mit dem naheliegenden Titel *Zenit*. Bis sie Mitte der zwanziger Jahre wegen marxistischer Propaganda verboten wird, ist der frühere Schauspieler Ljubomir Micić ihr Herausgeber. Micić will eine „zenitistische Epoche" in der Kunst einläuten und hält regelmäßig „zenitistische Soireen" ab. Die unversöhnlichen Feinde der Zenitisten sind die jugoslawischen Dadaisten, die sich um Dragan Aleksić scharen, der zugleich die „organische Kunst“, kurz „Orgart“, erfunden hat. Aleksić ist stark von dem deutschen Dadaisten Kurt Schwitters, dem Maler Max Ernst sowie von den russischen Konstruktivisten und Futuristen um Wladimir Majakowski beeinflusst. Das merkt man seinem Manifest „Dadaismus“ von 1921 auch an: „Leben ist Abstraktion des Erdballs. Vorwärts ist rückwärts. Wir werden wieder zum AUSGANGSPUNKT gelangen. Sekunde durch Hirn (Metaphysik!). Revolver Sturz. Vierzigster Stock. Alles ist DADA … Von Grund auf zerstören wir, zerstören wir, möge die Sprache in die Luft fliegen und der große DADA bleiben.“ Was passiert, wenn die Sprache in die Luft fliegt, drückt Aleksić in lautmalerischen Gedichten wie „Kratzkratz i kruci kritz“ oder „Gigiwaxlex“ aus. Die von ihm 1922 gegründeten Zeitschriften *Dada-tank* und *Dada-jazz* hätten vielleicht noch mehr Berühmtheit erlangt, wären sie über die erste Nummer hinausgekommen.

Getrennt von Zenitisten und Dadaisten tagen die stark von französischen Vorbildern beeinflussten jugoslawischen Surrealisten, bei denen der Belgrader Philosophiestudent Marko Ristić das große Wort führt. Ristić, nach 1945 der erste Botschafter von Titos sozialistischem Jugoslawien in Paris, will die Literatur der Vorkriegswelt komplett umstülpen: „Jene durch nichts gerechtfertigte Nachahmung des Lebens, die uns tagtäglich unter dem Namen ‚Kunst‘ angeboten wird, ist eine Erniedrigung des Geistes und eine Degradierung der Schaffenskraft. Wozu diese zurechtgemachten Verwicklungen und Biographien erdachter Personen, all diese Vorherberechnungen, die ihr Handeln eigenmächtig auf einen beschränkten Bereich alltäglicher Möglichkeiten reduziert haben, wozu eine derart verstümmelte, derart kretinhaft veristische, derart kläglich an die scheinbaren, gegenstandslosen ‚Realitäten‘ angepasste Kunst, die das Leben gerade in seinen nebensächlichen Äußerungen nachahmt und es nach den abstrakten Forderungen einer schon längst gestorbenen Psychologie ordnet – wozu?“ Um ihnen veraltet erscheinende Formen der Literatur zu überwinden, haben die Belgrader Surrealisten aus Frankreich die Mode des „automatischen Schreibens“ (écriture automatique) übernommen: Es geht dabei, wie ein Teilnehmer sagt, um ein „unkontrolliertes Notieren eines jeden Wortes, das aus dem Unterbewusstsein diktiert wird, eine Technik, eine Fertigkeit, eine akrobatische Kunstübung“. Ein serbischer Schriftsteller beschreibt, wie er in Paris unter Aufsicht des französischen Surrealisten Benjamin Péret in die écriture automatique eingeführt wurde: „Wir gingen in ein Café und verlangten vom Kellner Papier. Er konnte uns nur ein ‚Laken‘ aus grobem Papier anbieten, solches, mit dem der Tisch gedeckt wird, wenn jemand etwas zu essen bestellt. Als Schreibgerät hatte ich nur einen Bleistift. Péret befahl mir zu beginnen. Während ich schrieb, beaufsichtigte mich Péret und wiederholte andauernd: ‚Denk nicht nach, mach keine Pause, notier' alles, was dir einfällt. Verbessern ist verboten. Pause machen ist verboten. Vorwärts, nur vorwärts. Sonst wäre es Schwindel, Falsifikat. Du musst jetzt einen wirklichen automatischen Text notieren.‘“ Dass keiner der in Paris, Belgrad oder sonstwo auf diese Weise verfassten „automatischen“ Texte heute noch Menschen bewegt, mag den alten Verdacht erhärten, gutes Schreiben habe eben auch mit Verinnerlichung, Einhalt und Nachdenken zu tun, doch in den zwanziger Jahren geht es um etwas anderes: All die untereinander verfeindeten Surrealisten, Mystizisten, Symbolisten, Futuristen, Konstruktivisten, Dynamisten, Kosmoisten, Dadaisten, Sumatraisten, Zenitisten, Kubisten et cetera pp., die mit Worten, Farben oder Noten die Welt verändern wollen, sind trotz ihrer ästhetischen Grabenkämpfe durch die Überzeugung geeint, dass es nach der Menschheitstragödie des Weltkriegs nicht mehr weitergehen könne wie bisher. Sie schreiben nach der Devise des deutschen Aufklärers Georg Christoph Lichtenberg: „Ob es besser wird, wenn es anders wird, weiß ich nicht. Dass es anders werden muss, wenn es besser werden soll, ist gewiss.“

Auch Andrić lässt sich 1919 mitunter in der Galgenvogelvoliere des *Moskva* blicken und sitzt mit am großen Tisch unter dem

Spiegel im Erdgeschoss. Doch richtig dazugehört er nie. Das hat nicht nur damit zu tun, dass es offenbar einmal zu einer hässlichen Szene kommt, als ein Musikkritiker der Belgrader Zeitung *Politika*, während das Gespräch sich um den letzten Krieg dreht, Andrić den Mund verbieten will, da er schließlich nie an der Front gewesen sei. Andrić passt auch sonst nicht in das Milieu. Zwar wird er der 1919 gegründeten „Grupa umetnika" (Künstlergruppe) zugerechnet, über deren Mitglieder ein zeitgenössischer Kommentator schreibt, obwohl sie sehr unterschiedlich in Temperament und Ausdruck seien, „ähneln sie einander in der Überzeugung, vor einer neuen Zeit zu stehen und für ihre neuen Empfindungen und neuen Anschauungen auch neue Mittel des Sprechens finden zu müssen, entsprechend ihrem Glauben an das Neue und ihrem Kult des Neuen". Doch Andrićs Beteiligung an den Auftritten der Gruppe bleibt zurückhaltend. *Einige der hiesigen Literaten und Maler bereiten eine Ausstellung von Bildern und literarisch-musische Abende vor, bei denen originale Werke gelesen werden. Sie haben auch mich gezogen, und jetzt muss ich öffentlich lesen, was nicht angenehm ist*, schreibt er Zdenka Marković im Oktober 1919. Zwar liest er Ende 1919 tatsächlich mehrfach öffentlich aus seinen Werken, aber er ist kein Mann der Selbstdarstellung in verräucherten Cafés. Die spöttische Reaktion der Belgrader Presse auf die „Künstlergruppe" wird sein Interesse an öffentlichen Aufritten nicht gerade gesteigert haben: „Die Bezeichnung Künstlergruppe ist ziemlich falsch", kommentiert ein Journalist. „Stattdessen sollte man besser sagen, eine Gruppe von Menschen, die von sich selbst glauben, sie seien Künstler, oder, wenn das zu lang ist, dann kürzer: die Gruppe der künftigen Künstler." Andrić zieht sich bald aus der Gruppe zurück. Die vielen Theorien darüber, was Literatur sei oder sein müsse, was sie keinesfalls mehr sein dürfe und stattdessen werden könne, nimmt er zwar zur Kenntnis, doch sie beschäftigen ihn kaum. Während seine Altersgenossen an neuen Ausdrucksformen feilen oder zumindest nächtelang darüber debattieren, beginnt Andrić nach dem täglichen Dienst im Religionsministerium in der Stille seines Zimmers mit der Arbeit an einer Erzählung, die fast alles missachtet, was die Kaffeehausrevolutionäre im *Moskva* postulieren. Ein Jahrhundert später wirkt diese Erzählung dennoch oder gerade deshalb frischer und zeitloser als vieles von dem, was damals als frisch und zeitlos gepriesen wurde. Mit dem Text *Der Weg des Alija Djerzelez* betritt 1920 erstmals jener Andrić die Bühne, der vier Jahrzehnte später „für die epische Kraft, mit der er Motive und Schicksale aus der Geschichte seines Landes gestaltet", den Literaturnobelpreis erhält. In der Verleihungsrede im Jahr 1961 wird die „literarische Leistung höchsten Grades" gepriesen, mit der Andrić eine bis dahin unbekannte Seite der Weltliteratur aufgeschlagen habe. Es war in jenen Tagen in Belgrad, als im *Hotel Moskva* die herkömmliche Literatur für tot erklärt wurde, als Andrić diese Seite aufschlug.

Mit dem *Alija Djerzelez* lässt Andrić seine tastenden Anfänge von *Ex Ponto* sowie dem Nachfolgeband *Unruhen* hinter sich und findet seinen Stil, seine Sprache. Wenn er später behauptet, *seit Alija Djerzelez bin ich immer derselbe,* ist das zwar übertrieben, denn mit diesem Text hat seine erzählerische Souveränität ihren Höhepunkt noch nicht erreicht. Aber Andrić wählt hier erstmals das osmanische Bosnien als Handlungsort, das später für seine Romane und viele Erzählungen den Hintergrund liefert. Literarische Historienmalerei betreibt er jedoch nicht. Wäre er nur einer der vielen „historischen Romanschriftsteller" gewesen, die sich ein geschichtliches Sujet wählen, um es mehr oder minder talentiert mit Adjektiven, Dialogen und etwas Handlung zu würzen, wäre Andrić bei seinen Zeitgenossen vielleicht erfolgreich gewesen, heute aber zu Recht vergessen. Für Andrić ist der historische Hintergrund stets nur ein Fundus, aus dem er sich bedient, um zeitlose Fragen zu thematisieren: Warum glückt einigen Menschen das Leben als großer Wurf, während andere scheitern? Was ist ein gelungenes Leben überhaupt? Was ist Glück? Alija Djerzelez ist ein in zahlreichen Liedern und Sagen besungener Volksheld der bosnischen Muslime, von dem Andrić aller Wahrscheinlichkeit nach schon als Kind in Višegrad gehört hatte. Doch für den Helden der Legende interessiert er sich nicht. Sein Djerzelez ist ein Ritter von trauriger Gestalt, dem Muskelkraft, Waffenglück und Kampfesmut nichts nützen, als er sich in eine Venezianerin verliebt. Djerzelez macht sich vor aller Augen zum Narren und endet als Mensch, der *allein blieb mit seinem lächerlichen Zorn und seiner überschüssigen Kraft ... unglücklich, ruhmbedeckt und lächerlich.*

Für die serbische Literatur ist nicht nur Andrićs Ton, durchsetzt von lauter Turzismen, die man in Belgrad ohne Glossar nicht ohne weiteres versteht, neu und ungewöhnlich. Es hatte zwar schon vor Andrić Schriftsteller gegeben, die von Bosnien erzählten. Doch hatte keiner von ihnen auch nur annähernd Andrićs gestalterische Kraft, und außerdem blieben seine Vorgänger alle in einem bestimmten Milieu stecken, ohne Bosnien in seiner Vielfalt abzubilden. Der aus Bosnien stammende serbische Schriftsteller Petar Kočić zum Beispiel hatte das Leben orthodoxer Bauern und Mönche geschildert, aber die Muslime in den Städten oder die Kroaten kamen bei ihm kaum vor. Der aus einem kroatischen Milieu stammende Andrić dagegen, aufgewachsen im muslimisch geprägten Višegrad, wird für die Serben ein Botschafter aus der Terra incognita Bosnien-Hercegovina, die erst 1918 Teil des von Belgrad aus regierten Staates geworden ist. Vielen Belgradern kommt die neue Provinz anfangs kaum weniger rätselhaft vor, als sie es zuvor für das Habsburgerreich gewesen war. Und da kommt nun einer aus diesem Land und erzählt davon in einem Ton, den man so noch nicht gehört hat, bilderreich und mit psychologischer Feinfühligkeit. Andrićs Djerzelez ist kein comichaft-eindimensionales Abziehbild, sondern ein frühes Beispiel für seine vielen komplex gezeichneten Figuren. Die Geduld, mit der er sie aufbaut (und die er auch seinen Lesern abverlangt, was aber eine lohnende Investition ist), erinnert an ein Wort von Peter Handke, der Andrić einen

Schriftsteller nannte, der „weg von sich selber" erzählt. Das trifft die Sache. In all den historischen Kulissen und Verkleidungen aus der Osmanenzeit treten bei Andrić immer „moderne" Menschen mit ihren Zweifeln, Ängsten, Obsessionen und Hoffnungen auf. In tausenderlei versteckten Selbstportraits und Ausschnittvergrößerungen spiegeln Andrićs Figuren oft wohl auch Besessenheiten und Phobien des Autors wider. Indem er seine Schilderungen in eine ferne Vergangenheit verlegt, verschafft sich Andrić, dem jedes öffentliche Reden über Privates zuwider ist, die nötige Distanz, um auch von sich zu erzählen. Ohne den verschleiernden Umweg über die Vergangenheit hätte er das nie gewagt.

Die jugoslawische Literaturkritik lobt Andrićs Erzählung als Meisterwerk und den Autor als Dichter, der zu höchsten Erwartungen Anlass gebe. Nur in seiner Heimat Bosnien sind nicht alle glücklich. Unter bosnischen Muslimen kommt Kritik auf: Andrić habe Alija Djerzelez entmystifiziert, gedemütigt und verhöhnt. Niemals hätte er es gewagt, einen serbischen Volkshelden auf ähnliche Weise darzustellen. Doch Andrić kommt es nicht darauf an, eine Volksgruppe oder Konfession gegen die andere auszuspielen. Wenn er glaubt, eine literarische Notwendigkeit dafür zu sehen, nimmt er andererseits auch keinerlei Rücksichten auf das, was man heute politische Korrektheit nennt. Seiner Vorstellung von guter Literatur ordnet er in den nächsten vierzig Jahren alles unter: Freundschaften, Beziehungen, privates Glück. In dem Roman *Das Fräulein* schreibt Andrić einen Satz, der viel über ihn sagt, obwohl er scheinbar nicht von ihm handelt. Das Belgrad der frühen zwanziger Jahre, heißt es da, *war die rechte Umwelt für einen Menschen, der in der Menge allein und im wogenden Getümmel unbemerkt zu bleiben wünschte.* Genau das will Andrić: dabei sein, ohne dazuzugehören, Teilhabe ohne Verpflichtung. Sehen, um zu schreiben. Mit einer Unbeirrtheit, die an Starrsinn grenzt, folgt er diesem Ziel, auch gegen den wohlmeinenden Rat von Älteren wie Jovan Dučić. Der bekannteste serbische Dichter der zwanziger Jahre rät

Andrić: „Sie sind ein talentierter junger Autor, verlassen Sie doch um Himmels willen diese Efendis und Mönche, kehren Sie nach Europa zurück; das ist die wahre Welt." Zum Glück hört Andrić nicht auf diesen Ratschlag. Hätte er es getan, wäre sein Werk heute außerhalb des serbischen Sprachraums vermutlich so bekannt wie das von Dučić, also gar nicht.

NEW YORK, ROM, BUKAREST, TRIEST

Spätestens zwei Monate nach seinem Dienstantritt ist Andrić klar, dass er im jugoslawischen Religionsministerium nicht richtig aufgehoben ist. Er will ins Ausland, die Welt sehen. Sein Gönner Alaupović hat auch diesmal Verständnis für ihn. Er setzt sich bei Außenminister Ante Trumbić, der ebenfalls Kroate ist, für seinen Schützling ein. Das Außenministerium Serbiens hat seit jeher Schriftsteller in den diplomatischen Dienst aufgenommen, und in Jugoslawien wird diese Tradition fortgeführt, was Andrić den Einstieg erleichtert. Nach Absprache mit Alaupović verfasst er am 3. Januar 1920 ein selbstbewusstes Bewerbungsschreiben direkt an den Außenminister: *Herr Minister, ich bin so frei, Sie um eine Anstellung im Außenministerium zu bitten. Derzeit bin ich auf einer Stelle als Sekretär im Religionsministerium, mit dem Wunsch, für unsere nationale und staatliche Sache im Ausland zu arbeiten und nützlich zu sein. Ich bitte Sie, mich am Generalkonsulat in New York anzustellen.*

Durch die ministerielle Protektion geht die Sache rasch ihren Gang. Schon Mitte Februar unterzeichnet Thronfolger Karadjordjević den Erlass über Andrićs Entsendung als Vizekonsul III. Klasse nach New York. Es ist ein reizvolles Gedankenspiel, sich auszumalen, was aus Andrić geworden wäre, wenn er in New York gelebt und Amerika mit eigenen Augen erlebt hätte. Aber er hat die Vereinigten Staaten nie betreten. Abgesehen von den Werken einiger Schriftsteller wie Herman Melville hat er sich für das Land und seine Kultur auch nicht interessiert. Kaum ist seine Ernennung für New York nämlich amtlich, da ist ihm das auch wieder nicht recht, und er drängt darauf, einen Posten in Europa zu bekommen. Freunden gegenüber begründet er das damit, dass ihm angesichts seiner angeschlagenen Gesundheit die lange Überfahrt nicht gut bekommen werde. Aber das ist kaum der einzige Grund. Womöglich ist Andrić erst nach seiner Ernennung bewusst geworden, dass es von New York aus schwierig sein könnte, mit jugoslawischen Literaturzeitschriften, Verlagen und dem Kulturleben insgesamt in Kontakt zu bleiben. Das aber ist eine Voraussetzung, um seine Dichterkarriere voranzutreiben, von der Andrić schon 1920 ziemlich genaue Vorstellungen hat.

Der Erlass über Andrićs Entsendung nach New York wird jedenfalls innerhalb von 48 Stunden durch ein neues Edikt ersetzt. Statt nach Amerika soll er nun an die Königliche Gesandtschaft beim Heiligen Stuhl. Vielleicht denkt man in Belgrad, ein Kroate, und sei er noch so atheistisch, sei dort am besten aufgehoben. Nachdem er in Belgrad seinen Diplomatenpass erhalten hat, meldet Andrić sich Anfang März 1920 in Rom zum Dienst. Es ist der Beginn einer beeindruckenden Karriere, in deren Verlauf er zum ersten Diplomaten Jugoslawiens aufsteigen wird. Eine formelle Ausbildung oder auch nur Einweisung vor der Entsendung nach Rom hat er nicht genossen, doch dürfte es selten einen Diplomaten gegeben haben, der so sehr für seinen Beruf geschaffen war wie der stets leise, zurückhaltende, vorsichtige, gleichsam auf Zehenspitzen durch das Leben schleichende Andrić. Der formelle Teil seines Dienstantritts erschöpft sich zunächst darin, dass Andrić im August 1921 vor einem katholischen Priester in Rom seinen Eid auf Aleksandar Karadjordjević ablegt, der nach dem Tod seines Vaters Petar wenige Tage zuvor vom Thronfolger zum König Jugoslawiens geworden ist: „Ich schwöre bei Gott dem Allmächtigen, König Aleksandar treu zu sein …" Wie noch oft in seinem Leben hat

Andrić in Rom Glück mit seinem Vorgesetzten. Der jugoslawische Gesandte Lujo Bakotić, der sich als „Serbe katholischen Glaubens" definiert, ist selbst ein Homme de Lettres, hat die Bibel und Justinians „Institutionen" aus dem Lateinischen ins Serbische übersetzt. Den unerfahrenen Berufsanfänger, den man ihm aus Belgrad geschickt hat, behandelt er rücksichtsvoll und freundlich. Der Zagreber Freundin Zdenka Marković, seiner wichtigsten Konfidentin in jenen Jahren, schildert Andrić einige Tage nach der Ankunft erste Eindrücke. Rom ist teuer, und mit seinem Einstiegsgehalt, auf das ihm kein Auslandszuschlag gewährt wird, hat er nur mit Mühe eine bescheidene Pension finden können. Dafür begeistert ihn die Schönheit seines Dienstorts. *Rom erstaunt einen schrittweise immer mehr. Und es lohnt sich, dieses Wunder der menschlichen Anstrengung zu sehen, die ihrer Phantasie eine Form gibt und einen kühnen Gedanken im Stein bewahrt.* Andrić spaziert gern durch den in der Nähe der Gesandtschaft gelegenen Pincio-Park. *Es gibt so viele schöne Dinge, die ich sehen und lernen kann, dass ich selbst nicht weiß, wie mir die Tage vergehen.* Viel Arbeit fällt an der Gesandtschaft nicht an, weshalb Andrić Zeit hat, die Stadt zu erkunden. *Ich weiß nur eines: dass mir aus jedem Stück Stein eine solche Schönheit und eine solche Ruhe und Kraft entgegenkommt, dass ich oft glücklich und stolz bin, dass im menschlichen Bewusstsein so viel Schönheit sein konnte und dass menschliche Hände die Kraft hatten, ihr Form zu geben.*

Doch schon nach einem Monat verfinstern sich Andrićs Schilderungen. Ende April berichtet er Marković, ihm sei sein *übliches Frühlings-Malheur* widerfahren: *Ich fühle mich recht schwach; auch Rom trägt viel Schuld daran mit seinem Staub und seinem schlechten Essen. In letzter Zeit bin ich schnell schwächer geworden, und der Husten und die Erkältung begleiten mich schon aus Belgrad.* Ein Arzt konstatiert, das römische Klima sei „zu süß" für Andrić, und verschreibt ihm als Gegenmittel Arsenspritzen, deren Wirkung aber vor Roms Süße kapituliert. *Es ist vorbei mit all meinen schönen Spaziergängen und interessanten Streifzügen durch die Muse-*

en und Palazzi, er hat es mir entschieden verboten, ich bin meist zu Hause und gehe nur zur Gesandtschaft oder in den Park, was beides nahe ist. Immerhin zehrt Andrić noch von den Erinnerungen an die unbeschwerten ersten Wochen in Rom: *Es lässt sich nicht beschreiben, wie viel Schönheit ich in dieser kurzen Zeit gesehen habe. Antiker Marmor bereichert den Menschen ein Leben lang; er öffnet uns die Augen und nimmt uns die Worte … Das schwere und widerliche heutige Leben konnte mir trotzdem nicht die Freude verderben, die er mir hinterlassen hat, nicht einmal diese Schwäche, die mich an das Zimmer kettet und mir verständliche Depressionen einbringt.* Andrić tut seinen Dienst, vergräbt sich zu Hause in seine Bücher und nimmt es Rom übel, dass er krank ist. Er schimpft auf den *Sumpf, der sich Ewige Stadt nennt,* klagt über die Lebenshaltungskosten (*die Rechnungen und Ausgaben bringen mich um*) und verbringt *hässliche und traurige Tage* in dem *Malaria-Papstnest*, das er nun verabscheut. *Diese Stadt ist immer mehr ein Geheimnis und Monster für mich.* Zwar beginnt er, als es ihm Ende 1920 besser geht, wieder mit dem Besuch von Galerien und Museen, doch in Rom empfindet er trotzdem alles als *traurig, staubig und krank von den vielen Jahrhunderten.* Anfang 1921 schreibt er aus der *bleiernen Einsamkeit* seiner römischen Tage: *Schlussendlich: es ist nicht schlimm, dass dies eine unerträgliche Stadt ist, feucht, ekelhaft, seicht, sondern dass ich nicht so bald daraus wegkann …* Wenn Andrić sich unwohl fühlt, wird das in den kommenden Jahren noch oft die Stadt abbekommen, in der er gerade lebt. In Wirklichkeit verträgt er in jenen Jahren vor allem sich selbst nicht und sieht das an manchen Tagen auch ein: *Ich bin gar nicht krank. Ich bin so. Und von sich selbst kann man nicht genesen.*

Um aus Rom zu fliehen, nutzt Andrić an den Wochenenden viele Gelegenheiten zu Ausflügen. Er fährt nach Frascati, Tivoli, Subiaco, schwimmt bei Ostia im Meer, reist aber aus Angst vor Malaria überstürzt wieder in die Stadt zurück. Er wandert in den Abruzzen, besichtigt Klöster und Grotten. Als Miloš Crnjanski ihn im Juni 1921 besucht, fahren sie gemeinsam nach Florenz und Pisa.

Anfang Mai 1921 sieht er Neapel, findet die Stadt *unsagbar schön* und ist begeistert wie anfangs in Rom: *Ich war ganze drei Tage in dieser wundersamen Stadt… So ein Reichtum an Formen und Farben und so eine Kraft der Rasse, wovon es in Rom keine Spur gibt. Ich habe Pompeji und den Vesuv gesehen und die schönsten Bronzefiguren der Welt im Museo Nazionale.* Bevor Neapel eine Chance hat, ihm nicht mehr zu gefallen, reist er wieder ab. *Ich bin fiebrig und müde, aber glücklich zurückgekehrt. Und jetzt scheint mir Rom wie irgendein Linz, noch verhasster und ekelhafter.* Es ist bezeichnend für seine Unausgeglichenheit in jenen Jahren, dass er nicht reuelos genießen kann. Nach der Rückkehr von seinen Ausflügen plagt ihn ein schlechtes Gewissen. *Meine drei, vier unvollendeten Novellen sind schon böse auf mich und tun so, als würden sie mich nicht kennen. Es gefällt ihnen nicht, dass ich mir in Subiaco den Hals breche und in Ostia schwitze, statt zu Hause zu sitzen und Geld und Ruhm zu verdienen.* Er schließt sich bei Exkursionen anderen jugoslawischen Diplomaten und ihren Familien an, um danach hart mich sich ins Gericht zu gehen. *Ich verliere oft einen ganzen Tag in irgendeiner einfachen Gesellschaft, so als würden mich tausend andere Tage erwarten.* Zur Strafe verordnet er sich strengste Einsamkeit. *Die Geselligkeit ist eine schlechte Eigenschaft, die uns sehr schadet.*

Von Rom aus verfolgt Andrić weiter so aufmerksam wie möglich das politische und kulturelle Leben Jugoslawiens. Da ihn jugoslawische Zeitungen kaum erreichen, verlangt er von seinen Korrespondenzpartnern, ihn genauestens zu unterrichten. Er vermisst Jugoslawien. *Ich schreibe wenig und schwer; nichts geht ohne unser Land; und ich kann weder mit ihm noch ohne es leben.* Er beklagt, dass er sich als Diplomat *in dummer Arbeit* verliere. *Ich bin auch sehr einsam und habe oft Sehnsucht nach unserem Land.* Seinem Verleger Cvijanović schreibt er, er möge ihm *bei jeder Gelegenheit alles schicken, was es Neues und Gutes in unserer Literatur gibt.* Das Schreiben falle ihm schwer, *wenn ich so gar keine Verbindung zum Land und seinem Kulturleben habe.* Zdenka Marković klagt er: *Mit der Heimat habe ich so gut wie gar keine Verbindungen. Weder Bücher noch Zeitungen. Ich bitte Sie, mich in Ihren Briefen über alles Neue und Fröhliche in unserer Kultur in Zagreb zu informieren.* Als Cvijanović ihm die Ausgabe des *Djerzelez* schickt, ist Andrić allerdings entsetzt. *Die ersten beiden Teile, die ich korrigiert habe, sind gut, aber der dritte Teil ist so voller Fehler, dass mir schlecht wurde, als ich ihn durchgeblättert habe, es sind sogar ganze Absätze ausgelassen.* Dieser Brief markiert den Beginn von Andrićs lebenslangem Kampf gegen Druckfehler und *stupide Typographen.* Ein Buch mit Druckfehlern ist für ihn ein *Konzert, bei dem gehustet und mit den Türen geknallt wird. Nur Berufsautoren wissen, wie absurd es ist, dass der ewige Geist mit so groben und verbrauchenden Mitteln ausgedrückt wird, wie mit Papier und Druck.* Auch die Aufmachung gefällt ihm nicht. *Der Einband des Djerzelez ist furchtbar mit einem geschmacklosen Ornament.* Man habe sein Buch verhunzt, schreibt er Cvijanović und kündigt an, erst einmal gar nichts mehr drucken zu lassen – eine Warnung, die exakt bis zu dem Moment hält, in dem sein nächstes Manuskript fertig ist. Immerhin sind die Besprechungen gut, was ihn halbwegs versöhnlich stimmt. Den wenigen negativen Rezensionen begegnet er mit einer gesunden Missachtung der Rezensenten, die er sich sein Leben lang bewahren wird. *Kritiken und Lästereien muss man ertragen wie schlechtes Wetter oder eine schniefende Nase.* Was ihn dagegen sehr interessiert, ist der Verkaufserfolg seines Buches – schon deshalb, weil er mit den Honoraren seine Mutter in Sarajevo und seine Zieheltern in Višegrad unterstützt. Für die zweite Auflage des *Djerzelez* gibt er Cvijanović genaue Vorgaben: Sie müsse *ohne Zweifel in kyrillischer Schrift und viel geschmackvoller sein (größere Buchstaben, besseres Papier, anderer Einband, genauerer Druck).*

Wer Andrićs Briefe aus Rom liest, könnte meinen, der Autor habe sich in Italien nur für jugoslawische Querelen, die eigene Befindlichkeit und etwas Marmor interessiert, doch so ist es nicht. Andrić verfolgt die italienische Tagespolitik genau. Er gehört zu den aufmerksamsten Beobachtern des frühen italienischen Faschismus in Europa. Seine Beschäftigung mit Italien findet in mehr als einem Dutzend Texten und Essays ihren Ausdruck. Andrić schreibt mehrfach über Filippo Marinetti, den Begründer des italienischen Futurismus (für den er vor allem Sarkasmus übrighat), und stellt den jugoslawischen Lesern Gabriele D'Annunzio vor, der bei ihm kaum besser wegkommt, denn *all die Buntheit und das Gerassel können uns nicht daran hindern und uns verführen, dass wir nicht diesen riesigen Dienst an verlogenen Göttern sehen würden.* Immer wieder beschäftigt er sich mit Benito Mussolini, dessen Aufstieg er aus nächster Nähe miterlebt. Seine Essays *Benito Mussolini, Der Fall Matteotti, Die Krise des Faschismus, Die Situation in Italien* und *Die faschistische Revolution* sind politische Texte von einer Deutlichkeit, wie er sie nie wieder schreiben wird. Es ist bezeichnend für seine Vorsicht, dass Andrić, als ihm das Angebot gemacht wird, in der neu gegründeten Zeitung *Novi List* über Italien zu schreiben, zwar im Grunde zusagt, aber zunächst Fragen und Bedingungen stellt, als er dem Redakteur antwortet: *Ich bitte Sie nur um eine Sache: dass Sie mir Bescheid geben, welcher Partei oder welcher Parteiallianz N. List angehört. Auch wenn ich momentan außer Landes und außerhalb der Parteien bin, muss ich das wissen. … Natürlich wird meine Zusammenarbeit quantitativ und auch qualitativ von meinen persönlichen Umständen abhängen (schwerer Dienst und schlechte Gesundheit), ebenso wie von der Höhe des Honorars, das vom N. List gezahlt wird. Auf jeden Fall müssten alle meine Zuschriften aus Italien mit einer Chiffre unterschrieben sein, zumindest, solange ich in diesem Dienst bin … Für das Erste könnte ich zwei Feuilletons über den Faschismus sowie einige kürzere Notizen liefern.*

So erscheinen seine politischen Texte aus Italien unter nichtssagenden Kürzeln wie „Res" oder „R. R.". Eine Vorsichtsmaßnahme, die mit Rücksicht auf seine diplomatische Karriere unumgänglich ist und sich auch nach der Machtergreifung der Kommunisten in Jugoslawien noch auszahlen wird. Andrić weist in seinen Texten in der ersten Hälfte der zwanziger Jahre nämlich auf Ähnlichkeiten zwischen dem Faschismus und dem Kommunismus in der Sowjetunion hin, stellt sie gar als zwei Seiten derselben menschenverachtenden Medaille dar. So macht er 1923 in einem Portrait Mussolinis darauf aufmerksam, dass der „Duce" sich zwar von seinen Ursprüngen im Sozialismus abgewandt, aber viele von dessen Methoden beibehalten habe. In *Die faschistische Revolution* hält Andrić fest, der Faschismus sei für die einen *eine grausame reaktionäre Kraft und blinder Terror bezahlter Banden im Dienste des Kapitalismus und des Militarismus,* während andere ihn als *Revolte des nationalen Bewusstseins und der aufgeklärten Schichten gegen den wahnsinnigen roten Terror* sähen. Dazu stellt er trocken fest, selbstverständlich sei der Faschismus sowohl das eine als auch das andere. An anderer Stelle bezeichnet er den italienischen Faschismus als *Kehrseite des erfolglos gebliebenen Kommunismus.* Solche Vergleiche wären ihm im kommunistischen Belgrad nach 1944 nicht leicht verziehen worden, gerade weil sie so zutreffend waren. Doch wer kennt schon R. R.?

Andrić vergleicht, aber er verharmlost den Faschismus nicht. Er hebt hervor, *dass die Mittel, derer sich der Faschismus im Kampf gegen die bestehende Ordnung bediente, noch viel weiter von Gesetzen und zivilisierten Gepflogenheiten entfernt waren als jene, auf die der Sozialkommunismus bis vor kurzem zurückgegriffen hatte. Es begannen die berüchtigten Strafexpeditionen gegen Dörfer und Städte. Die Zahl der innerhalb eines Jahres in Brand gesteckten Arbeiterheime überstieg 200. … Zusammenstöße, Morde und Gewaltakte wurden zu einer Alltäglichkeit. Die wohlhabenderen Klassen wirkten unterstützend, die Presse schwieg, und die Staatsmacht stellte sich blind und taub …* Andrić geht ausführlich auf die Vorbedingungen des Faschismus ein, beschreibt die Atmosphäre im öffentlichen Leben des Landes und die *hamletische Unentschlossenheit* der italienischen Linken, die mit *nebulösen Entscheidungen und kleinlichen Scharmützeln* dazu beigetragen habe, den Faschisten den Weg zu ebnen. Formvollendet zeichnet er ein boshaftes Bild Mussolinis: *Erfahren, findig, schnell, energisch, nicht durch großes Wissen oder große Skrupel belastet,* sei dieser Mann *ohne tiefere Kenntnis auch nur eines einzigen konkreten Problems, aber mit einer großen Gabe zur Vereinfachung.* In Rom hat er ihn bei einer Kundgebung erlebt: *In einem dunkelbraunen, langen Mantel, mit breitem, gelblichem Gesicht und leuchtenden großen Augen schritt er zackig einher und fiel allen ins Auge. In seiner ganzen Erscheinung lag etwas Rohes und Mönchisches … Ein Jahr später hob ihn diese finstere und schäumende Masse auf und machte ihn zum Herrn über Italien und sein Schicksal.* Auch Andrićs Portrait von Mussolinis Anhängern fällt alles andere als schmeichelhaft aus. *Ein widerwärtiger Tanz von Emporkömmlingen und Abenteurern* sei diese faschistische Revolution: *Mit Mussolinis Machtergreifung kam auch ein ganzer Schwarm junger Menschen aus der Provinz,* berichtet R. R. und schildert ihr Auftreten: *Sie nahmen die höchsten Funktionen in den wichtigsten Ministerien ein und begannen damit, die Segnungen der Macht unter sich aufzuteilen, die ihnen schon nach kurzer Zeit zu Kopf stieg.* Viele seien von ihren Aufgaben schlicht überfordert: *Und so mancher, der bis vor kurzem Dienst als Gemeindebeamter oder Sekretär einer örtlichen Gruppe der faschistischen Partei in Cosenza oder irgendwo in den Abruzzen versah, fand sich als Leiter einer ganzen Abteilung wieder, hatte sich ein Monokel angesteckt und begann zu spüren und zu demonstrieren, was Macht bedeutet.* Andrić beschreibt die Faschisten als großmäulige Taugenichtse, die bei all ihrer zur Schau gestellten Entschlossenheit letztlich willensschwach und undiszipliniert seien, ohne *jene Macht über den eigenen Appetit und jenen nüchternen Blick auf die Dinge, die nur eine durch Arbeit und Erfahrung geschaffene Kultur freigibt. Stattdessen türmte diese Handvoll Desperados Gewalt auf Gewalt, bis sie in ihrer Wut zu glauben begann, dass die römischen Plätze dasselbe seien wie die engen Straßen ihrer Heimatorte, in denen man sich gegenseitig ohne Richter und Zeugen verprügelte,* erfahren die Leser in Jugoslawien über die Zustände in Rom, einer Stadt *im Lichte des verachteten Gesetzes.* R.R. warnt seine Leser auch früh (*Die faschistische Revoluti-*

on entsteht 1924) vor dem Irrglauben, das Phänomen des Faschismus müsse auf Italien beschränkt bleiben. *Das Bedürfnis nach einer aufgezwungenen Ordnung und Autorität sowie das Herbeirufen eines Mannes mit starker Hand* sei schließlich keine italienische Besonderheit. *Es sieht so aus, als ob heutzutage große Möglichkeiten auf starke und mutige Individuen warten wie schlafende Prinzessinnen.*

Angesichts der Fülle politischer Texte, die Andrić – neben seiner unermüdlichen Arbeit an den Erzählungen, denen er die größte Aufmerksamkeit widmet – in Italien und über Italien verfasst, gerät leicht aus dem Blick, dass er nicht allzu lang in dem Land gelebt hat. Schon im November 1921, etwa zwanzig Monate nach seiner Ankunft in Rom, endet seine italienische Zeit. Er hatte darum gebeten, aus Rom abgezogen zu werden, egal wohin. *Ich verlasse Rom ohne Trauer und gehe an den neuen Ort ohne Freude,* schreibt er Marković, nachdem ihm Bukarest als neuer Dienstsitz zugewiesen worden ist. *Die Glücklicheren haben bessere Orte erwischt, und mich hat Bukarest getroffen,* schreibt er einige Wochen später aus Rumänien. *Doch egal wie furchtbar es hier ist, es ist immer noch besser als Rom, das mich vergiftet und gebrochen hat.* Andrić bezieht ein Zimmer bei einer deutschen Familie. Da er Italienisch versteht, fällt es ihm nicht schwer, sich in die neue Sprache einzuhören. *Das Rumänische ist eine leichte Sprache und ist nicht so hässlich, wie man denkt. Hier sehe ich, dass mich Rom, egal wie sehr ich es gehasst habe, in vielem sehr bereichert hat.* Bukarest ist damals ebenso wie Belgrad eine wild wuchernde Großstadt, deren Wachstum durch den rumänischen Erdölboom noch angefacht wird. *Es ist eigentlich eine gesunde und helle Stadt, nur das Leben ist verrückt und geschmacklos ausschweifend … Es gibt viel Schnee, alle tragen Pelzmäntel und Pelzkappen, und die Kutscher lange Kaftans aus Samt … Es ist auf jeden Fall das reichste und prunkvollste Land, das ich bisher gesehen habe.* Die Exzesse des Bukarester Nachtlebens und die Abenteurertypen im Erdölgeschäft thematisiert Andrić in *Eine Nacht im Alhambra,* seiner einzigen in Rumänien spielenden Erzählung.

Dienstlich ist er in die Vorbereitung des Besuchs von König Aleksandar eingebunden, der vor seiner Hochzeit mit Prinzessin Maria von Rumänien Bukarest besucht. Private Kontakte hat er kaum und sucht sie auch nicht. Lieber sammelt er *mit der Hartnäckigkeit des Geizhalses die verschiedensten Erfahrungen* und arbeitet, *während rund um mich noch alles brodelt vor Genuss, Politik, Millionen, Petroleum und Affären,* an seinen bosnischen Erzählungen. Die Kunst sei die einzige Realität, die es wert sei, dass der Mensch in ihr lebe und für sie arbeite, begründet er seine Zurückgezogenheit. Privat pflegt er nur Umgang mit einem türkischen Diplomaten namens Behdzet, „weil Bosnier und Türken nicht voneinander lassen können", wie er später sagt, als er seinen Bukarester Freund als originellen Säufer schildert: „Herr Andrić, wenn ich ein Gläschen trinke, dann taucht in mir ein anderer Mensch auf. Er kommt mit einem sehr sorgenvollen Gesicht. Ich schaue ihn an, und er tut mir leid, und dann bestelle ich auch ihm ein Gläschen; dann taucht ein dritter auf, und so geht das der Reihe nach. Ja wie soll ich da nicht trinken, frage ich Sie."

Obwohl er das Klima in der rumänischen Hauptstadt besser verträgt, dauert es nicht lange, bis sich seine üblichen Klagen einstellen. Zdenka Marković schreibt er Ende 1921 von seiner *furchtbaren Arbeit in einer schlechten Umgebung* und kündigt an: *Wenn ich es wirklich nicht aushalten kann, kehre ich nach Belgrad zurück.* Cvijanović bittet er, *mir in diese geistige Wüste von Zeit zu Zeit das eine oder andere Buch zu schicken,* und kündigt ihm im März 1922 an: *Ich weiß nicht, wie lange ich es hier aushalten werde. Wenn ich nicht mehr kann, werde ich nach Dalmatien fahren und Dramen schreiben, und zusammen mit Ihnen berühmt und reich werden.* Oft kommt er auf die Idee zurück, den Dienst zu quittieren. *Ich denke ernsthaft darüber nach, ins Land zurückzukehren und nach Belgrad oder Split zu ziehen, auch wenn ich noch nicht weiß und nicht sehe, wie,* schreibt er Marković. Im Juni 1922 will er nach Belgrad fahren, um zu prüfen, was er nach dem Ausscheiden aus dem diplomatischen Dienst tun könnte. Aber er scheut dann doch das Risiko, allein von Honoraren und Tantiemen leben zu müssen, da seine kränkelnde Mutter auf ihn angewiesen ist.

Wirklich wohl fühlt er sich in diesen Jahren offenbar nur in seinen Sommerurlauben in Višegrad. Anders als noch einige Jahre zuvor plant er einstweilen nicht mehr, den Višegradern das Wasser zu vergiften und ihre Töchter zu vergewaltigen. Er erfreut sich lieber an der Ruhe des Kleinstädtchens, die seiner Produktivität guttut. Oft verbringt er ganze Tage in seinem „Kinderzimmer", feilt an den bosnischen Erzählungen und freut sich, in der Heimat zu sein. *Ich sehe wirklich, dass nichts über unser Land geht, nach allem was es gibt und geben kann; wenn nur wir, seine Bewohner, ein wenig besser wären.* In Bukarest dagegen packt ihn oft eine Unzufriedenheit, die er für Heimweh hält. Im Brief an Fra Augustin, einen bosnischen Franziskanermönch und Schriftsteller, schreibt er: *Wenn du wüsstest, was für eine Qual das ist: weit vom Land entfernt zu leben und mit jedem Äderchen eine Verbindung dorthin zu sein!* Die politischen Nachrichten aus Jugoslawien sind nicht gut, die Unzufriedenheit insbesondere in Kroatien wächst, und Andrić macht sich Sorgen. *Die Nachrichten, die ich in den Zeitungen aus unserem Land sehe, werfen mich oft in wahre Verzweiflung,* schreibt er Alaupović 1922. *Ich bin daran gewöhnt, mit meinem ganzen Wesen an allem, was sich ereignet, teilzunehmen, und nun bin ich in der Fremde wie gefangen und kann mich nur ohnmächtig zerreißen, die bösen Anzeichen aus der Ferne betrachtend. Sie, der Sie im Land leben, schreiben Sie mir bitte, was da mit uns passiert und ob die Situation bei uns wirklich politisch so verzweifelt und wirtschaftlich so schwach ist, wie es mir hier manchmal scheint. Sie können sich meinen Schmerz und meine Scham nicht vorstellen, wenn ich sehe, wie die Einheit und all ihre Erfolge von allen Seiten sinnlos zerrissen wird, und wir, die wir sie erschaffen haben und die wir als Erste dazu angehalten sind, sie zu verteidigen und zu entwickeln, gehen im alltäglichen Broterwerb und in Nichtigkeit in der Welt verloren.* Natürlich habe ihm sein Auslandsaufenthalt in vielem ge-

Als junger Diplomat.

„ ... nur das Leben ist verrückt und geschmacklos ausschweifend.“

nützt, schreibt Andrić seinem Gönner, *doch ich spüre, dass er nicht zu lange dauern darf, wenn ich nicht die Verbindung zum Land verlieren und geistig verdorren möchte.* Auch mit Blick auf seine kränkelnde Mutter habe er deshalb *definitiv entschieden, zurückzukommen und irgendwo sesshaft zu werden, ob in Belgrad oder einer anderen Stadt, auch wenn ich noch nicht genau weiß, was ich arbeiten und wie ich leben werde. Das habe ich schon längst entschieden, und ich warte nur auf eine äußerliche Anregung, damit ich diese Entscheidung durchführe.* Tatsächlich wird er dem Außenministerium bis zum letztmöglichen Tag dienen. Die *äußerliche Anregung*, in Belgrad sesshaft zu werden, erhält Andrić erst knapp zwei Jahrzehnte später von Adolf Hitler.

Im November 1922, nach nur einem Jahr Rumänien, wird Andrić an das jugoslawische Generalkonsulat in Triest versetzt. Diesmal nicht auf eigenen Wunsch, denn er hatte sich trotz seiner Klagen eingelebt in Bukarest und wäre wohl gern noch geblieben. Doch diesmal lässt Belgrad nicht mit sich handeln. Nikola Pašić, der legendäre serbische Regierungschef aus der Zeit der Balkankriege und des Weltkriegs, inzwischen jugoslawischer Außenminister, besteht persönlich darauf, dass Andrić sich auf schnellstem Wege nach Triest begebe, wo ein junger Beamter seiner Rangklasse gebraucht wird. Andrić meldet sich im Dezember 1922 an seinem neuen Posten. Die am Schnittpunkt der italienischen und der slawischen Welt gelegene Hafenstadt hat ihn viel beschäftigt und wird sogar Schauplatz seines ersten, nie beendeten Romans. *Hier berühre ich die Barbarei*, schreibt er über seinen neuen Dienstort in eines seiner Notizhefte. *In Triest spürt man die Nähe der Türkei; hierher kommen Menschen in breiten Hosen, die nicht an den Knien gebunden sind, mit Socken, der untere Teil der Oberschenkel ist nackt, mit Hüten von einem Durchmesser von zwei Fuß lang und der obere Teil ist ein fingerbreit tief. Sie sind schön, beweglich und leicht. Ich habe mit fünf oder sechs gesprochen, zahlte ihnen einen Punsch, es sind freundliche Halbwilde, aber ihre verdammten Boote riechen nach ranzigem Öl;*

ihre Sprache ist eine ständige Poesie … Seiner Gesundheit bekommt Triest derweil nicht. Diesmal ist wohl wirklich das feuchtkalte Klima schuld. *Es geht mir hier nicht gut. Ich kann mich vor allem mit dem Klima nicht zurechtfinden. Ich bin aus Bukarest in schlechter Verfassung losgefahren, und hier gab es gleich irgendeinen Wind und Feuchtigkeit. Es ist unerträglich teuer, usw. Ich weiß nicht, wie lange ich es aushalten werde,* schreibt er Cvijanović. Immerhin hat er wieder Glück mit seinen Vorgesetzten: Konsul Aleksandar Cincar-Marković, der Jura in Deutschland und Frankreich studiert hat, bekommt einen guten Eindruck von Andrić und merkt sich den Namen des jungen Beamten. Das schadet Andrić nicht, als Cincar-Marković später Außenminister wird. In Triest muss Andrić auf Anordnung aus Belgrad doch noch die Aufnahmeprüfung für den diplomatischen Dienst nachholen. Er besteht ohne Schwierigkeiten. Dafür verschlechtert sich seine Gesundheit. Als ein Arzt rät, er solle sich dringend dem Einfluss des Triester Klimas entziehen, und Cincar-Marković, der den gesundheitlichen Verfall seines Mitarbeiters täglich miterlebt, sich diesem Rat anschließt, hat das Ministerium ein Einsehen. Im Januar 1923, nach nur zwei Monaten, wird Andrić wieder aus Triest abgezogen. *Ich habe in diesen zwei Monaten genug gelitten. Zum Glück hat man mich nach Graz versetzt,* teilt Andrić Cvijanović mit. *Ich fahre um den 1. Februar dorthin, ich weiß selber nicht, ob in das Konsulat oder in irgendein Sanatorium. Derzeit huste ich fleißig.*

ÖSTERREICH

Das Österreich, in das Andrić 1923 zurückkehrt, hat außer einem Teil seines Namens kaum noch etwas gemein mit dem Staat, in dessen Hauptstadt er ein Jahrzehnt zuvor Student gewesen war. Nur die imperialen Dekorationen sind geblieben. Überdimensionierte Kulissen für ein Stück, das nicht mehr aufgeführt wird. Auf der alten Bühne, die viel zu groß ist für das kleine Land, stehen noch Darsteller von gestern herum und können nicht begreifen, dass der Spielplan geändert wurde. So beschreibt Andrić in *Durch Österreich*, einer Reportage aus Wien, Linz, Graz und anderen Orten, seine Eindrücke aus dem neuen, alten Land. Das Österreich, das er sieht oder sehen will, ist ein Trauerspiel. Er beobachtet dort *nicht das Resultat eines Niedergangs, sondern den Niedergang selbst* und schildert einen Staat, der von lauter entgeisterten Monarchisten bevölkert wird. Eine Demokratie, in der man *nirgends jemanden sehen kann, der diese Republik stützt und verteidigt. In Gesellschaft, im Zug, auf der Straße spreche ich mit Menschen, und alle sind gegen sie. „Das eine ist eine Republik wie die Vereinigten Staaten von Amerika, das andere hier unsere Pfaffenrepublik", erklärt mir ein hellsichtiger Sozialist, ein Arbeiter. „Das ist eine Judenrepublik", lassen mich zwei Grazer wissen. „Sie täuschen sich, wenn Sie glauben, dass ich für die Republik bin. Im Gegenteil!", sagt mir ein Jude, und seine Frau nickt.*

Andrić beschreibt einstige habsburgische Offiziere, die noch immer die Orden des untergegangenen Staates tragen und mit *ihrer ganzen Erscheinung und jeder Geste* einen Staat verkörpern, den es nicht mehr gibt. Er schildert die Massenentlassungen und den überall betriebenen *Abbau* (er benutzt das deutsche Wort) von Ministerien, Ämtern, Schulen, Instituten. *Und so kommt es zu einem allmählichen Verfall, denn neben der Armee ist auch die zweite Säule des früheren Österreich – die Bürokratie – in Auflösung begriffen.*

Natürlich gibt es weiterhin Behörden voller Beamter, denen noch immer Ämter und Titel verliehen werden. Der Wert dieser Titel ist allerdings ebenso gesunken wie der Wert der österreichischen Krone. Die Franz-Joseph-Plätze, die es in jedem größeren Ort der Doppelmonarchie gegeben hatte, heißen jetzt „Platz der Freiheit" oder „Platz des 12. November", nach dem Tag, an dem 1918 die „Republik Deutschösterreich" ausgerufen worden war. Im Alltag benutzt alle Welt aber noch die alten Straßennamen, und manche klammern sich daran wie an eine Erinnerung an bessere Zeiten. Selbst in den ersten Restaurants am Platze stößt Andrić nur auf *Papierservietten, schäbige Sessel und fettarme Speisen ohne Saucen und Gewürze,* und in der Provinz *lugen Armut und Erschöpfung heute aus allen Ecken hervor wie offene Nähte eines Anzugs. Die Straßen ersterben früh und sind schlecht beleuchtet, Tore und Treppenhäuser gar nicht.* Noch 45 Jahre später beschäftigt Andrić seine Reise durch Österreich: *Als die österreichisch-ungarische Monarchie zerfiel, war das der größte Bankrott in der Geschichte. Ein Staat mit sechzig Millionen Menschen, das Habsburger Imperium, das so viele Jahrhunderte existiert und das einen Begriff dargestellt hatte, zerfiel auf einmal,* erinnert er sich 1968. *Wer durch Wien fuhr, konnte sehen, was das für seine Bewohner bedeutete. Alles hat sie verraten, sowohl Gott als auch der Kaiser. Doch die Wiener ergaben sich dem Schicksal nicht. Auf den Briefmarken erschien anstelle des Kaiserkopfes der Kopf Beethovens. Mit Beethovens Kopf konnte sich Wien noch besser legitimieren als mit dem Kaiser. Überall auf der Welt.*

Andrić tritt seinen Posten in diesem schlecht beleuchteten Teil Europas im Februar 1923 an. *Die Stadt an sich ist schön, aber armselig. Manchmal scheint es mir, als wäre ich ein zweites Mal interniert. Das Essen ist schlecht,* schreibt er Zdenka Marković knapp zwei Wochen nach seiner Ankunft aus Graz. Dennoch gibt er sich verhalten optimistisch, denn zumindest hat er in Graz deutlich weniger Arbeit als in Triest. *Vielleicht wird auch die Gesundheit besser. Eine Weile ging es mir wirklich ernsthaft schlecht.* Pläne, den diplomatischen

Dienst zu verlassen, erwähnt er nicht mehr, obwohl er weiterhin mit seiner Arbeit hadert. *Ich versuche zu schreiben, während ich mit allen Schwierigkeiten kämpfe, die das Leben (eigentlich die Knechtschaft) im Ausland bereitet … Für mich bleibt das Leben im Ausland eine Strafe und ein Leiden.* Mit größter Aufmerksamkeit verfolgt Andrić die Nachrichten aus Jugoslawien, wo die Dinge innenpolitisch weiterhin nicht gut stehen. Stjepan Radić betreibt mit seiner *Kroatischen Bauernpartei* immer mehr eine Opposition, die Jugoslawien grundsätzlich in Frage stellt. Für einen Appell an Woodrow Wilson, der den amerikanischen Präsidenten auf die Zustände in Jugoslawien aufmerksam machen soll, hat Radić mehr als 160 000 Unterschriften sammeln lassen. Deswegen ist er zeitweilig in Haft genommen worden, was sein Ansehen in den Augen vieler Kroaten freilich noch erhöht, und so kommt er wieder frei. Im März 1923, kurz nach Andrićs Ankunft in Graz, finden in Jugoslawien Parlamentswahlen statt, bei denen die *Bauernpartei* zweitstärkste Kraft wird. Radić ruft danach gemeinsam mit Parteien der Slowenen und der bosnischen Muslime einen „Föderalistischen Block" ins Leben, der den jugoslawischen Einheitsstaat weiter unterminieren soll. Unermüdlich versucht er, die Aufmerksamkeit des Auslands auf Jugoslawiens ungelöste kroatische Frage zu lenken. Er reist dafür nach London, Wien, Moskau. Für die meisten Kroaten ist er ein Held, der die Interessen des kroatischen Volkes vertritt. Viele Serben und andere Anhänger eines unitaristischen Jugoslawien sehen in Radić dagegen einen katholischen Gefährder, der lauter Sprengsätze an den mühsam errungenen Staat legt. *Alles was schlecht ist und nicht gut war, ist hochgekommen und hochgekocht,* schreibt Andrić im April 1923 an Marković. *Manchmal kann ich es nicht aushalten; einmal werde ich in dieses ganze Chaos hineinplatzen und mich mit all meinem Gewicht hineinwerfen, wie 1912. Man muss erneut die Vereinigung durchführen, denn die erste ist, zumindest für Zagreb, zu billig gewesen, und bezahlen werden es entweder wir oder dieser Radić und das ganze Pack, das sich wie eine Horde Dorfhunde um einen Blinden schart.*

Doch Andrić mischt sich nicht ein. Zwischen Dienst und seiner Wohnung in der Merangasse 24 pendelnd, arbeitet er stattdessen in jeder freien Minute an seinen Erzählungen, bis sich im Mai seine Krankheit mit aller Macht zurückmeldet. Ein Arzt stellt einen Katarrh in beiden Lungenflügeln, Anämie und allgemeine Schwäche fest. Von Juni an ist Andrić gut drei Monate lang krankgeschrieben und kehrt erst Mitte August nach Graz zurück, wo sich zwar sein Gesundheitszustand stabilisiert, dafür aber andere Misshelligkeiten warten. Laut dem neuen jugoslawischen Beamtengesetz vom Juli 1923 ist für den höheren diplomatischen Dienst ab sofort ein abgeschlossenes Studium Voraussetzung. Wie viele seiner Generation, denen der Krieg einen Strich durch die Jugend gemacht hat, erfüllt Andrić diese Bedingung nicht. Deshalb wird er zum 31. Dezember 1923 entlassen. Doch nicht zum ersten und nicht zum letzten Mal in seinem Leben führen eine Mischung aus Glück und Andrićs untrüglicher Fähigkeit, Gelegenheiten beim Schopfe zu packen, zu einem guten Ende. Vladislav Budisavljević, der jugoslawische Konsul in Graz, setzt sich für Andrić ein. Budisavljević ist ein routinierter Diplomat, der lange in habsburgischen Diensten gestanden und die Doppelmonarchie unter anderem in Montenegro, Serbien und Bulgarien vertreten hat. Trotz dieser Tätigkeit für den Erzfeind ist er nach 1918 aufgrund seiner großen Erfahrung vom Außenministerium Jugoslawiens eingestellt worden. Andrić hat bei ihm offenbar einen guten Eindruck hinterlassen, denn im Januar 1924 schreibt Konsul Budisavljević einen Brief an den jugoslawischen Außenminister, in dem er den jungen Beamten in höchsten Tönen lobt: „Durch seine außerordentliche Intelligenz, seine umfassende Bildung und vornehme Erziehung, seinen feinen Umgang mit den Parteien, den ernsthaften und aufrechten Charakter, die Kenntnis der serbischen, französischen, deutschen und italienischen Sprache, den festen Willen zur Arbeit im Verbund mit den bisher erreichten fachlichen Qualifikationen, bietet Hr. Andrić die besten Garantien dafür, mit der

Zeit ein vorzüglicher Beamter zu werden, der der Konsularfachschaft nur zur Ehre gereichen und für den Staat und unser Volk von Nutzen sein kann." Andrić schickt ebenfalls ein Gesuch an den Außenminister, der schon wieder gewechselt hat: Auf Nikola Pašić ist Momčilo Ninčić gefolgt, ebenfalls ein Serbe. In seinem Gesuch erwähnt Andrić seine Loyalität gegenüber der Karadjordjević-Dynastie, der er schon als Schüler in Gedichten Ausdruck verliehen habe. Er betont auch seine Hoffnung auf die Güte des Ministers: *Die Entscheidung über mein Ansuchen ist von ausschlaggebender Wichtigkeit für meine künftige Arbeit und mein künftiges Leben sowie das meiner Familie, und ich ergebe mich voller Vertrauen Ihrer Gerechtigkeit und Nachsicht.*

Durch mehrere weitere Interventionen Budisavljevićs gelingt es schließlich, einen Kompromiss mit dem Ministerium zu finden. Es bleibt zwar bei der gesetzlich verfügten Entlassung, doch wird Andrić als einfacher Schreiber wieder am Konsulat angestellt, während er in Graz seine Dissertation nachholt, um die Bedingungen für eine Wiederanstellung zu erlangen. Andrić schreibt sich im November 1923 an der philosophischen Fakultät der Karl-Franzens-Universität in Graz ein. Er hört unter anderem Vorlesungen zur slawischen Philologie, altkirchenslawischer Grammatik, der Geschichte der Grammatik des Russischen sowie zur Geschichte Österreichs seit 1848. Nebenher sammelt er Material für seine Dissertation: *Die Entwicklung des geistigen Lebens in Bosnien unter der Einwirkung der türkischen Herrschaft.* Andrićs Doktorarbeit ist lange unauffindbar und sorgt, als sie Jahrzehnte später durch einen Zufall in Graz wiederentdeckt und Anfang der achtziger Jahre in serbischer Übersetzung in Belgrad veröffentlicht wird, für heftige Kontroversen. Insbesondere Kritiker in Bosnien werten die Arbeit als Bestätigung der These, Andrić sei ein islamophober Türkenhasser gewesen, der auch die bosnischen Muslime verabscheute, da er in ihnen Kollaborateure der Osmanen sah. In der Dissertation, so eine Kritik, fänden sich „Gefühle der Feindschaft und des Hasses" gegen den Islam und die Muslime, die zwar durch die notwendige Wissenschaftlichkeit des Textes mühsam unterdrückt seien, in den Erzählungen und Romanen dann aber auf literarisch verbrämte Weise Ausdruck fänden. Gegen diese Gleichsetzung seiner Dissertation mit seiner Literatur ist Andrić oft und mit guten Argumenten verteidigt worden. Dass er seine Dissertation nicht schreiben wollte, sondern sie so schnell wie möglich schreiben musste, um die Wiederanstellung als Diplomat zu erreichen, ist dabei nur ein Argument von vielen, und nicht das beste. Vielmehr zeigt ein genauer Blick auf Andrićs Literatur und die Art, wie Muslime, Serben und Kroaten darin dargestellt werden, dass ihr Verfasser viel zu sehr Dichter war, um sich die Glaubwürdigkeit der von ihm erfundenen Personen durch schablonierende Zuschreibungen zerstören zu lassen. (Eine Ausnahme bilden einige Texte, die nach der Machtübernahme der Kommunisten entstanden.) Nicht einmal die Österreicher, für die Andrić politisch wahrlich nicht viel übrighatte, kommen bei ihm durchweg schlecht weg – von den mit viel Aufmerksamkeit für das psychologische Detail, mitunter gar liebenswürdig gezeichneten muslimischen Figuren ganz zu schweigen.

Auf seine Dissertation trifft die Kritik aber durchaus zu: Sie ist einem Geist verhaftet, in dem Völker, Ideologien und Konfessionen per se als „fortschrittlich" oder „rückständig" eingeteilt werden. Dass Andrić als Diplomat, der er ja durch die Arbeit wieder werden wollte, politische Rücksichten nehmen musste, könnte eine einführende Fußnote erklären, in der er versichert, seine Abhandlung sei nicht etwa als Kritik an der islamischen Kultur als solcher zu verstehen, *sondern nur als Kritik jener Folgen, die ihre Übertragung auf ein christliches, slawisches Land zeitigte.* Mit solcher Kritik hält Andrić sich dann nicht zurück. Wenige Länder, heißt es bei ihm, hätten den Schlag, welcher der *europäischen Menschheit* durch die osmanische Eroberung Konstantinopels 1453 zugefügt worden sei, härter und empfindlicher zu spüren bekommen als Bosnien.

Die Türkenherrschaft ist bei Andrić, der sich für seine Arbeit vor allem auf franziskanische Quellen stützte, ein *Joch des Ostens*, das für die Christen *nur zu einer Verrohung der Sitten und zu einem Rückschritt in jeder Beziehung* geführt habe. Die Unterwerfung Bosniens durch die Osmanen erscheint in dieser Logik als *Invasion eines nach Glauben, Geist und Rasse fremden Erobererervolkes.* Die Eroberung habe *den serbo-kroatischen Rassen- und Sprachenkomplex in zwei Teile geteilt,* heißt es bei Andrić. Indem er zugleich das katholische Mönchstum der Franziskaner ausschließlich positiv und als entscheidenden Träger der europäischen Zivilisation in Bosnien darstellt, nimmt er eine Perspektive ein, durch die er an einer österreichischen Universität zumindest keine Nachteile befürchten muss. Über die Knabenlese, die er in der *Brücke* zwanzig Jahre später viel differenzierter darstellen wird, schreibt Andrić 1924: *Diese Kinder, als Abkömmlinge von urwüchsigen, gesunden Bergbewohnern, haben kraft ihrer angeborenen Intelligenz und Tüchtigkeit viel leichter als die arbeitsscheuen und mit Lastern behafteten Türken Ehren und Ansehen erlangt.* Dass Bosnien bei ihm dem Islam und dem türkischen *Rasselaster* der Korruption anheimgefallen ist, verwundert angesichts solcher Urteile nicht. Andrić beschreibt das Bosnien der Türkenzeit als *mächtiges Bollwerk gegen den christlichen Westen,* während es unter glücklicheren Umständen ein christliches Bollwerk gegen den islamischen Osten hätte sein können.

Diese Urteile entstammen einer Dissertation, die zwar mit „ausgezeichnet" bewertet wird, aber eigentlich selbst nach damaligen Maßstäben nicht auf der Höhe der Zeit ist. Andrić hat wichtige neuere Literatur nicht benutzt und zum Teil wohl nicht einmal gekannt. Die Dissertation ist von einem Geist durchdrungen, der selbst den ihm eigentlich überaus wohlgesonnenen Slawisten Heinrich Felix Schmidt, seinen vier Jahre jüngeren Professor in Graz, zu vorsichtiger Kritik veranlasst: „Die eine These des Verfassers, seine Negierung jedes kulturfördernden Einflusses von Islam und Türkentum, wird nicht unwidersprochen bleiben", schreibt

Schmidt in einem Gutachten und weist darauf hin, dass der Autor wichtige Quellen nicht habe einsehen können: „Gerade auf diesem Gebiete sind eben seiner Forschung durch die räumliche Unerreichbarkeit und sprachliche Unzugänglichkeit der türkischen Quellen gewisse Grenzen gezogen." Doch machen die teilweise kruden Thesen aus Andrićs Dissertation ihren Verfasser zu einem islamophoben Rassisten, wie einige Kritiker aus dem bosnisch-muslimischen Kulturkreis bis heute behaupten? Bei der Beantwortung dieser Frage muss zunächst das Offensichtliche festgestellt werden: Die beanstandeten Passagen stammen von dem Doktoranden, nicht dem Schriftsteller Andrić. Der Grazer Slawist Wolfgang Eismann verweist auf einen anderen Fall, bei dem das literarische Werk und die Weltanschauung eines Dichters auseinanderfallen: „Es gibt gute Gründe, dem Publizisten Dostojewski Nationalismus, Antisemitismus, eine antipolnische Haltung und vieles mehr zu unterstellen. Und natürlich lassen sich Anklänge davon auch in seinem literarischen Werk wiederfinden. Doch wird kaum jemand auf die Idee kommen, dieses Werk darauf zu reduzieren." Ähnlich ist es bei Andrić. Wer in seinem Werk nach Erzählungen vom unbezwingbaren Hass zwischen den Religionen sucht, wird fündig werden. Wer darin nach einer alles durchdringenden humanistischen Haltung sucht, die Menschen nicht in Rassen oder Konfessionen einteilt, ebenfalls. Eine große Schwäche von Andrićs einziger wissenschaftlicher Arbeit besteht darin, dass die Zeit des osmanischen Verfalls auf alle Jahrhunderte der osmanischen Herrschaft projiziert wird, als sei Rückständigkeit von Anfang an ihr Wesenskern gewesen. Doch in ihren ersten beiden Jahrhunderten war die osmanische Herrschaft auf dem Balkan keinesfalls rückständig, wie nicht zuletzt Gründung und Aufblühen Sarajevos zeigen. Das Osmanische Reich konnte damals noch auf fast allen Gebieten mit der christlichen Welt mithalten, übertraf sie oft sogar. Anders wäre der Siegeszug bis vor Wien auch nicht möglich gewesen. Auch das Imperium Romanum und andere große Reiche lassen sich nicht allein aus ihrer Verfallszeit heraus erklären, denn sie sind nicht durch Rückständigkeit Weltmächte geworden. Holm Sundhaussen schreibt, Andrićs Dissertation vermittele „ein durch und durch sowie in jeder Hinsicht negatives Bild der ‚Türkenherrschaft' in Bosnien. Von den Anfängen bis zum Ende. Ausgehend von der Verfallszeit wird auf die gesamte Zeit der osmanischen Herrschaft geschlossen, als habe es keinerlei Wandel und Veränderung gegeben: vierhundert Jahre Stillstand! Damit folgte Andrić den antiislamischen und antiosmanischen Stereotypen des 19. Jahrhunderts." Andrić hat das im Alter selbst eingestanden. Dem serbischen Schriftsteller Dobrica Ćosić sagt er 1968, seine Doktorarbeit sei „nichts Besonderes. Ein Schulaufsatz", und schon sechs Jahre zuvor hatte er in einem Gespräch mit dem jugoslawischen Staatschef Tito die Haltung zurückgewiesen, „die Türken" hätten dem Balkan nur Rückständigkeit gebracht: *Die Türken waren am Beginn ihrer Herrschaft in unseren Gebieten anders, aber wir erinnern uns an sie vor allem in ihrer dekadenten Zeit. Man kann nicht sagen, dass ihr Regime in der ersten Phase bei uns besonders unmenschlich war, auch wenn jede Okkupation schwierig ist.* Der Sozialist Tito dürfte nicht schlecht gestaunt haben, als Andrić ihm auseinandersetzte, dass die Chancengleichheit im Osmanischen Reich ähnlich großartig gewesen sei wie in den Vereinigten Staaten: *Wenn man den Unterschied im System beiseitelässt, so gab es doch bei den Türken etwas Ähnliches wie in Amerika: Man konnte alles werden, zu dem man fähig war. Man musste nicht adelig sein.* Wer im Osmanischen Reich zum Islam übertrat, habe sogar Marschall werden können, und wo sonst wäre das noch möglich?, fragte Andrić Marschall Tito, um selbst zu antworten: *Das türkische Regime war am Anfang nicht so schlecht, aber wir betrachten es nur aus der heutigen Perspektive.* Selbst die Knabenlese sei keine geschichtliche Einmaligkeit gewesen, denn auch die SS habe in ganz Europa ihre Hilfstruppen rekrutiert, so Andrić. Titos Reaktion ist vom Protokoll leider nicht überliefert.

Im Übrigen hat Andrićs innert weniger Monate entstandene Blitz-Dissertation ihren wichtigsten Zweck für den Verfasser erfüllt: Aus dem Krakauer Studienabbrecher wird im Juni 1924 Dr. phil. Ivo Andrić. Damit ist die Bedingung zur Wiedereinstellung als Diplomat erfüllt. Zudem wird die Dissertation Andrić noch jahrelang als Steinbruch für Ideen, Szenen und einzelne Bilder in seiner Prosa dienen. So hat der serbische Literaturwissenschaftler Radovan Vučković herausgefunden, dass die seitenlange, in kaum erträglicher Detailliertheit beschriebene Schilderung der Pfählung eines serbischen Bauern in der *Brücke* bis in Einzelheiten auf ein 1911 in Sarajevo erschienenes Memoirenbuch zurückgeht, das der Doktorand gelesen hatte.

Wenige Tage nach der Promotion in Graz bewirbt Andrić sich beim Außenministerium um Wiedereinstellung: *Ich spreche und schreibe Französisch, Deutsch und Italienisch, außerdem spreche und lese ich Rumänisch, Russisch, Polnisch und Tschechisch … Am 13. Juni 1924 habe ich, da ich meine Doktorarbeit abgegeben und alle vorgeschriebenen Prüfungen mit ausgezeichnetem Erfolg abgeschlossen habe, das Doktorat der hiesigen Universität erhalten und so die Qualifikation als Beamter I. Kategorie erreicht. Basierend auf all dem … bitte ich das Ministerium, mich auf meine ursprüngliche Position zurückversetzen zu lassen und mich als Vizekonsul II. Klasse am Königlichen Konsulat in Graz einzustellen.* Andrić steht noch nicht lange wieder im Staatsdienst, als aus Bosnien die Nachricht eintrifft, dass sein Onkel und Ziehvater Jan Matkovczik am 12. August in seinem 72. Lebensjahr gestorben ist. *Er war gut, ehrsam und geliebt. Jetzt freut er sich in der ewigen Ruhe. Und lebt hell in der Erinnerung. Für meinen Freund und Ziehvater. Ana und Ivan,* lassen Andrić und seine Tante in den Grabstein meißeln. Es wird einer der letzten Anlässe sein, bei dem er öffentlich den Taufnamen Ivan benutzt. *Diese paar Tage, die ich in Višegrad verbracht habe, musste ich trösten, Dinge erledigen und organisieren, und ich durfte und schaffte es gar nicht, an mein Leid zu denken,* schreibt Andrić an Marković, als er wieder in Graz ist. *Erst hier, da ich wieder alleine bin, sehe ich, was er uns allen war und was ich verloren habe.* Bald nach dem Tod seines Ersatzvaters endet auch Andrićs Zeit in Österreich. Im Oktober 1924 wird er aus Graz abberufen und in das Ministerium in Belgrad versetzt.

FREIMAURER

Als Schriftsteller hat sich Andrić in Jugoslawien inzwischen etabliert. Im Jahr seiner Rückkehr aus der *Grazer Ruhe und Langweile* erscheint in Belgrad seine erste Sammlung mit Erzählungen, ein schmaler Band von knapp 120 Seiten, der bei Kritik und Publikum gut ankommt. Das Buch wird in kyrillischer Schrift gedruckt, doch hat Andrić es noch in der ijekavischen Sprachform geschrieben, die im kroatischen und bosnischen Raum am gebräuchlichsten ist. Später wird er die ijekavische zugunsten der ekavischen (serbischen) Varietät vernachlässigen und schließlich ganz aufgeben. Die Erzählungen zeigen, dass Andrić die bisweilen larmoyante Prosa der Anfangsjahre hinter sich gelassen hat. Als Erzähler konzentriert er sich nun auf historische Sujets aus Bosnien – aber eben nicht im Sinne eines Heimatdichters, der Schwänke aus der bosnischen Vergangenheit zum Besten gibt, sondern als genauer psychologischer Beobachter, der trotz der konservativen Form seiner Texte ein moderner Erzähler ist. „Der Unterschied zwischen ihm und so vielen anderen früheren Erzählern Bosniens und der Hercegovina liegt gerade darin, dass ihm diese äußerliche Lebhaftigkeit und Treue bei der Beschreibung von Kleidung, Sprache und Bewegung nicht der Haupt- und Endpunkt der Handlung waren, sondern nur ein Hilfsmittel." Dieses Urteil des großartigen serbischen Literaturkritikers Nikola Mirković aus den dreißiger Jahren gilt schon für die Zeit ein Jahrzehnt vorher, als Andrić beginnt, sich als Schilderer bosnischer Zustände einen Namen zu machen. Andrićs bosnische Zustände sind in Wirklichkeit stets allgemeinmenschliche Zustände in exotischer Verkleidung. Beschaulich ist sein Bosnien nicht. „Das Bosnien, das Ivo Andrić präsentiert, ist auch jenseits der Legenden kein bisschen ein fröhliches Land", schreibt Mirković. „Es ist schwer und grobschlächtig, vornehmlich düster in seinen Farben, äußerst wortkarg, voller Ungleichheiten, aber auch unbeweglich in all seiner Zerrissenheit."

Dass Andrić mit Anfang dreißig frühere stilistische und kompositorische Unsicherheiten überwunden hat und zu einem souveränen Autor gereift ist, beweist er mit seiner im Oktober 1925 veröffentlichten Erzählung *Die Brücke über die Žepa,* einer Fingerübung für den zwei Jahrzehnte später veröffentlichten Roman *Die Brücke über die Drina.* So wie die Žepa, ein bosnischer Gebirgsfluss, in die Drina mündet, wird Andrićs Erzählfluss zwanzig Jahre später zur *Brücke über die Drina* führen, seinem bekanntesten Werk. Die Erzählung von der Brücke über die Žepa ist ein Gleichnis, das traditionell und kafkaesk zugleich einsetzt: *Im vierten Jahr seiner Amtszeit fiel der Großwesir Jusuf als Opfer gefährlicher Umtriebe plötzlich in Ungnade.* Dieser erste Satz, der womöglich nicht zufällig dem berühmten Einstieg von Kafkas sechs Monate zuvor erschienenen „Prozess" ähnelt, eröffnet die Geschichte Jusufs, eines gebürtigen Bosniers, der durch die Knabenlese Muslim wurde. Jusuf verbringt längere Zeit im Kerker, da ihn am Istanbuler Hof jemand verleumdet haben musste, ohne dass er etwas Böses getan hatte. Schließlich kann er seine Unschuld beweisen und wird mit allen Würden wieder in seinen alten Posten eingesetzt. Doch der Wesir ist nicht mehr derselbe. Nach seiner Zeit im Kerker hegt er Misstrauen gegen Samt, Perlmutt, Worte und Taten. In ihm hat sich der Gedanke festgesetzt, dass alles menschliche Tun und Reden zu Unheil führen kann, und diese Möglichkeit *wehte ihm aus allem entgegen, was er hörte, sah, sprach oder dachte.* Seine Gedanken schweifen immer öfter nach Bosnien ab, in seine Kindheit, in jenes *ferne, gebirgige und düstere bosnische Land – seit jeher hatte der Gedanke an Bosnien etwas Düsteres für ihn! –, das selbst das Licht des Islams nur teilweise zu erhellen vermocht hatte.* Trotz seines Argwohns gegen jedwede Tat beschließt er, in seinem Heimatdorf, aus dem er als Kind fortgeführt worden war, eine Brücke bauen zu lassen. Als das Werk nach vielen Schwierigkeiten vollendet ist, wird es weithin als Wunder bestaunt, *wie ein ungewöhnlicher Gedanke, der sich in die Felswildnis verirrt hat und hier gebannt ist.* Ein junger Dichter will die Tat des Großwesirs verewigen: *Er habe von der Brücke gehört – sagte er –, die der Wesir in Bosnien erbaut habe, und hoffe, dass er an derselben ebenso wie an allen öffentlichen Bauwerken eine Inschrift einmeißeln lassen werde, damit man wisse, wann sie gebaut sei und wer sie errichtet.* Der Dichter überreicht einen Vorschlag für einen Text, der in eine Stele auf der Brücke eingemeißelt werden soll: *Als gute Verwaltung und edle Kunst einander die Hände reichten, entstand diese herrliche Brücke, den Untertanen zur Freude, Jusuf zum Ruhm in dieser und in jener Welt.* Darunter zwei ungleiche Felder und das Siegel des Wesirs. In dem größeren Feld stand: *Jusuf Ibrahim, der wahre Knecht Gottes,* in dem kleineren der Wahlspruch des Wesirs: *Im Schweigen ist Sicherheit.* Der Wesir liest den Text wieder und wieder und denkt lange darüber nach. Schließlich streicht er das Gedicht durch. Nur sein Name und sein Wahlspruch sollen auf der Brücke zu lesen sein. Dann streicht der Wesir auch noch seinen Namen. *Es blieb nur der Wahlspruch: Im Schweigen ist Sicherheit. Eine Zeitlang saß er nachdenklich davor, dann erhob er wieder die Hand und strich mit einer kräftigen Bewegung auch den Wahlspruch durch. So blieb die Brücke ohne Namen und Zeichen.*

Die Brücke über die Žepa hat Andrić viele Anhänger gewonnen. Als der berüchtigte deutsche Staatsrechtler Carl Schmitt („Der Führer schützt das Recht") die Erzählung 1940 liest, schreibt er Gretha Jünger, der Frau seines Freundes Ernst Jünger: „Ich verliebe mich immer mehr in die Novellen von Andrić, besonders in ‚Die Brücke über die Žepa'." So geht es vielen. Wonach Andrić in Texten wie der *Brücke über die Žepa* strebt, lässt sich einem Artikel entnehmen, der im gleichen Jahr wie die Erzählung erscheint. Andrić stellt dem jugoslawischen Publikum darin seinen Lieblingsautor Thomas Mann vor. Der Artikel erscheint zu Manns fünfzigstem Geburtstag, und Andrić schreibt ihn wohl auch in der Hoffnung, einheimische Verleger dazu zu animieren, das Werk des deutschen Nobelpreisträgers in Jugoslawien zu veröffentlichen. Er hebt die „Buddenbrooks", den „Tod in Venedig" und den „Zauberberg" hervor, erwähnt die „Betrachtungen eines Unpolitischen" und schreibt über Manns Stil: *Dabei löscht oder wandelt er mit seltener Strenge gegenüber sich selbst und in unschätzbarer Mühsal alles um, was zu ihm persönlich gehört, sodass er manchmal den Eindruck eines unberührten Betrachters des menschlichen Schicksals hinterlässt, eines herzlosen Virtuosen, der in Zurückgezogenheit sein edles Handwerk bis zum Gekünstelten, zur grausamen Kühle, zur Gleichgültigkeit pflegt.* Ein Dichter, der über den Dingen schwebt und alles Persönliche in Allgemeingültiges umwandelt, *voll vornehmer Zurückhaltung und strengem Maß und zugleich voll gedämpfter Glut, in der er mehr selbst verbrennt, als dass er andere blendet*: Das will auch Andrić sein.

Zu Andrićs Erfolgen als Schriftsteller kommt ab Mitte der zwanziger Jahre auch sein beruflicher und gesellschaftlicher Aufstieg. Nach mehreren Beförderungen verdient er als Beamter inzwischen besser und wohnt im *Hotel Excelsior*. Im Außenministerium sammelt er Erfahrungen im Archiv, bis er in eine Abteilung für Fragen des Völkerbunds versetzt wird. Obwohl weiterhin oft krank, fällt er nicht mehr wochenlang aus. Sein vor einem Parlamentsausschuss vorgebrachter Antrag, ihm die Zeit der österreichischen Haft und Verbannung zwischen 1914 und 1917 als Dienstjahre anzurechnen, wird anerkannt. Anfang 1926 wird Andrić korrespondierendes Mitglied der Serbischen Königlichen Akademie, deren Literaturpreis er schon im Vorjahr erhalten hat. Der Preis war mit 5500 Dinar dotiert – „eine schöne Summe, man konnte zehn Ochsen für dieses Geld kaufen", wie Andrić später sagt. Außer dieser Anerkennung im Gegenwert einer Kuhherde nimmt Andrić 1925 auch das Angebot einer Freimaurerloge an, ihr Mitglied zu werden. *Als mir angeboten wurde, dass ich in die Freimaurerloge eintrete, war ich ein junger Mann, den weder gesellschaftliche Festivitäten noch das parteipolitische Leben interessierten. Und ich habe die Gelegenheit sehr gern angenommen, mich in Gesellschaft ernsthafter und gutgesinnter Menschen einzufinden, wo ich vielleicht auch dem Land und der Gesellschaft dienen sowie mich selbst perfektionieren und erheben konnte,* erklärt er später seine Motive, sich der Belgrader Loge „Wiedergeburt" anzuschließen. Andrić hält vor den Logenbrüdern einen Vortrag über Bosnien und nimmt an ihren wöchentlichen Sitzungen teil.

Die Mitgliedschaft nimmt nach der Affäre mit der polnischen Ehefrau seines Logenbruders Gustav Krklec jedoch ein abruptes Ende. Dass er einen Logenbruder (dessen Trauzeuge er auch noch war) mit dessen Frau hintergangen hatte, war für die Freimaurer, die von ihren Mitgliedern ein untadeliges Privatleben erwarteten, nicht tragbar. Doch wird Andrić später zeitweilig als Mitglied einer anderen Belgrader Loge (*Dositej Obradović*) geführt, bleibt also Freimaurer. In jedem Fall hat Andrićs zeitweilige Freimaurerschaft immer wieder Spekulationen darüber Vorschub geleistet, der Autor habe geheime Zeichen dieser Gesinnung in seiner Literatur versteckt, etwa in der *Brücke über die Žepa.* Wird dort nicht mit einem Winkel hantiert (einem Symbol der Freimaurer), und heißt es dort nicht über den (namenlosen) Baumeister in der Einsamkeit seiner Hütte: *In einem fort kratzt er an dem Stein herum und schreibt etwas auf; kratzt wieder und schreibt. So macht er es ohne Unterlass.* Und steht nicht – um weiter aus den erwähnten Spekulationen zu zitieren – der unbehauene Stein bei Freimaurern für die menschliche Unvollkommenheit im Angesicht des „Allmächtigen Baumeisters aller Welten"?

Um zu erklären, warum Andrić vorübergehend Freimaurer wird, ist eine aufwendige Exegese jedoch nicht nötig. Für Andrić ist der Beitritt zu einer Loge ein Weg, seine gesellschaftliche Stellung in Belgrad zu festigen. In solchen Logen finden sich „fortschrittliche", meist „jugoslawisch gesinnte", im bürgerlichen Leben einflussreiche Männer zusammen, und Andrić, der kein familiäres Netzwerk in Belgrad hat, sucht Anschluss. Gesellschaftlicher Opportunismus (positiver ausgedrückt: das aktive Verfolgen von Aufstiegschancen) ist ihm nicht fremd. Dass er jedoch aus Rücksicht auf seine Loge auch nur die geringsten Rücksichten in seiner Literatur genommen hätte, widerspricht seinen Prioritäten. Andrić ist in seinem Leben viele Kompromisse eingegangen, auch unschöne, wie noch zu zeigen sein wird. In seiner Literatur aber blieb er, abgesehen von einer kurzen Phase nach 1944, stets kompromisslos.

MARSEILLE, PARIS

Den Sommerurlaub 1925 verbringt Andrić in Višegrad, zum letzten Mal gemeinsam mit Mutter und Tante. Die Mutter stirbt Mitte Dezember desselben Jahres und wird auf dem Koševo-Friedhof in Sarajevo begraben, wenige Schritte entfernt von dem Grabmal, in das man einige Jahre zuvor die sterblichen Überreste Gavrilo Princips und anderer Attentäter von Sarajevo umgebettet hatte. *Für seine gute Mutter, ihr Ivan,* lässt er in die Stele eingravieren. Aus den Briefen jener Zeit wird deutlich, dass der Tod der Mutter ihn monatelang beschäftigt. Zur Ablenkung stürzt er sich in Arbeit. *Anfangs war ich viel in der Gesellschaft unterwegs, jetzt habe ich auch damit aufgehört, da es mir viel Zeit nimmt und wenig bis nichts gibt,* schreibt er Marković über sein Leben in Belgrad. Andrićs Übersetzungen von Texten Gottfried Kellers und Luigi Pirandellos erscheinen in serbischen Zeitungen, ebenso Buchrezensionen, eine Analyse zur politischen Lage in Bulgarien, mehrere neue Erzählungen und Essays. In dem Text *Die Legende des heiligen Franziskus von Assisi,* der noch auf seine Zeit in Italien zurückgeht, befasst er sich mit dem Gründer des Franziskanerordens, dessen Gestalt ihn bis ins hohe Alter interessieren wird.

Mit Tugomir Alaupović verwirklicht Andrić im Sommer 1926 einen lange gehegten Plan und besucht Franziskanerklöster in Bosnien. Alaupović muss nach einigen Tagen nach Belgrad zurück, doch Andrić setzt die Reise allein fort, spricht mit Mönchen, fertigt in den Klosterarchiven von Fojnica und Jajce Exzerpte an, die in abgewandelter Form noch Jahrzehnte später in seine Erzählungen und Romane einfließen. Im August verbringt er als Mitglied einer Untersuchungskommission des Außenministeriums einige Wochen an seiner alten Wirkungsstätte in Triest, nachdem der dortige jugoslawische Konsul die Kasse geplündert hat und mit 1,2 Millionen Dinar (nach Andrićs Wechselkurs also einer Summe im Wert von immerhin fast 2200 Ochsen) verschwunden ist. Die Mission endet erfolglos, Konsul und Geld tauchen nie wieder auf. Andrić wird einige Wochen nach seiner Rückkehr aus Triest per königlichem Edikt an das jugoslawische Generalkonsulat in Marseille versetzt, wo er seinen Dienst im November 1926 antritt. Es ist möglich, dass er sich selbst um die Versetzung ins Ausland bemüht hat, da in Belgrad noch überall über seine Affäre mit der Frau seines besten Freundes getratscht wird. Ein Brief, den Andrić im April 1927 aus Marseille an Zdenka Marković schickt, könnte einen indirekten Hinweis darauf enthalten, dass die Gerüchteküche in Jugoslawiens Hauptstadt auch Monate danach noch nicht erkaltet ist. Offenbar hatte seine ansonsten stets taktvolle Freundin es gewagt, einige der Gerüchte zu erwähnen, denn Andrić antwortet ihr: *Es stimmt, dass es mir gesundheitlich nicht so gut geht und dass ich hier zu viel Arbeit habe, die schwer und voller Verantwortung ist; alles andere, was Sie erwähnen, sind Geschwätz und*

Verleumdungen, an die sich der Mensch im Leben gewöhnen muss, vor allem, wenn man eine sogenannte öffentliche Person ist. Es lohnt nicht, darüber zu sprechen.

In Marseille ist Velizar Ninčić sein Vorgesetzter, ein Bruder des früheren jugoslawischen Außenministers Momčilo Ninčić, der zu Andrićs Grazer Zeit seine Wiederaufnahme in den diplomatischen Dienst befürwortet hatte. Konsul Ninčić ist einer der vielen kunstsinnigen Diplomaten des jugoslawischen Außenministeriums. Ein Pianist von Konzertreife, der Kurse am Konservatorium von Marseille gibt und dort Prüfungen abnimmt. Ninčić schreibt zudem Essays und arbeitet an einem Roman. Er empfängt seinen in Jugoslawien mittlerweile berühmten Beamten zuvorkommend und respektvoll. Dennoch gehört Marseille zu der Mehrheit der Städte, denen Andrić wenig abgewinnen kann, wie in seinen Briefen immer wieder deutlich wird: *Die Stadt, in der zu leben mir bestimmt ist, ist groß und interessant, aber kalt, berechnend und einfach.* Er schreibt von seiner *Marseiller Monotonie,* in der er seine Tage *zwischen Wohnung, Büro und Caféhaus* zubringe. Das Klima bekommt ihm immerhin etwas besser. *Nur weht hier unablässig ein kalter Wind, er muss aus irgendwelchen fernen Ländern kommen, wo große Langeweile herrscht.* Seine Wohnung ist *schön und sauber, was hier selten ist, aber unendlich teuer.* Immerhin hat die Stadt einen großen Vorteil: *Sie liegt am Meer, was viel bedeutet. Denn das Meer ist das Größte, was ein Mensch sehen und spüren kann.* Wenn er nicht gerade krank im Bett liegt, gehört das Baden im Meer zu den wenigen Vergnügungen, die er sich in den knapp eineinhalb Jahren seiner Zeit in Frankreich gönnt, und zwar bis in den Herbst hinein fast täglich. Außerdem besucht er Konzerte, hört den berühmten spanischen Pianisten José Iturbi, den Franzosen Alfred Cortot und andere Größen der Zeit. Abgesehen davon klagt er. *Ich war übrigens seit dem Krieg nicht mehr so allein wie in dieser Händlerstadt, die schmutzig und nicht pittoresk ist.* Die Verpflichtungen im Konsulat langweilen ihn. Soziale Kontakte hat er nicht. *Tagsüber bin ich im Büro, und abends lese ich alles, was mir in die Hände kommt.* Das Gefühl der Einsamkeit wird verstärkt durch den Umstand, dass im Januar 1927 seine Tante gestorben ist, das letzte Mitglied seiner Familie. Im Frühjahr 1927 fährt Andrić für einige Tage nach Višegrad, um Nachlassfragen zu regeln und der Tante einen Grabstein aufzustellen, wobei er letztmals den Vornamen Ivan benutzt, unter dem er bei seiner Taufe in Travnik in das Register eingetragen worden war. Das Haus an der Drina vermietet er und verlässt daraufhin die Stadt seiner Kindheit, in die er ein Vierteljahrhundert nicht zurückkehren wird. Ein Kapitel ist zu Ende. *Ich habe niemanden von den Meinigen mehr. Ich kann nirgends hin, zu niemandem.* In sein Notizbuch trägt er ein: *Ich darf nicht vergessen, dass ich niemandem etwas bin. Wenn die Mutter einem Sohn leicht verzeiht, die Schwester dem Bruder und die Frau ihrem Mann, kann ich auf diese Rücksicht nicht hoffen. Über mich werden alle nicht nur kalt, sondern auch streng urteilen, da sie bei mir, der ich niemandem etwas bin, auch jenen Teil der Strenge anwenden werden, den sie der Gerechtigkeit halber auf die Ihren hätten anwenden müssen, dies aber nicht getan haben, weil es das Blut nicht zulässt.*

Zurück in Marseille, vergräbt er sich noch tiefer in die Arbeit. Anders als aus Italien schreibt er aus Frankreich keine Essays zur politischen Lage und auch keine Reiseberichte. Frankreich wirkt eher wie eine Begleiterscheinung seines Schreibens, eine kaum vernehmbare Hintergrundmusik. Nur von Ausflügen in die Provinz berichtet er in Briefen begeistert. Ostern 1927 bereist er Arles, Nîmes und Avignon, eine willkommene Erholung *von diesem lauten und unschönen Marseille. Die Schönheit zum Beispiel Avignons ist schwer vorstellbar, und kein Bild und keine Beschreibung können sie ausdrücken. Ich habe noch nie eine schönere Landschaft gesehen.* Auch die Umgebung von Grenoble nennt er *schöner, als ein Mensch beschreiben kann.* Abgesehen von solchen Briefen gibt es jedoch keine Zeugnisse von Andrićs Eindrücken aus Frankreich. *Ich erforsche auch dieses Land zur Genüge, das eigenartig und uns allen ungenügend bekannt ist,* schreibt er zwar an Zdenka Marković und behauptet, er habe *die Franzosen und Frankreich schon recht gut kennengelernt* – doch inwieweit er sich außer für französische Literatur auch für das Land interessiert, wird nicht recht deutlich.

Dass die Zeit in Frankreich dennoch eine entscheidende Rolle in seinem Leben spielt, hat nichts mit Marseille, sondern mit Paris zu tun. Erstmals ist Andrić im Dezember 1926 dort. Für die französische Hauptstadt hat er dabei kaum Augen. Er verbringt seine Tage in der Nationalbibliothek und im Archiv des Quai d'Orsay, wo er für einen Roman recherchiert, der zwanzig Jahre später unter dem Titel *Wesire und Konsuln* erscheinen wird. Ihn interessieren die Berichte des Diplomaten Pierre David, der zwischen 1806 und 1814 französischer Konsul in Bosnien war. Um ausführlicher in den Archiven forschen zu können, hatte Andrić sich um eine Versetzung von Marseille nach Paris bemüht und seinen Wunsch wieder einmal durchsetzen können. Ab Januar 1928 ist die Hauptstadt sein neuer Dienstsitz. Andrić verbringt die kommenden Monate bei jeder Gelegenheit in Archiven. Nebenbei notiert er Eindrücke aus dem Pariser Alltag, die er nie veröffentlicht. Aus den Eintragungen wird deutlich, dass sich an der Einsamkeit, die er in Marseille verspürt hatte, in Paris nichts ändert: *Nirgends auf der Welt, auch nicht in irgendeinem Wald oder einer Wüste, habe ich mich so fernab von der Welt und den Menschen gefühlt, und von allem, was ich weiß und kenne, wie in einem kleinen Café in einer Pariser Vorstadt, in das ich eines Winters kam und in der ergraute Bürger Piquet spielten, während der Kellner an einer Säule lehnte und döste.* Die vielen Liebespaare, die Andrić in Paris bemerkt, steigern das Gefühl der Verlorenheit natürlich noch, doch gefällt ihm die Offenheit, mit der die Verliebten turteln: *Man muss diese jungen Paare sehen, mit wie viel heidnischer Ehrlichkeit sie einer dem anderen die Luft einhauchen und mit den Fingern das letzte Mal über Stirn, Augen, Mund und Hals streichen. Und in all dem gibt es nichts Schamhaftes oder Übertriebenes oder Komisches.*

Viel Zeit bleibt Andrić in Paris nicht. Schon Ende April wird er durch ein neues Edikt an die jugoslawische Gesandtschaft in

Madrid versetzt, die außer für Spanien auch für Portugal zuständig ist. Eine glückliche Fügung. Als er Jahre später gefragt wird, welches der vielen Länder, in denen er Diplomat war, den tiefsten Eindruck bei ihm hinterlassen habe, antwortet er ohne zu zögern: „Spanien. Ich bin dem Zufall und meinem Schicksal dankbar, dass sie mich eines Frühlings nach Madrid verschlugen." Tatsächlich wird sich Andrić zeitlebens derart positiv über Madrid äußern wie sonst nur über Krakau. Denn in Spaniens Hauptstadt wartet ein Geistesverwandter auf ihn.

YO LO VÍ. (Y ESTO TAMBIÉN)

Ein Bild der Heiligen Jungfrau, einen Tisch, fünf Stühle, eine Bratpfanne, eine Flasche Wein, eine Gitarre, einen Ofen, eine Kerze – mehr brauche er eigentlich nicht. So schreibt Francisco José de Goya y Lucientes im Jahr 1780 an einen Freund. Der „pintor del Rey", der Maler des Königs, kann ein bescheidener Mann sein, wenn er will. Vor allem ist er aber ein zielstrebiger Mann. Durch geschickte Heirat ist dem bei Saragossa geborenen Sohn eines Vergolders und einer verarmten Adeligen der Sprung an den Königshof in Madrid gelungen. Er ist nun Maler an der königlichen Teppichmanufaktur, wo sein enormes Talent rasch auffällt – aber auch seine Eigenwilligkeit. Goya malt zwar auch traditionelle, am Hof allgemein akzeptierte Bildfolgen wie die Jahreszeiten oder Stillleben, und selbstverständlich portraitiert er die Familie des Königs und andere Mächtige. Viel mehr aber interessiert ihn die Darstellung menschlicher Abgründe: der Streit bei einem Kartenspiel. Die Rauferei vor einem Wirtshaus. Straßenräuber. Goya hält das Leben der sogenannten einfachen Menschen fest. Bauern kämpfen sich durch einen Schneesturm. Ein Maurer ist von einem Gerüst gestürzt und wird fortgetragen. Ein unverheiratetes Mädchen ist schwanger und deshalb zur Strafe in Ketten gelegt worden. Auf Arroganz und Dünkel reagiert Goya mit Sarkasmus. „Asta su abuelo" (Bis auf seinen Großvater zurück) lautet der Titel einer Zeichnung, die einen nach Adelsart gekleideten Esel beim Betrachten seines Stammbaums zeigt, der natürlich aus lauter Eseln besteht. Außerdem beschäftigt er sich immer wieder mit der Welt der Alpträume, wobei die menschengemachten Schrecken bei ihm oft nicht von jenen zu unterscheiden sind, von denen Schlafende heimgesucht werden. Goyas Welt wird von Irren, Mördern, Dieben, Hexen, Pestkranken, Monstern und Vergewaltigern bevölkert. Oft bewegt sich der Maler mit seinen Darstellungen an den Grenzen des seinerzeit Statthaften, mitunter jenseits davon. Indem er besonders krasse Darstellungen gesellschaftlicher Übel als Alpträume tarnt, kann er umso direkter Kritik üben. „El sueño de la razón produce monstruos" – der Schlaf der Vernunft gebiert Ungeheuer, lautet sein doppeldeutiges Motto. Als Goya 1828 in seinem 83. Lebensjahr stirbt, hinterlässt er ein gewaltiges Werk, dessen ganze Fülle und Bedeutung kommende Generationen sich erst noch erschließen müssen.

Im Mai 1928, als Ivo Andrić seinen Posten als Erster Sekretär der jugoslawischen Gesandtschaft in Spanien antritt, ist Madrid im Goya-Fieber. Anlässlich seines hundertsten Todestages zeigt der Prado die bis dahin größte Werkschau des Malers. Auch private Sammler haben dafür Bilder zur Verfügung gestellt. Andrić ist begeistert. „Die Ausstellung dauerte volle sechs Monate, und ich bin jede oder fast jede Woche dort hingegangen, um sie zu sehen", wird er vierzig Jahre später Ljubo Jandrić berichten. Dabei ist Andrić nicht allein von den Bildern gefesselt, sondern oft auch von ihren eigenwilligen, mal lakonischen, mal sperrigen, oft sarkastischen Titeln, die Teil des Kunstwerks und zugleich ihr Kommentar sind. Besonders deutlich wird das in der berühmten Serie „Los desastres de la guerra" (Die Schrecken des Krieges), einer Folge von 82 Radierungen über den spanischen Kampf gegen die französische Besatzung und die dabei von beiden Seiten begangenen Gräuel. Da schießen französische Soldaten auf spanische Rebellen, und Goya nennt das Bild: „Con razón o sin ella“ (Mit oder ohne Grund). Ein Aufständischer schlägt mit einer Axt auf einen am Boden liegenden Franzosen ein, und der Titel lautet schlicht: „Lo mismo“ (Dasselbe). Ein Bild von berittenen Soldaten, die vor einer Gefahr fliehen, nennt Goya: „Siempre sucede“ (Das passiert dauernd). Ein Mensch, der in einem Leichenhaufen steht, übergibt sich, und das heißt dann: „Dafür wurdest Du geboren.“ Eine Kampfszene trägt den Titel: „Sie stimmen nicht überein“, und unter eine Darstellung fliehender Zivilisten schreibt Goya „Yo lo ví“ (Ich habe es gesehen). Das nächste Bild, das wiederum fliehende Zivilisten zeigt, heißt lapidar: „Y esto también“ (Und dies auch.) Andere Titel sind kleine Geschichten, wie im Fall der Zeichnung eines nächtlichen Hexenflugs: „Wenn es Tag wäre, würde ein Gewehrschuss diese fliegende Gruppe auf den Erdboden bringen, aber es ist Nacht, niemand kann sie sehen.“

Andrić steht nicht nur wieder und wieder vor diesen Bildern im Prado, er interessiert sich auch für den Mann, der sie geschaffen hat und besorgt sich alles, was in Madrid an biographischer Literatur erhältlich ist. Da er mit Kenntnissen aus dem Italienischen und dem Rumänischen nach Madrid kommt, bereitet ihm das Spanische schon bald kaum noch Schwierigkeiten. Nach wenigen Wochen kann er die Sprache lesen und beschäftigt sich mit spanischer Gegenwartsliteratur. Besonders schätzt er den Lyriker Juan Jiménez, der 1956, fünf Jahre vor ihm selbst, den Nobelpreis für Literatur erhalten wird. Andrić übersetzt mehrere Gedichte von Jiménez. Vor allem aber verschlingt er Goya-Biographien. Daraus entstehen zwei Essays, mit denen Andrić zugleich ein verstecktes Selbstportrait und sein poetisches Manifest abliefert. Goya und Andrić hatten einige Gemeinsamkeiten: Beide waren Diener ihrer Könige – Andrić als Diplomat, Goya als Hofmaler –, beide sind aus der Provinz in die Hauptstadt gekommen, und beide galten nach kurzer Zeit in ihrem Metier als erste Künstler des Landes. Im Temperament unterschieden sie sich allerdings gewaltig. Goya verkörperte Eigenschaften, Launen und Laster, die Andrić in sich unterdrückt, die ihn aber an anderen umso mehr interessieren. *Er sprudelt und kocht über vor Kraft, vor schlagfertigem Mutterwitz, von aktivem und gesundem Egoismus, vor Verlangen nach Leben und Genuss,* stellt Andrić in seinem ersten Goya-Essay fest, den er 1929 unter dem Pseudonym „R. R." veröffentlicht. *Goya erhebt, überrascht, ängstigt und begeistert uns. Man geht dahin, durchwandert die Welt und die Museen, doch Goya kann man niemals vergessen,* schreibt R. R. *Goya malte Straßenschenken, fröstelnde und eingeschneite Fuhrleute, er malte einen verwundeten Maurer, der vom Gerüst herabstürzte und den zwei seiner Kameraden mit wundersamen Bewegungen wegtragen; Blinde vom Jahrmarkt, Stierkämpfe, Dorfhochzeiten, einen Mädchenreigen und lustige Spiele.* Wenn Andrić schreibt, Goya habe eine *Menagerie menschlicher Schwächen, Leidenschaften und Laster* erschaffen, ließe sich das genauso über seine eigene Literatur sagen. Doch der nach einer Meningitis fast taube Maler, der einer Erzählung Andrićs entsprungen sein könnte, war auch selbst ein Getriebener, dessen dunkle Seite ihn laut Andrić als Künstler erst wirklich bedeutsam machte: *Er malte viele Porträts auf Bestellung des Hofes. An die Wände seiner Villa aber, die niemand betrat, zeichnete er ganz für sich Reihen düsterer Ungeheuer und Fratzen.* Das Dunkle und die Abgründe interessierten Andrić besonders in den „Desastres de la guerra": *Von der Höhe seines Schmerzes aus machte er zwischen Spaniern und Franzosen so gut wie keinen Unterschied. Aus diesen Zeichnungen spricht vollkommen objektiv nur das eine: der Wahnsinn der Menschen, die sich gegenseitig vernichten, und die Gräuel dieser Vernichtung. Die Titel der einzelnen Zeichnungen stellen aneinandergereiht eine Art philosophisches und sentimentales Tagebuch dar; sie sind kurz, aber beredt und verdecken mit ihrer Ironie oft die ohnmächtige Verbitterung oder das vergebliche Mitleid des Künstlers. So beschriftet er eine Zeichnung, die einen Haufen von Leichen darstellt, mit „Beerdigen und Schweigen". Porque? (Warum?) setzt Goya unter eine Szene, auf der drei wutentbrannte Soldaten einen Gefangenen erhängen. … Auf einer Zeichnung sieht man eine nicht ganz geschlossene Grabplatte, unter der ein Skelett die Hand hervorstreckt; sie hält einen Zettel mit der Aufschrift: Nichts.*

Andrićs zweiter Goya-Text erscheint 1935, diesmal unter vollem Namen. Sein *Gespräch mit Goya* ist einer der wenigen Texte, in denen Andrić einen Ich-Erzähler einsetzt. Der betritt an einem Nachmittag des Jahres 1828, in Goyas Todesjahr, ein Gasthaus in einer Vorstadt von Bordeaux, wo der Maler seine letzten Jahre verbrachte. In diesem Gasthaus trifft er auf einen alten Herrn in einem dunkelgrünen, seltsam geschnittenen Umhang mit tiefer, rauer Stimme, der sich ihm als Don Francisco Goya y Lucientes vorstellt, ehedem Maler am Hof des spanischen Königs. Die beiden kommen ins Gespräch, das sich rasch zu einem Monolog entwickelt, in dem Goya seine Ansichten über die Kunst und das Leben erläutert. *Sehen Sie*, sagt Andrićs Goya, *der Künstler ist eine verdächtige Person, ein Mensch mit einer Maske in der Dämmerung, ein Reisender mit falschem Pass. … Manchmal frage ich mich selbst: Was ist das für ein Beruf? (Und ein Beruf ist es, denn wie könnte er sonst das ganze Leben eines Menschen ausfüllen und ihm so viel Befriedigung und so viel Leid bringen?)* Hier und an anderen Stellen des Textes wird deutlich, dass Andrić zwar über das Malen schreibt, aber das Schreiben meint. Andrić lässt seinen Goya von einem Kindheitserlebnis berichten, das sein Malen geprägt habe: *Als Kind sah ich zu, wie meine Tante ihre Tochter, die ein wenig älter als ich war, das Weben lehrte. Die Kleine saß am Webstuhl und die Tante neben ihr. Das Schiffchen flog und der Brustbaum klopfte, aber das Klopfen überschrie meine Tante bei jedem Faden und bei jedem Anschlag: „Dichter! Besser verdichten! Was schonst du ihn? Verdichtete noch mehr!" Die Kleine wand sich unter diesen Worten und schlug mit ganzer Kraft zu, jedoch der Tante war das Gewebe nie dicht genug, nie kompakt genug. Den ganzen Tag über saß sie hinter dem Mädchen und schrie … „Verdichte! Dichter! Du willst doch kein Sieb!"* Wenn Andrićs Goya sagt, er habe stets nach der Devise seiner Tante gemalt, dann gilt das auch für die Art, in der Andrić schreibt. Kein Satz, kein Wort, keine Silbe sollen überflüssig sein. Die Sprache als perfekt gewebter Stoff. *Verdichte! Dichter!*

Nicht nur die Begegnung mit Goya macht die Zeit in Spanien besonders für Andrić. Es ist auch das erste Mal in seiner diplomatischen Karriere, dass er eine Auslandsvertretung leitet, wenn auch nur übergangsweise. Den jugoslawischen Gesandten in Madrid, Josip Smodlaka, kennt Andrić noch aus seiner Zeit im Gefängnis in Marburg, denn auch er war von den Habsburgern als Verdächtiger in Haft genommen worden. Smodlaka war nach dem Ersten Weltkrieg eine Zeitlang Bürgermeister von Split gewesen und später in den jugoslawischen diplomatischen Dienst eingetreten. Madrid ist sein letzter Posten. Seine Gesundheit ist noch deutlich schwächer als die Andrićs (dessen Lungen das trockene Madrider Klima guttut), weshalb er oft monatelang ausfällt. Da Andrić nach mehreren Beförderungen der vergangenen Jahre nach Smodlaka der nächsthöhere jugoslawische Diplomat in Madrid ist, übernimmt er vom Sommer 1928 bis zum Frühling 1929 geschäftsführend die Leitung der Gesandtschaft. Er wird seiner Aufgabe nach Einschätzung seines Vorgesetzten so umsichtig gerecht, dass der seinen Vertreter für höhere Aufgaben empfiehlt. Smodlaka charakterisiert Andrić als „herzlich und kollegial" und dem Publikum gegenüber „freundlich und entgegenkommend, aber gleichzeitig auch vornehm" sowie als „vorbildlich loyal, gehorsam und zurückhaltend Älteren gegenüber". Andrić sei stets absolut diskret, politisch bestens informiert, umfassend gebildet, sprachgewandt, von besten Manieren. Einem solchen Diplomaten könne man auch dauerhaft die Führung einer ausländischen Mission anvertrauen. Diese überaus positive Einschätzung von Andrićs Fähigkeiten – es ist nicht das erste und wird nicht das letzte Mal sein, dass sich einer seiner Vorgesetzten lobend über ihn äußert – wird in Belgrad genau registriert.

Trotz der gewachsenen Aufgaben hat Andrić genügend Zeit für sich. Madrid ist keine Sinekure, aber auch kein Härteposten. Da Spanien und Jugoslawien keine direkten Nachbarn sind, gibt es zwischen den Ländern weder Grenzstreitigkeiten noch eine Minderheitenproblematik oder andere widrige Fragen zu klären. Das lässt Andrić Zeit für ausgedehnte Streifzüge durch Madrid. Er besucht Stierkämpfe, hält sich gern an der Plaza de Lealtad und im Retiro-Park auf, trinkt Manzanilla und andalusisches Bier, beobachtet die Madrider und macht sich Notizen, die er nie veröffentlicht. Anfangs ist ihm das Land zu laut, zu bunt, zu unbeschwert: *Spanien? Eine triviale Muskelorgie; und ein ständiger Missbrauch von Gottes Geschenk, der Rede. Eine Bedeutungslosigkeit, die spricht, sich bewegt und in tausend Farben glänzt.* Doch je länger er sich in Spanien aufhält, desto wärmer werden seine Einschätzungen. Die spanische Lebensart fasziniert ihn. Er beobachtet die Schuhputzer (*Sie leben in der Regel mit Prostituierten und von ihnen, und an Sonntagnachmittagen kleiden sie sich nach der jüngsten Mode*) und besucht die Madrider Kinos, wo ihn das Drumherum mehr interessiert als die Filme. *Die Spanier lieben Musik, sie wirken wie verrückt danach, aber ihr übertriebener Expansionsdrang erlaubt es ihnen nicht, sie ruhig anzuhören, sondern sie müssen an ihr teilnehmen. Im Grunde brauchen sie Musik, um reden zu können. Sobald in Madrider Kinos die Musik aufhört, beginnt das Publikum, das bis dahin lachte und plauderte (Ein Spanier ist niemals allein!) sofort mit den Füßen zu stampfen und zu rufen: „Musica! Maestro! Musica!" und laute und lustige Bemerkungen über den Dirigenten und die Musiker zu machen. Und sobald die Musik wieder einsetzt, beginnen sie wieder mit ihren fröhlichen Gesprächen.* Dass er sich auch für Klatsch interessiert, zeigt eine andere Notiz, die er nie veröffentlicht: *Der Geschäftsträger einer östlichen Republik lebt mehr oder weniger öffentlich mit der Frau des Ingenieurs X zusammen. Es ist eine Ménage-à-trois mit dreiseitigem Einverständnis. Die Frau des Sekretärs der b.-schen Gesandtschaft ist in einen Argentinier verliebt, in einen schönen Jüngling, der von ande-*

ren Frauen ausgehalten wird, von älteren, hässlicheren und reicheren als jener, und sie trifft ihn fast jeden Tag in Parks und Cafés in der Peripherie. Diese beiden Paare treffen sich oft bei diesen Spaziergängen. Und wenn sich die Frau des Sekretärs von ihrem Argentinier trennt und nach Hause zurückkehrt, erzählt sie ihrem Mann, dass sich die Frau des Ingenieurs X. mit ihrem Liebhaber in Cafés trifft, und wie sie sich ohne Stil und Ehre aneinanderschmiegen. Der Mann erzählt es mir. Und als ich kürzlich mit dem Geschäftsträger der östlichen Republik und Liebhaber der Frau X zusammen spazieren war, traf ich Frau K., die Frau des Sekretärs der b.-schen Gesandtschaft, und mein Begleiter sagte, nachdem er wie ich gegrüßt hatte, abschätzig zu mir: „Das ist eine leichtlebige Frau."

Im Herbst 1928 bekommt er Besuch von Kalmi Baruh, einem sephardischen Juden aus Bosnien, den er noch aus der Schulzeit in Višegrad kennt. Baruh ist ein angesehener Hispanologe, hat in Wien seinen Doktortitel mit einer sprachwissenschaftlichen Arbeit über das Judenspanische in Bosnien erworben und gilt als glänzender Kenner der spanischen Literatur. Die beiden bereisen das Land, besichtigen Toledo und Segovia, unterhalten sich stundenlang über spanische Dichtung. Andrić beschreibt die Tage mit seinem Schulfreund, der 1945 im Konzentrationslager Bergen-Belsen umkommt, Jahrzehnte später in zwei warmherzigen Texten (*Erinnerungen an Kalmi Baruh*, 1952, *Gedenken an Kalmi Baruh*, 1961.) Allein bereist Andrić später Katalonien und Portugal. Dass er auch von Spaniens Nachbarland beeindruckt ist, zeigt sein feuilletonistischer Reisebericht *Portugal, grünes Land.* Zu sagen, dass Andrić von den mehr als einem halben Dutzend Ländern, in denen er als Diplomat auf Posten war, keines so sehr geschätzt hat wie Spanien, ist keine Übertreibung.

Dass die Zeit in Madrid dennoch nicht unbeschwert ist, liegt an Ereignissen in Jugoslawien. Im Juni 1928 gerät ein montenegrinischer Abgeordneter des jugoslawischen Parlaments, ein ehemaliger Freischärler aus den Kämpfen gegen die Türken, in einen heftigen Streit mit dem Kroatenführer Stjepan Radić, schießt schließlich sogar auf ihn und verletzt ihn so schwer, dass dieser einige Wochen später stirbt. Dass der Mörder nicht zum Tode, sondern nur zu einer Haftstrafe verurteilt wird, steigerte die Empörung vieler Kroaten über den Mord im Parlament nur noch. Andrićs Bestürzung über den Tod des Kroatenführers wird sich in Grenzen gehalten haben – schließlich hatte er ihn noch wenige Jahre zuvor als *Blinden* und seine kroatischen Wähler als *Pack* und *Dorfhunde* beschimpft. Was Andrić als Verfechter Jugoslawiens nicht gleichgültig sein kann, ist die nochmalige innenpolitische Radikalisierung, die dem Mord folgt. Radić ist für viele Kroaten zum Märtyrer geworden, dessen Tod (bei gleichzeitiger Schonung seines Mörders durch serbische Richter) in ihren Augen endgültig die Unmöglichkeit belegt, mit den Serben in einem Staat zusammenzuleben. Sie scharen sich nun noch enger um die *Bauernpartei*, die einen scharfen Obstruktionskurs einschlägt. In der Folge löst der serbisch-jugoslawische König Aleksandar am Dreikönigstag des Jahres 1929 das Parlament auf, setzt die Verfassung außer Kraft und führt eine Diktatur ein. Der Parlamentarismus habe Jugoslawien geschadet, zwischen Volk und König dürfe es fortan keine Vermittler mehr geben, lautete Aleksandars Begründung. Mit einer solchen Entwicklung steht Jugoslawien nicht allein in Europa. Auch andere der nach 1918 entstandenen europäischen Demokratien haben die zwanziger Jahre nicht überstanden, die Weimarer Republik in Deutschland wankt ebenfalls. In Belgrad sucht König Aleksandar nun sein Heil darin, den Jugoslawismus zu oktroyieren und im Sinne einer Erziehungsdiktatur von oben durchzusetzen.

Andrićs Reaktion auf die Belgrader Ereignisse ist bezeichnend. Er veröffentlicht 1930 den Aufsatz *Simon Bolivar, der Befreier*, in dem er indirekt die jugoslawische Diktatur rechtfertigt. Mit Bolivar, dem südamerikanischen General und Staatsmann, der hundert Jahre zuvor gestorben war, befasst Andrić sich in Spanien fast so intensiv wie mit Goya, liest Memoiren, Briefe und Biographien.

Als jugoslawischer Zentralist kann er sich mit dem Verfechter einer Integration Venezuelas, Kolumbiens, Ecuadors, Perus und Boliviens natürlich identifizieren, und so stellt er Bolivars diktatorische Züge als notwendiges Übel dar. Für viele Leser in Jugoslawien sind die Parallelen unverkennbar: Die Diktatur des Königs Aleksandar soll damit gerechtfertigt werden. Der jugoslawische Zweck heiligt die diktatorischen Mittel. Andrićs Gegner und Kritiker wollen in dem Bolivar-Aufsatz einen weiteren Beleg für den ausgeprägten Opportunismus des Autors sehen. Andere erkennen darin vor allem die Unbedingtheit seiner Loyalität zu Jugoslawien, in welchem Zustand und in welcher Verfassung der Staat sich auch befinden möge. Mit Sicherheit ist der Aufsatz einer der vielen Belege für Andrićs ausgeprägte Fähigkeit, sich nicht zu schaden. Im jugoslawischen Außenministerium, dessen Minister zwischen 1918 und 1941 mit einer einzigen Ausnahme immer Serben sind, dürfte ihm der Aufsatz jedenfalls Anerkennung eingebracht haben. „In den langen Spannungszeiten zwischen Belgrad und Zagreb hatte Belgrad immer wieder überzeugte Jugoslawen gefunden, gute Patrioten, die es für ihre Pflicht hielten, durch dick und dünn mit Belgrad zu gehen, in dem sie die großjugoslawische Idee verkörpert sahen“, hat der ansonsten reichlich zwielichtige serbische Journalist Danilo Gregorić, von dem noch zu reden sein wird, die Lage von Leuten wie Andrić rückblickend beschrieben. Und hinzugefügt: „Abgesehen von Konjunkturrittern, die es sich zum Beruf gemacht hatten, als Kroaten mit Belgrad zu stehen, gab es doch viele ehrliche Idealisten darunter.“

VÖLKERBALL

Nach nur fünfzehn Monaten ist Andrićs Zeit in Madrid schon wieder vorbei. Durch ein königliches Edikt wird er an die jugoslawische Gesandtschaft für Belgien und Luxemburg nach Brüssel versetzt, wo er seinen Dienst im August 1929 antritt. Andrić ist stellvertretender Leiter der Gesandtschaft, doch weder seine beruflichen Aufgaben noch Brüssel als Stadt scheinen Eindruck auf ihn zu machen. Sein Gemütszustand verfinstert sich wieder. Anders als die Aufzeichnungen aus Madrid sind seine Notizen aus der Brüsseler Zeit schwer und dunkel. Er igelt sich nach dem Dienst in seine Dreizimmerwohnung ein, liest Luís de Camões, den portugiesischen Dichter aus dem 16. Jahrhundert, auf den er noch in Madrid aufmerksam geworden ist, und verfasst trübselige Tagebuchnotate. *Mein ganzes Leben lang bin ich in Abgründe hinabgestiegen, für die ich weder Namen finde noch den Mut, sie zu beschreiben. … Ich weiß nicht, wozu all dieses Leiden gut ist. Wer braucht diesen Schmerz, für den ich keine Erklärungen finde,* notiert er im Winter 1930. An anderer Stelle fragt er: *Wie soll man ohne Glauben leben, ohne Heldentum, ohne Liebe? Ohne den Traum von Liebe? Und wie soll man mit all dem leben? Daran zerbrechen wir alle.* Sogar unbeschwerte Momente kann er nicht genießen, denn er misstraut ihnen. *Ein Abend, an dem es schnell finster wird,* notiert er einige Wochen nach seiner Ankunft in Brüssel. *Ich habe in allen Zimmern das Licht angedreht. Alle Dinge sind zum Leben erwacht, wurden freundlich und beredt, wie aus Dankbarkeit, dass ich wieder zu Hause bin. Die Nacht vergeht schnell. Alles was ich tue, lese, betrachte oder esse, alles ist angenehm, ruhig, gut und leicht. … Der Himmel ist hell und schön, wie alles in dieser Nacht, die weder Gefühle noch Gedanken hervorruft, die traurig machen. … Und da frage ich mich, ohne eine Antwort zu erwarten, aber auch ohne Aufregung – vor welchem Sturm herrscht diese Ruhe? Welche Leiden bereitet sie vor?*

Zwar äußert er nicht mehr den Wunsch, den diplomatischen Dienst zu verlassen, hegt aber offenbar erhebliche Zweifel an seinem Beruf. Er leidet noch stärker an Schlaflosigkeit als sonst. Nach einer durchwachten Nacht notiert er im Februar 1930: *Meine Lage in der Welt ist so unnatürlich – das, was ich glaube, wenn ich allein bin, und das, was ich tue und sage, wenn ich unter Menschen bin –, dass ich nach jeder Berührung mit Menschen wie niedergemäht hinfalle und in Schmerzen und Schlaflosigkeit zittere, während durch mich hindurch ständig, wie die Buchstaben einer Leuchtreklame, alle Worte hindurchgehen und sich wiederholen, die ich den Tag über aufgesogen habe. Damit ich dieses Leid, das unerträglich geworden ist, nicht mehr erleiden muss, verbiete ich mir selbst, mich zu erinnern. So lebe ich noch immer, aber in einer unnatürlichen und schmerzhaften Haltung, ungefähr wie jemand, der an den Beinen aufgehängt ist.*

Zum Glück für Andrić dauert das Brüsseler Intermezzo nur acht Monate. Nachdem er sich um eine Versetzung bemüht hat, tritt er im März 1930 seine neue Stelle als Erster Sekretär und Geschäftsträger der Ständigen Delegation Jugoslawiens beim Völkerbund in Genf an. Dort bleibt er volle drei Jahre, länger als an jedem anderen seiner Auslandsposten. Dass der Völkerbund als Organisation zur friedlichen Beilegung von Konflikten ein Fehlschlag ist, kann zu Beginn der dreißiger Jahre niemand mehr übersehen. Die Vereinigten Staaten und die Sowjetunion gehörten ihm nicht an, und auf den Fluren der Organisation herrscht weiterhin der Geist von 1918, der die Welt nicht in Partner, sondern in Sieger und Besiegte einteilt. Ernst von Weizsäcker, der spätere Staatssekretär im Auswärtigen Amt unter Hitler, der einige Jahre vor Andrić in Genf akkreditiert ist, erinnert sich später, Sir Eric Drummond, der erste Generalsekretär des Völkerbunds, habe den Deutschen gesagt: „You are in the League, but you are not of the League."

Andrić wird die vielen Mängel des Völkerbunds schwerlich übersehen haben, doch der Posten in Genf ist attraktiv für ihn, da er hier drei Jahre lang de facto sein eigener Chef ist. Formal wird die jugoslawische Delegation in Genf zwar von Jugoslawiens Gesandtem geleitet, doch der ist meist in Bern mit bilateralen Angelegenheiten befasst. Andrić vertritt derweil als Chargé d'Affaires Jugoslawien beim Völkerbund, pflegt Umgang mit Diplomaten aus aller Welt und berichtet direkt an den Minister. Die jugoslawische Delegation in Genf ist klein, sie besteht außer Andrić nur aus einem Sekretär, einem Schriftführer, einem Protokollanten und einem Amtsdiener. Andrićs Berichten nach Belgrad lässt sich entnehmen, wie vielfältig (aber oft wohl auch trocken) seine Tätigkeit in jenen Jahren ist. Da geht es um das Schulsystem der ungarischen Minderheit in Jugoslawien, eine europäische Konferenz für Dorfhygiene, ein Treffen der internationalen Gesellschaft für landwirtschaftliche Hypothekenkredite, die Auswirkungen der Mandschurei-Krise oder jüngste Beschlüsse der Verkehrskommission des Völkerbundes. In seinen Berichten an den Außenminister zeigt Andrić sich stets bestens vernetzt und informiert. Er liest mehrere europäische Zeitungen und steht mit allen Gesandten der für Jugoslawien wichtigen Staaten in Kontakt, wofür er auch viele Empfänge besucht, die ihm eigentlich lästig sind. Daraus entstehen Berichte, die so beginnen: *Genf, 27. Juni 1930. Herr Minister, es ist mir eine Ehre, Ihnen zu berichten, dass ich von einem Freund unseres Landes aus dem Sekretariat des Völkerbundes vertraulich einen Rapport zu lesen bekommen habe, mit dem der Direktor der Minderheitensektion, Hr. Azcárate, Herrn Drummond über sein letztes Gespräch mit D. Šalević informiert …*

Mit dem Wechsel nach Genf ist Andrić im Außenministerium endgültig in Führungspositionen aufgerückt. Er ist nun nicht mehr nur als Schriftsteller etabliert, sondern auch als Diplomat. Sogar die Gesundheit spielt mit – seit der Zeit in Madrid klagt Andrić kaum noch über Schwächen, die Lungen haben sich erholt. Mit Genf kommt er jedoch trotzdem nicht zurecht. Die Arbeit im Völkerbund sei zwar intensiv und interessant, Genf aber *eine tote und langweilige Stadt*, stellt er in einem Brief fest. Sogar die Schwalben kreisten ohne ihr übliches fröhliches Zwitschern über der Stadt, notiert Andrić und fragt sich, ob der Calvinismus selbst Vögel zum Schweigen bringe. Wenn er nachts am Genfer See entlangspaziert, spürt er zwar den Geruch von Wasser und Fisch, der ihn an das Meer bei Ebbe erinnert, doch die Täuschung hält nicht lange vor: *Die betrogenen Sinne ermatten, und aus der finsteren Tiefe, in der man an den Tod denkt, sehnen sie sich nach dem wahren Meer, wie man sich nach der Liebe und dem Licht und der Gesundheit sehnt.* Die Umgebung von Genf beschreibt er als traurig, ja bedrohlich: *Nirgends auf der Welt habe ich eine Landschaft mit weniger Lebewesen in ihr gesehen. Und der Herbstnebel breitet sich über den Wiesen aus wie ein giftiges Gas, hinterhältig und angriffslustig.* In seinen Notizen aus jenen Jahren fällt das Bild der übrigen Schweiz kaum vorteilhafter aus: *Wie stupide ist diese Ordnung und wie unmenschlich diese Reinheit!* Die Schweizer Landschaft sei *traurig und leer, wie sterilisiert. Das einzige, was hier lebt und auch für mich einzigartig schön ist, sind die Wasserfälle.* Dabei sieht er wohl ein, dass nicht vernebelte Schweizer Wiesen schuld sind an seinem Trübsinn: *Ich bin unzufrieden und unglücklich, dass nicht zumindest zwei Mal täglich ein Wunder geschieht.*

MORDE UND MÖRDER

Endlich Goethe! Über Ostern 1932 reist Andrić nach Frankfurt und Weimar, zu einer Pilgerfahrt auf Goethes Spuren, wie er es nennt. In Thüringen schreibt er das Gedicht *Weimar 1932*, das nach seinem Tod im Nachlass gefunden wird. Zwei ebenfalls dort gefundene Notizhefte voller Zitate aus Goethe-Biographien zeugen von einer intensiven Auseinandersetzung mit dem deutschen Dichter, der ihn mehr beschäftigte als jeder andere ausländische Schriftsteller. Goethes Leben interessierte ihn noch stärker als dessen Werk. Aus der „Kulturgeschichte der Neuzeit" des österreichischen Philosophen Egon Friedell exzerpiert er dazu den Satz: „Das stärkste und tiefste Kunstwerk, das Goethe geschaffen hat, ist seine Biographie."

Den Sommer 1932 verbringt Andrić in Bordeaux, Cannes, Nizza und Paris. In Belgrad ist unterdessen schon 1931 sein zweiter Band mit Erzählungen erschienen und wird ebenso positiv aufgenommen wie der erste sieben Jahre zuvor. Die Sammlung enthält auf knapp zweihundert Seiten sechs Texte, die wiederum im osmanischen Bosnien angesiedelt sind, darunter die erstmals in Buchform veröffentliche *Brücke über die Žepa,* die in einem Franziskanerkloster spielende Geschichte *Am Kessel* sowie *Anikas Zeiten,* seine bisher umfangreichste Erzählung. Andrić greift auch in seinem zweiten Erzählband Themen auf, die er ständig umkreist. In *Am Kessel,* in der ein rauschgiftsüchtiger Türke einen Mönch ermordet, geht es um die schwierige und eben keinesfalls immer friedliche Koexistenz von Islam und Christentum in Bosnien, in *Anikas Zeiten* um ein anderes Lebensthema von ihm: die menschliche (meist weibliche) Schönheit und der Fluch, der auf ihr lasten kann. *Anikas Zeiten* spielt vorwiegend in Višegrad, einer Stadt, *die an zwei Flüssen und eingezwängt zwischen den Bergen liegt.* Die Titelheldin ist eine junge Frau von außergewöhnlicher Schönheit. Die männliche Welt von Višegrad ist Anika verfallen, und die nutzt dieses einzige Machtinstrument, über das Frauen in der patriarchalischen Welt des osmanischen Bosnien verfügen, um sich den muslimischen Ortsvorsteher gefügig zu machen. Als ihr das gelungen ist, muss sie ihre wenigen verbliebenen Feinde nicht mehr fürchten. Nur wenige Männer verfallen Anikas Schönheit nicht. Einer spricht Worte aus, die an eine balkanische Redensart angelehnt sind und von denen Andrić später sagt, er habe sie erstmals als Kind in Višegrad gehört: *In jedem Weib lebt ein Teufel, den man entweder durch Arbeit oder durchs Gebären oder durch beides zugleich töten muss; und wenn sie sich den beiden Dingen entzieht, muss man die*

Frau totschlagen. So kommt es am Ende auch. Anika wird von ihrem Bruder erstochen, und damit kehrt scheinbar die Normalität zurück. *Alles war vergessen wie auf Grund einer stillschweigenden Verabredung …* Die Frau, die den Rahmen der ihr gesellschaftlich zugewiesenen Rolle gesprengt hatte, ist vernichtet worden, und nur in einer alten Chronik ist noch die Rede von ihr als einer Furie, die es einst so arg getrieben hatte, *dass ihre Verderbnis weithin außerhalb unserer Stadt bekannt ward. Viele Männer, junge wie alte, gingen zu ihr hin, und viel Jugend ließ sich hier schlimm aus. Ämter und Gesetz machte sich das Weib untertan. Doch auch für sie fand sich eine Hand, und so wurde auch sie niedergeschmettert, wie sie es verdient hatte. Und die Menschen wurden wieder zur Ordnung gebracht, und sie besannen sich auf die göttlichen Gebote.*

Wie schon für den ersten bekommt Andrić auch für den zweiten Band seiner Erzählungen einen Preis. Mit dem Rückenwind dieses Erfolges wird er im März 1933 aus Genf nach Belgrad zurückberufen, wo er im Außenministerium in die Abteilung für Minderheiten versetzt wird, deren Leitung er einige Monate später übernimmt. Im Januar 1934 wird im Nationaltheater in Sarajevo eine Bühnenfassung von *Anikas Zeiten* uraufgeführt, die Andrić aber als dermaßen kitschig empfindet, dass er für den Rest seines Lebens nur noch zögerlich und irgendwann überhaupt nicht mehr die Erlaubnis zur Verfilmung oder Dramatisierung seiner Werke gibt.

Nach jahrelanger Abwesenheit zurück in Belgrad, erlebt Andrić in Jugoslawien einen Staat in der Krise. Die Diktatur von König Aleksandar, dem er den Eid geschworen hat, trägt nicht dazu bei, die jugoslawische Einheit zu festigen, sondern stärkt im Gegenteil ihre Fliehkräfte. Zudem hat Jugoslawien auch jenseits der eigenen Grenzen nur wenige Freunde und viele Feinde. Belgrads traditionelle Schutzmacht Russland ist als Verbündeter ausgefallen, denn eine kommunistische Diktatur kann für Aleksandar, das Oberhaupt der serbischen Königsdynastie, natürlich kein Partner sein, slawische Brüderschaft hin oder her. Großbritannien zeigt kaum Interesse am Balkan, Hitlers Deutschland ist nicht zu trauen. Ungarn, Bulgarien und vor allem Italien sind weiterhin in Lauerstellung und warten nur darauf, sich jugoslawische Gebiete einzuverleiben, auf die sie ein bald historisch, bald ethnisch begründetes Anrecht zu haben glauben.

Unter diesen Vorzeichen bricht König Aleksandar im Oktober 1934 zu einem Staatsbesuch nach Frankreich auf, dem einzigen mächtigen Verbündeten, den Jugoslawien auf dem Kontinent hat. Das ist ein Risiko, denn der Polizei liegen Hinweise darauf vor, dass jugoslawische Emigranten in Marseille, der ersten Station der geplanten Reise, ein Attentat auf den König begehen wollen. Der hat sich bereits eingeschifft und ist von Split aus mit dem jugoslawischen Zerstörer *Dubrovnik* in See gestochen, als ihn die Warnungen erreichen. Ähnlich wie Franz Ferdinand zwei Jahrzehnte zuvor weigert sich Aleksandar jedoch, deswegen seine Pläne zu ändern – dafür sei es nun zu spät. Als die *Dubrovnik* am 9. Oktober 1934 im Hafen von Marseille anlegt, wartet am Kai neben einer Ehrengarde aus Marinesoldaten und Veteranen des Weltkriegs Frankreichs Außenminister Louis Barthou. Der sieht in Deutschland – ganz gleich, ob wilhelminisch-kaiserlich, demokratisch-weimarisch oder nationalsozialistisch geprägt – den größten, mit allen Mitteln niederzuhaltenden Feind Frankreichs und der zivilisierten Menschheit, was für ihn dasselbe ist. Mit König Aleksandar will Barthou über gemeinsame Maßnahmen gegen das erstarkende Deutschland sprechen.

Die beiden Männer wollen in einem offenen Wagen durch Marseille fahren. Damit das Volk sie besser sehen kann, wird kurzfristig entschieden, dass die Eskorte aus zwei berittenen Polizisten die hohen Persönlichkeiten nicht neben, sondern hinter dem Wagen begleiten soll. Aus dem gleichen Grund wird der Fahrer angewiesen, Schritttempo zu fahren. Das sind ideale Bedingungen für Vlado Chernozemski, einen von mehreren potentiellen Attentätern, die an der Strecke warten. Chernozemski, der für die Loslösung Mazedoniens von Jugoslawien kämpft, ist ein kaltblütiger Schütze, der in Bulgarien bereits mehrere politische Auftragsmorde ausgeführt hat. Er verfehlt sein Ziel auch diesmal nicht. Der Wagen mit Aleksandar und Barthou ist kaum hundert Meter weit gekommen, als Chernozemski aus der Menge hervortritt, um mehrere Schüsse abzugeben. Die Kamerabilder dieses ersten im Film festgehaltenen Mordes der Geschichte zeigen das Ergebnis: Der König ist sofort tot und liegt mit offenen Augen leblos im Wagen. Barthou erliegt bald darauf seinen Verletzungen. Der Attentäter wird von der Menge überwältigt und so schwer verletzt, dass er zwei Stunden später auf der Polizeistation stirbt.

Die Welt ist entsetzt über die „Tragödie von Marseille", wie die *New York Times* das Attentat nennt. Die Ermittlungen bestätigen, dass auch Chernozemski, ganz wie Gavrilo Princip zwanzig Jahre zuvor, nicht auf eigene Faust gehandelt hat. Hinter ihm stehen die „Innere Mazedonische Revolutionäre Organisation" und aus Kroatien die Bewegung der „Aufständischen" (Ustascha oder im Plural Ustasche genannt). Beide Gruppen wollen Jugoslawien gewaltsam zerstören, da sie es als Unrechtsstaat und Völkerkerker empfinden, der die Mazedonier ebenso wie die Kroaten um ihre historischen Rechte bringe. Und beide genießen Rückhalt bei Jugoslawiens Feinden. Die Ustasche dürfen in Italien (und zumindest bis 1934 auch in Ungarn) paramilitärische Ausbildungslager betreiben, in denen sie Männer für den Kampf gegen Jugoslawien ausbilden. Als Drahtzieher hinter dem Mord von Marseille gilt der Ustascha-Führer Ante Pavelić, der in seinem italienischen Exil von Mussolini gefördert wird. Er hofft, der Mord an Aleksandar werde in Kroatien einen Volksaufstand auslösen und Jugoslawien zum Einsturz bringen. Doch der Aufstand bleibt aus. Zwar war Aleksandar bei vielen Kroaten verhasst, aber angesichts der Bluttat von Marseille sind selbst die Gegner des Königs erschüttert, und zumindest zeitweilig erstirbt der kroatische Widerstand. Aleksandars Beerdigung wird sogar zu einer nationalen und internationalen Solidaritätskundgebung für Jugoslawien. Aus Deutschland, das in den kommenden Jahren zum mit Abstand wichtigsten wirtschaftlichen und einem immer mächtigeren politischen Partner Jugoslawiens werden wird, kommt Reichstagspräsident Hermann Göring, hält eine emotionale Rede vor dem Parlament in Belgrad und legt am Grab zwei Kränze nieder: „Dem Soldatenkönig von der Front – die NSDAP" steht auf dem einen, „Ihrem einstigen heroischen Gegner in schmerzlicher Ergriffenheit! Die deutsche Wehrmacht" auf dem anderen. Es ist der Beginn eines heftigen Werbens des NS-Staates um Jugoslawien, das am Ende auf tragische Weise Erfolg haben wird.

Doch wie reagiert Andrić auf die Ermordung seines obersten Dienstherrn? Anders als wenige Jahre zuvor mischt er sich nicht ein, um Unberufene schweigen zu heißen. Er schweigt nun selbst, schreibt keine Artikel und erwähnt seine Ansichten zu dem Königsmord nicht einmal in seiner privaten Korrespondenz. Nur in einem Notizbuch hält er eine Anekdote über einen Professor in der serbischen Provinz fest, der angesichts der Nachricht aus Frankreich sehr bekümmert gewesen sei, woraufhin ein Bauer versucht habe, ihn zu beruhigen: *Zerbrich dir nicht den Kopf, mein Herr. Das macht nichts. Könige sind eben Könige. Schließlich sind sie Könige, um sich gegenseitig umzubringen.* Diese Notiz bleibt freilich unveröffentlicht. Andrić hat andere Prioritäten. Er zieht sich nach Dienstschluss in sein Zimmer im *Hotel Excelsior* zurück und arbeitet an neuen Erzählungen. Es scheint, als hielte er sich nun ganz an die Devise, die er sich schon Jahre zuvor verordnet und in einem Brief an einen Freund so beschrieben hat: *Wie auch meine Genossen habe ich das Prinzip übernommen: seine eigene Arbeit zu machen und nicht nach rechts und nicht nach links zu schauen. Ich sehe meine Pflicht in Jugoslawien darin, zu schweigen und so das Chaos und das ganze Geschrei um mich herum wenigstens um eine Stimme zu mindern.*

Seinem Aufstieg schadet diese Haltung nicht. Kollegen, mit denen er zusammenarbeitet, betonen „seinen Ehrgeiz, Karrierismus, seine Sorge, es sich mit niemandem zu verderben", und sagen über ihn, er sei taktisch, anpassungsfähig, ein leiser und weicher Beamter. Dem Urteil einiger Zeitgenossen nach ist er bei seiner Arbeit „vorsichtig, zwielichtig, unehrlich, ein Musterschüler Machiavellis", wie der Andrić-Kenner Miroslav Karaulac schreibt. Dass Andrić Machiavellist gewesen sei und eine von keinerlei moralischen Bedenken eingehegte Machtpolitik in eigener Sache betrieben habe, ist ein hartes, wohl ungerechtes Urteil. Dass er bis zur Selbstverleugnung vorsichtig, ja ängstlich sein konnte, ist hingegen nicht übertrieben. Deutlich wird das auch auf dem Kongress des internationalen Schriftstellerverbands P. E. N. in Dubrovnik im Mai 1933, an dem Andrić teilnimmt. Höhepunkt des Kongresses ist eine Rede des kommunistischen deutschen Dichters Ernst Toller. Er ist der ersten Verhaftungswelle nach Hitlers Machtübernahme wenige Wochen zuvor nur entgangen, weil er sich gerade in der Schweiz aufgehalten hatte. Als ihm in Dubrovnik das Wort erteilt wird, verlassen die deutsche P. E. N.-Delegation sowie einige Delegierte aus Österreich, der Schweiz und den Niederlanden den Saal. Toller klagt sie in Abwesenheit an. Jeder seiner Sätze ist ein Schwerthieb. Was habe der deutsche P. E. N. getan, als die Nationalsozialisten pazifistische Autoren wie Ludwig Renn oder den Journalisten und späteren Friedensnobelpreisträger Carl von Ossietzky verhafteten, fragt er und antwortet: „Sie taten nichts." Wenige Tage vor der Eröffnung des Kongresses in Dubrovnik waren in Deutschland Bücher von Thomas Mann, Stefan Zweig, Bertolt Brecht, Joseph Roth, Toller und vielen anderen verbrannt worden. Toller fragt, was der deutsche P. E. N.-Club dagegen getan habe. Nichts, lautet wiederum die Antwort, und so ist es auch, als er fragt, ob die Schriftsteller der deutschen Delegation ihre Stimmen erhoben hätten, als Gelehrte wie Albert Einstein von den Universitäten vertrieben und Maler wie Otto Dix oder Paul Klee als „entartet“ diffamiert worden waren. „Wir leben in einer Zeit des nationalistischen Wahnsinns, eines Wahnsinns der Rasse, des Hasses“, mahnt Toller. Er erhält auf dem Kongress, in der Belgrader Zeitung *Politika* (der wichtigsten Zeitung Jugoslawiens) und in anderen Blättern des Landes viel Zuspruch. Andrić hingegen schweigt. Nach den Erinnerungen des slowenischen Schriftstellers Josip Vidmar beteiligt er sich in Dubrovnik mit keinem Wort an der Debatte. „Andrićs Zurückhaltung ist allein schon in Anbetracht seiner damaligen dienstlichen Stellung verständlich“, schreibt der serbische Germanist Dušan Glišović. „Hätte sich Andrić bei dem Kongress in irgendeiner Weise auf die Seite Ernst Tollers gestellt, wäre ihm dadurch die Kommunikation mit den deutschen diplomatischen Vertretern erschwert worden.“ Das lässt ermessen, wie hoch der moralische Preis ist, den Andrić für seine selbstgewählte Doppelrolle als Spitzendiplomat und Schriftsteller zahlen muss. Zumal er es nicht beim Schweigen belässt: In den folgenden Jahren wird er ein wichtiger Fürsprecher einer Politik der Annäherung Jugoslawiens an das nationalsozialistische Deutschland. Dafür gibt es aus damaliger Sicht zwar nachvollziehbare Gründe – doch diese Politik hat einen hohen Preis. Andrić ist sich seiner prekären Lage durchaus bewusst, wie seine privaten Notizen zeigen.

MINISTER ANDRIĆ

Im Juli 1935 wird Andrić zum Leiter der politischen Abteilung des Außenministeriums ernannt und nimmt damit den dritthöchsten Posten in der jugoslawischen Diplomatie ein. Nur der Außenminister und sein Stellvertreter stehen in der Hierarchie jetzt noch über ihm. Zu Andrićs Aufgaben auf seinem neuen Posten gehört es, Jugoslawiens Vertretungen in aller Welt gemäß den Weisungen des Ministers zu instruieren. In Belgrad trifft er sich mit den akkreditierten Botschaftern und informiert seinen Minister über diese Unterredungen. Bei ihm laufen alle Fäden der jugoslawischen Außenpolitik zusammen. Andrić gehört zu den tagespolitisch kundigsten Männern des Landes. Seine Berichte und Instruktionen aus dieser Zeit, die im Archiv des Außenministeriums in Belgrad erhalten geblieben sind, geben einen Einblick in die Vielfalt der Themen, die über seinen Schreibtisch gingen. Im September 1935 unterrichtet er seinen Vorgesetzten über ein besonders heikles Gespräch, das der türkische Außenminister Rüştü Aras, ein Vertrauter des Staatschefs Atatürk, in Genf mit dem Geschäftsträger der Ständigen Vertretung Jugoslawiens beim Völkerbund geführt hatte. Es geht um die Frage einer Zwangsaussiedlung von Türken und anderen Muslimen aus Jugoslawien in die Türkei. Das Vorhaben wird von der jugoslawischen Regierung zur ethnischen Homogenisierung der südlichen Teile des Landes angestrebt und unterstützt. Andrić schildert technische Einzelheiten und macht deutlich, dass der Sache politisch nichts im Wege stehe: *Schließlich sagte Hr. Rüştü Aras, dass die Türkei Bevölkerung braucht und dass sie gewillt ist, von uns nicht nur die Türken aufzunehmen, sondern auch Bevölkerung, die der Mentalität nach der türkischen ähnlich ist, da sie sich so in der Türkei leicht werden assimilieren können …*

Stete Aufmerksamkeit verlangt aus jugoslawischer Sicht auch das Treiben mazedonischer, kroatischer und anderer Emigranten sowie die Haltungen, die ausländische Regierungen und Zeitungen dazu einnehmen. Insbesondere der bulgarisch-mazedonische Terrorist (oder Freiheitskämpfer, je nach Sichtweise) Ivan Mihajlov und der kroatische Faschistenführer Ante Pavelić bereiten Belgrad Sorgen, zumal beide von Italien unterstützt werden. Mussolini kann sein Ziel, Istrien und Dalmatien zu annektieren, kaum noch glaubhaft negieren. Das italienische Expansionsstreben gilt in Belgrad als mit Abstand größte Gefahr für Jugoslawiens territoriale Integrität. Daran ändern gelegentliche beschwichtigende Äußerungen Mussolinis nichts. Nachdem der

Diktator 1936 eine Rede gehalten hat, in der er Jugoslawien wenig überzeugend die Angst vor territorialen Gelüsten Italiens zu nehmen versuchte, sagt Andrić einem Besucher aus Deutschland: „Wenn jemand den Kelim in meinem Zimmer bewundert, dann freue ich mich darüber. Wenn er aber sagt: ‚Ich will Ihnen diesen Kelim nicht wegnehmen', dann werde ich stutzig."

Andrićs Aufstieg an die Spitze des jugoslawischen Staates fällt mit einer neuen Ära in Belgrad zusammen: Im Juni 1935 ist Milan Stojadinović Regierungschef und gleichzeitig Außenminister Jugoslawiens geworden. Der versierte Machtpolitiker und Technokrat, der in München, Berlin und Paris Finanzwirtschaft studiert hatte, kann sich länger halten als alle seine Vorgänger. Er steigt in den kommenden Jahren zum mächtigsten Ministerpräsidenten auf, den das erste Jugoslawien je hatte. Bei der Sicherung seiner Macht eifert er Mussolini und Hitler nach. „Das semi-autoritäre Regime Stojadinovićs adaptierte symbolische Praktiken, politische Rituale und Semantiken des italienischen Faschismus und deutschen Nationalsozialismus, ohne aber deren Ideologien, Politikinhalte und Herrschaftstechniken zu übernehmen", schreibt Marie-Janine Calic. Von den Herrschaftstechniken Hitlers und Mussolinis schaut Stojadinović sich jedoch durchaus etwas ab. Seine Partei, die *Jugoslawische Radikale Union*, die einen stramm zentralistischen Kurs verfolgt, ruft nach italienischem und deutschem Vorbild paramilitärische Verbände ins Leben, die sogenannten Grünhemden. „Durch die Versammlungen mit betont faschistoider Szenographie, mit gut organisierten Anhängern, die während seiner Reden ‚Führer! Führer!' riefen, mit der Garde in dunkelgrünen Uniformen, mit seiner persönlichen Garde auf Motorrädern aus deutscher Produktion, durch seine häufigen und engen Kontakte mit den Führern des Reichs, bot er immer mehr das typische Bild eines aufstrebenden faschistischen Führers", urteilt Miroslav Karaulac. Andrić wird durch seine fast schon sprichwörtliche Loyalität rasch zu einem der engsten Vertrauten des Ministerpräsidenten. Er gewinnt Stojadinovićs Vertrauen auch dadurch, dass er dessen Partei beitritt.

Doch auch Stojadinović kann Jugoslawien nicht retten. „Die nationale Ideologie des Jugoslawismus blieb trotz aller Bemühungen eine Chimäre der staatstragenden Eliten, ein utopisches Zukunftsversprechen, das nie die ungeteilte Zustimmung der regionalen politischen, kirchlichen und intellektuellen Autoritäten, geschweige denn das volle Vertrauen der Bevölkerung gewann. Die gesellschaftliche Praxis hatte das gemeinsame jugoslawische Haus als großserbische Attrappe entlarvt", bringt wiederum Calic die Sache auf den Punkt. Hinzu kommen soziale Unruhen. Der Finanzfachmann Stojadinović ist zwar ein fähiger Reformer, doch auch er kann die wirtschaftlichen und sozialen Bedingungen in Jugoslawien nicht so weit verbessern, dass er damit Protesten und Unzufriedenheit den Nährboden entzieht. Das spielt den Kommunisten in die Hände, die für ein gänzlich anderes Gesellschaftsmodell werben. Wenige Monate vor Andrićs Ernennung zum Chef der politischen Abteilung des Außenministeriums war Josip Broz, genannt Tito, von seiner „Ausbildung" aus Moskau zurückgekehrt. Parallel zu Andrićs Aufstieg in der jugoslawischen Monarchie steigt Tito im Untergrund desselben Staates auf und wird 1937 Generalsekretär der verbotenen Kommunistischen Partei Jugoslawiens. Noch sieben Jahre, dann wird er der mächtigste Mann des Landes und das Regime, das seine Genossen verfolgt, hinweggefegt sein.

Auch für Andrić hält das Jahr 1937 eine weitere Beförderung bereit. Während Tito in der Illegalität an die Spitze der künftigen Staatspartei gelangt, wird der Schriftsteller, der inzwischen vom *Excelsior* in eine möblierte Wohnung in Ministeriumsnähe umgezogen ist (*relativ gut und absolut teuer*, wie er Zdenka Marković berichtet), stellvertretender Außenminister. Den ausländischen Botschaftern bleibt natürlich nicht verborgen, wie wichtig Stojadinovićs rechte Hand in Jugoslawien ist, und sie berichten darüber in ihre Hauptstädte. Von nun an wird Andrić mit ausländischen Verdienstorden überhäuft. Er erhält unter anderem den Orden der Wiedergeburt Polens, das Großkreuz des Ordens der italienischen Krone, den Orden des Großoffiziers der französischen Ehrenlegion und aus Deutschland das kurz zuvor von Hitler gestiftete Großkreuz des Verdienstordens vom Deutschen Adler, das nach ihm in dieser Klasse auch der amerikanische Unternehmer Henry Ford, der schwedische Entdeckungsreisende Sven Hedin und der kroatische Faschistenführer Ante Pavelić bekommen.

Die berufliche Inanspruchnahme beginnt sich ab Mitte der dreißiger Jahre merklich auf Andrićs literarische Produktivität auszuwirken. Zwar erscheint 1936 der dritte Band mit Erzählungen, der aus Arbeiten der vergangenen Jahre besteht und wiederum bosnische Motive behandelt. Doch es wird für fast ein Jahrzehnt Andrićs letztes Buch bleiben. Die große Explosion in seinem Schaffen wird erst die Katastrophe des Zweiten Weltkriegs möglich machen, die er schreibend in völliger Zurückgezogenheit im besetzten Belgrad verbringt. Noch aber herrscht Frieden in Europa, abgesehen natürlich vom Terror gegen Juden, Kommunisten, Sozialdemokraten, Gewerkschaftler, Homosexuelle, Christen, Kulaken sowie andere Missliebige in Hitlers, Stalins und Mussolinis Vorhöllen oder in Francos Spanien. Andrić verbringt die Sommer meist in Belgrad, an der Save. Er schwimmt, ist Mitglied eines Ruderclubs. *Die Save, mit allem, was sie mir in den vielen Jahren in verschiedener Sicht geboten hat, vom Spiel und der Sonne bis zu Geselligkeiten und Freundschaften mit interessanten und nahen Menschen an ihren Ufern und Inseln – sie war sozusagen, mein wichtigstes „Nebengleis"*, sagt er später. Wenn es die Zeit erlaubt, schwimmt er in den Mittagspausen in der Save und isst Fisch in einem der Flussrestaurants.

Aber die Zeit erlaubt es kaum noch, da Andrić immer enger in Stojadinovićs Herrschaftssystem eingebunden ist. Im Sommer 1938 geht es wieder um die Frage einer Aussiedlung von Muslimen aus Jugoslawien, vor allem aus Südserbien und dem Kosovo. In einem Rundschreiben informiert Andrić die jugoslawischen Botschafter über den Stand der Gespräche mit der Türkei und warnt davor, *dass die jetzigen Verhandlungen wie auch das etwaige Abkommen in dieser Frage im Ausland mit ungenügender Kenntnis der Sache und vielleicht sogar böswillig besprochen und gedeutet werden.* Die jugoslawischen Behörden gingen davon aus, dass die „türkische Minderheit" in Jugoslawien etwa 150 000 Menschen zähle, während die Türkei der Ansicht sei, es handele sich um 250 000, berichtet Andrić und erklärt, warum Eile geboten sei: *Besonders die sozialen Gründe erlegen uns auf, so schnell wie möglich den Plan über die Aussiedlung der türkischen Bevölkerung durchzuführen. Durch die Aussiedlung der Türken würden große Flächen von Ackerland frei werden, auf dem eine Vielzahl unserer Volksgenossen … untergebracht werden könnte.* Im Kosovo verfolgen wechselnde Belgrader Regierungen eine Politik des „demographischen Engineering". Albaner und andere Muslime sollen zur Auswanderung in die Türkei, serbische und montenegrinische Kolonisten zur Ansiedlung im Kosovo ermuntert werden. Zu diesem Zweck war noch unter König Aleksandar das „Gesetz über die Besiedlung der südlichen Landesteile" erlassen worden. Doch das Projekt wird bald von größeren Sorgen abgelöst. Durch den „Anschluss" Österreichs an Deutschland im März 1938 grenzt der Norden Jugoslawiens nun direkt an den Süden von Hitlers Reich. Im April setzt Andrić den jugoslawischen Gesandten in London davon in Kenntnis, was dem Ministerium dazu aus der jugoslawischen Botschaft in Washington berichtet worden sei: *Die Schnelligkeit, mit der Deutschland seine Kriegsmaschinerie in Bewegung gesetzt hat, hat in den Vereinigten Staaten von Amerika einen riesigen Eindruck hinterlassen, da man darin den tatsächlichen Beweis der deutschen Militärausstattung und -kraft gesehen hat. Man hat den Eindruck, dass man im amerikanischen Außenministerium der Ansicht ist, dass Deutschland mit diesem Akt definitiv seine Übermacht in Zentral- und Osteuropa bestätigt hat, und dass es in seiner weiteren Expansion auf keinen ernsthaften Widerstand treffen wird.*

Genau so kommt es. Als im September 1938 immer deutlicher wird, dass die Staatengemeinschaft Hitler nicht daran hindern wird, sich auch die Tschechoslowakei zu greifen, ist Andrić gerade in Genf beim Völkerbund und berichtet von dort: *In der hiesigen tschechoslowakischen Delegation herrscht völlige Depression und Hilflosigkeit. Ich hatte ein längeres Gespräch mit dem ersten Delegaten der Tschechoslowakei … Er ist der Ansicht, dass die Tschechoslowakei verlassen und verraten wurde und beklagt sich bitter über Frankreich und das sowjetische Russland.* Der Fall der Tschechoslowakei demonstriert der Regierung in Belgrad, dass mit ernsthafter Hilfe aus Paris und London im Fall einer deutschen oder italienischen Aggression nicht zu rechnen ist. Da zugleich Italien immer deutlicher zu verstehen gibt, dass es militärisch auf dem Balkan aktiv werden will, verstärkt Stojadinović seine Politik einer engen Anlehnung an Deutschland. Schon den „Anschluss" Österreichs hatte er nicht kritisiert, sondern als „reine innere Angelegenheit des deutschen Volkes" bezeichnet. Er unternimmt viel, um gute Beziehungen zu Berlin zu erhalten. Die Räson dahinter ist einfach: Durch eine Partnerschaft mit Deutschland will Stojadinović erreichen, dass Hitler die territorialen Ambitionen seines Freundes Mussolini im Zaum hält und Jugoslawien intakt bleibt. Es ist eine Koalition mit einem Teufel gegen einen anderen. Um auch den anderen zu besänftigen, unterzeichnet Jugoslawien 1937 einen Freundschafts- und Nichtangriffsvertrag mit Italien, der sogar fast vier Jahre hält.

TEILEN UND HERRSCHEN

Im Januar 1939 besucht der italienische Außenminister Graf Galeazzo Ciano Jugoslawien. Er bleibt fast eine Woche, um zwischen Jagdausflügen eine Frage zu besprechen, die für Mussolini von größter Wichtigkeit ist: Italien will Albanien annektieren. Wie wird Jugoslawien sich dazu verhalten? Mit Mussolini hat Ciano besprochen, Zugeständnisse anzubieten, sollten die Machthaber in Belgrad Verständnis zeigen. Sie wollen angeblich sogar den Wunsch einiger Belgrader Militärs und Politiker unterstützen, sich die griechische Hafenstadt Saloniki einzuverleiben. Und solange Stojadinović Jugoslawien regiere, werde man sich auch über Albanien gewiss einigen können, mutmaßen Mussolini und Ciano. Stojadinovićs Solidarität mit der italienisch-deutschen Achse ist für sie über jeden Zweifel erhaben. In seinem Tagebuch schreibt Ciano über seine Gespräche in Belgrad: „Ich näherte mich der albanischen Frage. Zunächst wirkte Stojadinović beunruhigt. Dann brach er das Eis und sprach von der Teilung Albaniens als bestem Ausweg."

Diese Idee hatten auch Mussolini und Ciano besprochen, obwohl sie schwerlich je ernsthaft vorhatten, ihre albanische Beute mit Jugoslawien zu teilen. Nach Cianos Abreise bleibt Stojadinović jedenfalls mit einer beunruhigenden Erkenntnis zurück: Die Italiener werden auf dem Balkan intervenieren, das ist sicher. Noch trennt die Adria die beiden Nachbarn über weite Strecken, doch über kurz oder lang werden sich Jugoslawien und das faschistische Italien außer im Norden auch im Süden an einer Landgrenze gegenüberstehen. Die Frage ist nur, ob Jugoslawien Einfluss darauf nehmen kann, wo diese Grenze verlaufen wird. Im Generalstab der jugoslawischen Armee will man auf jeden Fall verhindern, dass Italien außer Albanien auch noch Saloniki erobert, den wichtigsten Hafen des südlichen Balkans. In seinen 1963 in Buenos Aires erschienenen Memoiren (deren Glaubwürdigkeit Andrić in Zweifel zog) erinnert sich Stojadinović: „In Voraussicht der Fragen, die zu behandeln sein würden, habe ich mich zuvor mit den entsprechenden Kreisen konsultiert. An erster Stelle mit dem Prinzregenten, mit unserem Generalstab und mit meinem Stellvertreter im Ministerium für auswärtige Angelegenheiten, Ivo Andrić, den ich sehr schätzte und auf dessen Meinung ich in allen wichtigen Angelegenheiten großen Wert legte. Er war Serbe katholischer Konfession, aus Bosnien, Schriftsteller, klug und maßvoll in seinem Urteil. Die von ihm nach meinen Anweisungen verfassten diplomatischen Noten zu lesen, war ein wahres Vergnügen."

Nach Cianos Abreise weist Stojadinović Andrić an, Jugoslawiens Optionen in der Albanien-Frage zu skizzieren. Es ist eine jener „wichtigen Angelegenheiten", in denen der Regierungschef und Außenminister die Meinung seines Stellvertreters unbedingt hören will. Andrićs Aide-Mémoire aus dem Jahr 1939 ist zu Lebzeiten des Schriftstellers nur ganz wenigen bekannt, und der Autor hütet sich, seine Urheberschaft zu reklamieren. Erst 1977, zwei Jahre nach Andrićs Tod, entdeckt der kroatische Historiker Bogdan Krizman, selbst ein ehemaliger jugoslawischer Diplomat, Andrićs Text in der Akte Stojadinović im Archiv Jugoslawiens und veröffentlicht ihn in einer kroatischen Fachzeitschrift für Zeitgeschichte. Die Veröffentlichung löst insbesondere unter albanischen Intellektuellen eine Empörung aus, die bis heute nicht verebbt ist und die im Kosovo schon in jugoslawischen Zeiten zu der Forderung führt, Andrićs Werke vom Lehrplan der Schulen zu streichen. Auch in Serbien und Kroatien begann eine lebhafte Diskussion um die politische Rolle Andrićs als Spitzendiplomat in den dreißiger Jahren. Andrićs Referat über Albanien, zwölf maschinengeschriebene Seiten, war nur für den dienstlichen Gebrauch geschrieben und nie zur Veröffentlichung bestimmt. Dennoch oder gerade deshalb hat es in Jugoslawien und seinen Nachfolgestaaten mehr politische Kontroversen ausgelöst als jeder andere seiner Texte.

Über weite Strecken ist das Referat eine sachliche Zusammenfassung der Beziehungen Serbiens (sowie danach Jugoslawiens) zu Albanien, wenn auch aus eindeutig Belgrader Perspektive. Sie beginnt in den Balkankriegen von 1912/13 und führt bis in die damalige Gegenwart, also in das Jahr 1939. Die umstrittenen Passagen des Textes betreffen die Abschnitte, in denen Andrić Handlungsoptionen aufzählt. Er macht sich keine Illusionen darüber, dass die Albaner militärisch in der Lage sein könnten, einen italienischen Angriff abzuwehren. Wie soll Jugoslawien mit dieser Lage umgehen? Andrić zitiert den legendären, 1926 verstorbenen serbischen Ministerpräsidenten Nikola Pašić, der ihm persönlich einmal gesagt habe: „Wir wollen ein unabhängiges Albanien, aber ein schwaches und ungeordnetes Albanien." Doch habe die Zeit gezeigt, dass Pašićs Ziel nicht zu erreichen sei, schreibt Andrić. *Ein schwaches und unglückliches Albanien musste dort Hilfe und Schutz suchen, wo es sie finden konnte. Das Regime, das von Italien bedroht wurde, wandte sich an uns, und jenes, das wir stürzen wollten, suchte Schutz bei Italien.* Sollten Italien und Jugoslawien dagegen ein freundschaftliches Verhältnis zueinander aufrechterhalten, könnten sie sich auch in und über Albanien einig werden: *Italien hat sein Lebensinteresse in Vlora* (einer Stadt in Südalbanien, die einst unter venezianischer Herrschaft gestanden hatte), *dieser Teil der albanischen Küste darf von uns nicht bedroht werden; wir müssen dieses Interesse verstehen und achten. Das Lebensinteresse Jugoslawiens ist es, weder an der Grenze zu Südserbien noch zum Kosovo (mit Albanern besiedelt) bedroht zu werden, noch Richtung Shkodër und Montenegro.* In diesem Sinne könne der italienisch-jugoslawische Freundschaftspakt von 1937 ein Modus Vivendi auf albanischem Terrain sein, führt Andrić aus. Albanien sei zwar in starker Abhängigkeit von Italien, aber formal immer noch ein souveräner Staat, was im Interesse Jugoslawiens sei. Sollte Italien nämlich Albanien erobern, wäre das ein gefährlicher Präzedenzfall, der auch andere Großmächte dazu bringen könnte, auf dem Balkan Ansprüche anzumelden, warnt Andrić. Als Ultima Ratio empfiehlt er daher, auch Jugoslawien solle Albanien angreifen, sollte Italien den ersten Schritt tun: *Im Hinblick auf alles, was wir bisher gesagt haben, könnte für uns eine Teilung Albaniens nur als ein notwendiges und unausweichliches Übel in Betracht kommen, dem man sich nicht entziehen kann, und als ein großer Schaden, aus dem man so viel Nutzen ziehen muss wie möglich, also von zwei Übeln das kleinere wählen. Im Fall einer Teilung könnte die jugoslawische Einnahme der nordalbanischen Hafenstadt Shkodër von großer moralischer und wirtschaftlicher Bedeutung sein: Sie würde uns die Durchführung großer hydrotechnischer Arbeiten ermöglichen, und wir würden fruchtbares Land für die Ernährung Montenegros bekommen. Wenn Nordalbanien ein Teil Jugoslawiens wäre, wären neue Verkehrsverbindungen zwischen Nord- und Südserbien und der Adria möglich. Durch die Teilung Albaniens würde ein attraktives Zentrum für die albanische Minderheit in Kosovo verloren gehen, die sich in der neuen Situation leichter assimilieren würde*, mutmaßt Andrić. Zwar würde Jugoslawien in einem solchen Fall noch bis zu 300 000 albanische Staatsbürger zusätzlich bekommen, *aber sie sind größtenteils Katholiken, und ihr Verhältnis zu den muslimischen Albanern war nie besonders gut*. Auch die Frage der Aussiedlung von muslimischen Albanern in die Türkei würde unter den neuen Umständen verfolgt werden, da es keine stärkere Aktion gäbe, um dies zu verhindern.

Spricht hier ein eiskalter Schreibtischtäter, der Menschen auf dem Reißbrett verschiebt, die Okkupation eines Nachbarlandes und sogar die Zwangsumsiedlung ganzer Bevölkerungsgruppen empfiehlt? Oder ist der Text als Auftragsarbeit von internem Charakter nur ein irrelevantes Detail in Andrićs Biographie, dem keine Aufmerksamkeit zu schenken ist? In Serbien hat Andrić in der Schlacht um die Deutung seines Referats viele Verteidiger gefunden. Der Text sei eine reine Auftragsarbeit, was schon die Tatsache belege, dass Andrić ihn nicht unterschrieben habe, sagen sie. Tatsächlich wüsste man heute nicht, wer der Verfasser ist, gäbe es auf dem Referat nicht die handschriftliche Notiz Stojadinovićs, die das Dokument als Arbeit seines engsten Mitarbeiters ausweist. Der Text, so die Verteidiger weiter, sei eine unangenehme Dienstpflicht gewesen, der Andrić sich unmöglich hätte entziehen können. Die umstrittene Niederschrift drücke „nicht zwingend die politische Haltung und Idee jenes aus, der es geschrieben hat“, mutmaßt ein Verteidiger Andrićs. An anderer Stelle heißt es, der Text sei als „amtliche Expertise“ zur Lage auf dem Balkan verfasst und nicht „Ausdruck der persönlichen politischen Haltung seines Autors“, sondern die Arbeit „eines Ministerialbeamten, der Vollstrecker der offiziellen Staatspolitik war“.

In solchen Thesen erscheint die Politik eines Staates als etwas Absolutes und Vorherbestimmtes, während die „Vollstrecker“ dieser Politik amorphe und willenlose Erfüllungsgehilfen des Unabänderlichen sind. Bogdan Krizman, der für die Veröffentlichung von Andrićs Referat in Belgrad heftig angegriffen wurde, hat darauf mit einer Gegenfrage geantwortet. Im Jahr 1979 schrieb er einem Kritiker: „Sind Sie vielleicht der Ansicht, Andrić war mit dem Text des eingereichten Elaborats nicht einverstanden? Wäre er nicht einverstanden gewesen, hätte er es jederzeit umformulieren können, da er es als Gehilfe dem Minister vorgelegt hat.“ Andrić sei ohne Zweifel ein großer Literat gewesen, aber eben auch „ein jugoslawischer Diplomat auf wichtigen Positionen in der Zwischenkriegszeit, und mit ihm muss, ich wiederhole: muss sich auch unsere Diplomatiegeschichte beschäftigen“.

Zu einer solchen Beschäftigung gehört allerdings auch ein Verständnis dafür, dass Zwangsumsiedlungen im Europa der ersten Hälfte des 20. Jahrhunderts ein gängiges Mittel der Politik waren. Andrić diente Regierungen, in denen nicht anders gedacht und gehandelt wurde, als es vielfach üblich war in seiner Zeit. Er diente ihnen anfangs als kleiner Beamter und später an führender Stelle, was auch bedeutet, dass er ihre Politik zumindest stillschweigend billigte. Als Zuwanderer ohne eigene Netzwerke wäre er in Belgrad trotz all seines Diensteifers ohne unbedingte Loyalität auch schwerlich innerhalb von kaum mehr als siebzehn Jahren von einem Beamten der untersten Rangklasse zum stellvertretenden Minister aufgestiegen. Andrić war seiner Zeit nicht voraus, sondern ganz ihr Kind – auch dort, wo es eine hässliche Zeit war.

HITLERS HÄNDE

Andrićs Referat ist kaum eine Woche alt, als sein Chef gestürzt wird. Ministerpräsident Stojadinović scheitert an dem anderen Machtzentrum in Belgrad, dem Prinzregenten Pavle (Paul). Nach der Ermordung Aleksandars in Marseille hat in Jugoslawien ein sogenannter Regentschaftsrat die Macht übernommen, da der formale Nachfolger des erschossenen Königs, dessen Sohn Petar, erst elf Jahre alt ist. In dem dreiköpfigen Gremium hat aber nur einer das Sagen: Fürst Paul Karadjordjević, der den Titel eines Prinzregenten trägt. Prinzregent Paul von Jugoslawien entstammt einer Seitenlinie des Hauses Karadjordjević und ist ein Vetter von König Aleksandar. Geboren 1893 in St. Petersburg, ausgebildet in der Schweiz und in Oxford, ist Paul ein kunstsinniger Mann, der vor der Ermordung Aleksandars mehr Interesse für seine Gemäldesammlung aufbringt als für Politik. Trotzdem hat König Aleksandar ihn in seinem Testament als Regenten eingesetzt für den Fall, dass ihm vor der Volljährigkeit seines Sohnes Petar etwas zustoßen sollte. Prinz Paul gilt als gebildeter, intelligenter, bisweilen aber auch arroganter Mann, erfüllt von tiefem Misstrauen gegen andere Menschen und übergroßer Zuversicht in die eigenen Fähigkeiten. Vor allem aber ist er machtbewusst – genau wie Ministerpräsident Stojadinović. Schon Graf Ciano hatte in Belgrad bemerkt, dass die Beziehung zwischen den beiden eigenwilligen Männern an der Spitze Jugoslawiens nicht die beste war. Bald nach der Abreise bestätigt sich diese Beobachtung. Zwei Alphatiere im gleichen Käfig vertragen sich selten auf Dauer.

Im Februar 1939 initiiert Paul den Sturz des Regierungschefs. Er wird eingeläutet, indem mehrere Minister aus Stojadinovićs Kabinett ohne Vorwarnung ihren Rücktritt verkünden. Als der überrumpelte Stojadinović vom Prinzregenten das Einverständnis zur Bildung einer neuen Regierung einholen will, muss er feststellen, dass der Rückzug seiner Minister nur Teil eines größeren Manövers ist. Er sei der Ansicht, dass die veränderte Lage die Bildung einer gänzlich neuen Regierung mit einer neuen Führung erfordere, teilt Prinz Paul dem Ministerpräsidenten kühl mit. Der muss einsehen, dass man ihn am Hofe fallenlassen und hinter seinem Rücken längst Vorkehrungen für seine Nachfolge getroffen hat. Die neue Regierung wird schon am nächsten Tag gebildet. Zum Außenminister wird Aleksandar Cincar-Marković bestimmt, der bisherige Botschafter Jugoslawiens in Berlin.

Es gibt mehrere Gründe für die Ablösung von Andrićs Chef. Gewiss war der Machtmensch Stojadinović dem Machtmenschen Paul zu eigenständig geworden. Hinzu kommt aber Stojadinovićs forcierte Annäherung an Deutschland. Aus Einsicht in ihre Unvermeidbarkeit hat der Prinzregent diese Politik zwar widerwillig mitgetragen, doch Stojadinovićs Avancen an Hitler gehen ihm zu weit. Nevile Henderson, Londons Botschafter in Jugoslawien, der von allen in Belgrad akkreditierten Botschaftern mit Abstand die besten und engsten Beziehungen zu dem britisch ausgebildeten Prinzregenten hat, scheint diesen darin bestärkt zu haben, Stojadinović wegen dessen Deutschlandpolitik abzulösen. Henderson hat Einfluss auf den Fürsten, denn der ist eindeutig probritisch gesinnt. So ist es nach dem Tod Aleksandars keine Frage für ihn, dass als Erzieher für den minderjährigen Thronfolger Petar ein britischer Hauslehrer eingestellt wird. Paul sieht Henderson oft, gibt dem Botschafter sogar interne jugoslawische Regierungsdokumente zu lesen, legt großen Wert auf dessen Ansichten. Und London ist über Stojadinovićs gute Beziehungen zu Berlin natürlich nicht erbaut. Ein mindestens ebenso wichtiger Grund für den Sturz des Ministerpräsidenten ist jedoch innenpolitischer Art: Mit seinem Festhalten an einem starren jugoslawischen Unitarismus Belgrader Prägung hat der Serbe Stojadinović die Kroaten so grundsätzlich verprellt, dass es unter seiner Führung keine Aussicht auf eine serbisch-kroatische Aussöhnung oder auch nur Annäherung gibt. Der Prinzregent hat erkannt, dass aufgrund der italienischen Expansionsgelüste auf dem Balkan schwierige Zeiten auf Jugoslawien zukommen. Ein bewaffneter Konflikt gegen Italien ist nicht auszuschließen. Doch wären die slowenischen, kroatischen und mazedonischen Einheiten der jugoslawischen Armee für einen Staat zu kämpfen bereit, von dem sie mehrheitlich enttäuscht sind? Prinz Paul weiß, dass der jugoslawische Vielvölkerstaat die drohenden militärischen Bewährungsproben nur bestehen kann, wenn die lähmende serbisch-kroatische Spaltung im Innern überwunden wird. Das aber ist mit Stojadinović ausgeschlossen. Die führenden Politiker Kroatiens haben deutlich gemacht, dass sie zu einer Kooperation mit Belgrad nur bereit sind, wenn Stojadinović abgelöst wird.

Als das geschehen und bald darauf in Belgrad eine „Regierung der nationalen Verständigung" gebildet ist, hat der Prinzregent zwei Ziele erreicht: Durch die Ablösung Stojadinovićs hat er die Kritiker in London und Paris beruhigt, die Jugoslawien eine zu große Nähe zu den Achsenmächten unterstellt hatten, sowie zumindest die Vorbedingung für einen serbisch-kroatischen Ausgleich erfüllt. Dafür droht ihm nun die Kontrolle in Serbien zu entgleiten: „Je mehr er versuchte, die Kroaten versöhnlich zu stimmen, desto mehr büßte er das Vertrauen der Serben ein", beschrieb Cecil Parrott, der von Paul engagierte englische Hauslehrer des Thronfolgers Petar, die Atmosphäre im Land in seinen 35 Jahre später erschienenen Erinnerungen. Außerdem hat sich Paul ein weiteres Problem aufgehalst: Adolf Hitler, Befehlshaber über die schlagkräftigste Armee Europas, hatte in Stojadinović einen Verbündeten und eine Garantie dafür gesehen, dass Jugoslawien sich nicht nach Paris und London orientieren werde. Dass die Regierung Stojadinović mehrere antisemitische Gesetze erlassen und Juden in Jugoslawien unter anderem den Universitätsbesuch verboten hatte, war in Berlin mit Beifall zur Kenntnis genommen worden. Dort wird Stojadinovićs Sturz deshalb als antideutscher Affront aufgefasst. Mit Hitler will Paul es sich aber schon deshalb nicht verderben, weil er bei all seiner Anglophilie nicht ernsthaft damit rechnet, dass Jugoslawien im Fall eines deutschen oder auch nur italienischen Angriffs auf maßgebliche britische Hilfe zählen kann. Er setzt deshalb darauf, durch gute Beziehungen zu Deutschland einen Angriff Italiens abwenden zu können. Es wäre Selbstmord für Jugoslawien, sich offen gegen Hitler zu stellen. Um Berlin davon zu überzeugen, dass die Ablösung Stojadinovićs nur innerjugoslawische Gründe habe und nicht etwa eine Abwendung von Deutschland bedeute, findet Paul ein einleuchtendes Argument: Er schickt Stojadinovićs besten Mann und engsten Vertrauten als jugoslawischen Botschafter zu Hitler – Ivo Andrić.

Am 8. März bittet die jugoslawische Regierung den deutschen Botschafter in Jugoslawien, Viktor von Heeren, sich in Berlin zu erkundigen, ob mit einem Agrément zu rechnen sei. Von Heeren, seit 1933 in Belgrad auf Posten und mit Jugoslawien bestens vertraut, schätzt Andrić außerordentlich und telegraphiert nach Berlin: „Andrić, der früher Leiter der politischen Abteilung des Außenministeriums war, wurde von Stojadinović, der in ihm einen zuverlässigen Vertreter seiner Außenpolitik sah, vor anderthalb Jahren zum Ministergehilfen berufen. Er spricht fließend Deutsch, ist etwa Mitte vierzig, unverheiratet, Kroate aus Bosnien, Schriftsteller von Ruf und galt immer als einer der politisch fähigsten Köpfe im jugoslawischen auswärtigen Dienst. Während seiner langjährigen Tätigkeit im Außenministerium unterhielt Andrić stets sehr enge Beziehungen zur deutschen Gesandtschaft und zeigte in allen Verhandlungen durchweg großes Verständnis für die Bedürfnisse und Interessen der deutschen Politik. Die Absicht seiner Entsendung nach Berlin beweist, welche Bedeutung man hier dem Berliner Posten beimisst … Andrić wurde nach Herrn von Neuraths Besuch in Belgrad das Großkreuz des Deutschen Adlers verliehen. Erteilung Agrément kann von mir nur wärmstens befürwortet werden."

Der deutsche Außenminister Joachim von Ribbentrop berichtet Hitler darüber, und der akzeptiert den Belgrader Vorschlag. Ende März 1939 wird Andrić zum „außerordentlichen Gesandten und bevollmächtigten Minister an der königlichen Gesandtschaft" ernannt. Am 10. April tritt er seinen Dienst in Berlin an. Nur drei Tage zuvor haben sich Jugoslawiens Ängste vor Italien bewahrheitet: Italienische Truppen sind in Albanien eingefallen. Niemand in Rom denkt daran, Albanien mit Jugoslawien zu teilen. Mussolini will die Trophäe für sich allein. Albanien ist nach der Tschechoslowakei das zweite Opfer der deutsch-italienischen Achse. In Belgrad ist man sich ebenso wie in anderen europäischen Hauptstädten sicher, dass der Krieg auf weitere Länder übergreifen wird. Andrićs wichtigste Aufgabe in Berlin ist es, alles zu tun, damit Jugoslawien nicht zu diesen Ländern gehört. Im Jahr 1939 scheint diese Aufgabe durchaus lösbar. Hitler hat nicht vor, Jugoslawien anzugreifen, im Gegenteil: Er umwirbt den Staat, will ihn in sein Bündnissystem integrieren. Deshalb bekommt Andrić die besondere Gunst des deutschen Führers zu spüren, als er am 19. April 1939 zur Übergabe des Beglaubigungsschreibens empfangen wird. Die Begegnung folgt einer einschüchternden Inszenierung, die sich Hitler und sein Architekt Albert Speer ausgedacht haben: Andrić ist einer der ersten ausländischen Diplomaten, die ihr Beglaubigungsschreiben in der wenige Monate zuvor fertiggestellten Neuen Reichskanzlei überreichen. Mit ihren fast fußballfeldgroßen Sälen und straßenlangen Raumfluchten deutet der Prunkbau Hitlers Vorstellungen von der künftigen Größe der „Welthauptstadt Germania" an. Bevor Andrić zu Hitlers vierhundert Quadratmeter großem „Arbeitszimmer“ gelangt, muss er eine fast 150 Meter lange Marmorgalerie durchqueren. Nach viel marmorner Pracht und langen Säulenfluchten steht Jugoslawiens königlicher Gesandter aus Višegrad dann vor dem damals mächtigsten Mann der Welt. Es ist eine denkwürdige Begegnung zweier ehemaliger Untertanen des Habsburgerreiches. In seinem Buch „Mein Kampf“ hatte Hitler die Ermordung Franz Ferdinands in Sarajevo zwar begrüßt, die Täter aber als „slawische Fanatiker“ bezeichnet. Es ist nicht bekannt, ob er vor seiner Begegnung mit Andrić darüber informiert wurde, dass er gleich einem jener „slawischen Fanatiker“ (und Schulfreund des Mörders von 1914) die Hände schütteln würde. Der serbische Andrić-Kenner Dušan Glišović hat die geschichtliche Bedeutung, die sich in der Begegnung verdichtete, prägnant zusammengefasst: „Princips Schüsse auf Erzherzog Ferdinand am 28. Juni 1914 gelten als Anlass für den Beginn des Ersten Weltkriegs, dessen ungelöste Streitfragen zwischen den Kriegsparteien zu seiner Fortsetzung führten, dem Ausbruch des Zweiten Weltkrieges. Dieser endete damit, dass sich Hitler am 30. April 1945 in den Kopf schoss. Andrić war der Einzige, der beide persönlich gekannt hatte.“

In Deutschland berichtet der *Völkische Beobachter*, in Jugoslawien die *Politika* ausführlich über die Begegnung. Andrić muss die karnevalesk wirkende Uniform jugoslawischer Gesandter tragen – eine Aufmachung von der Art, über die Ernst von Weizsäcker, der Staatssekretär im Reichsaußenministerium, später witzelte, sie sei eine Mischung aus einer Majorsuniform und der Livree von Platzanweisern im Kino. Mit Federhut, Schärpe und Umhang, dabei seine jugoslawischen Auszeichnungen sowie das Großkreuz des Deutschen Adlerordens tragend, spricht Andrić zuerst: „Herr Kanzler, ich habe die Ehre, Eurer Exzellenz das Schreiben zu überreichen, mit dem der Königliche Regentschaftsrat im Namen Seiner Majestät des Königs von Jugoslawien, meines erhabenen Souveräns, geruht hat, mich bei Eurer Exzellenz als seinen außeror-

Nach dem Empfang bei Hitler in der Neuen Reichskanzlei.
„Die Hand war kalt und ein wenig feucht."

dentlichen Gesandten und bevollmächtigten Minister zu beglaubigen." Seine Regierung wünsche gutnachbarschaftliche Beziehungen sowie einen regen wirtschaftlichen und kulturellen Austausch, sagt Andrić. Er nennt es eine besondere Ehre, in Berlin an der Festigung der deutsch-jugoslawischen Beziehungen und der zwischen beiden Völkern herrschenden gegenseitigen Hochachtung arbeiten zu dürfen. „Erlauben Sie, Herr Reichskanzler, Eurer Exzellenz zu versichern, dass ich mich mit all meiner Kraft dieser Aufgabe widmen werde, die eines der wichtigsten außenpolitischen Ziele meiner Regierung darstellt. Ich erlaube mir, der Hoffnung Ausdruck zu verleihen, dass es mir bei der Erfüllung meiner angenehmen Pflicht an wohlwollender Unterstützung durch Eure Exzellenz nicht mangeln wird. Ich nutze den feierlichen Anlass der Übergabe meines Schreibens, um Eurer Exzellenz, die mit so viel Erfolg und Würde an der Spitze des Großdeutschen Reichs steht, im Namen meines Regenten, des königlichen Regentschaftsrats und der königlichen Regierung persönliches Glück sowie Gedeihen des deutschen Volkes zu wünschen."

Auch Hitler hält sich streng an das Protokoll: „Mit reger Freude habe ich Ihren Worten entnommen, dass Sie, Herr Gesandter, dem Wunsch Ihrer Regierung entsprechend, die freundschaftlichen Beziehungen zwischen unseren beiden Ländern zu festigen, wie Ihr Herr Vorgänger Ihre vorrangige Aufgabe im Ausbau und in der Vertiefung dieser Beziehungen sehen. Ich selbst und die Reichsregierung haben denselben Willen." Hitler versichert Andrić, dass er auf seine Unterstützung zählen könne. „Die freundschaftlichen Wünsche, die Sie im Namen Ihrer königlichen Hoheit Prinzregent Paul, des königlichen Regentschaftsrats und der königlichen Regierung für das Glück und Gedeihen Deutschlands und für mich persönlich zum Ausdruck gebracht haben, habe ich mit größter Dankbarkeit entgegengenommen. Ich erwidere sie mit meinen besten Wünschen für eine glückliche Entwicklung Jugoslawiens und das persönliche Wohlergehen seiner Königlichen Hoheit Prinzregent Paul sowie der Mitglieder des königlichen Regentschaftsrats und der königlichen Regierung und heiße Sie, Herr Gesandter, herzlich willkommen."

Damit ist der offizielle Teil der Begegnung beendet. Der *Völkische Beobachter* vom nächsten Tag meldet: „Der Führer empfing am Mittwoch in der neuen Reichskanzlei in Gegenwart des Reichsministers des Auswärtigen von Ribbentrop unter dem üblichen Zeremoniell den neuernannten Kgl-Jugoslawischen Gesandten Dr. Ivo Andrić …" Hitler habe nach dem Empfang „einige Zeit in freundschaftlichem Gespräch" mit Andrić verbracht, bevor der Gesandte unter militärischen Ehrenbezeigungen verabschiedet worden sei, wird weiter berichtet. Worüber sich Hitler und Andrić „freundschaftlich" unterhielten, ist unbekannt. Andrić hat nie darüber gesprochen, und ein diplomatischer Bericht dazu ist in den Archiven bisher nicht gefunden worden. Der jugoslawische Journalist und Schriftsteller Maks Erenreich-Ostojić hat den Schriftsteller allerdings Jahrzehnte später zu seiner Begegnung mit Hitler befragt. Demnach waren es vor allem Hitlers Hände, die Andrić in Erinnerung blieben: „Schon vom frühen Morgen an hatte ich mich auf dieses außergewöhnliche Ereignis vorbereitet. ‚Bleib gefasst', versuchte ich mich selbst zu beruhigen, aber als ich in Begleitung des Protokollchefs vor Hitler stand, begann ich die Gelassenheit zu verlieren und wünschte mir beinahe panisch, dieser streng protokollarische Akt möge so schnell wie möglich vorbei sein", sagte Andrić demnach. Ihm sei aufgefallen, dass Hitler etwas kleiner war als er selbst und nicht so beeindruckend gewirkt habe wie im Kino. „Hätten Sie mich damals gefragt, was für Augen er hat – ich hätte es Ihnen nicht mit Sicherheit sagen können. Ich nahm in ihnen eine eigenartige Neugier wahr, den kalten Glanz eines Menschen, der, wenn ich das so sagen kann, mehr an seine Ideen und Vorurteile glaubt als an sich selbst. Von dieser Begegnung ist mir von Hitler jedoch weniger sein etwas ausdrucksloses Gesicht als vielmehr sein Händedruck in Erinnerung geblieben: Die Hand war kalt und ein wenig feucht." Erst später habe er aus Biographien und Studien erfahren, dass Hitler womöglich schon damals krank gewesen sei. „Und noch später, als ich mir diese Begegnung und den Händedruck in Erinnerung rief, kam mir ein Gedanke in den Sinn: Vielleicht war er, der unerbittliche und aggressive Diktator, ja mehr das Produkt seiner Krankheit als das seiner Ideen …" Die einzige andere Gelegenheit, bei der sich Andrić öffentlich zu Hitler äußert, ist ein kurzes Fernsehinterview im Jahr 1972, in dem er auf die Frage, ob das Radio als Instrument zur Beeinflussung der Massen nicht ein mächtiges Überzeugungsmittel des deutschen Diktators gewesen sei, trocken antwortete: *Hitler hatte auch noch andere Überzeugungsmittel.*

WAFFENHANDEL

Am Tag nach seiner ersten Begegnung mit Hitler muss Andrić dem Diktator schon wieder die Aufwartung machen. Es ist der 20. April 1939, Hitlers fünfzigster Geburtstag, und Andrić ist unter den Ehrengästen. Am Morgen gratuliert das diplomatische Korps in der Neuen Reichskanzlei, danach beginnt eine gigantische Militärparade. Fast fünf Stunden lang paradieren Truppen an der Ehrentribüne vorbei. Goebbels notiert begeistert: „Unsere schwerste Artillerie wird zum ersten Mal gezeigt. Alles ist maßlos erstaunt und verblüfft. Stürme des Beifalls. Der Führer wird vom Volk gefeiert, wie nie sonst ein sterblicher Mensch gefeiert worden ist." Ein ausländischer Diplomat bestätigt Jahre später in seinen Erinnerungen, dass die Zurschaustellung militärischer Kraft ihre Wirkung nicht verfehlt hatte: „Nach der Parade war der allgemeine Eindruck, dass sich die deutsche Wehrmacht an die Spitze aller europäischen Armeen gestellt hatte und von keiner mehr eingeholt werden könne. Mancher Zuschauer verließ den Paradeplatz mit der festen Überzeugung, dass man von nun an mit dem großen deutschen Nachbarn nur noch auf freundschaftlichem Fuß leben müsste." Die einschüchternde Demonstration dürfte bei Andrić den ohnehin bestehenden Eindruck verstärkt haben, dass Jugoslawien sich auf keinen Fall in einen Konflikt mit dem Deutschen Reich verwickeln lassen dürfe. Die Ausgangslage dazu scheint im Frühjahr 1939 vielversprechend. Fotos zeigen Andrić auf der Ehrentribüne in der Reihe hinter Hitler. Dass man dem Gesandten eines kleinen Staates einen derart hervorgehobenen Platz zuweist, demonstriert für alle Welt erkennbar die Aufmerksamkeit, mit der Hitler Jugoslawien behandelt. Er will das Land als Verbündeten gewinnen, um ungestört die Sowjetunion angreifen zu können. Das drückt sich auch in einer Vorzugsbehandlung für Andrić aus.

Erst nach dem Ende der Feierlichkeiten hat Andrić Zeit, sich in seinen neuen Posten einzuarbeiten. Gemessen an der Bedeutung, die Deutschland für Jugoslawien hat, ist die Gesandtschaft in Berlin klein. Andrić hat nur fünfzehn Mitarbeiter. Darunter sind aber einige der brillantesten Köpfe, die der diplomatische Dienst seines Landes zu bieten hat. Presseattaché ist Nenad Jovanović, ein aus einer wohlhabenden Familie in Bosnien stammender Serbe, der ein halbes Dutzend Sprachen beherrscht. Da einer seiner Verwandten in das Attentat von Sarajevo verwickelt gewesen und 1915 zum Tode verurteilt worden war, hatte die Familie Jovanović, um weiteren Verfolgungen durch die Habsburger zu entgehen, die Jahre des Ersten Weltkriegs in der Schweiz verbracht. Jovanović lernte dort außer Französisch, Deutsch und Italienisch auch Englisch. Er hatte nach dem Krieg Jura studiert, sich dann aber für eine Laufbahn als Journalist und literarischer Übersetzer entschieden, bevor er in den diplomatischen Dienst trat. In Berlin fällt ihm die schwierige Aufgabe zu, vor der gleichgeschalteten deutschen Presse jugoslawische Interessen zu vertreten. Um das Land angemessen zu repräsentieren, leben die Jovanovićs an einer der besten Adressen der Stadt, in einer Wohnung Unter den Linden. Da Andrić alleinstehend ist, übernimmt Jovanovićs Frau Milica Babić-Jovanović bei Empfängen zudem die Rolle der Botschaftergattin. Dass sie für Andrić in Wirklichkeit schon bald viel mehr ist als nur eine protokollarische Partnerin, ahnt zunächst kaum jemand.

Der schillerndste diplomatische Vertreter Jugoslawiens in Berlin ist aber Vladimir Vauhnik, der Militärattaché. Der Slowene ist knapp vier Jahre jünger als Andrić und schon einige Monate in Berlin auf Posten, als der neue Gesandte eintrifft. Er hat in der habsburgischen Armee als Offizier gedient, spricht akzentfreies Deutsch und ist ein Meisterspion, der in jenen Jahren nicht seinesgleichen hat. Walter Schellenberg, der im Zweiten Weltkrieg als Vertrauter von SS-Chef Heinrich Himmler zum deutschen Geheimdienstchef aufsteigt, hat Vauhnik in seinen 1956 erschienenen Memoiren ein ganzes Kapitel gewidmet. Zwar sind diese Memoiren mit noch größerer Skepsis zu lesen als Lebenserinnerungen ohnehin, da Schellenberg seine Rolle hemmungslos beschönigt. Das Vauhnik gewidmete Kapitel ist aber nicht zuletzt deshalb glaubwürdig, weil die Leistungen des jugoslawischen Agenten, die der SS-Offizier Schellenberg beschreibt, durch dritte Quellen und Dokumente bestätigt werden. „Seit Monaten erhielten wir fortlaufend Informationen über die in Belgrad eingehenden Geheimberichte der jugoslawischen Auslandsvertretungen. Von ganz besonderem Interesse waren dabei die Berichte des jugoslawischen Militärattachés in Berlin, Oberst Vauhnik; sie wurden uns in Abschrift direkt von einem Agenten im Belgrader Außenministerium geliefert", schreibt Schellenberg und lobt: „Der Militärattaché bewies in seiner geheimen Berichterstattung eine so umfassende und zutreffende Kenntnis unserer militärischen und politischen Planung, dass wir uns immer wieder über die Herkunft seines Materials den Kopf zerbrachen. Einer dieser Berichte – mit authentischen Zahlen über die deutsche Bomber- und Jägerproduktion und vielen technischen Einzelheiten – legten wir Feldmarschall Keitel vor, der sogleich erregt damit zu Hitler lief. Dessen Reaktion war eine wütende Schimpferei über die Unvorsichtigkeit der deutschen militärischen Kommandostellen und die schlechte Geheimhaltung in unserer Rüstungsindustrie." Hitler befiehlt, Vauhnik schärfer zu überwachen. Über Reinhard Heydrich, den Chef des Reichssicherheitshauptamtes, gelangt der Befehl zu Schellenberg. Der gibt an, anfangs gerätselt zu haben, wie Vauhnik, dem als erkennbare Mitarbeiter nur zwei jugoslawische Feldwebel zur Verfügung standen, an seine exzellenten Informationen aus dem Innern des deutschen Militärapparates gelangen konnte: „Zwar hatte der jugoslawische Geheimdienst in letzter Zeit seine Stützpunkte in Deutschland merklich verstärkt (sie lagen hauptsächlich bei den Konsulaten), doch es erschien uns unmöglich, dass solche Informationen ohne die Hilfe sympathisierender oder bezahlter Kräfte innerhalb höherer Wehrmachtskreise hätten gewonnen werden können. Zunächst musste deshalb Vauhnik unter eine lückenlose Überwachung, sowohl offiziell wie privat, gestellt werden." Anfangs ergeben weder die Beschattung noch die Telefonüberwachung Belastbares. Vauhniks soziale Kontakte in Berlin sind unauffällig. Dass der blendend aussehende Offizier Verhältnisse mit drei Frauen zugleich unterhält, scheint den Ermittlern zunächst unverdächtig – bis sie sich die Gespielinnen näher ansehen. Jutta, die jüngste von Vauhniks Damenbekanntschaften, ist Tochter des Besitzers einer Kneipe in Berlin-Lichterfelde, in der Soldaten der nahe gelegenen SS-Kaserne einkehren. Sie berichtet ihrem jugoslawischen Freund arglos davon, worüber die SS-Männer sich bei Schnaps und Bier so unterhalten, woraus sich für Vauhnik oft wertvolle Hinweise ergeben. „Am Abend begab sich Jutta in Vauhniks Wohnung. Nach einer Viertelstunde ging sie wieder. Vauhnik hingegen verließ die Wohnung nicht, empfing jedoch um Mitternacht den kurzen Besuch eines Gehilfen der jugoslawischen Botschaft. Aller Wahrscheinlichkeit nach hatte er in jener Nacht wieder einen seiner ausgezeichneten Berichte abgefasst." Da die Deutschen im jugoslawischen Außenministerium in Belgrad einen eigenen Spion platziert haben, der ihnen Kopien von den dort eingehenden Berichten Vauhniks zukommen lässt, bestätigt sich diese Vermutung. Die zweite Bekanntschaft Vauhniks ist die Schwester eines deutschen Generals, die in Kreisen der Schwerindustrie und mit höheren Wehrmachtangehörigen verkehrt. Ebenso wie die Wirtstochter berichtet sie Vauhnik, worüber dort so geplaudert wird. Vauhniks dritte Kontaktperson ist die von ihrem Mann vernachlässigte Frau eines Rüstungsingenieurs, die ihrerseits sehr interessante Dinge zu berichten weiß. Doch Vauhnik setzt nicht nur auf amouröse Spionage. Besonderes Interesse zeigt er an Kontakten zu Eisenbahnarbeitern an wichtigen Knotenpunkten, denn wenn die über Mehrarbeit und Sonderschichten klagen, ist das oft ein An-

Bei einer Kranzniederlegung in Berlin

zeichen für Militärtransporte. Wertvoll ist auch der Kontakt zu einem höheren Beamten des Luftwaffenministeriums. Wo Begegnungen sich nicht wie zufällig anbahnen lassen, hilft Vauhnik nach. Er kann durchsetzen, dass Personen, die ihm als potentiell wertvolle Informanten erscheinen, jugoslawische Verdienstorden erhalten. Vauhnik nimmt die Ordensverleihungen selbst vor und kommt bei solchen Gelegenheiten in Kontakt mit einigen ehemaligen Generälen der Wehrmacht, die von Hitler geschasst worden und entsprechend verbittert sind.

Der Meisterspion fasst seine Erkenntnisse in einem ausgeklügelten Karteisystem zusammen und kombiniert sie. „Mit diesem klug durchdachten Prinzip war es ihm gelungen, durch genaue Analyse des Berliner Klatsches aller Gesellschaftskreise ausgezeichnetes Nachrichtenmaterial zu sammeln. Er hatte im Laufe der Zeit darin eine solche Fertigkeit gewonnen, dass er sich mithilfe ergänzender Statistiken und fachlicher Unterlagen immer sehr bald ein geschlossenes Bild machen konnte. Sein detailliertes Wissen erwies sich bei zahlreichen gesellschaftlichen Begegnungen – so auch mit Mitgliedern der Abnahmekommission des Luftfahrtministeriums oder des Luftwaffenführungsstabes – als überaus nützlich. Es genügte ihm, nebensächliche und harmlos erscheinende Fragen beantwortet zu bekommen, um wichtige Folgerungen daraus ziehen zu können", schreibt Schellenberg anerkennend. So ist es Vauhnik gelungen, die Stückzahl der monatlichen deutschen Panzerproduktion in Erfahrung zu bringen. Vauhniks wichtigste Aufgabe ist es aber, herauszufinden, ob ein deutscher Angriff auf Jugoslawien ansteht, damit die Verteidigungsmaßnahmen darauf ausgerichtet werden können. Fast alle Welt erwartet, dass Hitler sich mit seiner Heimat Österreich und der Tschechoslowakei keinesfalls zufriedengeben wird. Doch gegen wen wird er als Nächstes losschlagen? Vauhnik hat in Belgrad die gleichen Instruktionen bekommen wie Andrić: Es gilt, um fast jeden Preis gute Beziehungen mit Deutschland zu wahren – in der Hoffnung, dass Hitler irgendwann die Sowjetunion angreifen und damit dann lange beschäftigt sein werde. „Je tiefer Hitler sich in den russischen Schlamm hineinwühlt, desto leichter und freier wird Jugoslawien atmen können", lautet die Losung in Belgrad.

Doch Andrić und Vauhnik haben in Berlin noch eine weitere Aufgabe: Sie sollen Waffenlieferungen aus Deutschland sicherstellen. Die Ausrüstung der jugoslawischen Armee ist immer schwieriger geworden, da viele traditionelle Lieferanten weggefallen sind. Die zuvor wichtigste Waffenschmiede für die jugoslawische Armee, die Škoda-Werke in Pilsen, sind durch die Zerschlagung der Tschechoslowakei unter deutsche Kontrolle geraten. Nach den Wehrmachts-Blitzkriegen von 1939 und 1940 gilt das auch für die polnische, belgische, niederländische und französische Waffenindustrie. Großbritannien kann kaum den eigenen Bedarf decken, Amerika schläft. So bleibt fast nur Deutschland. Das hat Jugoslawien einen Kredit von zweihundert Millionen Reichsmark in Aussicht gestellt, wenn davon deutsche Waffen gekauft werden. Insbesondere die jugoslawische Luftwaffe hat eine lange

Wunschliste: Sie will einhundert Jagdflugzeuge der Marke „Messerschmitt 109“ und vierzig Dornier-Bomber. Doch Berlin zögert – warum einen Staat aufrüsten, dessen Loyalität nicht sicher ist? „Kein Dienst war wohl so schwer, als die Deutschen dazu zu bewegen, die Liefertermine einzuhalten und die Ware auch im gebrauchsfähigen Zustand zu liefern. Entweder wurden zu den festgesetzten Terminen nur ganz geringe Mengen oder gar keine bereitgestellt, oder es fehlten wieder wichtige Bestandteile, die angeblich nachträglich geliefert werden sollten“, schreibt Vauhnik in seinen Erinnerungen, die er in den fünfziger Jahren in Südamerika veröffentlichte. Deutschland will den Jugoslawen nur veraltete Beutewaffen aus französischen und polnischen sowie überholte Panzerabwehrkanonen aus eigenen Beständen abgeben – aber auch das nur im Tausch gegen kriegswichtige Rohstoffe wie Kupfer oder Blei, Agrarprodukte, wirtschaftliche Konzessionen und politisches Wohlverhalten. Waffen, die der Wehrmacht gefährlich werden könnten, werden entweder ganz zurückgehalten oder nur unvollständig geliefert – mal ohne Munition, dann ohne Ersatzteile oder technische Einweisung. „Man sprach vor, man legte Proteste ein, man drohte und stellte sogar die Ausfuhr aus Jugoslawien ein, aber alles war vergebens. Sie gaben wieder zwei bis sechs Flugzeuge frei, um guten Willen zu zeigen, und wieder musste man von neuem betteln und drohen“, beschreibt Vauhnik seine Berliner Erfahrungen.

Erhalten gebliebene deutsche Akten bestätigen Vauhniks Schilderungen. Über Monate hinweg wird Andrić immer wieder im Auswärtigen Amt und auch bei Hermann Göring vorstellig, dem Chef der deutschen Luftwaffe, um die Waffenlieferungen anzumahnen. Sein häufigster Gesprächspartner ist Ernst von Weizsäcker, der Staatssekretär im Reichsaußenministerium. Mit ihm hat Andrić es in seinen Berliner Jahren vom ersten bis zum buchstäblich letzten Tag immer wieder zu tun. Weizsäcker, ein protestantischer Schwabe aus Stuttgart, verkörpert die Tugenden eines deutschen Beamten ebenso wie ihre Untugenden, weshalb er sehenden Auges dem Hitler-Regime und seinen schlimmsten Verbrechen dienen wird. Zehn Jahre älter als Andrić, stammt er anders als dieser aus gesicherten Verhältnissen. Sein Vater war Ministerpräsident Württembergs, er selbst hatte im Ersten Weltkrieg als Admiralstabsoffizier in der Marine gedient, dem „Schmelztiegel aller deutschen Stämme", wie er es nennt. Als Diplomat hat er ähnlich rasch Karriere gemacht wie Andrić. Er ist zum Staatssekretär aufgestiegen und hat in Deutschland damit den gleichen Rang inne wie Andrić in Jugoslawien vor seiner Entsendung nach Berlin. Die beiden Männer begegnen sich so korrekt, wie das unter den Umständen möglich ist. Nachdem Andrić im Juni 1939 wieder einmal wegen der Waffenlieferungen urgiert hat, verspricht Weizsäcker, den Fall nach oben weiterzuleiten, und hält sein Versprechen. In einer internen Note schreibt er: „Der Jugoslavische (sic) Gesandte brachte heute bei mir im Auftrage seines Außenministers noch einmal das Thema der Kriegsmaterialbestellungen vor. Gewisse Lieferungen gingen glatt, in anderen seien wir rückständig. Besonders wichtig seien seiner Regierung a) 108 Stück Flak 75 mm, b) 200 Anti-Tank-Kanonen 37 mm. ... Ich habe dem Gesandten die weitere Behandlung der Angelegenheiten zugesagt."

Als Andrić sein Anliegen Göring vorträgt, zeigt der sich nicht abgeneigt, die gewünschten Rüstungsgüter auszuhändigen, wenn Jugoslawien als Gegenleistung Kupfer liefert. Daran mangelt es der deutschen Kriegswirtschaft. Um das Geschäft in Gang zu bringen, will Göring sogar einige Messerschmitts als Vorschuss liefern, „wobei versucht werden muss, mit möglichst wenig modernen Waffen möglichst große und rasche Kupferlieferungen herauszuholen. Zur Zeit wird die Angelegenheit der gegebenen Weisung entsprechend dilatorisch behandelt", heißt es einer internen Amtsnotiz dazu. Schließlich gelingt es Andrić durch seine ständigen Interventionen, das Höchste zu erreichen, was in Berlin möglich ist: Die Sache wird Hitler vorgelegt. Der hört jedoch in dieser

Frage auf seine Generäle, und die pochen darauf, insbesondere die Panzerabwehrkanonen von Škoda nicht zu exportieren, da man sie selbst brauche. So kommt die Antwort schließlich vom Oberkommando der Wehrmacht: „Der Führer hat am 11. 7. 39 durch seinen Adjutanten mitteilen lassen, dass er Waffenlieferungen an feindlich gesinnte Länder oder an Staaten, deren Haltung im Kriege zweifelhaft wäre, nicht gutheiße. Waffen sollen dorthin geliefert werden, wo sie uns nützen oder mindestens nicht schaden können, z. B. nach Südamerika, den Baltenstaaten, Norwegen, Bulgarien …" Im Fall Jugoslawiens entscheidet Hitler, dass die Anforderungen des deutschen Heeres vorgingen, weshalb Panzerabwehrwaffen gar nicht und Flugabwehrkanonen zunächst Italien zu liefern seien. Nur wenn die Verhandlungen mit Italien scheitern, seien sie für Jugoslawien frei.

Obwohl eine Entscheidung Hitlers eigentlich das letzte Wort ist, muss Andrić auf Anweisung aus Belgrad weiterhin intervenieren. Er verbindet seine Bitten bei Weizsäcker häufig mit Hinweisen auf die wertvollen Rohstoffe, die Jugoslawien Deutschland liefere. Im September 1939, wenige Tage nach dem Beginn des deutschen Überfalls auf Polen, ist er wieder einmal bei Weizsäcker, der danach notiert: „Der Jugoslavische Gesandte sprach mir heute davon, dass Jugoslavien noch ganz vor kurzem eine sehr wertvolle Sendung von 30 t Antimon nach Deutschland hereingelassen habe. Herr Andrić knüpfte daran ein Gespräch über Waffenlieferungen aus ehemaligen tschechischen Beständen, die an der jugoslavischen Grenze stecken geblieben seien." Auch aus anderen amtlichen Schriftstücken wird deutlich, dass Andrić versucht, den Ton zu verschärfen: „Der Gesandte brachte zum Ausdruck, dass die jugoslawische Regierung diese Nichterfüllung alter … Verträge als besonders unfreundlich empfinde, zumal sie wisse, dass solche alten Verträge Rumänien gegenüber anstandslos weiter erfüllt würden, dass auch Bulgarien von uns mit großen Waffenlieferungen versorgt würde", heißt es in deutschen Akten über Andrićs Argumente, die er im Frühjahr 1940 noch einmal Außenminister Ribbentrop persönlich vorträgt. Der berichtet Hitler wiederum davon, doch eine Änderung ergibt sich nicht.

Andrićs Mission als Waffenunterhändler im Auftrag der jugoslawischen Armee ist detailliert belegt, so wie seine Etappe in Berlin überhaupt die wohl am genauesten dokumentierte Zeit seines Lebens ist. Der Grund dafür ist einfach: Nicht anders als andere ausländische Gesandte wurde Andrić systematisch abgehört und ausgespäht. Wie das vor sich ging, hat Ernst von Weizsäcker in seinen 1950 erschienenen Memoiren beschrieben: „Das Verfahren der Entzifferung chiffrierter Texte hatte sich im Dritten Reich hoch entwickelt. Unter Görings Oberleitung war das so ausgebildet, dass wohl die Hälfte der Telegramme der fremden Diplomaten in Berlin mitgelesen wurde. … Nützlich konnte es werden, wenn man auf die Demarchen fremder Missionschefs schon vorbereitet war, ehe diese das Zimmer betraten; ebenso konnte man kontrollieren, ob sie den Gesprächsverlauf richtig nach Hause meldeten." Zwar haben die Deutschen nicht alle Codes entschlüsselt, doch der jugoslawische ist geknackt worden. Andrićs Telefonate werden ebenfalls mitgehört. „Das Amt, das die Entzifferungen besorgte, das sogenannte ‚Forschungsamt', hörte auch Telefongespräche ab. So kam aller privater Schund und Schmutz der fremden Diplomaten zur Kenntnis der Parteileute, die sich dann einbildeten, dies sei das Lebenselement des Auswärtigen Dienstes", schreibt Weizsäcker.

Privaten Schund werden die Deutschen bei Andrić schwerlich gefunden haben, doch über das, was er politisch nach Belgrad berichtet und was er in Berlin in scheinbar privaten Gesprächen äußert, können sie sich ein Bild machen. Davon zeugen zahllose „vertrauliche Berichte" im Politischen Archiv des deutschen Auswärtigen Amtes in Berlin. „In der vorigen Woche fand in der brasilianischen Botschaft ein Diplomatenessen statt, zu dem der Botschafter geladen hatte und an dem Mitglieder der verschiedenen

Auslandsmissionen wie auch deutsche Diplomaten teilnahmen", heißt es in einem solchen Bericht vom August 1940, in dem Andrić besonders hervorgehoben wird: „In den Gesprächen fiel der jugoslawische Gesandte durch eine bemerkenswert positive Einstellung zu Deutschland auf. Bei der Erörterung der Lage in Südost-Europa stellte er fest, dass England und Frankreich im Südostraum keinerlei Einfluss mehr hätten. Die Großmächte, die für dieses Gebiet nur noch in Betracht kämen, seien Deutschland, Italien und die Sowjetunion. Als seine persönliche Meinung brachte er zum Ausdruck, dass Jugoslawien im eigensten Interesse nichts anderes übrigbleiben könne, als seine Politik in erster Linie und rückhaltlos auf Berlin auszurichten. Die Zuhörer hatten dabei den Eindruck, dass der jugoslawische Gesandte den Anschluss der jugoslawischen Politik an Berlin ganz entschieden der Orientierung in Richtung Rom oder Moskau vorziehen würde."

Solche Berichte über Andrić gibt es zuhauf im Politischen Archiv des Auswärtigen Amtes. Sie zeugen davon, dass die Deutschen Agenten in Andrićs Umfeld platziert hatten: „Der jugoslawische Gesandte äußerte sich in einem Gespräch mit einem Vertrauensmann – ohne mit einer Berichterstattung darüber an amtliche deutsche Stellen rechnen zu können – über die Stellung Jugoslawiens zur Neuordnung in Südosteuropa", beginnt der Bericht eines solchen Spitzels, laut dem Andrić im Spätsommer 1940 keinerlei Zweifel mehr an einem „Endsieg" der Deutschen gehegt habe: „Der jugoslawische Diplomat ist selbst von dem vollkommenen Sieg der Achsenmächte über England überzeugt."

Wenige Tage später heißt es in einem anderen Spitzelbericht: „Der jugoslawische Gesandte bemerkte in einem Gespräch mit einem schweizerischen Journalisten, ... die politisch führenden Kreise der Balkanländer wollten wahrhaft nicht, dass der Bolschewismus im Südosten seine Expansion fortsetzen könnte. Die einzige Macht, die eine weitere Expansion des Bolschewismus im Südosten verhindern könne, sei das nationalsozialistische Deutschland." Glaubt man den deutschen Spitzeln, war Andrić voll des Lobes für das NS-Regime, Hitler und seinen „aufrichtigen und gradlinigen" Außenminister Ribbentrop. „Er lässt einem Vertrauensmann gegenüber – ohne Kenntnis der Möglichkeit einer Weiterleitung – die Bemerkung fallen, dass Jugoslawien keine andere Zukunft habe, als aufrichtig die Politik auf die Achse und insbesondere auf Berlin auszurichten", sagt er demnach im Herbst 1940, unmittelbar nach dem italienischen Angriff auf Griechenland.

Doch hat der erfahrene und übervorsichtige Diplomat Andrić wirklich keine „Kenntnis der Möglichkeit einer Weiterleitung", wenn er in Berlin mit Journalisten, Diplomaten und anderen Gesprächspartnern verkehrt? Es wäre naiv, Andrić für so naiv zu halten.

Gibt es wirklich Vertrauliches zu melden, schickt Andrić einen Kurier nach Belgrad oder fliegt selbst. Dass die Lobhudeleien auf Hitler und das NS-Deutschland nicht seiner Überzeugung entsprechen, zeigen seine privaten Eintragungen und sogar einige diplomatische Berichte aus dieser Zeit. So übermittelt das jugoslawische Außenministerium in Belgrad der Gesandtschaft in London zur Information einen Bericht Andrićs über die Stimmungslage in Deutschland: *Um die heutige Stimmung des durchschnittlichen Deutschen richtig einzuschätzen, muss man sich daran erinnern, dass der Frieden von Versailles mit seinen materiellen und moralischen Folgen eine tiefere Spur bei einem Großteil des deutschen Volkes hinterlassen hat, als man das im Ausland für gewöhnlich denkt. Wenn es um die Wiedergutmachung der „Ungerechtigkeit von Versailles" geht, ist der Großteil der Deutschen bereit dazu, die größten Opfer aufzunehmen und ein freiwilliger Teilnehmer bei den schlimmsten Gewalttaten und den riskantesten internationalen Abenteuern zu werden. … Allgemein gesagt, sind die deutschen Massen auch dieses Mal eine perfekte und gehorsame Waffe in den Händen der Führung, und das gesamte, wirklich riesige deutsche Volk hinterlässt den Eindruck einer Elementarkraft, die ihren Platz in der Welt nicht gefunden hat und, diesen suchend, versucht, alle anderen Völker von jenem Ort zu vertreiben, den sie einnehmen.* Das klingt nicht nach einem Diplomaten, der in Hitlers Deutschland die Stütze Europas sieht.

Dass Andrić die Rolle, die er in jener Zeit spielen muss, in Wirklichkeit als qualvoll empfindet, zeigen Einträge in seinen Notizbüchern. Am 27. September 1939 notiert er: *In meinen schlimmsten Stunden fand ich ungewöhnlichen und unerwarteten Trost darin, dass ich mir ein anderes Leben vorstellte, das zwar den Daten, Namen und Ereignissen nach gleich war, aber richtig, heilig, sauber; natürlich anstrengend, so wie jedes Leben auf dieser Erde sein muss, aber ohne irgendetwas Finsteres oder Hässliches in dieser Anstrengung; ein Leben, das mit einer Segnung beginnt, sich in der Höhe verliert und in Helligkeit erlischt. Und während ich in Gedanken versunken vor diesem meinem Zwilling stand, so wie ein Baum vor seinem Bild im ruhigen Wasser steht, habe ich für einen Moment, während ich die Erlösung darin suchte, mich nicht zu erinnern, mein wahres Leben vergessen, das währenddessen von meinem Schmerz zitterte.*

INTARSIEN

Mühselige Verhandlungen über Rüstungslieferungen sind nicht die einzigen Aufgaben, die Andrićs Tage in Berlin ausfüllen. Von ihm als führendem Schriftsteller Jugoslawiens – er ist inzwischen vom korrespondierenden zum ordentlichen Mitglied in die Akademie der Wissenschaften gewählt worden – wird in Belgrad auch erwartet, dass er Jugoslawien als Künstler repräsentiert und mit den entsprechenden Kreisen in Deutschland verkehrt. Das tut er. Gleich in seinem ersten Sommer in Deutschland fährt er für eine Woche zu den Wagner-Festspielen nach Bayreuth. Auf Einladung Görings besucht er 1940 im Ufa-Palast die Premiere des nationalsozialistischen Propagandafilms „Feuertaufe“, der den Einsatz der Luftwaffe bei dem deutschen Angriff auf Polen verherrlicht. Er freundet sich mit Hitlers Lieblingsbildhauer Arno Breker an, den er mehrfach auf dessen Gut Jäckelsbruch östlich von Berlin besucht. (Breker erinnert sich in seinen Memoiren an einen „Diplomaten alter Schule, der Zurückhaltung übte trotz der vorhandenen, aber kaum spürbaren Neugier, Wesentliches auf diskrete Weise zu erfahren. Wir lasen mit Bewunderung seine Novellen ...“) Seit Andrić in einer Fahrschule am Bahnhof Zoo die Führerscheinprüfung bestanden und sich ein Mercedes-Cabriolet gekauft hat (graublau lackiert, zum Diplomatenrabatt von 5624 Reichsmark, was etwa dem dreifachen Jahresgehalt deutscher Arbeiter entspricht), kann er die Ausflüge zu dem Landsitz, den Breker von Hitler geschenkt bekommen hat, auch ohne Fahrer absolvieren. Breker gehört zu dem kleinen, aber wachsenden Kreis derer, die Andrićs 1939 in deutscher Übersetzung erschienenen Novellenband gelesen haben und davon begeistert sind. Der eifrigste Verfechter von Andrićs literarischem Werk in Deutschland ist zu diesem Zeitpunkt aber Carl Schmitt. Schmitt, ein brillanter Jurist und ein glühender Verehrer Hitlers, lobt in einem Brief an seinen damaligen Freund Ernst Jünger die Novellen des jugoslawischen Gesandten in hohen Tönen: „Sie sind merkwürdig ‚für sich‘, wie der Gott der Bogumilen, wollen nichts von einem, sprechen einen nicht an, bei größter Güte, ja Liebe.“ Nachdem Jünger das Buch gelesen hat, schließt er sich dem Lob an und schreibt zurück: „Man nähert sich hier den Zonen der Intarsia, der eingelegten Arbeit, die in den Oasen ihr Maximum gewinnt.“

Mit Schmitt, der mit einer Serbin verheiratet ist, freundet Andrić sich an oder tut zumindest so. Ein gemeinsames Interesse für den radikalen französischen Schriftsteller Léon Bloy bringt die beiden Männer einander näher. Andrić lädt die Schmitts über Ostern 1940 zu sich ein, wobei das Gespräch auch auf Jüngers Buch „Auf den Marmorklippen“ kommt, das etwa zur gleichen Zeit wie

Andrićs Novellenband erschienen ist. Die „Marmorklippen", in denen geschildert wird, wie das Regime eines brutalen „Oberförsters" eine alte Kulturlandschaft zerstört, werden in Deutschland von vielen Zeitgenossen als Widerstandsbuch gegen Hitler aufgefasst. Auch Andrić hat das Buch gelesen, und seine offenbar originelle Deutung des Textes beeindruckt Schmitt, der Jünger davon berichtet. Wenig später kommt es auf Vermittlung Schmitts in Berlin zu einer Begegnung zwischen Andrić und Jünger. Bekannt ist davon allerdings nur, das Andrić nach dem Krieg nicht mehr daran erinnert werden will. Jüngers schriftlichen Versuch einer neuerlichen Kontaktaufnahme im Jahr 1967 lässt er unbeantwortet. Dass Andrić von den Menschen, mit denen er als Gesandter in Berlin Umgang pflegen musste, später nichts mehr wissen wollte, wird nicht nur dann verständlich, wenn man sich vor Augen führt, dass seine Zeit in Deutschland mit der Zerschlagung Jugoslawiens und einer mehrjährigen grausamen Okkupation endete. Es lag in der Natur seines Berufs als Diplomat, dass er mit vielen Stützen des deutschen Regimes zu verkehren hatte, also ausgerechnet mit einigen der unangenehmsten Typen, denen man in Berlin begegnen konnte.

Eine dieser widrigen Gestalten ist der Schriftsteller Hans Friedrich Blunck. Er war von 1933 bis 1935 der erste Präsident der Reichsschrifttumskammer, dem von Hitlers Propagandaminister Joseph Goebbels gegründeten Schriftstellerverband des nationalsozialistischen Deutschland. Blunck ist NSDAP-Mitglied und schreibt regelmäßig Artikel für die Parteizeitung *Völkischer Beobachter*. Um sich über die Vorgänge in Deutschland auf dem Laufenden zu halten, liest Andrić dieses Blatt täglich und schneidet sogar Artikel aus. Blunck hatte mit dem Lyriker Gottfried Benn und mehr als achtzig anderen deutschen Schriftstellern das „Gelöbnis treuester Gefolgschaft" für Hitler unterzeichnet – durch und durch ein Linientreuer also. Nach einer Rundreise durch Jugoslawien, auf der er Propagandavorträge über Hitler gehalten hat, lädt Andrić ihn zum Abendessen ein, um sich nach den Eindrücken zu erkundigen, die der Deutsche in seinem Land gewonnen hat. Da Blunck dem Auswärtigen Amt schriftlich über das Treffen berichtet, ist der Verlauf rekonstruierbar. Blunck beschwert sich bei Andrić unter anderem darüber, dass eine deutschsprachige Tageszeitung in Zagreb von einer jüdischen Redaktion geführt werde, die „Missstimmung" zwischen Jugoslawien und Deutschland zu säen versuche: „Andrić sagte, es sei nicht schwer, da eine Einwirkung vorzunehmen, ohne das Blatt, das geschichtliche Verdienste habe, zu schädigen. Endlich besprachen wir noch die Lage des Buchhandels, der, auch wenn er neue deutsche Bücher verkauft, doch fast ausschließlich in jüdischen Händen ist. Ich würde es begrüßen, sagte ich, wenn junge deutsche Buchhändler das Gesicht des heutigen Deutschland in eigenen Buchhandlungen zeigten ... Das Gespräch war wie immer warm und herzlich."

Wenn Blunck seine Begegnung als warm und herzlich empfand, spricht das für Andrićs schauspielerische Fähigkeiten, denn tatsächlich wird der jugoslawische Gesandte schwerlich freundliche Gefühle für den literarisch ambitionierten NS-Funktionär empfunden haben. In Berlin muss Andrić aber mit vielen Menschen Umgang pflegen, die er verachtet – und dabei auch eine moralische Gratwanderung vollziehen. Wie soll er auf die Beschwerden über eine „verjudete" Zeitung in Jugoslawien reagieren? Antisemitismus liegt Andrić fern, doch in Berlin geht es nicht um seine persönlichen Ansichten, sondern um die Interessen Jugoslawiens. Er darf sich keinesfalls erlauben, seine Gastgeber zu verärgern oder als Gegner der antisemitischen deutschen Politik zu erscheinen. Ob Andrić den deutschen Ärger über die Zeitung in Zagreb nach Belgrad weitergab oder nicht, ob er im Interesse der Beziehungen Jugoslawiens zur Großmacht Deutschland womöglich gar ein Vorgehen gegen das Blatt empfahl, ist nicht bekannt.

Es überrascht nicht, dass der Schriftsteller Andrić in Berlin fast gänzlich hinter dem Diplomaten verschwindet. Zum Schrei-

Gesandter des Königreichs Jugoslawien in Berlin

ben fehlt ihm die Muße. 1939 erscheint von ihm nur eine kurze Buchrezension. Im Jahr darauf veröffentlicht er immerhin fünf Erzählungen, die aber noch vor der Berliner Zeit entstanden waren. Dann folgt 1941 nur noch die Kurzgeschichte *In der Wassermühle*, in der sich ein alter Franziskanermönch daran erinnert, wie er als Kind Zeuge eines Pärchens wurde, das in einer Mühle bei einem bosnischen Dorf namens Graovik den Mord an dem Ehemann der Frau verabredet. Am Ende blickt der Mönch auf sein Leben zurück und sagt, er habe gelernt, *dass der Teufel überall mahlt, raschelt und raunt, überall ein wenig, und nicht nur in der Mühle bei Graovik*. Besonders fleißig mahlt er damals in Berlin.

IM NETZ

Hitler hat es auf Jugoslawien abgesehen. Er will das Königreich aber nicht angreifen, sondern es zu einem gefügigen Juniorpartner seines geplanten Krieges gegen die Sowjetunion machen. Blei und Zink aus dem Kosovo, vor allem aber Kupfer aus den Bergwerken der ostserbischen Stadt Bor sind für die deutsche Kriegswirtschaft von großer Bedeutung. Einen Angriff auf Jugoslawien will Hitler schon deshalb vermeiden, weil er fürchtet, sollten sich die deutschen Truppen Bor nähern, würden die Serben das gesamte Minensystem, damals das bedeutendste Kupferbergwerk Europas, in die Luft jagen und für Monate unbrauchbar machen. (Was 1941 auch prompt geschieht.) Aber 1939 lautet sein Angebot an Belgrad noch: Wenn Jugoslawien politisch stillhält und Rohstoffe liefert, bleibt es von Krieg und Besatzung verschont. Hitler will, dass die *Achse* Berlin-Rom, beziehungsweise ab 1940 der deutsch-italienisch-japanische Dreimächtepakt, durch einen Beitritt Jugoslawiens nach Südosteuropa ausgedehnt wird. Vor dem Angriff auf die Sowjetunion soll diese Flanke abgesichert sein. Doch Hitler weiß natürlich, dass die Bevölkerung in Jugoslawien, abgesehen teilweise von Kroatien, alles andere als prodeutsch ist. „Die Stimmung Deutschland gegenüber ist bei den breiten Massen der Bevölkerung Jugoslawiens ungünstig und unfreundlich", heißt es 1939 in einem als „streng vertraulich" eingestuften Bericht der deutschen Botschaft in Belgrad an das Auswärtige Amt. Die Botschaft liefert ein Beispiel: „In einem Belgrader Kino wurde der französische Kriegsfilm: ‚Das Wunder an der Marne' vorgeführt. Dabei kam es zu spontanen Kundgebungen für Frankreich. So sang das Publikum während der Vorführung die Marseillaise mit und brachte auf die gegen die deutschen Linien vorstürmenden französischen Soldaten Hochrufe aus, während sie pfiffen und johlten, als deutsche Soldaten auf der Leinwand erschienen." In Lokalen in der Belgrader Altstadt, in denen sich Gäste gegen Geld Musikstücke wünschen können, wird die britische Hymne oft verlangt und mitgesungen.

Als Prinz Paul und seine Frau, Prinzessin Olga von Jugoslawien, im Juni 1939 Berlin besuchen, setzt Hitler daher alles ein, was ihm zu Gebote steht, um den Prinzregenten zu überzeugen, gegen die Stimmung der Mehrheit in Jugoslawien einer Annäherung an Deutschland zuzustimmen: Charme, Macht, Überredungskunst, Einschüchterung, Geschenke, Drohungen, Versprechungen. Wochen vor der Reise erkundigt sich das Auswärtige Amt in Belgrad bereits nach den kleinsten Details, um dem Prinzen in Deutschland alles recht zu machen. Berlin will wissen, welche Musik der Prinz bevorzuge, ob er gern mit dem Auto fahre, sich durch schnelles Eisenbahnfahren gestört fühle, welche Speisen, Blumen und Getränke er möge, welche Eigenarten oder Abneigungen er habe. Dass sich das Protokoll des Auswärtigen Amtes vor Staatsbesuchen nach solchen Details erkundigt, ist zwar normal – doch dass Hitler persönlich in viele Dinge eingreift, ist es nicht. So inspiziert er die für die Unterbringung des jugoslawischen Paares vorgesehenen Räume im Schloss Bellevue, um sich mit eigenen Augen davon zu überzeugen, dass alles hergerichtet ist. Die Perfektion der deutschen Vorbereitung nimmt bisweilen bizarre Züge an, wie ein interner Vermerk aus dem Auswärtigen Amt zeigt: „Herr von Halem rief heute um 12.30 an und bat, nach Möglichkeit den Text des Toastes zu beschaffen, den der Prinzregent anlässlich des Essens beim Führer zu halten beabsichtigt. Botorić verwies mich an Sećerović, da der Toast im Außenministerium aufgesetzt werde. Letzterer verwies mich an Smiljanić. Dieser erklärte, er habe bereits durch den Gesandten Andrić die gleiche Bitte des Berliner Protokolls übermittelt erhalten, sie aber zu seinem Bedauern nicht erfüllen können. Der Toast des Prinzregenten sei doch die Antwort auf den Begrüßungstoast des Führers, und daher könne man nicht gut den Text der Antwort geben, ehe man den Text der Begrüßung kenne."

Am 31. Mai kommt der Sonderzug aus Jugoslawien am Grenzbahnhof Rosenbach in Kärnten an. Aus jugoslawischer Sicht beginnt nun eine „visite de politesse", ein Höflichkeitsbesuch. Für das Deutsche Reich ist es dagegen ein Akt der Selbstbestätigung von höchster Bedeutung. Hitler will dem Ausland und den eigenen Bürgern zeigen, dass er Freunde hat. Andrić begrüßt das Prinzregentenpaar in Rosenbach und reist mit nach Berlin, wo der Zug am folgenden Nachmittag am Lehrter Bahnhof ankommt. Dort warten Hitler, Göring und Ribbentrop. Andrić stellt Hitler und dem Prinzregenten die Mitarbeiter der jugoslawischen Gesandtschaft vor, danach geht es zum Schloss Bellevue. Die Stadt ist mit jugoslawischen Flaggen geschmückt. Goebbels hat die Schließung aller Geschäfte, Ämter und Schulen befohlen, damit die Bevölkerung sich zahlreich an den Straßen einfindet, um das jugoslawische Paar zu bejubeln. Hunderttausende sind auf den Beinen, 30 000 SA-Männer sorgen für Ordnung. Es ist der festlichste Staatsbesuch, den Hitlers Reich in seiner kurzen Geschichte erlebt. Am Abend steht ein Empfang in der Reichskanzlei an. In den Tischreden ist viel von Völkerfreundschaft die Rede. Die Gäste werden reich beschenkt. Man trägt zwei Kanonen heran, die im ersten serbischen Aufstand gegen die Osmanen eingesetzt worden waren und irgendwie in einem deutschen Museum gelandet sind. Hitler gibt sich Mühe, ein besonders aufmerksamer und gegen Prinzessin Olga auch ein ausnehmend charmanter Gastgeber zu sein. Ernst von Weizsäcker schreibt nach dem Krieg: „Anfang Juni 1939 war die letzte größere gesellschaftliche Veranstaltung, die Berlin gesehen hat, der Besuch des jugoslawischen Prinzregentenpaares. Meine Frau, die sich des Paares anzunehmen hatte, machte dabei die Beobachtung, dass Hitler unter dem Charme der Prinzessin stand. Er, der sonst bei offiziellen Anlässen zu seinen weiblichen Gästen sich verhalten konnte wie ein Ölgötze, überbot sich an kleinen Aufmerksamkeiten für die Prinzessin, zeigte ihr Räume und Kunstgegenstände, und als sie, auf die näher rückende Mitternacht weisend, von Aufbruch sprach, erwiderte er wie ein Verliebter: ‚Dem Glücklichen schlägt keine Stunde.'"

Auch die anderen Mächtigen des Reiches behandeln Paul und Olga während ihres zehntägigen Aufenthalts in Deutschland mit höchster Zuvorkommenheit. Goebbels lädt zum Tee in seine Villa in Schwanenwerder, Göring auf sein Gut nach Karinhall und zum Galadiner in das Schloss Charlottenburg. Man zeigt dem Prinzen das Grab Friedrichs des Großen. In der Oper werden auf Wunsch des Gastes die „Meistersinger von Nürnberg" gegeben. Andrić nimmt an den meisten Essen und Veranstaltungen teil. Um dem Prinzregenten zu zeigen, dass Deutschland auch andere Saiten aufziehen kann, gehört auch eine zweieinhalbstündige Truppenparade zum Programm. Hitler will Paul durch eine Melange aus Komplimenten und Drohungen beeindrucken. Entscheide Jugoslawien sich für die Achse, so wären die inneren Spannungen des Landes mit einem Schlag gelöst, sagt er Paul – denn sobald sich Italien und Deutschland öffentlich unmissverständlich für den Erhalt Jugoslawiens aussprechen, würden Kroaten und Slowenen einsehen, dass ihre Abspaltungsbewegungen nicht die geringste Erfolgsaussicht hätten. Den Umkehrschluss, was also Kroaten und Slowenen tun könnten, wenn Rom und Berlin sich nicht eindeutig mit Belgrad solidarisierten, überlässt Hitler seinem Gast. Er sagt ihm stattdessen, dass die Achse Berlin-Rom dem ganzen Balkan demonstrieren könne, welche Vorteile ein Land davon habe, sich Hitler und Mussolini anzuschließen.

Obwohl die nationalsozialistische Presse euphorisch über den Besuch berichtet, ist Hitler enttäuscht, sogar wütend. Kein Wunder: Prinz Paul versteht es geschickt, sich dem Werben des Diktators zu entziehen. Obwohl viele freundliche Worte ausgetauscht werden, kommt es nicht zu einer einzigen greifbaren Vereinbarung. Die Nationalsozialisten erreichen einen Prestigegewinn, mehr nicht. „Besuch Prinzregenten Paul von Jugoslavien durchaus befriedigend verlaufen. … Im Übrigen sind irgendwelche Abmachungen nicht getroffen worden", notiert Weizsäcker. Diese Beobachtung macht natürlich auch das Ausland. Die *Times* stellt fest, dass Hitler keines seiner Ziele erreicht habe. Nach außen wahrt der Diktator die Form, doch in kleinem Kreis nennt er Paul nun einen „ausgesprochenen Schwächling", der besser als Abteilungsleiter in einem Museum aufgehoben wäre als an der Spitze eines Staates. Gegenüber Mussolini deutet Hitler jetzt an, wenn er Jugoslawien haben wolle, könne er es haben. Doch tatsächlich hat er Belgrad noch nicht ganz aufgegeben. Er lässt weiter an einem Netz weben, in dem Jugoslawien sich verfangen soll. Einstweilen hat das Land jedoch etwas Ruhe, denn Hitler hat andere Pläne: Er schließt seinen Pakt mit Stalin und überfällt im September 1939 gemeinsam mit ihm Polen.

DIE GERÄUSCHE DES KRIEGES

Als Andrić im Frühjahr nach Berlin kommt, herrscht noch Frieden in Europa. Seit dem 1. September 1939 ist er Botschafter in einem Land, das Krieg führt. Zum Überfall auf Polen erklärt Jugoslawien seine strikte Neutralität. Am 6. September 1939 sucht Andrić das Auswärtige Amt auf, um Weizsäcker, dessen Sohn Heinrich am zweiten Kriegstag gefallen ist, eine entsprechende Erklärung seiner Regierung zu übergeben. „Der Gesandte ließ sich von mir dann noch über die militärische Lage und über die Haltung gewisser Mächte unterrichten und drückte den Wunsch aus, dass nach einem kurzen und erfolgreichen deutschen Vorgehen in Polen der Friede schleunigst eintreten möge", notiert Weizsäcker. Tatsächlich wird es Andrić tief geschmerzt haben, dass seine polnische Seelenheimat erst von Hitlers und später auch noch von Stalins

Horden überfallen wird. Es gibt Berichte, laut denen Andrić sich hinter den Kulissen für die Freilassung dutzender internierter Professoren seiner Krakauer Universität eingesetzt hat. Er soll versucht haben, den Häftlingen Einladungen der Belgrader Universität zu verschaffen, um ihnen die Ausreise nach Jugoslawien zu ermöglichen. Die Versuche schlagen zwar fehl, werden ihm nach dem Krieg aber hohe Achtung in Polen einbringen.

Noch leiden vor allem die Polen, doch bald schickt der Krieg auch erste Grüße nach Deutschland. Sie werden von britischen Fliegern übermittelt. Andrić führt Buch über die Luftangriffe auf Berlin: *Sobald man das Brummen eines unsichtbaren Flugzeuges hört, meldet sich aus dem Zoologischen Garten, der nur etwa hundert Schritt Luftlinie von meinem Fenster entfernt ist, das Gackern und Schreien des Federviehs und der Vögel.* Wenn sich das Dröhnen der Flieger nähert und das deutsche Flakfeuer einsetzt, dann melden sich auch die verängstigten Tiere, was Andrić von seinem Schlafzimmer aus hören kann. *Die Schreie der Affen, kurz und jäh, als hätten sie Angst, mit ihrer Stimme den Ort preiszugeben, an dem sie sich befinden. Man hört die Laute unbekannter tropischer Tiere, blutrünstig und traurig zugleich. Aber die Vögel übertönen alles. Sie gackern, jauchzen, verschlucken sich und überschreien sich, von Käfig zu Käfig, und es scheint, als würden sie sich gegenseitig zu immer größerem Geschrei und Gejammer aufstacheln und anfeuern. Manchmal antwortet das tiefe und böse Brüllen einer großen Bestie dem aufgeschreckten Federvieh.*

Dann ist der Angriff vorbei. *Der Mond kommt und beruhigt den Aufruhr. Ich kehre müde und gelähmt von der Kälte ins Bett zurück. Nur manchmal ertönt aus dem Zoologischen Garten noch ein kurzer Vogelruf.* Dann Stille, aber von ungewohnter Art. *Die Geräusche und das Knistern, die wir im dunklen Zimmer hören, bevor wir in den Schlaf eintauchen, haben jetzt eine ganz andere Bedeutung. Wir nehmen sie an und fragen in unserem halbschläfrigen Bewusstsein, ob sie etwas zu tun haben mit dem Klang einer Sirene, mit dem Rauschen der Flugzeuge und dem Schall der Bomben, die wir erwarten. Und wenn im Zimmer und rund um das Haus Ruhe herrscht, wie in dem Moment, wo ich liegend dies hier schreibe, dann ist auch diese Ruhe neu und eigenartig, wie wir sie bisher nicht kannten.* In einer anderen schlaflosen Nacht notiert Andrić: *In dem Zimmer neben meinem Schlafzimmer, von dem mich eine offene Tür trennt, beginnt das Parkett mit den ersten Nachtstunden vielsagend zu knarren und zu knacken. Und je weiter die Nacht fortschreitet und je kälter sie wird, desto lauter wird das Knacken, so dass es zuweilen ganz den Anschein hat, als wolle sich jemand auf Zehenspitzen unbemerkt nähern oder davonschleichen.* Nachts lauscht Andrić diesen Geräuschen und stellt sich vor, wie ein Komponist daraus ein Kunstwerk erschafft: *Wäre ich Musiker, würde ich wohl ein interessantes Stück komponieren, das hörbar das Spiel unserer immerfort kindlichen Phantasie und der friedlichen, gleichbleibenden Naturgesetze ausdrückt, das harmlose, ziellose Knacken des Parketts in der Nacht auf dem dunklen Grund des Grauens, das unsichtbar und unbemerkt irgendwo in uns lebt, das aber durch das kleinste nächtliche Geräusch entfesselt werden kann.*

Andrićs Berliner Tagebuch, das er nie veröffentlicht, ist das wichtigste Zeugnis dafür, dass der Schriftsteller sogar in den aufreibenden Berliner Jahren nicht ganz hinter den Diplomaten und Politiker zurücktritt. Zwar hält er auch Äußerlichkeiten der Luftangriffe fest, etwa die Zahl der vermuteten Bomber und die Zeiten ihrer Angriffe, doch meist dient ihm das unmittelbare Kriegsgeschehen nur als Anlass für philosophische Betrachtungen. Andrić entwickelt eine Metaphysik der Geräusche des Krieges. In einer Bombennacht notiert er: *In der Höhe schwebte noch der Schrei der Sirene, die das neuerliche Feuer ankündigte, sanft und weit entfernt. Vom Fluss hört man kurz den Laut der Sirene eines Schiffes, heiser und schwächlich. Ein Auto rast mit Vollgas vorbei. Für einen Moment bleiben alle diese Geräusche in der Luft, sie verknäueln sich ineinander und vermischen sich mit dem immer stärkeren und näher kommenden Kanonenfeuer, das wie eine Flut anstieg.* Die Stille zwischen zwei Bombenangriffen ist für ihn *nicht das Verschwinden und das Fehlen des Lautes, sondern dessen Erwartung. Sie liegt über der wachen, aber verstummten und verfinsterten großen Stadt wie eine unbeleuchtete Bühne, in der das Auge nichts erkennt, aber weiß, dass jeden Moment ein Laut, eine Bewegung oder ein Blitz auftauchen kann.* Manchmal fragt er sich, ob ihn die Stille weckt oder Geräusche einschläfern. In dem Roman *Wesire und Konsuln* wird Andrić seine Gedanken über die Stille wenige Jahre später variieren und einem schlaflosen französischen Diplomaten im nächtlichen Bosnien der osmanischen Zeit zuschreiben: *Gewiss, manchmal erscholl ein Laut, grell und unverhofft; ein Schuss irgendwo am Stadtrand, ein Hund, der einen ungewöhnlichen Fußgänger oder auch seinen eigenen Traum anbellte. Aber so ein Laut meldete sich nur für einen Augenblick, um die Stille danach noch größer zu machen, weil ihn gleich ein Schweigen zudeckte wie ein tiefes Wasser ohne Ende. Die Stille lässt einen ebenso wenig schlafen wie eine Orgie von Tönen, sie zwingt einen dazusitzen und zu spüren, wie sie einen zu zermalmen, aufzulösen und aus der Spezies der vernunftbegabten und lebendigen Wesen auszulöschen droht.*

In einer der Berliner Bombennächte gehen die Grüße aus London nahe der jugoslawischen Botschaft nieder. Im Obergeschoss des Botschaftsgebäudes in der Rauchstraße befindet sich seit 1940 auch Andrićs Residenz. Dort hört er manches Mal das helle Pfeifen fallender Bomben. *Es ist wie ein scharfer Hieb mit der Peitsche, nur gespenstisch in die Länge gezogen … Wie lange dauert es? Eine Sekunde, zwei, drei? Das kann man unmöglich sagen. Der Mensch spürt nur die Präsenz des Einschlags und denkt schnell: Schicksal, Leid, Schmerz, Tod.* Obwohl das Gesandtschaftsgebäude einen Luftschutzkeller hat, sucht Andrić ihn nicht auf – behauptet er zumindest in seinen Tagebüchern. *Wenn ich heute Nacht getötet würde von einer dieser Granaten, die wie dünne Lawinen über meinem Dach brüllen, stürbe ich wie ein tauber Mensch, der von einer Straßenbahn überfahren wird; ich würde wegen meiner Neugier und meiner Faulheit sterben, sinnloser als ein Tier im Wald oder ein Vogel auf dem Ast stirbt.*

So weit die Nächte. Tagsüber mimt Andrić den Freund des NS-Regimes. Zahlreiche Vermerke in deutschen Akten dokumentieren, dass er in seinem Lob für Hitler und Ribbentrop andere ausländische Diplomaten, die ebenfalls einen guten Eindruck bei den Deutschen hinterlassen wollen, oft noch übertrifft. Andrić zeige „eine betont positive Einstellung zum Reich. Von dem Endsieg Deutschlands ist er offenbar unbedingt überzeugt", heißt es in einem Spitzelbericht. An anderer Stelle wird er mit der Ansicht zitiert, dass die südosteuropäischen und die skandinavischen Völker „die natürlichsten Alliierten der deutschen Macht" seien. Der jugoslawische Gesandte äußere sich anerkennend „über die Persönlichkeit des Führers und seines Außenministers", hält einer von Andrićs Gesprächspartnern fest. In seinem Tagebuch bezeichnet er den Krieg und die Entbehrungen, die er den Menschen auferlegt, als *Opfer ohne Ziel und Verzicht ohne Sinn* und fragt sich, ob daraus wenigstens zu einem späteren Zeitpunkt ein Nutzen für die Menschheit erwachsen könne. *In unserem Jahrhundert wird vielleicht ein neues und großes Wunder geschehen: Aus der Notwendigkeit der Askese wird der Glaube geboren, der uns retten wird, so wie früher einmal aus dem Glauben die Askese entstand, die den Glauben nicht erhalten und uns nicht erlösen konnte.* Am Tage dagegen lobt er den Hitler-Stalin-Pakt als „Triumph" und Ribbentrop als Verkörperung eines Staatsmannes neuen Typs. Als Nachrichten von militärischen Niederlagen der Italiener in Afrika die Runde machen, drückt Andrić, obwohl ihn in Wirklichkeit kaum etwas mehr gefreut haben dürfte, laut einem deutschen Aktenvermerk lebhaftes Bedauern aus: „Der jugoslawische Gesandte vertritt die Auffassung, dass jeder, dem etwas an der Erhaltung des Friedens im Südostraum gelegen sei, den raschen Sieg Italiens im Mittelmeer wünschen müsse. Jede andere Einstellung sei töricht." Alle, die noch an einen Sieg Großbritanniens glauben, verspottet Andrić im Gespräch mit Deutschen demonstrativ als „Phantasten". Er lobt die „schöpferische Kraft des Nationalsozialismus" und die „Persönlichkeit Adolf Hitlers". Da er weiß, wie sehr Hitler den gestürzten jugoslawischen Ministerpräsidenten Stojadinović schätzt, hebt er bei jeder Gelegenheit (und wahrheitsgemäß) hervor, dass er dessen engster Mitarbeiter war. „Er habe sich dieser Erinnerung nicht zu schämen, da Stojadinović einer der vorausblickenden Staatsmänner gewesen sei, der die Machtentwicklung des nationalsozialistischen Reiches und die Bedeutung der Persönlichkeit Adolf Hitlers zu einer Zeit schon erkannt habe, wo viele andere Menschen noch von dem Nebel der westlichen Propaganda befangen gewesen seien", sagt er einem „Gewährsmann" in einem vorgeblich vertraulichen Gespräch, von dem er mit einiger Sicherheit annehmen konnte, dass es weitergeleitet werden würde. Deutlicher noch als in anderen Lebensphasen zerfällt der Schriftsteller in seinen Berliner Jahren in einen Nacht-Andrić und einen Tag-Andrić. Der Tag-Andrić lobhudelt, in Jugoslawien herrsche „geradezu Ehrfurcht vor der Größe und dem Leistungsvermögen der Deutschen". Der Nacht-Andrić schreibt 1940 ein Gedicht mit dem Titel *Brief an niemanden*, das er lebenslang unter Verschluss hält: *Auf den Höhen, wo es frisch ist und hell und rein und breit, weilen meine Gedanken, und hier unten, wo ich diese Worte schreibe, drückt die verpestete Luft die Brust zusammen, das wache Auge findet keine Ruhe. Ich lebe beklommen und atme schwer, schwinde langsam, werde immer kleiner, es wird immer dunkler und schwerer.* Der Nacht-Andrić sieht sich als *verwundeten Falken*, der sich in Höhen sehnt, *wo es frisch ist und hell und sauber und breit.*

SALONIKI BEHERRSCHEN

Als Deutschland die Tschechoslowakei zerschlug, Polen überfiel, Dänemark, Norwegen, die Beneluxstaaten und schließlich auch Frankreich besetzte, hatte Jugoslawien sich für neutral erklärt. Bis zum Herbst 1940 scheint es, als könne diese Politik weiterhin Erfolg haben. Dann greift Italien am 28. Oktober 1940 (entgegen Hitlers ausdrücklicher Warnung) Griechenland an. Wiederum erklärt Jugoslawien seine strikte Neutralität, nur geht die Rechnung diesmal nicht auf. Mussolini hat seine auch sonst auf allen Schlachtfeldern überforderte Armee wieder einmal überschätzt. Die Griechen verteidigen sich zäh. Bald gelingt es ihnen, den Italienern heftige Verluste zuzufügen, sie gar zurückzudrängen. Das Prestige der „Achse" steht auf dem Spiel – und für Hitler noch mehr, als ein britisches Expeditionskorps in Griechenland an Land geht. Wenn die Briten in Nordgriechenland Fuß fassen und in Thrakien Flugplätze anlegen können, geraten die Erdölquellen von Ploiești in den Bereich ihrer Bomber. Ohne Rumäniens Erdöl, von dem die Wehrmacht abhängt, kann Hitler nicht Krieg gegen die Sowjetunion führen. Bereits im Herbst 1940 sind vier britische Bomberstaffeln aus Ägypten nach Griechenland verlegt worden. Noch befinden sie sich im Süden des Landes, von wo aus sie die rumänischen Erdölgebiete nicht erreichen können. Aber das kann sich ändern.

So reift bei Hitler der Entschluss zu einem Krieg, den er eigentlich nicht will. Die Wehrmacht soll Griechenland besetzen, um die Briten zu vertreiben und Italien vor einem Debakel zu bewahren. Doch der Weg dorthin führt entweder via Ungarn, Rumänien und Bulgarien oder durch Jugoslawien. Hitlers Generäle ziehen die jugoslawische Option vor, da Jugoslawiens Nord-Süd-Verbindungen besser ausgebaut sind als die Bulgariens, wo die wichtigsten Verkehrsachsen von West nach Ost verlaufen. Doch

Jugoslawien weigert sich, Durchmarschgebiet zu werden. So bleibt nur die Route über Bulgarien. Die führt aber abschnittsweise dicht an der jugoslawischen Grenze entlang, wodurch die westliche Flanke des Aufmarsches bedroht wäre. Zur Absicherung will Hitler Jugoslawien deshalb mit aller Macht in sein Bündnissystem zwingen. Eine Politik der Einkreisung beginnt. Am 20. November 1940 tritt Ungarn dem Dreimächtepakt bei. Wenige Tage später folgen Rumänien und die Slowakei. Am 1. März 1941 kommt Bulgarien hinzu. Jeder Beitritt verstärkt den Druck auf Jugoslawien, sich der Kriegskoalition anzuschließen. Prinz Paul wird von allen Seiten bedrängt. Deutschland drängt ihn, dem Pakt beizutreten, Großbritannien und die Vereinigten Staaten warnen ihn davor. Innenpolitisch wäre solch ein Schritt, außer bei einem Teil der Kroaten, mehrheitlich unpopulär. Vor allem im serbisch dominierten Offizierskorps ist jegliche Annäherung an den Gegner aus dem vorigen Krieg verpönt. Washington und London fördern solche Stimmungen nach Kräften. Im Januar 1941 schickt Amerikas Präsident Franklin D. Roosevelt seinen Geheimdienst-Koordinator William Donovan nach Belgrad, im Februar folgt der britische Außenminister Antony Eden. Beide versuchen, Prinz Paul auf eine Ablehnung von Hitlers Avancen festzulegen. Am 22. März warnt Winston Churchill die jugoslawische Regierung per Telegramm: „Sollte sich Jugoslawien zum gegenwärtigen Zeitpunkt so erniedrigen wie Rumänien oder das gleiche Verbrechen wie Bulgarien begehen und zum Mitschuldigen an der beabsichtigten Erwürgung Griechenlands werden, dann wäre sein Ruin sicher und unwiderruflich." Doch Amerika ist weit und London schwach. Sie können Jugoslawien im Ernstfall nicht helfen. In einem Gespräch mit dem amerikanischen Botschafter in Belgrad sagt Prinz Paul resigniert, ein Krieg gegen Deutschland wäre Selbstmord für Jugoslawien. Er würde mindestens 200 000 seiner Bürger das Leben kosten und nur in der Verwüstung des Landes enden, das dann zwischen Deutschland, Italien, Ungarn und Bulgarien aufgeteilt würde.

Andrić sieht es genauso. Er sagt wohl ausnahmsweise, was er wirklich denkt, wenn er Donovans Unternehmen laut deutschen Spitzelberichten „kindlich und in seiner Naivität typisch amerikanisch“ nennt. Ein Land, das Washington traue, könne man nur bedauern, sagt Andrić auch.

Während Deutschland stetig den Druck auf Jugoslawien erhöht, nimmt einer der vielen Glücksfälle seinen Lauf, die Andrićs Leben begleiten: Aus den Verhandlungen, die schließlich in Jugoslawiens Beitritt zum Dreimächtepakt münden, wird er systematisch ausgeschlossen. Nach der Machtübernahme der Kommunisten wird ihm das die Karriere retten, vielleicht sogar das Leben. Doch 1941 stellt sich Andrićs Isolation noch anders dar. Prinz Paul hält ihn immer noch für „Stojadinovićs Mann“, dem nicht zu trauen ist. Das gilt umso mehr, seit er Stojadinović unter Hausarrest hat stellen lassen. In Belgrad entschließt man sich, die heiklen Verhandlungen mit Hitler nicht über den eigenen Gesandten in Berlin zu führen, sondern über einen Mittelsmann: Danilo Gregorić, einen fließend Deutsch sprechenden Journalisten, der Hitler verehrt, gute Kontakte in Berlin hat und davon überzeugt ist, dass den Deutschen die Zukunft gehört. Gregorić vertritt die Auffassung, dass nur Völker, die sich Hitlers „Neuordnung Europas“ rechtzeitig anschließen, ihren Teil vom Kuchen abbekommen werden. Er dient als Mittelsmann zwischen der Belgrader Regierung und Ribbentrop, arbeitet mit idealistischer Überzeugung an einer Annäherung. Prinz Paul nutzt zwar jede Möglichkeit, um Jugoslawiens Beitritt zum Dreimächtepakt zu verzögern und womöglich doch noch zu verhindern. Als nützlicher Idiot und inoffizieller Pendeldiplomat, der keine offiziellen Spuren hinterlässt, ist ihm Gregorić aber offenbar recht.

Es gibt ein auf unfreiwillige Weise aufschlussreiches Buch darüber, wie Jugoslawien in Hitlers Fänge geriet und wie Andrić dabei umgangen wurde. Es stammt von Gregorić selbst, trägt den Titel „So endete Jugoslawien“ und erschien 1942. Gregorić berichtet darin über seine Rolle als Vermittler zwischen Belgrad und Berlin. Er verfasst das Buch, als die Wehrmacht noch an allen Fronten vorrückt. Gregorić schreibt es in Erwartung des deutschen „Endsiegs". Er brüstet sich damit, was er innerhalb der kommenden deutschen Ordnung für Jugoslawien herausgeholt habe. Das wirkt aus damaliger Sicht gewaltig, denn Hitler hatte, um das widerstrebende Belgrad auf seine Seite zu ziehen, einen äußerst attraktiven Köder ausgelegt: Saloniki. In Belgrad gibt es eine Gruppe serbischer Generäle und Politiker, die darauf schielt, diese bedeutende Hafenstadt, die Serbien schon im Balkankrieg von 1912 erobern wollte, als Kriegsbeute an sich zu reißen. Belgrads Kalkül 1941 lautet: Wenn nach Italien auch Deutschland Griechenland angreifen sollte, wird das Land rasch zusammenbrechen – und bevor Saloniki dann in italienische Hände fällt, ist es besser, es wird serbisch. Einen Verrat am orthodoxen Brudervolk der Griechen nimmt man dafür in Kauf. Gregorić behauptet in seinem Buch, er habe das Thema bereits bei seinem ersten Gespräch mit dem deutschen Botschafter in Belgrad zur Sprache gebracht: „Ich schnitt die Frage der Kompensationen an, die Jugoslawien bekommen könnte, wenn es sich aus seiner Neutralität heraus offen ins deutsche Lager begeben würde", habe er gesagt und Saloniki als Preis genannt. Viktor von Heeren, der als deutscher Botschafter Andrićs Entsendung nach Berlin so enthusiastisch befürwortet hatte, soll geantwortet haben, er könne sich denken, dass nach Griechenlands absehbarer Niederlage „unter gewissen Bedingungen Jugoslawiens Ausgang zum Ägäischen Meer eine Diskussionsbasis sein könnte". Gregorić behauptet zudem, Jugoslawiens Ministerpräsident Dragiša Cvetković, ein Serbe, habe ihn mit der Aussage „Für Saloniki treten wir auch offen dem antibritischen Block bei" nach Berlin geschickt. Ob diese Worte wirklich so gefallen sind, kann niemand mehr wissen, doch Tatsache ist, dass Gregorić im November 1940 zu einer ersten von mehreren geheimen Vermittlungsreisen nach Berlin kommt. Seine Gespräche haben auch in deutschen Archiven Spuren hinterlassen. Belgrads Hunger auf Saloniki ist immer Teil der Gespräche.

Gregorić wird auch von Ribbentrop empfangen und will sich in seinem Buch einen Seitenhieb gegen Andrić nicht verkneifen: „Wir waren so weit und bekamen nun persönlichen Kontakt mit dem Reichsaußenminister. Wie wichtig war dies, da unser Gesandter in Berlin, der schöngeistige, hochkultivierte Andrić, seit Kriegsbeginn nicht Gelegenheit gehabt hatte, mit von Ribbentrop persönlich die Fragen, die für Jugoslawien lebenswichtig waren, zu besprechen, und überhaupt ganz zurückgezogen ein beschauliches Dasein führte." Das ist zwar falsch, da Andrić, wie beschrieben, sowohl zu Göring als auch zu Ribbentrop Zugang hatte und bei Weizsäcker ein und aus ging – doch im Rückblick wird es sich für Andrić als Glücksfall erweisen, von einem Kollaborateur wie Gregorić bezichtigt worden zu sein, keinen Zugang zu den Mächtigen in Berlin gehabt zu haben.

Der Köder Saloniki zeigt unterdessen immer stärkere Wirkung. Im November 1940 heißt es in einem von der deutschen Botschaft in Belgrad an Berlin übermittelten Bericht, in Jugoslawien spiele man „neuerdings wieder auch in sehr ernsten politischen Kreisen mit dem Gedanken, sich bei einem Zusammenbruch Griechenlands endlich Salonikis bemächtigen zu können". Botschafter von Heeren meldet am 14. November 1940: „Der Ausbruch des italienisch-griechischen Konflikts, durch den, wie man hier allgemein annimmt, auch die Frage der zukünftigen territorialen Gestaltung Griechenlands aufgerollt wird, hat in serbischen Kreisen und vor allem auch in der Armee den alten serbischen Wunsch nach einem freien Ausgang zur Ägäis über Saloniki wieder lebendig werden lassen. Das Recht zu diesem Anspruch wird bekanntlich damit begründet, dass Jugoslavien – ebenso wie Bulgarien – nur an ein Meer grenzt, dessen Ausgang in fremder Hand ist, und dass der Besitz des Talweges Morava-Vardar-Saloniki für das serbische Volk von jeher von lebenswichtiger Bedeutung gewesen sei." In einem als „Geheime Reichssache" eingestuften Bericht wird Militärattaché Vauhnik zitiert, der einem deutschen Offizier gesagt habe, Belgrad hege „sorgenvolle Gedanken bezüglich Saloniki, an dem man selbst stark interessiert sei. Der verabschiedete jugoslawische Generalstabschef, ein sehr guter und zielbewusster Soldat, hätte sich stets mit dem Gedanken befasst, einmal mit Deutschlands Hilfe oder Zustimmung Saloniki für Jugoslawien zu erwerben. … Seine persönliche Ansicht gehe jedoch dahin, dass Jugoslawien, wenn Sicherheit darüber bestände, dass Deutschland mit Bulgarien in Thrakien einrücke, auch losschlagen würde." In seinen nach Kriegsende erschienenen Memoiren stellt Vauhnik das natürlich ganz anders dar, obwohl er nicht bestreitet, dass über Saloniki verhandelt wurde. Er behauptet nun aber, dass er „Ende November oder Anfang Dezember" 1940 ein Telegramm aus dem Kriegsministerium in Belgrad erhalten habe, in dem auf die Gefahr hingewiesen worden sei, dass Saloniki an Italien oder Bulgarien falle. „Ich wurde daher aufgefordert, sofort mit den maßgebenden Persönlichkeiten des Dritten Reiches in Verbindung zu treten und zu sondieren, ob nicht das Dritte Reich geneigt wäre, durchzusetzen, sei es allein oder durch Vermittlung, dass Saloniki jugoslawisch werde." Aus dem sicheren Abstand der Nachkriegszeit behauptet Vauhnik, er sei immer gegen einen solchen Plan gewesen, wie auch sein Missionschef: „Ich fragte bei unserem Berliner Gesandten Dr. Andrić an, ob ihm etwas von irgendwelchen Intentionen der jugoslawischen Regierung bezüglich Saloniki bekannt sei, was er kategorisch verneinte und sich auf den Standpunkt stellte, was auch meinem Standpunkt entsprach, dass man jede Aktion bezüglich Saloniki als illoyal, ja direkt als Verrat an Griechenland bezeichnen müsste." Die deutschen Akten von 1940/41 sprechen über Vauhniks Rolle eine andere Sprache als das geduldige Memoirenpapier. Zu einer Verwicklung Andrićs in Belgrads versuchten Raub Salonikis schweigen die erhaltenen Akten – vermutlich da er, zu seinem späteren Glück, längst von allen wichtigen deutsch-jugoslawischen Verhandlungsfragen ausgeschlossen worden war.

Die deutsche Botschaft meldet im Dezember 1940, die Frage einer „Angliederung Salonikis" an Jugoslawien werde in Belgrad weiterhin intensiv erörtert. „Dabei wird von den jugoslawischen Experten geltend gemacht, dass die Randbevölkerung in dem Raum zwischen Saloniki und der heutigen jugoslawischen Grenze slawischen Ursprungs und dass sie nur gräzisiert worden sei. Es würde nur einer kurzen Zeit bedürfen, um die slawischen Elemente wieder zum Durchbruch gelangen zu lassen." Doch Kroatien stelle sich quer, will man in der deutschen Botschaft erfahren haben: „Die Kroaten lehnen grundsätzlich alles ab, was als eine Stärkung der Serben dienen könnte. Allerdings kann man hier und da … die Auffassung hören, dass durch eine Angliederung Salonikis an Jugoslawien der serbische Vorherrschaftsdrang eine Ablenkung erfahren würde und dass dann vielleicht die Serben so in Anspruch genommen sein würden, dass sie eher geneigt wären, den Kroaten gegenüber Zugeständnisse zu machen." Während Andrić von seiner eigenen Regierung im Unklaren gelassen wird, ist sein häufigster Gesprächspartner im Auswärtigen Amt besser informiert. Am 3. Dezember 1940 notiert Ernst von Weizsäcker, was Hitler Jugoslawien anbietet: „Saloniki gratis, sonst ungeschoren bleiben, nur ein kleiner Verrat an Griechenland und damit indirekt ein Tritt gegen England …" Im Januar kommt Weizsäcker auf die inzwischen weit fortgeschrittenen Pläne zur Zerstückelung Griechenlands zurück: „Den Bulgaren haben wir bereits den Zugang zur Ägäis zwischen Struma u. Maritsa versprochen, wenn sie dem Dreimächtepakt beitreten. … Schließlich wird auch Jugoslawien mit Saloniki bedient werden müssen, um ihm den Mund zu stopfen."

Prinzregent Paul zögert, doch im März 1941 ist sein hinhaltender Widerstand gebrochen. Über Gregorić ist für den 4. März ein Treffen mit Hitler in Berchtesgaden vermittelt worden. Ribbentrop unterrichtet von Heeren in Belgrad per Telegramm über den Verlauf: Hitler habe dem Prinzregenten gesagt, dass England den Krieg bereits verloren habe und es für alle Länder Europas an der Zeit sei, sich auf die Neuordnung Europas einzustellen. Da Griechenlands Zusammenbruch nur eine Frage der Zeit sei, biete sich für Jugoslawien die einmalige Gelegenheit, sich durch eine rechtzeitige Anlehnung an die Achse den lang ersehnten Zugang zur Ägäis zu sichern. „Griechenland werde seine Position bei Saloniki doch nicht behaupten können, und die deutschen Truppen auf dem Balkan würden eines Tages abziehen. Habe sich dann Jugoslawien nicht rechtzeitig seine Ansprüche gesichert, so laufe es Gefahr, sich schließlich durch eine dritte Macht den Weg zur Ägäis verlegt zu sehen", fasst Ribbentrop Hitlers Worte zusammen. Hitler verspricht, Deutschland werde dafür sorgen, dass Saloniki nach Kriegsende an Jugoslawien falle. Paul entgegnet, wie schwer ihm solch ein Entschluss falle, erwähnt die griechische Abstammung seiner Frau und seine persönliche Sympathie für England. Aber Saloniki will er trotzdem haben. Um Hitlers Zusagen zu bekräftigen, telegraphiert Ribbentrop am 9. März an von Heeren, Deutschland sei bereit, Jugoslawien den Besitz der Stadt in einer geheimen Note auch schriftlich zuzusagen. Am 17. März telegraphiert von Heeren in außerordentlicher Dringlichkeitsstufe („Citissime! Streng geheim!") zurück, der Kronrat in Belgrad habe dem Beitritt zum Dreimächtepakt zugestimmt. Nur lege Belgrad Wert auf einen Vertragstext mit der exakten Formulierung, dass bei der „Neuregelung" der Grenzen auf dem Balkan „dem Interesse Jugoslawiens an einer territorialen Verbindung mit dem Ägäischen Meer unter Ausdehnung seiner Souveränität auf Stadt und Hafen Saloniki Rechnung getragen werden soll". In einer geheimen Zusatznote wird der Belgrader Wunsch in genau dieser Formulierung übernommen. Außerdem sagt Hitler Jugoslawien zu, weder militärischen Beistand noch Durchmarschrechte durch Jugoslawien für seine Truppen zu verlangen. Das sind viel größere Zugeständnisse, als Ungarn, Rumänien, die Slowakei und Bulgarien für sich herausschlagen konnten, als sie dem Pakt beitraten. Kurzsichtig betrachtet, hat Jugoslawien also erfolgreich verhandelt. Tatsächlich ist es aber auf dem Weg, Komplize der verbrecherischen deutsch-italienischen Politik zu werden, wie Weizsäcker unter dem Datum 25. März 1941 notiert: „Wichtig ist eigentlich nur der Sündenfall Jugoslawiens an sich, der darin besteht, dass es sich insgeheim Saloniki versprechen lässt, d. h. ein Stück aus dem Gebiet seines bisherigen Bundesgenossen."

Andrić hat zu diesem Zeitpunkt, erbost und desavouiert, weil er umgangen worden ist, bereits zweimal erfolglos an seinen Außenminister Cincar-Marković geschrieben, um seine Ablösung zu verlangen. Andrić und Cincar-Marković kennen einander schon seit fast zwanzig Jahren. Der Außenminister war Konsul in Triest gewesen, als Andrić 1922 dorthin versetzt wurde. Cincar-Marković hatte sich, da Andrić mit dem feuchtkalten Triester Winter nicht zurechtkam, wohlwollend für die Versetzung des jungen Beamten nach Graz eingesetzt. Im Jahr 1941 herrscht jedoch Eiszeit zwischen dem Minister und seinem wichtigsten Diplomaten. Mehrfach hat Andrić erfolglos versucht, dem Minister persönlich sein Anliegen vorzutragen. Da er keinen Termin bekommt, fordert er unter dem Datum des 26. Februar 1941 erstmals schriftlich, aus Berlin abgezogen zu werden. *In den letzten Monaten ist es zwei Mal vorgekommen, dass private Persönlichkeiten aus Belgrad nach Berlin gekommen sind und Gespräche mit dem Außenminister und anderen führenden Persönlichkeiten des Reiches führten*, schreibt er. *Mir ist weder bekannt, in welchem Namen besagte Persönlichkeit spricht, noch, was der Gegenstand beziehungsweise das Resultat besagter Gespräche war. Ich erachte es nur als meine Pflicht, Ihnen diesbezüglich Folgendes zu sagen. Ohne Zweifel erschwert, beziehungsweise verhindert eine solche Art der Gespräche mit der hiesigen Regierung die Lage des hiesigen Königlichen Gesandten.* Andrić erwähnt, dass Hitler in jüngster Zeit auch Staatsmänner aus Spanien, Italien, Rumänien, Ungarn, Bulgarien und anderen Ländern auf dem Berghof empfangen habe, und mit Ausnahme Jugoslawiens sei stets der jeweilige Gesandte dabei gewesen. Er beklagt seinen Ansehensverlust in Berlin: *Ich weiß zuverlässig, wie unser Fall von meinen Kollegen kommentiert wird und wie darauf im hiesigen Außenministerium geschaut wird. Und ich weiß, dass es das Ansehen unseres Gesandten nicht erhöht und seine Arbeit hier nicht erleichtert.* Tatsächlich wird im diplomatischen Korps in Berlin getuschelt. Es heißt, Andrić habe keinen Rückhalt mehr in Belgrad und sei nur noch auf dem Papier Jugoslawiens Repräsentant in Deutschland. Der sowjetische Botschafter Wladimir Dekanosow spricht Andrić bei einem Empfang in der iranischen Botschaft sogar unverblümt auf die Sache an. Der schreibt in der Folge solcher Vorfälle an seinen Minister, seine Lage als *Gesandter mit geminderter Autorität* lasse sich weder mit seiner Dienstauffassung noch mit seinem Verständnis von persönlicher Würde vereinbaren.

Bezeichnenderweise bekommt Andrić eine Antwort erst am 17. März, als der Kronrat in Belgrad die Entscheidung für einen Beitritt zum Dreimächtepakt bereits gefällt hat. Außenminister Cincar-Marković rechtfertigt sich unter anderem damit, dass sein erster Besuch bei Hitler auf ausdrücklichen Wunsch der Deutschen streng geheim gehalten werden musste (was nicht zutraf). Beim zweiten Besuch sei es ähnlich gewesen. Andrićs Arbeit werde weiterhin sehr geschätzt, versichert der Minister: „Ich bitte Sie, lieber Herr Andrić, dass Sie neben diesen Erklärungen auch meine ehrlichsten Grüße und freundschaftlichen Wünsche für Ihre weitere Arbeit empfangen." Doch Andrić will sich mit solchen Worten nicht abspeisen lassen. Am 20. März schreibt er dem Minister einen zweiten Brief, wiederum eine Mischung aus Beschwerde und Rücktrittsgesuch, diesmal aber noch deutlicher. Andrić beharrt darauf, dass *ein dringender Wechsel der Person auf der Stelle des Königlichen Gesandten in Berlin notwendig ist.* Er betrachte es als Ehre, von Fürst Paul nach Berlin entsandt worden zu sein, *aber heute nö-*

tigen mich in erster Linie unzählige dienstliche und danach auch persönliche zwingende Gründe, darum zu bitten, dass ich von dieser Pflicht entbunden werde und so schnell wie möglich von der jetzigen Position abgezogen werde. – Ich hatte nicht, wie ich es gewünscht hätte, die Gelegenheit, Ihnen diese Gründe mündlich mitzuteilen, aber Sie kennen mich gut genug, um mir glauben zu können, dass ich diese meine Entscheidung nach ernsthafter Überlegung getroffen habe.

Wohlgemerkt: Die Gründe, die Andrić für seine Bitte um Ablösung vorbringt, haben nichts damit zu tun, dass er Jugoslawiens Beitritt zu Hitlers Pakt abgelehnt hätte. Es wäre aus damaliger Sicht auch töricht gewesen, von einer solchen Gegnerschaft, wenn sie denn bestanden hätte, schriftlich Spuren zu hinterlassen. Außerdem ist Andrić ein durch und durch loyaler Beamter, der Weisungen aus Belgrad nicht in Frage stellt, wie der erwähnte Andrić-Kenner Glišović hervorhebt: „Andrić widersetzte sich in seiner ganzen diplomatischen Karriere nie der Ausführung einer Aufgabe. Er führte alles eifrig aus und ließ dabei seine persönliche Haltung und seine Emotionen beiseite." Wäre er nicht ausgeschlossen worden, stellt Glišović fest, hätte Andrić mit Sicherheit an den Gesprächen der jugoslawischen Führung mit Ribbentrop und Hitler teilgenommen und alle Vorbereitungen zum Paktbeitritt begleitet. Nach dem Krieg setzt sich in Jugoslawien jedoch die Ansicht durch, Andrić habe 1941 aus Protest gegen Jugoslawiens Beitritt zum Dreimächtepakt um seine Ablösung gebeten. Für den Schriftsteller ist das ein äußerst bequemer Irrtum, zumal im Nachkriegsbelgrad nur noch eine Handvoll Leute am Leben ist, die weiß, wie es wirklich war – und diese Mitwisser haben kein Interesse, Andrić öffentlich zu korrigieren, weil sie damit auch ihre eigene Rolle offenlegen müssten. Also fördert Andrić die Entstehung der Legende seiner Opposition zum jugoslawischen Paktbeitritt, indem er dazu schweigt und die Umstände für sich wirken lässt.

Der Vertrag über Jugoslawiens Beitritt zum Dreimächtepakt wird am 25. März 1941 im Schloss Belvedere in Wien unterzeichnet. Diesmal ist Andrić dabei. Die auf ihn angesetzten Spitzel berichten aus diesen Tagen, er sei ausgezeichneter Laune: „Ein Vertrauensmann, der heute Mittag beim Jugoslawischen Gesandten Andrić zum Frühstück geladen war, erfuhr von diesem, dass morgen in Wien der Anschluss Jugoslawiens an den Dreimächtepakt vollzogen würde. ... Der jugoslawische Gesandte äußerte sich sehr befriedigt über die schließlich doch erfolgte Klärung der Lage." Andrić habe versichert, dass es für ihn die größte Befriedigung sei, die Entwicklung als Berliner Gesandter miterleben zu können. Es gibt aber auch andere Einschätzungen. So von Ulrich von Hassell, der von 1930 bis 1932 deutscher Gesandter in Belgrad war und mit Andrić, da er sich weiterhin für Jugoslawien interessiert, in Kontakt steht. Von Hassell, der im September 1944 wegen seiner Beteiligung am Attentat auf Hitler zum Tode verurteilt und in Berlin-Plötzensee hingerichtet werden wird, sieht die Politik der Nationalsozialisten mit großer Skepsis. Er schätzt Andrić („ein Dichter von Rang ... ein angenehmer, kluger Mann") und erwähnt ihn mehrfach in seinem geheimen Tagebuch. Auch in den turbulenten Tagen des März 1941, wenige Tage vor Jugoslawiens Paktbeitritt, trifft er ihn in Berlin und schreibt: „Andrić ist schwer gedrückt." Ob Andrić wegen des nahenden Paktbeitritts bedrückt ist oder wegen der Tatsache, dass er bei der Einfädelung des Vertragsabschlusses umgangen wurde (was von Hassell natürlich nicht wissen kann), ist aus den Aufzeichnungen nicht ablesbar. Es gibt aber einen Hinweis darauf, dass der „Nacht-Andrić" keineswegs so ausgezeichneter Laune war wie der „Tag-Andrić". Der Hinweis stammt von einem rumänischen Diplomaten, der an dem Festmahl teilnimmt, das auf die Unterzeichnung des Beitrittsvertrags in Wien folgt. Von deutscher Seite sind außer Hitler auch Ribbentrop und Wilhelm Keitel dabei, der Chef des Oberkommandos der Wehrmacht. Hitler lobt Jugoslawiens Weitsicht. Der künftige Zugang Jugoslawiens zur Ägäis werde eines Tages „als der erfolgreichste Akt der jugoslawischen Außenpolitik angesehen werden", prophezeit er der Belgrader Delegation. Viele Teilnehmer beschreiben die Stimmung während des Essens als niedergeschlagen. Wie ein Totenmahl sei das gewesen, schreibt Raoul Bossy, Rumäniens Botschafter in Deutschland, in seinen nach dem Krieg erschienenen Memoiren. Bossy ist erst zehn Tage zuvor in Berlin eingetroffen, kennt Andrić aber aus Rom. Er schreibt, Andrić sei in Wirklichkeit keineswegs begeistert gewesen über den Beitritt Jugoslawiens zum Dreimächtepakt, wie er seinen deutschen Gesprächspartnern vorgaukelte. Stattdessen habe Andrić sich hinter vorgehaltener Hand beklagt, auch Jugoslawien habe sich nun dem „deutschen Joch" unterworfen. Beim Verlassen des Salons, in dem Kaffee serviert worden war, habe er versucht, Andrić aufzumuntern, schreibt Bossy. Er habe ihm zugeraunt, Jugoslawien sei besser weggekommen als Rumänien, denn immerhin hatten die Rumänen Territorium verloren, Jugoslawien aber nicht. (Dass Jugoslawien laut Vertrag sogar Territorium hinzugewinnen sollte, konnten beide damals nicht wissen.) „Ach wissen Sie, ob man sich den Knöchel verrenkt oder bricht, das Ergebnis ist dasselbe", habe Andrić geantwortet.

Andrićs Teilnahme am Abschluss des deutsch-jugoslawischen Bündnisses zu Lasten Griechenlands hat ein Jahrzehnt später noch ein Nachspiel. Im Jahr 1951 organisiert die jugoslawische Armee in Belgrad eine Ausstellung über den Widerstand gegen die deutsche Besatzung. Zu den Exponaten gehört auch ein Foto, das Andrić bei der Vertragsunterzeichnung im Belvedere zeigt. Er steht neben einem bekannten serbischen Journalisten. Der Journalist lacht. Andrić sagt dazu später, was auf dem Foto aussehen möge wie ein vergnügtes Lachen, sei eigentlich Spott gewesen, denn er und der Journalist hätten „diesen ganzen Zirkus mit Grimassen verspottet". Außerdem habe er stets versucht, den anwesenden Fotografen den Rücken zuzudrehen, um nicht am nächsten Tag in den Zeitungen auf einem Foto der Paktunterzeichnung zu erscheinen – und darüber habe der Journalist sich amüsiert. „Und das Lachen auf seinem Gesicht, das auf diesem Foto eingefangen ist, geht vermutlich eher auf meine Kosten, da er sah, wie ich nach und nach die Pose änderte, damit sie mich nicht mit dem Gesicht auf den Objektiven einfangen können." Von dem Foto berichtet auch Milovan Djilas, der nach dem Krieg einige Jahre lang einer der mächtigsten Männer im kommunistischen Jugoslawien ist. Djilas' Schilderungen gibt es in mehreren Versionen, doch ihr Kern bleibt derselbe: Wenige Tage nach der Eröffnung der Ausstellung, auf dem das Foto von 1941 gezeigt wurde, habe Andrić ihn angerufen und um Empfang gebeten. Djilas empfing Andrić noch am gleichen Tag. Aufgewühlt habe der gesagt: „Schauen Sie, diese Ausstellung ... Mein Bild hängt dort, bei der Unterzeichnung zum Beitritt des Dreierpakts ... Es ist unangenehm heute, nach so langer Zeit." Djilas kannte das Foto: „Der großgewachsene Ivo Andrić im Frack war umso auffallender auf dem vergrößerten Bild zu sehen, weil er seitlich im Vordergrund stand. Tatsächlich sind bei dieser Ausstellung von Besuchern Bemerkungen gefallen wie: ‚Sieh mal einer an, das ist Andrić, viele wissen das gar nicht ...'" Andrić habe verlangt, dass sein Konterfei aus dem Foto herausgeschnitten werde, und er, Djilas, habe sofort den zuständigen General angerufen. Der habe die Anweisung gegeben, gleich das ganze Bild aus der Ausstellung zu entfernen.

Das geschah offenbar äußerst gründlich. In vielen Büchern über Andrić ist von dem Foto aus dem Jahr 1941 die Rede, nicht nur bei Djilas. Doch abgedruckt wird das Bild in diesen Büchern nicht. Im militärhistorischen Archiv in Belgrad gibt es ein Foto vom Moment der Paktunterzeichnung in Wien. Etwa zwanzig Männer sind darauf zu sehen. In der hinteren Reihe rechts ist ein Platz frei. Es sieht aus, als sei dort ein Kopf wegretuschiert worden. Das Negativ zu dem Bild ist nicht auffindbar.

DER PUTSCH

Jugoslawien hat einen scheinbar lukrativen Pakt mit dem Teufel geschlossen: Ein Bündnis mit Hitler gegen die Zusage, von ihm verschont zu bleiben. Auch wenn er den Nationalsozialismus verabscheut, darf Andrić nun wenigstens hoffen, dass Jugoslawien neben der Schweiz und Schweden das einzige Land in Deutschlands Nachbarschaft bleiben wird, das nicht mit dem Reich im Krieg steht, besetzt ist oder zu einem Vasallenstaat herabsinkt. Das kann 1941 durchaus als Erfolg gelten in Europa. Der Bevölkerung Jugoslawiens verschafft es Aussicht auf ein halbwegs friedliches Leben inmitten eines brennenden Kontinents.

Doch Andrić ist kaum zurück in Berlin, als Jugoslawiens Pakt mit dem Teufel zerbricht. In der Nacht vom 26. auf den 27. März 1941 putscht eine Gruppe serbischer Offiziere gegen Prinz Paul. Die Putschisten besetzen die wichtigsten Belgrader Straßen, den Flughafen, den Generalstab, die Brücken über Donau und Save. Luftwaffengeneral Dušan Simović erklärt sich zum Regierungschef. Paul wird mit seiner Familie des Landes verwiesen. Der siebzehnjährige Petar Karadjordjević, Sohn des 1934 in Marseille ermordeten Aleksandar I., wird zum König ausgerufen. Die *Politika* titelt: „Seine Hoheit König Petar II. hat gestern die königliche Herrschaft in die Hände genommen. Im ganzen Land wurde diese Veränderung mit Begeisterung aufgenommen." Die bisherige Regierung, heißt es im Blatt, „hatte keine Unterstützung des serbischen Teils der Bevölkerung und stellte so sowohl die innere Ordnung als auch den Frieden auf dem Balkan in Frage. Die neue Regierung, die von Dušan Simović gebildet wurde, stellte eine Verbindung zwischen den Serben und der obersten Staatsführung her, die bisher gefehlt hatte". Am Morgen nach der Putschnacht übertragen die jugoslawischen Radiosender eine Proklamation des neuen Königs an die Völker Jugoslawiens. In Wirklichkeit weiß der unvermutet zum König avancierte Petar zu diesem Zeitpunkt noch nichts von seinem wundersamen Aufstieg. Die Proklamation, verfasst von den Putschisten, wird im Radio von einem jungen Marineoffizier verlesen, dessen Stimme der Petars ähnelt. Der echte Petar wird erst nachträglich informiert und vor vollendete Tatsachen gestellt. Die Nachricht vom Belgrader Putsch verbreitet sich binnen Stunden in der Welt. Viele Menschen verbinden sie mit der Hoffnung, der unpopuläre Beitritt zum Dreimächtepakt, den deutsche wie jugoslawische Zeitungen und Sender am Vortrag noch als Garantie für eine friedliche Zukunft Jugoslawiens gepriesen hatten, sei nun hinfällig. In Belgrad kommt es zu Jubelfeiern. „Besser Krieg als Pakt" oder „Besser im Grabe als ein Sklave", rufen die Demonstranten. Patriarch Gavrilo, das Oberhaupt der serbisch-orthodoxen Kirche, macht ihnen in einer Radioansprache Mut: „Wenn Gott mit uns ist, was können uns dann die Menschen!"

Als Hitler über die Ereignisse informiert wird, bekommt er einen seiner berüchtigten Wutanfälle und befiehlt schon wenige Stunden später, Jugoslawien zu vernichten. Am 27. März zur Mittagszeit ruft er seine Generäle zusammen. Eigentlich habe er Jugoslawien verschonen wollen, doch nun gelte es, das Land „mit unbarmherziger Härte" zu vernichten, sagt er ihnen: „Jugoslawien muss auch dann, wenn es zunächst Loyalitätserklärungen abgibt, als Feind betrachtet und daher so rasch als möglich zerschlagen werden." Die deutsche Presse, die gestern noch das tapfere Soldatentum der Serben und das stolze Jugoslawien lobte, bekommt die Anweisung, von der „serbischen Verschwörer-Rasse" zu berichten, die schon für den Ausbruch des Weltkriegs 1914 Verantwortung trage. Charakteristisch für den Ton, den die deutsche Presse nun anschlägt, ist ein Text des deutschen Kriegsberichterstatters Rudolf Vogel, der nach dem Krieg ein angesehener Bundestagsabgeordneter der deutschen Christdemokraten werden wird: „Der 26. März 1941 lieferte vielleicht den letzten und schlüssigsten Beweis für die Unfähigkeit der Serben, ein abendländisches Staatswesen unter Verzicht auf Mord und Terror zu bilden." Das ist jetzt die Melodie im großdeutschen Blätterwald.

Für Ivo Andrić beginnt nun der wichtigste politische Kampf seines Lebens. Als die neue jugoslawische Regierung einsieht, dass auf jeden Putsch auch ein Tag danach folgt, setzt sie alles daran, Berlin zu besänftigen, um einen Krieg zu vermeiden. Zwar hat Churchill die Jugoslawen dafür gelobt, dass sie „ihre Seele wiedergefunden haben", doch die meisten Generäle in Belgrad wissen genau, dass sie aus London keine Hilfe erwarten können und dass Jugoslawiens Armee gegen die Wehrmacht keine Chance hat. Andrić erhält den Auftrag, alles zu unternehmen, um Ribbentrop und Hitler glauben zu machen, dass die Putschregierung am Beitritt zum Dreierpakt festhalten werde. Diese Zusage fällt den Generälen umso leichter, als sie inzwischen den vollen Vertragstext kennen und sehen, dass die Konditionen für Jugoslawien äußerst günstig sind. Die britische Propaganda hatte in Belgrad die Nachricht gestreut, Jugoslawien müsse seine Souveränität aufgeben, die Stationierung oder den Durchmarsch deutscher Truppen dulden, sich gar am Krieg gegen Griechenland beteiligen. Stattdessen erfahren die Putschisten aus dem geheimen Teil des Vertragstexts, dass Jugoslawien nur stillhalten muss und dafür als Dreingabe auch noch Saloniki bekommen soll. Mit so einem Pakt können sie leben. Doch ist Hitler noch zu besänftigen?

Am Abend des 27. März ist Andrić zu einem Empfang im Berliner *Hotel Esplanade* eingeladen. Ribbentrop ist auch da. Es gelingt Andrić, den Außenminister zu sprechen. Der verhehlt seine Enttäuschung über die Belgrader Ereignisse nicht. Doch Andrić wertet allein die Tatsache, dass der Minister noch mit ihm spricht, als hoffnungsvolles Zeichen. Derweil versuchen alle anderen auf dem Empfang anwesenden Botschafter, mit Andrić ins Gespräch zu kommen. Manche zeigen sich erstaunt, dass er überhaupt noch an einer öffentlichen Veranstaltung in Berlin teilnimmt. Andrić antwortet, er halte seine Teilnahme für eine Selbstverständlichkeit, da er sich als Missionschef einer mit dem Reich verbündeten Nation fühle. Am Vormittag des 28. März führt Andrić ein langes Gespräch mit einem deutschen „Vertrauensmann", von dem er erwartet und wohl sogar hofft, dieser werde seine Worte an Ribbentrop weitergeben, damit der wiederum Hitler davon in Kenntnis setzt. Also spricht Andrić alles aus, von dem er glaubt, dass Ribbentrop es gern hören werde, und er irrt nicht: Der „Vertrauensmann" leitet seine Ausführungen noch am gleichen Tag an den Außenminister weiter.

Der Spitzel schreibt, Andrić bedauere, dass es in Belgrad vereinzelt zu Ausschreitungen gegen Deutsche gekommen sei, doch habe die neue Regierung ihm versichert, dass sich derlei nicht wiederholen werde. „Gesandter Andrić hofft, dass diese Zwischenfälle auch das Berliner Urteil nicht beeinflussen, da es sich seiner Meinung nach sehr leicht um gewollte Provokation von Subjekten in englischem Sold handeln könne. Er habe jedenfalls den Eindruck, dass englische Agenten und vielleicht auch Juden jetzt am Werk seien, um mit allen Mitteln ihre Chance zu nutzen, die sie glauben, in der veränderten Lage in Belgrad sehen zu können", wird Andrić in dem Bericht zitiert. „Der plumpe Versuch Churchills, durch seine gestrige Unterhausrede Zwietracht zwischen dem Reich und Jugoslawien zu säen und die Belgrader Krise für die Bedürfnisse der britischen Kriegsausweitung auszunützen, habe das Gegenteil von dem bewirkt, was Churchill damit beabsichtigt habe. Die bemerkenswerte Zurückhaltung auf deutscher Seite indessen trage dazu bei, die Geister in Belgrad zu beruhigen und vernünftigen Erwägungen zugänglich zu machen", sagt Andrić demnach weiter. Er rügt den „unvorstellbaren Dilettantismus" der gestürzten jugoslawischen Regierung, die es unterlassen habe, Jugoslawiens Bevölkerung auf eine so bedeutende außenpolitische Kehrtwende wie den Beitritt zum Dreimächtepakt vorzubereiten. „Nicht das Geringste sei vorher geschehen, um die öffentliche

Meinung des Landes auf diese doch für die Tradition Jugoslawiens bedeutsame Entwicklung auszurichten. … Auch er selbst habe ja eigentlich erst offiziell am Tage vor der Unterzeichnung Kenntnis erhalten." Flehentlich beschwört Andrić mehrfach die Hoffnung, der Putsch möge kein unwiderrufliches Unglück sein. Wenn Berlin nur etwas Geduld habe, werde es gelingen, den tragischen Zwischenfall zu überwinden. Doch zu diesem Zeitpunkt hat Göring bereits befohlen, fünfhundert Kampfflugzeuge aus Frankreich und Norddeutschland nach Wien zu verlegen. Sie sollen von dort aus zur Bombardierung Belgrads aufsteigen und die jugoslawische Luftabwehr zerstören. Der angestrengte Optimismus, den Andrić zur Schau trägt, hat tragikomische Züge. Während um ihn herum zum Krieg gerüstet wird, behauptet er immer noch, dass alles in Ordnung oder wenigstens reparabel sei. Das kommt offenbar selbst in seiner eigenen Botschaft nicht gut an. In einem deutschen Geheimbericht vom 29. März heißt es unter Berufung auf einen V-Mann, „dass in der Gesandtschaft die Lage in Belgrad wesentlich besorgter angesehen werde, als sie vom Gesandten Andrić beurteilt wird. Der ostentative Optimismus des Gesandten Andrić wird von einem Teil der Gesandtschaftsmitglieder nicht verstanden. Vielleicht habe er Informationen aus Belgrad, die er seinen Mitarbeitern vorenthalte. Die meisten jugoslawischen Diplomaten und Journalisten seien daher seit gestern sehr deprimiert."

Andrić hat tatsächlich Informationen aus Belgrad, die er seinen Mitarbeitern vorenthält – aber die sind niederschmetternd. Von Stunde zu Stunde wird deutlicher, dass die Putschisten ohne Strategie gehandelt haben. Sie haben sich stattdessen offenbar auf das britische Versprechen verlassen, Großbritannien werde Jugoslawien schon irgendwie helfen. Doch in Wirklichkeit liegt ein Krieg auf dem Balkan, ein möglichst langer zumal, der Hitler ablenkt und die Wehrmacht beschäftigt, eindeutig im britischen Interesse. Der Verdacht, dass britische Agenten den Putsch deshalb nach Kräften förderten, wird durch eine Fülle von Indizien erhärtet. Cecil Parrott, der britische Privatlehrer von König Petar, erinnert sich an ein Treffen, das er noch zu Kriegszeiten an seinem alten College in Cambridge hatte. Parrott berichtet, er habe bei diesem Treffen mit Genugtuung von der Rolle seines einstigen Schülers an der Spitze des Belgrader Putsches berichtet. Daraufhin habe ihm ein anwesender Mitarbeiter der „Special Operations Executive" (S. O. E.), der während des Krieges gegründeten britischen Behörde für Geheimdienstaktionen und Sabotage, unmissverständlich zu verstehen gegeben: „Das hat nichts mit Ihrem Schüler zu tun. Es war alles von uns organisiert, der S. O. E."

Für sich genommen muss eine solche Anekdote nichts bedeuten. Kombiniert mit anderen Aussagen und Dokumenten gewinnt sie aber an Überzeugungskraft. Da ist zum Beispiel das Telegramm von Antony Eden, des britischen Außenministers, der seinem Botschafter in Belgrad „jegliche Vollmacht" erteilt „für jede Maßnahme, die Sie für richtig halten, die einen Wechsel der Regierung oder des Regimes befördern kann, sogar durch einen Staatsstreich". Auch Churchill fordert den Botschafter auf, keine Möglichkeit außer Acht zu lassen, „auf die wir zurückgreifen müssten, wenn wir feststellen, dass die gegenwärtige Regierung (den Beitritt zum Dreierpakt) nicht mehr widerrufen kann …" Jugoslawiens Meisterspion Vauhnik kommt gleich nach dem Krieg zu der Ansicht, dass der Putsch mit sowjetischer Unterstützung von Großbritannien inspiriert worden sei: „Obwohl noch nicht Verbündete, handelten Stalin und Churchill, was Jugoslawien anbelangt, vollkommen gleich. Beide wollten einen Staatsstreich hervorrufen, und beide wollten Jugoslawien in einen Krieg mit Hitler verwickeln." Der spätere britische Politiker Julian Amery, während des Zweiten Weltkriegs Agent auf dem Balkan, schreibt nach dem Krieg sogar, bei der S. O. E. habe sich schon 1940 die Überzeugung durchgesetzt, dass Prinz Paul „durch die Erpressung des Feindes allzu sehr demoralisiert sei, um noch unseren Plänen zu genügen … Daher wurden einige von uns, ich unter ihnen, mehr und mehr mit der Aufgabe betraut, die oppositionellen Kräfte in Jugoslawien zu aktivieren." Cecil Parrott, für den die Beschäftigung mit dem Belgrader Putsch zu einem Lebensthema wurde, kam nach dreißigjährigem Studium aller verfügbaren Dokumente und Zeitzeugenberichte zu dem Schluss, diese „Aktivierung" oppositioneller Kräfte sei der Putsch vom 27. März gewesen: „Es hätte mit Sicherheit keinen Putsch gegeben, wenn die Briten ihn nicht geplant hätten. Als die britische Regierung befand, dass sie mit der Regierung von Prinz Paul nicht weiterkommt, entschied sie, sie zu stürzen – und ihn mit ihr." Das sei umso leichter gefallen, als dass Prinz Paul es seiner Geheimpolizei untersagt hatte, die Tätigkeit der Briten in Jugoslawien zu überwachen, was sonst bei jeder ausländischen Mission üblich war. Durch sein fast blindes Vertrauen in die Briten habe der anglophile Fürst am Ende selbst zu seinem Sturz beigetragen, vermutet Parrott. Vieles, was Londons Verwicklung in den Putsch vom 27. März 1941 betrifft, liegt weiterhin im Dunkeln. Die britischen Akten zu diesen Ereignissen sind bis heute verschlossen. Das wird Gründe haben.

Allerdings hätten die Briten noch so eifrig für einen Putsch werben können – ohne einheimische Offiziere, die zum Putschen bereit waren, wären ihre Versuche gescheitert. Glaubt man den Memoiren Beteiligter, verfing die Putschpropaganda auch deshalb, weil als Folge der extremen Geheimhaltung bei den Verhandlungen kaum jemand den echten Text des Dreierpakts kannte. So fiel es leicht, falsche Versionen davon zu streuen und zu behaupten, der Pakt bedeute die Selbstaufgabe Jugoslawiens. Der einstige stellvertretende jugoslawische Außenminister Ilija Jukić berichtet, einer der Meuterer habe ihm später gesagt, hätte er gewusst, dass der Pakt weder ein Durchmarschrecht für deutsche Truppen noch die Verpflichtung zu militärischer Hilfeleistung enthielt, wäre es nie zum Putsch gekommen. „Die Verschwörer waren zum Großteil verantwortungslose serbische Offiziere, die wenig Sympathie für die Kroaten und Slowenen aufbrachten und deren Ziel es war, abgesehen von ihrem persönlichen Ehrgeiz, eine ausschließlich den serbischen Interessen dienende Politik zu führen", behauptet wiederum der Brite Parrott, der seine Sympathie für Fürst Paul nicht verhehlt. Zu den Desinformationen kommt dann wohl auch das Versprechen, London werde die Aufständischen im Kampf gegen die deutsche Übermacht irgendwie unterstützen. Doch es kommen dann nur warme Worte aus London – und die haben sich im Kampf gegen Görings Luftwaffe und die Panzer der Wehrmacht schon in Polen, Frankreich oder Skandinavien nicht als allzu wirksam erwiesen.

In Berlin mehren sich unterdessen die Anzeichen dafür, dass die Weichen längst auf Krieg gestellt sind. Andrić hat Schwierigkeiten, im Auswärtigen Amt empfangen zu werden. Am 29. März fragt der Chef der Politischen Abteilung, Unterstaatssekretär Ernst Woermann, bei Weizsäcker an: „Der jugoslawische Gesandte bat heute telefonisch um Empfang durch den Reichsaußenminister, den Herrn Staatssekretär oder auch durch mich. Er begründete die Bitte damit, dass er von seiner Regierung zur Berichterstattung nach Belgrad gerufen worden sei und heute Nachmittag um 18 Uhr dorthin abfahre. Da ich annehme, dass ein Empfang nicht stattfinden soll, bitte ich um Weisung, ob dem Gesandten geantwortet werden kann, dass mit Rücksicht auf den japanischen Besuch ein Empfang nicht möglich sei." Ernst von Weizsäcker will Andrić jedoch nicht derart schnöde abkanzeln und empfängt ihn. „Der Jugoslawische Gesandte kam heute Nachmittag zu mir, um sich zu verabschieden, da er für ganz kurze Zeit zwecks Berichterstattung und Information nach Belgrad reise", notiert er danach. „Andrić glaubte zu wissen, dass die Regierung die Ordnung so weit wiederhergestellt habe, dass deutschfeindliche Ausschreitungen von jetzt ab vermieden würden. Ich nahm die Ausführungen des Gesandten schweigend entgegen und erwiderte nur, ich sei außerstande, ein Urteil über die nunmehr zwischen uns entstandene Lage abzugeben."

Laut den Stempeln in seinem Diplomatenpass verlässt Andrić Berlin am 30. März. Er trifft in Belgrad die neue Führung, vor allem den neuen Außenminister Momčilo Ninčić, den er gut kennt. Ninčićs Bruder Velizar war sein Vorgesetzter in Marseille gewesen. Momčilo Ninčić wiederum, der schon einmal Außenminister gewesen war, hatte seine Hand über ihn gehalten, als er in Graz seine Doktorarbeit schrieb. Der Außenminister der Putschregierung versteht, dass Jugoslawiens Überleben als Staat davon abhängt, ob es gelingt, mit Hitler ins Gespräch zu kommen. Doch die deutschen Angriffsvorbereitungen lassen sich längst nicht mehr aufhalten. Der deutsche Gesandte Viktor von Heeren, der in seiner langen Dienstzeit in Belgrad viele Freunde in Jugoslawien gewonnen hat und sich hinter den Kulissen bemüht, das Reich von einem Angriff auf Jugoslawien abzuhalten, wird am 30. März nach Berlin beordert. In Belgrad bleiben nur einige subalterne Beamte, ein Funker und der Geschäftsträger. Der wird angewiesen, an keinerlei Veranstaltung mehr teilzunehmen und Gespräche mit einheimischen Politikern abzulehnen. Dem deutschen Konsul in Zagreb telegraphiert Ribbentrop dagegen, er möge den Kroaten zu verstehen geben, dass Deutschland im Rahmen der „Neuordnung Europas" ein selbständiges Kroatien zu errichten plane, „wenn der jugoslawische Staat an seinen Fehlern zugrunde gehen sollte. Durch völlige Fernhaltung von weiterer Zusammenarbeit mit Belgrad würden sie dieses Ziel am sichersten fördern können." Hitler hat zu diesem Zeitpunkt schon entschieden: Bulgarien soll Mazedonien, Ungarn die Vojvodina bekommen, Italien große Teile Kroatiens, des Kosovos und Montenegros.

Immer verzweifelter versucht die Belgrader Putschregierung, doch noch mit Berlin ins Gespräch zu kommen, auch über Umwege. Am 2. April telegraphiert Friedrich-Werner Graf von der Schulenburg, der später wegen Widerstands gegen Hitler hingerichtete deutsche Botschafter in Moskau, der jugoslawische Gesandte in der Sowjetunion sei bei ihm gewesen, wo er „sehr erregt und besorgt" ausgeführt habe, dass ein deutsch-italienisch-jugoslawischer Krieg ein Unglück für alle Beteiligten sein werde. Die neue Regierung in Belgrad sei bereit, alle Verpflichtungen aus dem Dreierpakt anzuerkennen, um einen solchen Krieg zu vermeiden. Von der Schulenburg erwidert, Deutschland habe nie einen Krieg gegen Jugoslawien gewollt, und es sei nun an der neuen Führung in Belgrad, die alte Lage wiederherzustellen. Am gleichen Tag geht in der halbverlassenen deutschen Botschaft in Belgrad der Befehl zum Verbrennen der verbliebenen Akten ein. Ebenfalls am 2. April berichtet Vladimir Vauhnik nach Belgrad, ein deutscher Angriff gegen Jugoslawien sei beschlossene Sache und solle am 6. April beginnen. Der 2. April ist auch der Tag, an dem Andrić wieder in Berlin landet. Ribbentrop wird ein Bericht darüber vorgelegt: „Im diplomatischen Corps ist die Rückkehr des Gesandten Andrić aus Belgrad mit großem Interesse bemerkt worden. Im Laufe des gestrigen Nachmittags und Abends wurde allein davon gesprochen, dass der jugoslawische Gesandte mittags in Berlin eingetroffen sei. Es wird bekannt, dass von verschiedenen Seiten der Berliner Auslandsdiplomaten versucht worden ist, vom jugoslawischen Gesandten Näheres über seine Beurteilung der Lage zu erfahren. Gesandter Andrić soll indessen vollkommene Zurückhaltung geübt haben, so dass zuverlässig nichts bekannt geworden ist. Von jugoslawischen Journalisten, die mit der Gesandtschaft besonders engen Kontakt haben, wird versichert, dass Gesandter Andrić immer noch an die Möglichkeit einer friedlichen Lösung des Konfliktes glaube."

Doch Jugoslawien ist verloren. Das ahnt auch der Absender eines Pakets, das Andrić in diesen Tagen erhält. Es enthält eine Bibel in der Übersetzung Martin Luthers, versehen mit einer Widmung in deutscher Sprache: „Ivo Andrić, von einem Verehrer seiner Kunst und einem Freunde seines Menschentums in tiefer Dankbarkeit." Unterzeichnet hat der Absender nicht. Ob Andrić ahnt, wer ihm in dunkler Stunde ein Zeichen des Trostes zukommen lässt? Er hat sich nie dazu geäußert. Aber er weiß die Geste offenbar zu schätzen, denn er rettet die Bibel durch alle Fährnisse und behält sie bis zu seinem Tod in seiner Bibliothek. Erst Jahrzehnte später gelingt es durch eine graphologische Untersuchung, das Rätsel zu lösen. Der Mann, der Andrić im April 1941 anonym eine Bibel als Zeichen des Trostes zusendet, ist Carl Schmitt. In Andrićs Nachlass findet sich folgende Notiz: *Wenn schwere, dunkle Zeiten kommen und sich Konflikte und Stürme zwischen den Menschen häufen, öffnet sich auf einmal die Bibel auf ihren dunkelsten Seiten, und unser Schrecken oder unser Unverständnis finden alte und unbekannte Worte als einzigen Ausdruck.*

Am 4. April beginnt Andrić, die jüngeren, wehrpflichtigen Beamten seiner Botschaft nach Belgrad zurückzuschicken. Das ist das deutlichste Zeichen dafür, dass er selbst nicht mehr glaubt, ein Krieg sei noch vermeidbar. Kurz vor zwei Uhr am Mittag schickt er sein letztes (erhaltenes) Telegramm aus Berlin an das Ministerium in Belgrad: „Die deutsche Presse und das Radio setzen die Verbreitung von fantastischen Nachrichten über die Verfolgung der Deutschen bei uns fort. Im hiesigen diplomatischen Corps hört man die Meinung vollkommen neutraler Persönlichkeiten, dass die Deutschen, überrascht von den Ereignissen in Jugoslawien, schnell einen Anlass für einen eventuellen Angriff gegen Jugoslawien vorbereiten. Auf jeden Fall ähnelt diese Kampagne gänzlich jener, die sie seinerzeit gegen die Tschechoslowakei und Polen organisierten." Andrić rät: „Es wäre gut, die Vertreter der neutralen Länder schon jetzt auf die Methoden und Ziele der deutschen Propaganda hinzuweisen." Der sowjetische Diplomat Walentin Bereschkow, der bald darauf Stalins Übersetzer für Deutsch und Englisch werden wird, hält in seinen Erinnerungen eine Begegnung mit Andrić aus jenen Tagen fest, bei der er sich ähnlich äußert: „Diese ganze Geschichte über ‚die Vertreibung der deutschen Minderheit' ist eine reine Erfindung", habe Andrić gesagt und sich kampfbereit gezeigt. „Wir wollen, dass sie uns in Ruhe lassen. Aber ihnen reicht nicht, was sie sich in Europa schon gekrallt haben. Aber die Deutschen irren sich, wenn sie glauben, das würde ungestraft durchgehen. Wir werden mit dem Kampf nicht aufhören, auch wenn sie es schaffen sollten, unser Land zu okkupieren. Sie werden einen hohen Preis dafür bezahlen ..."

Der Weg zu Weizsäcker ist Andrić inzwischen versperrt. Ribbentrop hat Anweisung erteilt, Andrić nicht mehr zu empfangen. Weizsäcker fertigt dazu am 5. April einen Aktenvermerk an: „Der jugoslawische Gesandte hat sich im Laufe des 4. und am Vormittag des 5. April 1941 dreimal bei mir zu einer Besprechung angesagt. Auf Weisung des Herrn Reichsaußenministers habe ich mich stets verleugnen lassen." In seinem Tagebuch schreibt Weizsäcker: „Im Grunde ist es ein Jammer, dass wir unsere Kräfte auf dem Balkan verschwenden müssen. Wir verspielen die guten Beziehungen zu zwei Balkanländern. ... Und was geht uns Mazedonien, was Thrazien, was Kroatien an? ... In den letzten zwei Tagen hat der jugoslawische Gesandte wiederholt versucht, mich zu sprechen. Ich empfing ihn weisungsgemäß nicht."

Um sich doch noch irgendwie Gehör zu verschaffen, wählt Andrić einen letzten, verzweifelten Umweg: Er kündigt sich bei Dino Alfieri an, Italiens Botschafter in Berlin, den er seit vielen Jahren kennt. Alfieri ist Faschist der ersten Stunde und steht bei Hitler in gutem Ansehen. Er erklärt sich bereit, Andrićs Anliegen schriftlich an Ribbentrop weiterzuleiten. Während Andrić bei Alfieri ist, geht im Auswärtigen Amt ein Telegramm aus Belgrad ein: Der jugoslawische Außenminister Ninčić will sofort nach Berlin kommen und lässt fragen, ob die Möglichkeit besteht, noch am gleichen Abend ein direktes Gespräch zu beginnen. Eine Antwort erhält er nicht. Am 6. April um vier Uhr morgens geht ein letztes Telegramm aus Berlin an die deutsche Botschaft in Belgrad ab. Es besteht aus drei Worten: „Dreierpakt. Empfang bestätigen." Das ist das Stichwort, auf das hin die letzten deutschen Diplomaten Jugoslawien sofort verlassen. Kaum eine Stunde später, im Morgengrauen des 6. April, bricht die „Operation Strafgericht" über Belgrad herein.

Die Stadt wird von sechshundert deutschen Kampffliegern bombardiert. Mehrere tausend Menschen kommen ums Leben. Während Belgrad brennt, stellt Hitler Serbien in seinem Tagesbefehl an die Soldaten der Südostfront in eine Tradition mit Andrićs Schulfreunden. Nachdem es endlich gelungen sei, Jugoslawiens Beitritt zum Dreimächtepakt sicherzustellen, „rissen in Belgrad die gleichen, im englischen Solde stehenden verbrecherischen Elemente die Macht an sich, die schon im Jahre 1914 den Weltkrieg ausgelöst hatten. Man hat genau so wie in Polen die wilden Instinkte minderwertiger Subjekte gegen das Deutsche Reich mobilisiert." Hitler log, in Jugoslawien seien „zahllose Volksdeutsche verschleppt, misshandelt oder getötet" worden, weshalb das Reich eingreifen müsse.

Auch im Radio wendet Hitler sich an das deutsche Volk: „Am 25. März 1941 wurde nun in Wien feierlich der Eintritt Jugoslawiens in den Dreierpakt vollzogen. Ich und das ganze deutsche Volk waren darüber glücklich … Kaum kamen aber die den Vertrag unterzeichnenden Minister in Belgrad an, als die in englischem Sold stehenden Elemente einer ewig Staatsstreiche organisierenden Militärclique zum Gegenschlag ausholten." Wieder führt Hitler angebliche Verbrechen an den Deutschen als Rechtfertigung für den Angriff an: „Diese Vorgänge wurden von den gleichen Kreaturen inszeniert, die schon im Jahre 1914 durch das Attentat von Sarajevo die Welt in ein namenloses Unglück gestürzt hatten … Das deutsche Volk hat keinen Hass gegen das serbische Volk. Das deutsche Volk sieht vor allem keine Veranlassung, gegen Kroaten oder Slowenen zu kämpfen. Es will von diesen Völkern nichts. Das deutsche Volk aber wird mit jener serbischen Verbrecherclique in Belgrad nunmehr abrechnen, die glaubt, den Balkan zum zweiten Male dem britischen Attentat gegen den europäischen Frieden zur Verfügung stellen zu können."

Deutschland und Jugoslawien sind im Krieg. An Diplomaten besteht kein Bedarf mehr. Andrićs Mission in Berlin ist gescheitert.

INTERNIERT

Am 6. April 1941 schreibt Astrid Lindgren in ihr Tagebuch: „Deutsche Truppen sind heute Morgen in Jugoslawien und Griechenland eingedrungen! Das hatte man ja erwartet. Seit König Peters Staatsstreich wurde die Lage immer angespannter." Doch an den Serben werde die deutsche Armee sich die Zähne ausbeißen, hofft die junge Schwedin: „Die Serben haben sich noch nie Zwängen gebeugt. Es wird bis zum Äußersten spannend zu sehen, ob die Deutschen am Balkan genauso schnell vorankommen wie in Norwegen, Holland, Belgien und Frankreich." Elf Tage später, am 17. April, kapituliert Jugoslawien. Es ist Hitlers blitzartigster Blitzkrieg. Das Land wird aufgeteilt. Deutschland besetzt Serbien und annektiert den Norden Sloweniens, ein kleiner Teil wird Ungarn zugeschlagen. Südslowenien fällt an Italien, das auch Dalmatien und Montenegro erhält. Das Kosovo und der Westen Mazedoniens werden Albanien angeschlossen, das wiederum ein Protektorat Italiens ist. Die Vojvodina fällt an Ungarn, Teile Südserbiens und Mazedoniens werden von Bulgarien besetzt. Kroatien, um Bosnien-Hercegovina erweitert, bildet den faschistischen „Unabhängigen Staat Kroatien", der von Berlin und Rom kontrolliert wird.

Andrić und die anderen Mitarbeiter der aufgelösten jugoslawischen Botschaft besteigen am Morgen des 7. April an Berlins Anhalter Bahnhof unter Polizeibewachung einen Sonderzug nach Süddeutschland, wo die Delegation in einem Hotel am Bodensee interniert wird. Nach Überprüfung der Personalien sollen alle in die Schweiz ausreisen dürfen, wird der Delegation versprochen. Nach und nach werden jugoslawische Diplomaten und Botschaftsmitarbeiter aus allen von Deutschland besetzten Ländern Europas in das Hotel gebracht. Am Ende sind es mehr als zweihundert. Den Diplomaten steht das Recht zu, in ein neutrales Land auszureisen, doch sie werden völkerrechtswidrig festgehalten, um im Fall des Falles gegen Deutsche ausgetauscht zu werden, die sich noch in Jugoslawien aufhalten. Deshalb firmieren die jugoslawischen Diplomaten in Lindau, deren Repräsentant Andrić ist, in deutschen Akten als „Austauschgruppe". Ribbentrop hat befohlen, alle Internierten auf Spionageverdacht zu prüfen. Den Deutschen ist bei ihrem Vormarsch gegen Frankreich 1940 in Paris nicht mehr rechtzeitig vernichtete französisch-jugoslawische Amtskorrespondenz in die Hände gefallen, die zeigt, dass mehrere jugoslawische Diplomaten gegen das Reich spioniert haben. Dafür interessiert sich nun die Gestapo, Hitlers Geheimpolizei.

Am 23. Mai, Jugoslawien hat längst kapituliert, und aus dem eroberten Belgrad sind Waggonladungen mit weiteren Akten in Deutschland eingetroffen, werden die Ermittlungen vorläufig abgeschlossen. Elf Jugoslawen werden verdächtigt, Agenten gewesen zu sein. „Die Geheime Staatspolizei hat gebeten, ihr diese Personen zur Verfügung zu stellen", lautet das Fazit. Für Andrić interessiert sich die Gestapo nicht, wohl aber für die ehemaligen jugoslawischen Generalkonsuln in München, Graz, Hamburg und Prag sowie natürlich für Vladimir Vauhnik, den Meisterspion. Der kann sich retten, indem er den Deutschen Mitarbeit anbietet. „Oberst a. D. Vauhnik konnte den gegen ihn bestandenen Verdacht der Ausspähung militärischer Geheimnisse weitgehendst entkräften", heißt es in einer deutschen Aktennotiz vom Sommer 1941, was natürlich nicht stimmt. Doch kann Vauhnik die Deutschen davon überzeugen, dass er ihnen als Spion nützlicher sei als im Konzentrationslager. Im Laufe des Krieges wird er zu einem Doppelagenten, später glückt ihm die Flucht nach Argentinien.

Über Andrić haben die Deutschen nur Gutes zu sagen: „Das Verhalten des Gesandten Andrić vor und während der Abreise der früheren jugoslawischen Diplomaten aus Berlin ist dem Herrn Reichsminister des Auswärtigen vom Chef des Protokolls als vorbildlich gemeldet worden. Hiervon hat auf Veranlassung des Herrn

Reichsaußenministers auch der Führer Kenntnis erhalten", heißt es in den deutschen Akten. Ribbentrop gibt daraufhin die Anweisung, Andrić freizulassen. Ihm wird angeboten, in die Schweiz auszureisen. Ein verlockendes Angebot. Andrić wäre dort dem Terror des Krieges entkommen, wenigstens fürs Erste. Geld für ein Leben in der Schweiz hat er. Andrić verfügt in Lindau über Ersparnisse von mindestens zehntausend Reichsmark (mehr als das Dreieinhalbfache des Jahresgehaltes eines deutschen Angestellten) und erwartet weiteres Geld aus dem Verkauf seines Mercedes, mit dem er die Schweizer Gesandtschaft beauftragt hat. Nach Jahren als Spitzendiplomat, der zudem beträchtliche Einkünfte aus den Tantiemen seiner Bücher bezog, steht Andrić finanziell gut da. Er hatte sich 1939, als er seinen Posten in Berlin antrat, sogar mit dem Gedanken getragen, ein Haus im Belgrader Villenviertel Dedinje bauen zu lassen, und einen Freund schon mit der Suche nach einem Baugrundstück beauftragt. Vermutlich führt er in Lindau auch Bündel mit tschechischen Kronen, niederländischen Gulden und amerikanischen Dollars bei sich, die man nach seinem Tod in einem Geheimfach seines Schreibtisches fand. Sicher ist, dass Andrić von dem Geld, über das er 1941 verfügt, mehrere Jahre in der Schweiz leben könnte. Und was zieht ihn noch nach Jugoslawien? Der Staat, dem er als Diplomat verpflichtet war, existiert nicht mehr, und es ist ungewiss, ob er je neu entstehen wird. Doch Andrić trifft eine mutige Entscheidung: „In der letzten Zeit hat Gesandter Andrić ... seiner Erwartung Ausdruck gegeben, mit der gesamten Austauschgruppe in die Schweiz ausreisen zu können", heißt es in einem deutschen Aktenvermerk vom Mai 1941. Andrić macht seinen Bewachern deutlich, dass er nur dann in die Schweiz gehe, wenn alle anderen mitkommen dürfen. Aus heutiger Sicht mag es selbstverständlich wirken, dass Andrić seine Kollegen nicht im Stich lässt. Wäre er damals allein über die Grenze gegangen, wäre er als Mensch ebenso wie als Schriftsteller moralisch desavouiert gewesen und hätte sich in seiner Heimat nie wieder blicken lassen können. Noch schlimmer: Er wäre dort nicht gedruckt worden! Doch man muss sich vorstellen, was die Entscheidung aus damaliger Sicht bedeutete: Statt in den sicheren Hafen Schweiz einzulaufen, kehrt Andrić in den Sturm des Krieges auf dem Balkan zurück. Das wird ihm nach 1944 hoch angerechnet. Im Unterschied zur Legende, er habe Jugoslawiens Beitritt zum Dreimächtepakt abgelehnt und deshalb um seine Ablösung als Gesandter gebeten, verdient er die Hochachtung in diesem Fall. Andrić zeigt Haltung in einem entscheidenden Augenblick. Ein Jahr vor seinem Tod wird er sagen, es sei für ihn 1941 vollkommen klar gewesen, dass er zurück ins besetzte Belgrad gehe: „Eher wirst du sterben, als es anders zu machen! ... Wie hätte ich auch anders vorgehen sollen? Ein Autor, der über sein Volk schreiben will, muss mit ihm zusammen sein. Das ist die Wurzel, auf die sich sowohl sein Wort als auch sein Werk stützen."

Am 28. Mai teilen die Deutschen der Austauschgruppe mit, dass niemand in die Schweiz ausreisen dürfe. Stattdessen sollen alle in das besetzte Belgrad gebracht werden. Andrić verfasst einen Protestbrief im Namen der internierten Diplomaten. Er beharrt auf ihrem Recht, in ein neutrales Land auszureisen, und weist auf die weitgehenden „moralischen und materiellen Folgen" der Entscheidung hin, die Gruppe nach Belgrad zurückzuschicken. Das ist ein Euphemismus, über dessen Bedeutung sich alle Beteiligten im Klaren sind: Als die Austauschgruppe ungeachtet von Andrićs Protest nach Serbien zurückgeschickt wird und der bewachte Sonderzug am 1. Juni 1941 in Belgrad ankommt, wartet dort bereits die Gestapo. Mehrere einstige Diplomaten, die als Spione dekuvriert oder angeschwärzt worden waren, werden gleich am Bahnhof verhaftet. Sie kommen nach Dachau, Sachsenhausen, Mauthausen und in andere deutsche Lager. Zu ihnen gehört auch Nenad Jovanović, Andrićs Presseattaché und der Ehemann seiner „Begleiterin" Milica Babić. Viele bleiben den ganzen Krieg über in deutschen Lagern, einige kommen 1945 in Buchenwald oder Bergen-

Belsen um. Wenige kehren, wie Jovanović, nach Jugoslawien zurück. Einige Überlebende werfen Andrić vor, er habe sich bei den Deutschen nicht energisch genug für ihr Recht eingesetzt, in die Schweiz auszureisen, und sei dadurch für ihr Leid in deutschen Lagern verantwortlich. Doch sind Zweifel an der Erwartung angebracht, dass es 1941 in Andrićs Macht gestanden hätte, das Deutsche Reich dazu zu bringen, das Völkerrecht zu achten. Wie hart er mit sich selbst ins Gericht ging, deutet eine postum veröffentliche Notiz an: *In der ersten Lebenshälfte wünscht und tut der Mensch Dinge, deren er sich in der zweiten Hälfte schämen und von denen er sich lossagen wird, und die zweite Hälfte vergeht in vergeblichen Versuchen, das zu korrigieren oder wenigstens zu vertuschen, was man in der ersten tat. So wird am Ende alles vernichtet und kommt auf null. Es bleiben nur Reue und Scham.*

3

GENOSSE IVO

SCHREIBEN UND SCHWEIGEN

Für Andrić beginnt im Juni 1941 eine wunderbare Zeit in einer schrecklichen Zeit. Der sowjetische Schriftsteller Ilja Ehrenburg, der nach dem Krieg ein Freund Andrićs wird, schreibt dazu in seinen Memoiren: „Wir sind vom gleichen Jahrgang, und ich denke stets voll Entzücken, ja voll Neid an diesen meinen Altersgenossen, der in dem allerlärmendsten Jahr schwieg und schrieb, schwieg und schrieb." Tatsächlich wird Andrić nicht nur ein Jahr, sondern dreieinhalb Jahre lang schweigen und schreiben. Nie wieder wird er dermaßen produktiv sein wie in der Zeit zwischen seiner Ankunft aus Deutschland im Sommer 1941 bis zum Oktober 1944, als Belgrad von der deutschen Besatzung befreit wird. Er hat nun, was ihm während seiner diplomatischen Laufbahn und insbesondere in den Berliner Jahren fehlte: Zeit. Andrić wohnt völlig zurückgezogen zur Untermiete in der Wohnung eines Freundes, des literaturinteressierten Anwalts Brane Milenković. Dort, in der Prizrenska ulica 9, nur wenige Schritte vom *Hotel Moskva,* wo er 1919 erste Kontakte in der Belgrader Literaturszene geknüpft hatte, entstehen nun in rascher Folge jene Werke, die ihm Leser auf allen Kontinenten und den Literaturnobelpreis einbringen werden. Im April 1942, weniger als ein Jahr nach seiner Ankunft in Belgrad, beendet Andrić den Roman *Wesire und Konsuln.* Von Juli 1942 bis Dezember 1943 entsteht *Die Brücke über die Drina.* Sofort danach beginnt er mit der Arbeit an einem dritten Werk. *Das Fräulein* wird im Oktober 1944 fertig, pünktlich zum Abzug der Deutschen.

Nebenher füllt Andrić seine Notizbücher mit umfangreichen Beobachtungen, führt zeitweilig Tagebuch, arbeitet an mehreren Erzählungen und übersetzt Werke des florentinischen Renaissancedenkers Francesco Guicciardini aus dem Italienischen. Er befasst sich intensiv mit der italienischen Renaissance, fertigt Exzerpte aus Briefen Michelangelos an, liest Niccolò Machiavelli, eine Savonarola-Biographie sowie eine Studie des preußischen Historikers Leopold von Ranke über Florenz. Die Aufzeichnungen in seinen Notizbüchern zeigen, dass er sich außerdem mit Goethe, Balzac, Rousseau, Stendhal, Ovid, Renan, Voltaire, Avicenna, Petrarca und dem Koran beschäftigt. Gegen Kriegsende kommen noch Marx und Engels hinzu. Sein Pensum ist kaum fassbar. „Manchmal habe ich drei Wochen lang das Haus nicht verlassen – ich saß an einem kleinen runden Tisch neben der nackten Wand und schrieb", wird er Jahrzehnte später über die Zeit sagen. Die Arbeitswut ist eine Überlebensstrategie. Er habe seine Romane geschrieben, „um mich selbst zu retten", sagt er nach dem Krieg seiner schwedischen Übersetzerin. Andrić klammert sich an das Schreiben, um nicht zu verzweifeln. Sein Schreiben ist existentiell. Er schreibt ins Nichts hinein. Er weiß nicht, ob seine Manuskripte am nächsten Tag bei einem Bombenangriff verbrennen oder bei einer Razzia beschlagnahmt werden. Er ahnt nicht, ob nicht schon in der Nacht die Gestapo an seine Tür klopfen und ihn mitnehmen wird. Er weiß nicht einmal, ob es je wieder einen Staat geben wird, in dem er veröffentlichen kann. Im Gespräch mit Ljubo Jandrić hat Andrić sich wenige Jahre vor seinem Tod daran erinnert: „Die Brücke über die Drina habe ich im zerstörten Belgrad geschrieben, zu einer Zeit, als ich nicht einmal zwei Münzen für mein Leben gegeben hätte." Seite um Seite schreibend, habe er oft das Gefühl gehabt, dass schon in derselben Nacht eine Bombe das Haus treffen und alle Manuskripte zerstören werde.

Der Krieg ist zugleich die entscheidende Voraussetzung dafür, dass Andrić seine großen Werke überhaupt schreiben kann. Ohne den abrupten Abbruch seiner Diplomatenkarriere hätte es einen in alle Weltsprachen übersetzten Epiker aus Jugoslawien namens Andrić wohl nie gegeben. Es ist kaum vorstellbar, dass er, weiter in die fordernden Aufgaben des führenden Diplomaten Jugoslawiens eingespannt, seine großen Romane hätte schreiben können. Seine Romane gehen, wie viele große Werke, aus dunklen Zeiten hervor.

Andrićs enormes Arbeitstempo in dieser Zeit hat aber auch einen anderen Grund: Die Konzepte für seine Romane hat er längst im Kopf, als der Krieg beginnt. Vorstudien hat er seit den zwanziger Jahren betrieben. Das Material für den Roman *Wesire und Konsuln*, der zur napoleonischen Zeit in der bosnischen Provinzstadt Travnik spielt, stammt hauptsächlich aus Archivbesuchen in Paris und Wien, erweitert um Zeitungssausschnitte, Bücher und Exzerpte aus den Chroniken bosnischer Franziskanerklöster. „Und diese Masse – und wenn ich Masse sage, dann denke ich an einen ganzen Koffer voller Notizen, Zeitungsausschnitte und Bilder – stellte ich vor mich hin, und jetzt musste man daraus ein Buch machen", wird er den Beginn der Arbeit Jahre später beschreiben. *Wesire und Konsuln* erzählt die Geschichte des französischen Diplomaten Jean Daville, der zur napoleonischen Zeit nach Travnik entsandt wird, um dort, wo damals der bosnische Wesir seinen Sitz hat, ein französisches Konsulat aufzubauen. Das reale Vorbild für Jean Daville ist Pierre David, ein Journalist, Schriftsteller und Diplomat aus der Gegend von Calvados, der von Napoleons Chefdiplomat Talleyrand geschätzt und gefördert wurde. Talleyrand betraute ihn 1806 mit der heiklen Aufgabe, in der Provinz des Osmanischen Reiches die Farben Frankreichs zu repräsentieren. Im Roman wird er zu einem vergrübelten, etwas verloren wirkenden Diplomaten, der in Travnik mit den Tücken des Lebens kämpft und als einer der ganz wenigen von Andrićs Protagonisten eine Ehe führt, die sich als harmonisch bezeichnen lässt. Der reale David hat die Zustände im osmanischen Bosnien in mehr als fünfhundert Berichten geschildert, die Andrić in Paris einsieht. In der französischen Nationalbibliothek und im Archiv des Quai d'Orsay exzerpiert er viel aus den Depeschen.

Eine weitere Quelle Andrićs ist ein Buch von Davids ebenfalls nach Travnik entsandtem Übersetzer Amédée Chaumette des Fossés: „Reise durch Bosnien in den Jahren 1807 und 1808". Bevor es Andrić als Quelle dient, hat dieses Buch schon einmal eine Rolle in der europäischen Literatur gespielt, und zwar bei einem ihrer größten Schelmenstreiche. In Frankreich erschien 1827 die Anthologie „Die Gusla, oder Auswahl illyrischer Gedichte, gesammelt in Dalmatien, Kroatien und der Hercegovina". Herausgeber war der französische Dichter Prosper Mérimée. Seine Sammlung vermeintlich altertümlich-südslawischer Gedichte wurde ein Erfolg in ganz Europa. Alexander Puschkin war so begeistert, dass er Nachdichtungen schuf und in seinem Zyklus „Lieder der westlichen Slawen" veröffentlichte. Auch Adam Mickiewicz in Polen und viele deutsche Gelehrte waren hingerissen von dem scheinbar ursprünglichen, unverfälschten Ton der altslawischen Volksweisen. Die Sache hatte nur einen Haken: Mérimée hatte sich die angeblich jahrhundertealten Gesänge ausgedacht. Erst als Puschkin sich über einen Freund in Paris bei Mérimée nach Details zu dessen gefeierter Anthologie erkundigte, rückte der Parodist mit der Wahrheit heraus. Er gab zu, dass er die Lieder selbst gedichtet hatte. Als Inspiration hatte ihm unter anderem das Bosnien-Buch von Chaumette des Fossés gedient. „Der Autor versucht zu beweisen, dass die Bosnier stolze Schweine sind und führt ziemlich gute Gründe dafür an", schrieb Mérimée an Puschkin. „Hier und da zitiert er einige illyrische Worte, um mit seinem Wissen anzugeben … Ich habe diese Worte vorsichtig gesammelt und in meine Notizen einfließen lassen."

Gut ein Jahrhundert nach Mérimées Jux dient dasselbe Buch nun Andrić als Anregung. Er macht des Fossés sogar unter dessen richtigem Namen zu einer Figur seines Romans. Bei Andrić ist er allerdings nicht wie in Mérimées Antwort auf Puschkins Frage ein überheblicher Schnösel, der die Bosnier für Schweine hält, sondern ein wissbegieriger Sohn der Französischen Revolution, der mit aufrichtigem Interesse die Heimat der Bosnier und ihre Bewohner verstehen lernen will. Andrić lässt des Fossés' unbekümmerten Fortschrittsglauben auf den sturen Konservatismus der bosnischen Muslime und Franziskaner prallen, die zwar sonst nichts miteinander gemein haben, sich in ihrem Misstrauen gegen alles Neue aber durchaus nahe sind. *Gott bewahre uns vor Ruhm, vor vornehmen Gästen und großen Ereignissen,* heißt es bei den Muslimen von Travnik, und ein katholischer Pfarrer aus einem abgelegenen Dorf entgegnet dem fassungslosen des Fossés auf dessen Frage, warum die Gemeinde sich nicht für eine Ausbesserung der schlechten Wege einsetze: *Mein Herr, je schlechter der Weg, desto seltener die türkischen Gäste!* Doch des Fossés nimmt solche Antworten nicht hin. Andrić macht ihn zu einem Vordenker des südslawischen Einigungsgedankens. *Es besteht kein Zweifel, dass auch Euer Land einmal in die Gemeinschaft Europas eingehen wird,* lässt Andrić ihn in einem Gespräch mit dem Vikar eines Klosters sagen, *aber es kann geschehen, dass es dann gespalten ist und erblich belastet mit Auffassungen, Gewohnheiten und Instinkten, die es anderswo nicht mehr gibt, die es wie Gespenster an einer normalen Entwicklung hindern und zu einem unzeitgemäßen Ungeheuer machen, einer Beute für jedermann, so wie es jetzt die Beute der Türken ist.* Des Fossés stellt dem Vikar eine Frage, die eigentlich eine Frage aus Andrićs Jugend ist: *Haben Sie wirklich nie daran gedacht, dass die Völker, die unter türkischer Herrschaft stehen, sich mit verschiedenen Namen bezeichnen und verschiedene Glaubensbekenntnisse haben, eines Tages, wenn das türkische Imperium zusammenbrechen und diese Gebiete verlassen wird, eine gemeinsame Existenzgrundlage finden müssen, eine breitere und bessere, vernünftigere und menschlichere Formel …* Die Katholiken hätten eine solche Formel doch schon längst, wendet der Vikar ein und verweist auf das Credo der römisch-katholischen Kirche. *Aber Sie wissen doch,* widerspricht ihm des Fossés, *dass nicht alle Ihre*

Landsleute in Bosnien und auf dem Balkan dieser Kirche angehören und ihr nie alle angehören werden. Sie sehen doch, dass sich in Europa keine Gemeinschaft mehr auf einer solchen Grundlage bildet. Folglich muss man einen anderen gemeinsamen Nenner finden. An dieser Stelle wird das Gespräch durch den anschwellenden Gesang der Bauern aus der ärmlichen Kirche übertönt, neben der das Gespräch stattfindet. Andrić sympathisiert zwar mit den Ansichten, die er des Fossés in den Mund legt (und die er zum Teil aus dessen Buch übernommen hat), aber er ist zu sehr Dichter, um dessen Ausführungen nicht durch eine Szene zu konterkarieren, in der er den Theorien des Franzosen das bäuerliche Bosnien gegenüberstellt, eine Welt aus eigenem Recht, in der sich all die klugen Gedanken des französischen Großstädters in Luft auflösen. Stattdessen lauscht er nun *der schweren, einfachen, traurigen und rauen Melodie, die ihn bald an das einträchtige Blöken einer endlosen Schafherde erinnerte, bald an das Heulen des Windes in schwarzen Wäldern. Und ebenso fragte er sich, ob es möglich sei, dass die Hirtenklage, von der die geduckte Kirche widerhallte, die gleichen Gedanken und den gleichen Glauben zum Ausdruck brachte wie der Gesang der feisten und weisen Kanoniker oder der bleichen Seminaristen in den französischen Kathedralen.* Andrić hütet sich davor, die bosnischen Franziskaner als rückständige Dummköpfe zu portraitieren, nur weil er ihre Ansichten nicht teilt. Gewiss seien die bosnischen Katholiken starrsinnig, antwortet der Vikar an anderer Stelle auf die Vorhaltungen des französischen Diplomaten, aber wären sie es nicht gewesen, *so hießen meine Pfarrkinder heute nicht Pero und Anto, sondern Mujo und Huso.* (Pero und Anto sind kroatische, Mujo und Huso muslimische Namen.)

Die Franzosen lässt Andrić in seinem Roman auf Gegenspieler treffen, die ebenfalls historisch verbürgt sind. Kaum hatte Frankreich ein Konsulat in Travnik eröffnet, folgten nämlich die Habsburger auf dem Fuße. Die realen österreichischen Diplomaten, die aus Wien nach Travnik entsandt wurden, waren Paul von

Mitesser und Joseph von Paulich. Bei Andrić tauchen sie leicht oder gar nicht verfremdet als *Joseph von Mitterer* und *Oberstleutnant von Paulich* auf. Aus von Mitterer macht Andrić einen *mildherzigen und zugänglichen Mann, der allen Mitmenschen mit einer wehmütigen Sanftheit begegnet,* während von Paulich bei ihm *ein kaiserlich-österreichischer Automat ohne Fehler und ohne Wankelmut* ist, dem auf den fast sechshundert Seiten des Romans nicht einmal ein Vorname zugestanden wird. Der österreichische Konsul, dessen Depeschen aus Travnik Andrić 1937 im Wiener Staatsarchiv eingesehen hatte, war instruiert worden, genauestens über die Verhältnisse in Bosnien zu berichten und vor allem zu versuchen, das Vertrauen der bosnischen Katholiken zu gewinnen. Ähnlich wie Pierre David in seinen Briefen nach Paris, beklagt er sich gegenüber seinem Ministerium in Wien viel über das Leben in Bosnien, einem Land, „das von äußerst rohen, und fast thierischen Menschen bewohnet wird". Bosnien sei arm, erhalte kein Geld aus Istanbul, sondern müsse im Gegenteil viel dorthin abführen und werde obendrein von den entsandten Wesiren ausgepresst, „und so seufzet dieses Paradieß eines schönen Landes, wo der Schöpfer seine Meisterhand so sichtlich eingetrücket, nach besseren Zeiten", berichtet der Konsul nach Wien. Es sei freilich ein Paradies mit schlechten Straßen, voller gehässiger Muslime und gieriger Juden, bei denen er („gegen schröckliche Zinsen") Geld leihen müsse, wenn die Zahlungen aus Wien wieder einmal zu spät kommen. Der habsburgische Diplomat beklagt den Hass gegen jeden Auswärtigen und „die Vorurtheile, daß jeder Fremde ein Spion seyn muß". Er schreibt regelmäßig Bettelbriefe an sein Ministerium, in denen er um mehr Geld bittet, „da ich mich mit dem etwaigen Aufwand des zu Travnik anwesenden französischen Consuls doch einigermassen in die Parallele setzen muß, um das Ansehen meines allerhöchsten Hoffes nicht herabzuwürdigen, und bei denen Türken und der dortigen Christen-Natzion, auf welche nach hergebracht asiatischer Sitte das Äußere mächtig würket ..." Über den französischen Konsul hat von Mitesser nichts Gutes zu berichten, vermutet gar, dass sein Konkurrent „von einer äußerst schmutzigen wiederwärthigen Seele belebet seyn muß." Dafür meldet er stolz die Schmeicheleien nach Wien, mit denen er die Gunst des Wesirs zu erschleichen sucht. So habe er den Wesir zu einem Feldzug gegen die Serben mit den Worten ermuntert: „Wenn die Russen ihnen nicht beystehen, wird es denen Türken unter Eurer Exzellenz Commando nur ein Frühstück seyn."

Die Briefe der habsburgischen und französischen Konsuln aus dem Bosnien des frühen 19. Jahrhunderts, ihre peniblen Abrechnungen von Bestechungsgeldern an osmanische Beamte, die Beschreibungen des korrupten Hofstaats des Wesirs, die Schilderungen aus dem Leben der bosnischen Muslime und Katholiken (Serben gab es kaum in Travnik) sind für sich genommen eine fesselnde Lektüre, doch obwohl Andrić das historische Material aufmerksam studiert, ist es für ihn nur ein Steinbruch. Er nimmt sich, was er braucht, um etwas völlig Neues entstehen zu lassen, *denn ein Autor sucht ein Detail, oft auch eine bedeutungslose Kleinigkeit, die zufällig neben den historischen Ereignissen in das Archiv Eingang gefunden hat,* wie er später sagt. Ein Vergleich der von Andrić eingesehenen historischen Quellen mit dem Roman, den er daraus gemacht hat, bietet interessante Einblicke in seine Werkstatt. Andrić übernimmt einige Sätze und mitunter ganze Passagen kaum bearbeitet aus den Archiven, in anderen Fällen schreibt er dagegen verbürgte Ereignisse um, schmückt sie aus, kürzt sie, stellt sie auf den Kopf, wechselt Beteiligte aus oder erfindet sie. Fakten sind für ihn nur ein Gerüst bei der Arbeit am Text. *Eine Tatsache. Was ist das? Der äußerste Bereich unseres Blickfelds, die Grenze unseres menschlichen Auffassungsvermögens und Verständnisses. Nichts mehr. Was wir eine Tatsache nennen, ist nichts mehr als ein imaginärer (und imaginierter) Punkt am Rande unseres Gesichtskreises, mit dem wir die Wirklichkeit und die Dauerhaftigkeit unserer Existenz zu begrenzen wünschen.*

Als der deutsche Schriftsteller und einflussreiche Literaturkritiker Friedrich Sieburg die *Wesire* las, stellte er fest, dass es sich dabei keineswegs um einen historischen Roman handele. „Die historischen Ereignisse ragen wohl herein", schreibt Sieburg, „aber aus ihnen werden keine epischen Elemente, Episoden oder Farben bezogen." Sieburg stellte eine Art Gleichung für Andrićs Prosa auf: „Was mit den Menschen geschieht, ist furchtbar, aber was in den Menschen geschieht, ist unerschöpflich." Andrić arbeitet nach der Devise von Arthur Koestler: „Statistiken bluten nicht. Es ist das Detail, was zählt." Einen historischen Roman zu schreiben bedeutet für Andrić nicht, eine Prise Adjektive und eine Handvoll gefälliger Dialoge zwischen Exzerpte aus alten Akten zu streuen. Er lässt aus und fügt hinzu, beschleunigt und retardiert, kürzt und erweitert, stellt um oder erfindet hinzu, wie es der Fluss der Geschichte erfordert. Und so schreibt er auch über sich, wenn er die literarischen Pläne seines Protagonisten beschreibt: *Daville selbst trug sich schon seit Jahren mit dem Gedanken, ein bedeutendes Epos über Alexander den Großen zu schreiben. Geplant in 24 Gesängen, wurde es so etwas wie ein getarntes geistiges Tagebuch von Daville. Seine ganze Lebenserfahrung, seine Ansichten über Napoleon, über den Krieg, über Politik, seine Wünsche und all seinen Unmut verlegte Daville in die fernen Zeiten und nebelhaften Verhältnisse, in denen sein Protagonist gelebt hatte, und ließ seinen Gedanken freien Lauf …* Für Andrić ist die Flucht in die Vergangenheit auch eine Vorsichtsmaßnahme in politisch heiklen Zeiten. Die Vergangenheit ist der Deckmantel, unter dem er über die Gegenwart schreibt. Außerdem braucht er den zeitlichen Abstand, um zwischen sich und dem Sujet eine Art Brandmauer zu schaffen, damit sich nur ja keine Rückschlüsse vom Erzählten auf den Erzähler aufdrängen.

An vielen Stellen überträgt Andrić seine jahrzehntelangen eigenen Erfahrungen als Diplomat auf das Personal seines Romans. Etwa wenn der österreichische Konsul Berichte an sein Ministerium schickt, die dort niemand liest: *Und von Mitterer schrieb*

Bogen um Bogen voll, reihte Zeile an Zeile und schilderte die strategische Lage Travniks und der Umgebung in seinem Referat, das nie auch nur ein einziger Mensch lesen, das vielmehr im Archivstaub mit einem oberflächlichen Namenszug in einem jungfräulichen Faszikel abgelegt bleiben würde, unbesehen und ungelesen, solange die Welt bestehen und es in ihr Handschriften und Papier geben wird. Dass ihre Berichte im Ministerium nicht gelesen werden (oder dass die Brillanz der Berichtenden nicht genügend gewürdigt werde), ist bis heute eine übliche Diplomatenklage, die Andrić ebenso literarisch festgehalten hat wie den Ärger der Entsandten über die angebliche Dummheit der Zentrale. Die diplomatischen Ränkespiele, Täuschungsmanöver und Verstellungskünste, die Andrić im eigenen Berufsleben erlebt hatte, finden sich in seinem Roman wieder. Wenn zwischen Österreich und Frankreich gerade Frieden herrscht, nähern sich auch die beiden Konsuln in Travnik einander an. *Nun trachtete jeder nach der Gesellschaft des anderen, sie trösteten sich, tauschten Geschenke und Briefe aus … Aber sobald sich die kurze Windstille ihrem Ende näherte und sich die Beziehungen zwischen Napoleon und dem Wiener Hof verschlechterten, besuchten sich auch die Konsuln seltener und dosierten ihre Liebenswürdigkeit, bis der Abbruch der Beziehungen oder ein Krieg sie völlig entzweite oder in Streit verwickelte. Dann nahmen die beiden ermüdeten Männer ihre Feindseligkeiten wieder auf und ahmten wie zwei gehorsame Puppen an langen Fäden die Bewegungen des großen und fernen Kampfes nach, dessen Endziele ihnen unbekannt waren …*

Die Essenz von Andrićs Literatur liegt nie in politischen Beobachtungen. Andrić schreibt keine Thesenromane, auch wenn seine Romane Thesen enthalten. Was seine Werke auszeichnet, ist der stupende Blick für Geräusche, Gerüche, Gesten, Verhaltensweisen, Details. Dort, wo er eine Brücke von Dokument zu Dokument schlägt, erfindet er ganze Passagen so überzeugend, als könnten sie sich nicht anders ereignet haben. Die nackten Lebensdaten realer historischer Personen schmückt er aus, bis aus den vergessenen Namen und Lebensdaten lebendige Menschen mit all ihren Ängsten, Wünschen und Hoffnungen werden, mit nächtlicher Schlaflosigkeit und täglichen Irrungen, bisweilen von Liebeskummer, Trunksucht oder Sodbrennen begleitet. Andrićs psychologische Skizzen sind meisterliche Portraits von Menschentypen, die jeder kennt. Er will alles über seine Figuren wissen. Woher kommen sie? Wonach streben sie? Woran glauben sie? Wie lieben und wie hassen sie? Wie scheitern sie? Wie altern und wie sterben sie? Und warum das alles?

Die Fleißarbeit des Sammelns von Archivmaterial hätte jeder vollbringen können, doch in der poetischen Verdichtung seiner Fundstücke zeigt sich Andrićs Können. Mal regt ihn ein unscheinbarer Satz aus einer alten Klosterchronik zu einem ganzen Kapitel an, dann wieder schnurren seitenlange Diplomatenberichte zu einer Nebenbemerkung zusammen. Die Abschiedsszene zwischen dem französischen Konsul und dem Wesir, der mit ungewissem Schicksal nach Istanbul zurückbeordert wurde, hat Andrić passagenweise kaum verändert aus einem Brief Davids übernommen. Die im Buch von des Fossés minutiös geschilderte Hinrichtung von zwei serbischen Männern, die von ihren Henkern erst gefoltert und dann erwürgt werden, schmückt er über mehrere Seiten aus. Eine andere Hinrichtungsszene, die ebenfalls des Fossés in Travnik beobachtet hatte, bearbeitet Andrić hingegen nur leicht: *Noch am gleichen Abend wurden an die zehn serbische Bauern aus der Krajina auf den Platz geschleppt und beim Schein von Laternen und Fackeln unter Gekreisch und Gejohle, unter Freudensprüngen und Tänzen der blutrünstigen Türken getötet. Die Köpfe der Hingerichteten steckte man auf Pfähle. Die ganze Nacht drang in das Konsulat das Knurren der hungrigen Straßenköter, die sich sofort in Rudeln angesammelt hatten. Beim Mondschein konnte man sehen, wie die Hunde die Pfähle ansprangen und Fleischfetzen von den abgehackten Köpfen rissen.*

Es sind solche Szenen, die ihm später von einigen Gegnern den Vorwurf einbringen, eine krankhafte Neigung zu Gewalt zu haben. Tatsächlich spielt Gewalt bei Andrić oft eine Rolle. Die Pfählungsszene aus der *Brücke*, die detailliert geschilderte Massenvergewaltigung eines geistesschwachen jungen Roma-Mädchens durch osmanische Soldaten in dem Spätwerk *Omer Pascha Latas* oder die Vergewaltigung eines Kindes in der Erzählung *Die Geliebte des Veli Pascha* sind nur einige Beispiele dafür. Doch tauchen solche Szenen nie um ihrer selbst willen in Andrićs Texten auf. Es geht ihm nicht um die Gewalt an sich, sondern darum, seine Protagonisten auszuleuchten, die Gewalt verüben oder erleiden. Das zeigt auch eine historisch belegte Begebenheit, die Andrić zu einer psychologischen Schilderung der Konsuln nutzt. Der Wesir hat beide zu einem Empfang geladen, der harmlos beginnt, aber unvermittelt ins Grauen kippt. Gerade noch waren Tschibuks an die Gäste ausgegeben worden, und man schmauchte gemächlich, als Höflinge mit Körben, Säcken und einer Binsenmatte erscheinen: *Alle Behälter wurden schnell aufgebunden und geöffnet und ihr Inhalt auf die ausgebreitete Matte geschüttet. Währenddessen reichte die Dienerschaft den Konsuln Limonade und neue Tschibuks. Auf die Matte kullerte eine Unzahl abgehackter Ohren und Nasen, eine unbeschreibliche Masse armseligen Menschenfleisches, eingepökelt und schwarz verfärbt vom geronnenen Blut. Der kalte und widerliche Gestank von dem feuchten Salz und dem geronnenen Blut strömte durch den Diwan.* Am Ende werfen die Höflinge noch einige Ikonen auf den Fleischhaufen. *Jemand Unsichtbares sagte mit tiefer Gebetsstimme aus einer Ecke des Raumes: „Gott hat die Waffen des Islams gesegnet.“ Alle anwesenden Türken antworteten mit einem unverständlichen Gemurmel.* Die beiden ausländischen Diplomaten sind angeekelt, doch selbst in diesem Moment beäugt einer misstrauisch den anderen, registriert die Reaktionen seines Gegenübers und richtet sein Verhalten daran aus. Der Ekel der Konsuln wächst noch, als sie später erfahren, dass die Körperteile nicht etwa, wie ihnen versichert wurde, serbischen Kriegern im Kampf abgehackt wurden, sondern von einem Massaker osmanischer

Soldaten an wehrlosen Besuchern eines christlichen Gottesdienstes stammen. Die beiden an sich verfeindeten Diplomaten, die sich in ein Herz osmanischer Finsternis jenseits der europäischen Welt verschlagen wähnen, kommen einander angesichts des gemeinsam erlebten Grauens unverhofft näher. Ohne die vorangestellte Szene bliebe Andrićs Schilderung ihrer Annäherung eine bloße Behauptung, so aber wirkt sie glaubwürdig.

Andrićs umfangreichster Roman hat noch eine andere wichtige Ebene. Lange bevor es ein Metathema europäischer Debatten wird, schreibt Andrić schon über die Frage, ob Orient und Okzident, ob Europa und der Islam miteinander existieren können oder nicht, ohne indes eindeutige Antworten zu geben. Andrićs Muslime treten zwar oft als Gewalttäter auf, sind aber eigentlich meist in der Defensive. Vergebens sehnen sie eine Zeit herbei, *in der man den Schmutz abwaschen wird, der sich in den letzten Jahren an den reinen Glauben und an das echte Türkentum gehängt hat.* Doch die Osmanen und der Islam sind auf dem Rückzug. Die christlichen Völker Europas wachsen aufgrund der besseren Gesundheitsfürsorge immer schneller, die Demographie verschiebt sich zu ihren Gunsten. Andrićs Muslime haben das Gefühl, dem wachsenden Heer der Christen mit ihrer hohen Geburtenrate und ihrer technischen Überlegenheit ohnmächtig ausgeliefert zu sein. Sie fühlen sich vom Christentum überschwemmt, bedrängt, in ihrer Lebensweise bedroht. Andrić hatte in Bosnien noch Muslime kennengelernt, die diese „muslimische Endzeit" erlebt hatten, und er schildert ihre Sorgen und Untergangsängste durchaus mitfühlend. *Angst, Unzufriedenheit, Entbehrung und Wut, die vergeblich ein Ventil suchten, quälten und plagten die türkische Bevölkerung in den Städten. In der sicheren Vorahnung kommender Erschütterungen und schädlicher Veränderungen fühlten sich diese Menschen von innen verraten und von außen bedroht.* Auch in der *Brücke* thematisiert er das Gefühl der Verlorenheit der bosnischen Muslime, die von der dunklen Vorahnung erfüllt sind, ihre Herrschaft über Bosnien bald an die Christen zu verlieren. Die Heere der Bulgaren, Serben, Griechen und Montenegriner vertreiben die Osmanen im Balkankrieg immer weiter aus Europa. *Die türkische Grenze, die noch gestern fünfzehn Kilometer von der Stadt entfernt gewesen war, wich plötzlich um mehr als eintausend Kilometer zurück, ganz bis hinter Edirne.* Die alten Muslime von Višegrad kannten noch Zeiten, da die Macht des Sultans in Bosnien sicher schien. *Und nun mussten sie erleben, wie diese Macht gleich einer phantastischen Ebbe plötzlich zurückgegangen war und sich in unabsehbare Ferne verzogen hatte, während sie, betrogen und bedroht, wie Meerespflanzen auf dem Trockenen, sich selbst und ihrem schlimmen Schicksal überlassen, hier zurückgeblieben waren.*

Andrić will Bosnien weder verklären noch verteufeln. Er will es abbilden, wie er es sieht. Ähnlich wie Joseph Roths Galizien oder Joseph Conrads Kongo ist Andrićs Bosnien eine literarische Privatlandschaft, ein mythisch überhöhter Kontinent mit nur einem einzigen Bewohner, eine Gegend, wo die Schatten *tiefer sind und sich weiter breiten als anderswo.* Wenn Knut Hamsun in „Hunger" Kristiania gleich im ersten Satz eine „seltsame Stadt" nennt, „die keiner verlässt, ehe er von ihr gezeichnet worden ist", wenn Roth das habsburgische Grenzgebiet zu Russland als Falle bezeichnet („Wer immer von Fremden in diese Gegend geriet, musste allmählich verlorengehen. Keiner war so kräftig wie der Sumpf"), dann erinnert das an die Art, in der Andrić Bosnien beschreibt. Sein Bosnien ist ein dunkles Land, und wie Roths Galizien ist es besonders für Ausländer gefährlich: *Der Fremde, der in den Strudel dieses ungleichen, schweren Kampfes gerät, wird von ihm verschluckt und verliert seine wahre Persönlichkeit.* Bosnien ist ein Land, das den Fremden *anfangs zermürbt, später krankhaft reizbar macht und so zurichtet, dass er sich selbst und seinen Mitmenschen zur Last fällt, um ihn endlich mit den Jahren völlig zu verändern, zu verbiegen und lange vor seinem Tode in dumpfem Gleichmut zu begraben.* Andrićs Bosnien ist ein schweres Los, dem Fremde verfallen und

Einheimische niemals entkommen können. Der Arzt Cologna in *Wesire und Konsuln*, ein Ausländer, der in Travnik hängengeblieben ist, hält des Fossés vor, dass er Bosnien in seiner ganzen Schwere nicht erfassen könne: *Sie leben hier, doch Sie wissen, dass die Zeit vorübergeht und dass Sie früher oder später in Ihr Land, in bessere Verhältnisse und ein menschenwürdigeres Dasein zurückkehren. Sie werden aus dem Alptraum aufwachen und sich von ihm frei machen, wir aber werden das nie, denn für uns ist er das einzige Leben.*

Wird, wer Andrićs Bücher liest, den Wunsch verspüren, nach Bosnien zu reisen, so wie vielleicht Spanien oder Paris sehen will, wer Hemingway liest? Oder hat Andrić mit seinem Werk mehr Unheil über Bosnien gebracht als alle feindlichen Armeen zusammengenommen, wie es der bosnische Akademiker Muhamed Filipović schon 1967 behauptet hat? Hat er gar, wie der bosnische Literaturkritiker Muhsin Rizvić in einem vielhundertseitigen Werk Mitte der neunziger Jahre nachzuweisen suchte, ein „schwarzes Bild der bosnisch-muslimischen Welt" gezeichnet und in „Mosaiken pervertierter Szenen" eine „Galerie pathologischer Figuren" entstehen lassen, in die seine Vorliebe für Triebtäter und Sadisten eingeflossen ist? Hat er in seinen Büchern eine „Atmosphäre türkischer Schuld" geschaffen und den Islam als Ursprung des Bösen diffamiert? Gewiss: Wer danach sucht, kann in Andrićs Werk viele Schilderungen übler Gewalt finden, die von Muslimen an Christen verübt wird. Es finden sich aber ebenso Beispiele für die Grausamkeit katholischer Kroaten oder orthodoxer Serben. Andrić hat schlicht kein sonderlich positives Bild davon, wie Menschen, die Macht haben, mit jenen Menschen umgehen, die keine haben. „Die Menschen sind nur dazu da, einander zu quälen und zu morden; so war es von jeher, so ist es, so wird es allzeit sein" – diesen Satz, den Friedell in der „Kulturgeschichte der Neuzeit" Goethe zuschreibt, hatte Andrić sich notiert. Da ein Großteil seiner Erzählungen in einer Zeit spielt, als „die Türken" den Balkan beherrschten, schlägt sich sein negatives Menschenbild besonders in seiner Darstellung der Muslime nieder – denn sie haben die größte Macht und damit die größten Möglichkeiten, Böses zu tun. Rizvićs Buch über Andrićs angeblichen Islamhass (es sind danach noch ähnliche Werke anderer Autoren erschienen) hat bis heute einen beträchtlichen Einfluss auf die Andrić-Rezeption in Bosnien. Überzeugen kann es trotz einiger bedenkenswerter Passagen aber schon deshalb nicht, weil Rizvić mit ebenjener ideologischen Einseitigkeit und amusischen Leidenschaft zu Werke geht, die er Andrić vorwirft.

Es gibt aber auch gemäßigtere und umsichtige Kritiker, deren Einwände gegen Andrić nicht so einfach abzutun sind. Einer von ihnen war der international angesehene Islamwissenschaftler und Turkologe Alexandre Popovic (1931–2014). Der in Belgrad geborene, aber früh nach Frankreich ausgewanderte Wissenschaftler schätzte Andrić als Dichter sehr, hielt von seinen Islamkenntnissen aber wenig. Andrić sei ein „großer Schriftsteller" gewesen, habe von der islamischen Kultur jedoch nur oberflächliche Kenntnisse gehabt und sich auch kaum dafür interessiert, urteilt Popovic in einer Studie, für die er das Gesamtwerk des Schriftstellers mit Blick auf dessen Darstellung des Islam gelesen hatte. Das Ergebnis von Popovics aufwendiger Untersuchung, die er 1980 vorstellte, lässt sich so zusammenfassen: Andrić hatte ein eurozentrisches Weltbild und blickte mit jenem impliziten europäischen Überlegenheitsanspruch auf den Islam, den Edward Said in seinem 1978 erschienenen Buch „Orientalismus" beschrieben hatte. Nicht nur, dass Andrić weder Türkisch noch Persisch oder Arabisch konnte – er habe auch an der türkischen, persischen und arabischen Kultur oder wenigstens Handbüchern darüber, die ihm als vielsprachigem Europäer ja zumindest in Übersetzungen zur Verfügung gestanden hätten, kein Interesse gezeigt. Wohl deswegen gebe es in Andrićs Darstellung der Muslime und des Islam auch so viele Fehler, mutmaßt Popovic, um die Mängel dann im Detail nachzuweisen: Da werden Namen verwechselt, religiöse

Gebräuche falsch geschildert oder Suren (also Kapitel des Koran) mit Ayat (den Versen einer Sure) durcheinandergebracht. Bei Andrić mische sich „Unkenntnis im Detail" mit „Unkenntnis grundlegender Elemente" des Islam, so Popovic, der dennoch zu dem Schluss kommt, dass diese Mängel Andrićs Darstellung der Beziehungen zwischen Christen und Muslimen in Bosnien nicht ernsthaft beeinflusst haben. Andrić, so lässt sich Popovics Urteil auch verstehen, war ein wahrer Dichter: Er hat das, was er nicht gewusst hat, trotzdem erfasst. Ein anderer ernstzunehmender Andrić-Kritiker war der 1920 in Mostar geborene und 2002 in Wien gestorbene Bibliothekar, Gelehrte und Islamwissenschaftler Smail Balić. Balić hat sich in Büchern und Aufsätzen, die wie bei Popovic von hohem Respekt für Andrićs literarisches Werk zeugen, ebenfalls mit dessen Darstellung des Islam befasst. Auch er kommt nicht zu einem günstigen Ergebnis. Andrić habe Bosnien zwar großartig beschrieben, „allerdings vielfach einseitig und tendenziös", urteilt Balić und spricht von „Schwachstellen und Entstellungen" in dessen Geschichtsbild. Über Andrićs Dissertation schreibt Balić: „Der fachkundige Turkologe und Islamwissenschaftler erkennt tatsächlich beim Lesen des Buches sehr bald, dass hier ein Inkompetenter sich zum gestellten Thema zu Wort gemeldet hat." Und die Literatur? Nun, sagt Balić, das bosnisch-muslimische Milieu sei von dem Bosnier Meša Selimović in „Der Derwisch und der Tod", seinem bekanntesten Roman, „bedeutend wahrheitsgetreuer" dargestellt worden.

Für jeden Angriff auf Andrić haben sich (meist auf serbischer Seite, aber durchaus auch unter muslimischen Bosniern) Anwälte gefunden, die ihn mal mehr, mal weniger überzeugend in Schutz nahmen. Doch selbst wer sich, wie der Autor dieses Buches, zu islamwissenschaftlichen Fragen kein Urteil erlauben darf, kann bei aufmerksamer Lektüre kaum übersehen, dass Andrić weniger zwischen Muslimen und Christen als zwischen Mächtigen und Ohnmächtigen unterscheidet. Das zieht sich bis in die Familien, wo Frauen und Kinder diejenigen sind, die Gewalt nicht mehr weiterreichen können und sie deshalb erdulden müssen, unabhängig von ihrer Religion. Das hat auch Orhan Pamuk erkannt. „Ich betrachte Andrić als meinen Vorläufer, denn er war so mutig, uns zu zeigen, dass wir alle aus dem gleichen Stoff sind", hat der türkische Literaturnobelpreisträger über seinen Vorgänger aus Jugoslawien gesagt und ihn mit einem großen Russen verglichen: „Wenn Tolstoi über Anna Karenina schreibt, befasst er sich nicht mit Parteipolitik, sondern damit, wie ein Mann die Welt durch die Augen einer geliebten Frau sieht. Ivo Andrić sieht die Welt auch aus der Perspektive der Muslime." Man kann auch sagen: Andrić hat Bosnien ein Denkmal gesetzt, aber eben kein heroisches, sondern eines, das oft grob und schroff ist, ein Monument aus Schlamm, Mühsal, Missgunst und Niedertracht. Vor allem aber hat Andrić große Literatur verfasst. Sie spielt in Bosnien, ist aber in Indien oder Kenia genauso gültig, wie etwa die berühmte Nachtszene aus *Wesire und Konsuln*:

In den Nächten, wenn Travnik schon in tiefe Finsternis versunken war, konnte man nur noch an den beiden Konsulaten ein oder zwei erleuchtete Fenster sehen. Dort wachten die beiden Konsuln, über Papiere gebeugt, lasen die Zuträgereien ihrer Gewährsleute und verfassten Berichte. Dann kam es nicht selten vor, dass Monsieur Daville oder Herr von Mitterer seine Arbeit für einen Augenblick liegenließ, ans Fenster trat und auf dem gegenüberliegenden Berg das einsame Licht betrachtete, bei dem ihm sein Nachbar und Gegner unbekannte Fallen stellte und Intrigen spann, um die Stellung seines Kollegen am anderen Ufer der Lašva zu untergraben und dessen Pläne zu durchkreuzen. Zwischen ihnen verschwand das eng zusammengedrängte Städtchen, es trennte sie nur Leere, Schweigen und Finsternis. Ihre Fensterscheiben blitzten sich an wie die Pupillen zweier Duellanten. Aber hinter dem Vorhang versteckt, starrten der eine oder der andere oder beide gleichzeitig in die Dunkelheit und auf den schwachen Lichtstrahl ihres Gegners und dachten aneinander mit Rührung, tiefem Verständnis und aufrichtigem Bedauern. Dann rafften sie sich wieder auf und kehrten zur Arbeit und zu den Kerzen zurück, die allmählich niedergebrannt waren, und setzten ihren Bericht fort, der keine Spur der eben noch empfundenen Gefühle aufwies und in dem einer über den anderen herfiel und ihn schlechtmachte, von jener verlogenen amtlichen Warte herab, von der Beamte auf die ganze Welt herabzuschauen glauben, wenn sie an ihren Minister ein vertrauliches Schreiben richten, von dem sie wissen, dass die Betroffenen selbst es niemals in die Hände bekommen.

VOM GLÜCK IN ZEITEN DES KRIEGES

Nachdem er *Wesire und Konsuln* abgeschlossen hat, verlässt Andrić Belgrad und zieht für einige Monate aufs Land. Von Juli bis Oktober 1942 lebt er in Sokobanja, einem kleinen Ort im Osten Serbiens, der für seine Heilquellen bekannt ist. Dort beginnt Andrić mit der Arbeit an der *Brücke über die Drina,* seinem berühmtesten Roman. *Ich lebe in vollkommener Einsamkeit, und es ist trotzdem nicht eintönig,* schreibt er einer Bekannten in Belgrad. *Ich habe schon lange bemerkt, dass die Einsamkeit nicht so einseitig ist, wie es jenen scheinen könnte, die sie nicht kennen; mal ist sie bitter, mal traurig und ohne Geschmack, mal süß und verführerisch wie ein seltenes Getränk.* Die Tagebuchaufzeichnungen aus Sokobanja lassen aber darauf schließen, dass oft die Bitterkeit überwog. Am 12. Juli 1942 notiert er, ein *Gefühl der vollkommenen Ausweglosigkeit* sei schon lange sein geistiger Normalzustand. Er erinnert sich an die Kindheit in Višegrad. *Dieser üppige Baum ist verwelkt und verbrannt. Ich habe seine Form vergessen und kann mich nicht mehr an das Rauschen seiner Blätter erinnern. Ich kann seine zerstörte Asche nicht von der Erde und vom Dreck unterscheiden, mit denen sie sich vermischt hat.* Jahrzehnte später sagt er: „Damals kam ich auch zu dem Schluss, dass Bücher ein schwacher Trost sind für das Böse und das Unglück aller Art, und

In Sokobanja, wo Andrić *Die Brücke über die Drina* beginnt

dass der Mensch mitunter, zumindest für gewisse Zeit, dazu gezwungen ist, auch das Leid als Zuflucht anzunehmen." In diesem düsteren Refugium arbeitet er ungemein konzentriert. Im Schreiben findet Andrić sein Glück in Zeiten des Krieges. „Das Schreiben war alles, was mir vom Leben geblieben war", nennt er das später.

Ganz so einsiedlerisch, wie Andrić sie vor allem im Rückblick darstellte, waren die Jahre der Okkupation aber wohl nicht. Die erhaltene Korrespondenz zeugt von vielen Bekanntschaften, die auch in den Kriegsjahren gepflegt werden. Zu den engsten Gefährten dieser Zeit gehört Marko Ristić, der surrealistische Schriftsteller, den Andrić nach dem Ersten Weltkrieg in Belgrad kennengelernt hatte. Ristić ist einer der wenigen Menschen, denen es gelingt, so etwas wie Nähe zu Andrić aufzubauen. Andrić hat Aufzeichnungen darüber hinterlassen. Nie wieder wird er so warm und herzlich über seine Beziehung zu einem Menschen schreiben wie über seine Freundschaft zu Ristić in den Tagen des Zweiten Weltkriegs, *als wir zusammen geliebt und gehasst haben, dasselbe gewünscht und gewollt haben, dasselbe verurteilt und abge-*

lehnt haben, die Ängste und Hoffnungen geteilt haben, wie man damals sagte. Als wir leidenschaftlich diskutierten, nicht weil wir nicht einer Meinung waren, sondern im Gegenteil, weil jeder dem anderen beweisen wollte, er stimme mehr und besser überein. Ristić habe ihn gelehrt, *was Freundschaft bedeutet, diese intellektuelle und gefühlsmäßige Nähe (nicht Ähnlichkeit und nicht Übereinkunft!) zwischen zwei so unterschiedlichen und so ähnlichen Menschen.* Dass der aus einer großbürgerlichen Belgrader Familie stammende Ristić Kommunist ist und nach dem Krieg sofort eine hohe Stellung im neuen Staat erhält, wird für Andrić zudem auch noch sehr praktische Vorteile haben.

Was es mit der Brücke in Višegrad und mit ihrer Geschichte auf sich hat, ist schon geschildert worden. Es lohnt sich aber, einen Blick auf das Geschehen um Andrić herum zu werfen, während er den Roman schrieb. Von März bis August 1943 rollen Deportationszüge mit fast 50 000 Juden aus Saloniki über den Balkan Richtung Auschwitz und Treblinka. Sie fahren über Belgrad. Von seinem Zimmer aus hat Andrić einen Blick auf den Bahnhof weiter unten in der Stadt. Er beobachtet das Treiben dort oft, wie aus seinen Tagebuchaufzeichnungen hervorgeht. Wer das weiß, wird eine Passage aus dem Schlussteil der *Brücke* kaum noch lesen können, ohne daran zu denken. In der Passage wird geschildert, wie Višegrad an das bosnische Eisenbahnnetz angeschlossen wird. Die ganze Stadt feiert. Nur Alihodscha nicht, ein muslimischer Kaufmann alten Schlages: *Jenen, die mit der Geschwindigkeit prahlten, in der sie jetzt ihre Geschäfte erledigten, und ausrechneten, wie viel Zeit, Mühe und Geld man sparte, erwiderte er mürrisch, es sei nicht wichtig, wie viel Zeit der Mensch spare, sondern was er mit dieser ersparten Zeit anfange; wenn er sie schlecht verwende, dann sei es besser, er habe sie nicht. Er versuchte zu beweisen, dass es nicht die Hauptsache sei, dass der Mensch schnell fortkomme, sondern wohin er gehe und zu welchem Zweck, und dass Geschwindigkeit daher nicht immer einen Vorteil bedeute.* Einem jungen Kaufmann, der ganz begeistert davon ist, dass die *„Schwaben“* (damit sind in der serbischen Umgangssprache Österreicher oder Deutsche gemeint) Višegrad einen Bahnhof geschenkt haben, sagt Alihodscha: *„Du bist ein Narr, wenn du glaubst, dass der Schwabe Geld ausgegeben und die Maschine eingesetzt hat, nur damit du schneller reisen und deine Geschäfte schneller abwickeln kannst. Du siehst nur, dass du fährst, aber du fragst nicht, was die Maschine außer dir und solchen, wie du es bist, sonst noch alles fortbringt und heranschafft. Aber das will dir nicht in den Kopf. Fahr du nur, Freundchen, wohin du immer willst, ich fürchte nur, dass dir dieses Reisen eines Tages übel bekommen wird. Es wird noch die Zeit kommen, wo dich der Schwabe auch dahin fährt, wohin du gar nicht willst und wohin zu fahren du nie gedacht hast.“*

Auch an anderen Stellen baut Andrić Passagen in seine Texte ein, die zwar keinen direkten Verweis auf das Kriegsgeschehen enthalten, bei denen der Autor aber zumindest damit rechnen muss, dass seine Zeitgenossen sie als Anspielungen auf die Gegenwart verstehen. Als sich abzeichnet, dass Hitlers Feldzug gegen die Sowjetunion kein Blitzkrieg werden wird, arbeitet Andrić an der Szene in den *Wesiren*, in der Daville in Travnik Nachrichten vom Feldzug Napoleons gegen Russland und dem Brand Moskaus erhält. Der Wesir erzählt Daville daraufhin die Geschichte eines alten muslimischen Heerführers, der *gegen Russland marschiert war und in mehreren Schlachten das feindliche Heer geschlagen hatte, das sich unaufhörlich und immer weiter und weiter nach Norden zurückzog. Da wurde der siegreiche Khan plötzlich vom Winter überrascht. Sein bis dahin sieggewohntes Heer geriet in Verwirrung und bekam es mit der Angst zu tun, während die wilden Ungläubigen, haarig und an die Winterkälte gewöhnt, es von allen Seiten angriffen.* Auch der Sekretär des Wesirs sagt: *„Wenn Napoleons Soldaten noch einige Wochen dort bleiben, wo sie jetzt sind, dann sehe ich sie schon als Grabhügel, zugeweht vom russischen Schnee.“*

Im Herbst 1942 kehrt Andrić nach Belgrad zurück, weiterhin mit der Arbeit an der *Brücke* befasst. Obwohl er sich aus dem öffentlichen Leben zurückgezogen hat, bleibt er nicht ungestört. Die unter der deutschen Besatzung arbeitende Kollaborationsregierung in Serbien hat eine Verordnung „über die Entlassung national unzuverlässiger Bediensteter aus dem öffentlichen Dienst" erlassen, die sich nicht zuletzt gegen Kommunisten und Freimaurer richtet. Da in der beschlagnahmten Mitgliedskartei einer Loge auch Andrićs Name gefunden wurde, erhält er ein Formular mit 33 Fragen zu seiner Vergangenheit als Freimaurer, die er innerhalb von drei Tagen beantworten muss. Andrićs Antworten sind im Archiv des militärhistorischen Instituts in Belgrad erhalten. Es ist eine heikle Angelegenheit für ihn: Hitler behauptet in seinen Reden, der neuerliche Weltkrieg sei das Werk „von Demokraten, Juden und Freimaurern". Zwar können die deutschen Besatzer Andrić nicht vorwerfen, Jude oder Demokrat zu sein, aber Freimaurer war er tatsächlich gewesen. Nun soll er erläutern, warum er beigetreten ist, wer ihn eingeführt hat, welchen Grad er erwarb und welche geheimen Zeichen oder Parolen seine Loge benutzte. Außerdem stellen die Behörden politische Fragen: „Welche Haltung wurde in der Loge den Juden gegenüber eingenommen und gab es irgendwelche antisemitischen Aussagen in der Loge? Gab es in der Loge in irgendeiner Art Aussagen zu den Protokollen der Weisen von Zion und wie ist Ihre persönliche Meinung zu diesen Protokollen? Wer Ihrer Vorgesetzten war Mitglied der Freimaurer und wurde im Laufe Ihres Dienstes Einfluss auf Sie genommen, damit Sie Ihre Dienstbeziehung für jemandes persönlichen Vorteil verwenden?" Andrić versucht, seine Rolle als möglichst klein und zufällig darzustellen, was sie wohl auch war. *Irgendwann in den ersten Monaten des Jahres 1925 wurde ich in die Loge Wiedergeburt aufgenommen, die zu jener Zeit selbstständig und abseits der Großloge Jugoslawiens arbeitete … Ich blieb rund 1,5 Jahre Mitglied der Loge. Im Sommer 1926 hörte ich auf, zu den Treffen zu kommen, und im Herbst desselben Jahres wurde ich ins Ausland versetzt und verließ Belgrad. Und seit damals bis heute hatte ich nie wieder, weder mündlich noch schriftlich, noch indirekt, Beziehungen weder zu der Loge, deren Mitglied ich bis dahin war, noch mit irgendeiner anderen.* Eine wichtige Funktion in der Loge habe er nie bekleidet. In seiner Loge habe er *weder antisemitische noch philosemitische Reden gehört,* versichert er und beantwortet die Frage zu den sogenannten „Protokollen der Weisen von Zion" auf knappstmögliche Art: *Ich habe mich nicht damit beschäftigt.*

Die Sache geht glimpflich aus für Andrić, denn soweit es aus dem vorliegenden Archivmaterial ersichtlich ist, kommen die Behörden nicht wieder darauf zurück. Andrić kann sich also wieder auf die Arbeit an der *Brücke* konzentrieren. In den wenigen Pausen, die er sich dabei gönnt, liest Andrić oder notiert Begebenheiten aus dem Belgrader Besatzungsleben. *Es ist erst kurz nach zehn Uhr abends, aber schon gibt es nur wenige Menschen, die vorbeigehen, da um neun Uhr die Polizeistunde ist, und danach stirbt die Stadt aus; der Großteil der Menschen schließt sich in den Häusern ein, wie durch Zwang Begrabene, und die Minderheit, d. h. die Deutschen und diejenigen von uns, die einen deutschen Ausweis haben, gehen wie böse und schändliche Geister durch die Straßen, man hört ihre Schritte scharf, und in der Eitelkeit dieser Schritte hört man die Verwunderung und die versteckte Unsicherheit. Neben dem Echo dieser Schritte hört man nur noch die Lokomotiven.* Als die *Brücke* im Dezember 1943 fertig ist, hat sich das Kriegsgeschehen in Europa gewendet. Mussolini ist gestürzt, die sowjetische Armee in der Offensive, Hitlers Ende nur noch eine Frage der Zeit. Andrić nutzt diese Zeit, um einen dritten Roman zu schreiben: *Das Fräulein,* eine Studie über den Geiz. Rajka Radaković ist die Tochter eines serbischen Kaufmanns aus Sarajevo, der durch seine Aufrichtigkeit und Gutmütigkeit in den Ruin getrieben wird, weil seine Geschäftspartner nicht so tugendhaft sind wie er. Auf dem Sterbebett gibt er seiner Tochter einen verhängnisvollen Rat: *Du musst gegen dich und andere unbarmherzig sein.* Er selbst habe sich in seinem Leben nicht an diesen Grundsatz gehalten, sagt der sterbende Vater. *Deshalb auch bin ich zugrun-*

de gegangen. Aber jetzt, da ich sehend geworden bin, möchte ich, dass dir mein Untergang als Beispiel und Mahnung diene. Die Tochter folgt dem Ratschlag des geliebten Vaters – und wird darüber zu einem Monstrum. Sie will ihren Vater rächen, indem sie sich gegen alle Welt geizig zeigt. *Eigentlich war es kein Leben, sondern ein Sparen. Eine große, herrliche, todbringende Wüste des Sparens.* Mit Rajka Radaković treibt Andrić sein Interesse für das Phänomen der Habsucht literarisch auf die Spitze. Seine Protagonistin geht schließlich an der Maßlosigkeit ihrer Leidenschaft zugrunde, wie viele von Andrićs Charakteren.

Während Andrić in Belgrad Zeile an Zeile reiht, während auf seinem Papier geliebt, gehasst und gespart wird, löst sich in seiner engeren Heimat Bosnien die Welt auf. Was dort geschieht, während er im vergleichsweise friedlichen Belgrad seine großen Romane schreibt, ist selbst für die grausamen Maßstäbe des Zweiten Weltkriegs brutal.

WAS DIE JUGOSLAWEN TATEN, ALS IHR KLASSIKER SCHRIEB

In seiner Ansprache zum Überfall auf Jugoslawien hatte Hitler die deutschen Soldaten aufgefordert: „Ihr werdet dort menschlich sein, wo euch der Gegner menschlich gegenübertritt. Da, wo er die ihm eigene Brutalität zeigt, werdet ihr ihn hart und rücksichtslos niederbrechen!" Hitlers Appell an die Menschlichkeit seiner Soldaten erweist sich dann in kürzester Zeit als die leere Phrase, die sie von Beginn an war. Die Anweisung des Oberkommandos der Wehrmacht lautet: „Griechische Armee soll ausgesucht gut behandelt, serbische Offiziere sollen ausgesucht schlecht behandelt werden." Die Griechen werden (anfangs) respektiert, Serben gelten dagegen von Beginn an als „slawische Untermenschen". In Jugoslawien gehen alle vier Besatzungsmächte mit äußerster Brutalität vor. Das treibt immer mehr Menschen in die Reihen der Widerstandskämpfer. Die Deutschen versuchen, Widerstand in Serbien durch Geiselerschießungen zu brechen. Kaum elf Tage nach Jugoslawiens Kapitulation heißt es dazu in einem Befehl: „Sämtliche Erschossene sind aufzuhängen, ihre Leichen sind hängen zu lassen." Nachdem in dem Belgrader Vorort Pančevo ein deutscher Soldat erschossen wird, werden zur Vergeltung in den nächsten beiden Tagen 36 Bewohner aus der Umgebung erschossen oder erhängt. „Sühnequoten" werden eingeführt: Für jeden bei einem Überfall getöteten deutschen Soldaten werden hundert, für jeden Verwundeten fünfzig serbische Geiseln erschossen. Später werden die Quoten halbiert, gelten fortan aber auch für getötete Serben in deutschen Diensten.

Anfangs war in einigen deutschen Befehlen noch Rücksicht auf Zivilisten angemahnt worden, um loyale Bürger nicht gegen die Besatzungsmacht aufzubringen. Doch unter dem Eindruck von Partisanenüberfällen werden die Befehle geändert: „Keine Gefühlsduselei! Es ist besser, dass 50 Verdächtige liquidiert werden, als dass ein deutscher Soldat zugrunde geht", heißt es in den Richtlinien der Wehrmacht „für den Umgang mit Rebellen in Serbien und Kroatien" vom März 1942. Auf den Terazije, dem Platz vor dem *Hotel Moskva* im Belgrader Zentrum, wenige Schritte von Andrićs Wohnung entfernt, werden im Sommer 1941 mehrere Widerstandskämpfer an Laternenpfählen gehängt und tagelang dort belassen. In den Provinzstädten Kragujevac und Kraljevo kommt es im Oktober 1941 nach Partisanenangriffen zu Massakern durch die Wehrmacht. In Kraljevo werden laut jugoslawischen Angaben fünftausend „Sühneopfer" erschossen, in Kragujevac 2300, darunter auch Schüler des örtlichen Gymnasiums. Insgesamt ermorden Wehrmachtseinheiten bis Ende 1941 mindestens 20 000 Zivilisten. Einige deutsche Offiziere und SS-Männer sprechen sich gegen solche Massaker aus, dringen in Berlin aber nicht durch.

Die Besatzer richten in ganz Serbien „Sühnelager" ein, um dort inhaftierte Geiseln nach Überfällen sofort erschießen zu können. Es kommt unter den Deutschen sogar zu einem Streit, weil sich die Betreiber des „Sühnelagers Belgrad" darüber beschweren, dass die Feldkommandanten anderer Landesteile ständig Geiseln aus der Hauptstadt anfordern, statt ihre eigenen zu erschießen. Schließlich spricht der Kommandostab ein Machtwort: „In der Regel ist in Zukunft der Bedarf für Exekutionen aus den Lagern der Feldkommandanturen zu decken, nur in Ausnahmefällen Gestellung aus dem Sammellager Belgrad zu beantragen." Noch vor den Geiselerschießungen beginnt die Schoah. Von 75 000 jugoslawischen Juden überleben 60 000 die Besatzungszeit nicht. Andrić thematisiert die Judenvernichtung in der Erzählung *Buffet Titanic* und dem Aufsatz *Der jüdische Friedhof von Sarajevo,* der den bosnischen Sephardim gewidmet ist. *Auch Friedhöfe sterben,* heißt es darin über die fast ausgestorbene Gemeinde der Albaharis, Baruhs, Fincis, Kalderons oder Levis von Sarajevo. In Serbien werden Juden mit Vergasungslastwagen getötet. Kroatische Juden werden, sofern sie nicht in italienisch besetzte Gebiete fliehen können, wo sie etwas sicherer sind, ab August 1942 von Zagreb aus nach Auschwitz deportiert. Fast fünftausend kommen dort an, die wenigsten kehren zurück.

Im Winter 1941/42 ist es der Wehrmacht gelungen, den in Serbien bald nach dem Einmarsch ausgebrochenen Aufstand niederzuschlagen. Die Partisanen weichen nach Bosnien aus. Dort ist eine Hölle auf Erden entstanden, in der jeder jeden bekämpft. Das ist Teil der Strategie der Besatzer. Ihre im Land stationierten Kräfte sind viel zu schwach, um das Land außerhalb der Städte zu kontrollieren. Deshalb sollen Kroaten, Serben, bosnische Muslime, Albaner und Mazedonier dazu aufgehetzt werden, sich gegenseitig umzubringen. Das gelingt. Im Schatten der von den Besatzern verübten Verbrechen bricht in Jugoslawien ein Bürgerkrieg aus, dem mehr als eine halbe Million Menschen zum Opfer fallen. In Bosnien ist der Blutzoll besonders hoch. Andrićs Heimat ist dem neu gegründeten „Unabhängigen Staat Kroatien“ zugeschlagen worden, einem Marionettenregime von Deutschlands und Italiens Gnaden, in dem Ante Pavelić, Sohn eines habsburgischen Gleisarbeiters, eine Schreckensherrschaft errichtet. Pavelić hat in Österreich-Ungarn eine ähnliche Sozialisation wie der knapp drei Jahre jüngere Andrić durchlaufen, war ebenfalls Mitglied einer nationalistischen Jugendorganisation gewesen („Junges Kroatien“). Doch während Andrić radikal projugoslawisch ist, folgt Pavelić dem entgegengesetzten Weg. Er wird Führer eines bewaffneten Terrorkampfes gegen Jugoslawien. Pavelić will Jugoslawien zerstören und die Kroaten „aus der serbischen Sklaverei“ führen, wie er es nennt.

Dieses Ziel hat er 1941 erreicht. Pavelićs wichtigstes Herrschaftsinstrument sind die „Ustasche“, die „Aufständischen“. Sie verwandeln Kroatien und Bosnien ab Mai 1941 in balkanische Blutlandschaften. Im „Unabhängigen Staat Kroatien“ kommen zwischen 1941 und 1945 mehr als 300 000 Serben, aber auch fast 115 000 Kroaten, gut 50 000 bosnische Muslime und 25 000 Juden sowie 20 000 Roma ums Leben. Die meisten Toten haben die Ustasche zu verantworten. Sie suchen ein Bündnis mit Bosniens Muslimen und erklären sie zu „Kroaten muslimischen Glaubens“. Bosniens Muslime wollen zwar keine Kroaten sein, aber zwischen die Fronten geraten und sterben wollen sie noch weniger. Deshalb schließen sich viele den Ustasche an, einige später auch der SS. Ein bosnischer Muslim wird sogar stellvertretender Ministerpräsident des neuen kroatischen Staates, und in Zagreb entsteht eine Moschee für „Kroaten muslimischen Glaubens“. In Sarajevo und in bosnischen Kleinstädten wie Bihać, Foča, Goražde und Višegrad kommt es unterdessen zu Massakern kroatischer oder muslimischer Ustasche an Serben. Allerdings ist der Ustascha-Staat nie so mächtig, wie er sich darstellt. Als das kroatische Regime 1942 sein einjähriges Bestehen feiert, muss Pavelić sich von den Deutschen einen Mercedes leihen, um ein repräsentatives Auto für die Parade zu haben.

Auch sonst sind die Ustasche von den Besatzern abhängig. Wenige Wochen nach der Kapitulation Jugoslawiens unternimmt eine kroatische Delegation eine sinistre Bildungsreise nach Deutschland und besucht mehrere Konzentrationslager. Nach deren Vorbild wird im Sommer 1941 das kroatische KZ Jasenovac errichtet. Damit erreicht die Verfolgung von Serben, Kommunisten, Juden und Roma früh ihre mörderische Phase. Schon im April 1941 waren in Kroatien die Benutzung kyrillischer Schriftzeichen verboten und kroatisch-serbische Ehen für ungültig erklärt worden. Kurz darauf wird Serben und Juden die Nutzung öffentlicher Verkehrsmittel verboten. Dann beginnt das Lager Jasenovac, Menschen zu verschlingen: Juden, Serben, Roma, Kommunisten jedweden Hintergrunds. Die Roma machen sich zum Teil selbst auf den Weg, nachdem sie den Befehl dazu erhalten haben. Manche kommen mit ihren Fuhrwerken, mit dressierten Affen, Tanzbären und anderen Schautieren in Jasenovac an. Gaskammern gibt es dort nicht. Viele Häftlinge fallen Seuchen zum Opfer, andere werden umgebracht. Von „grauenhaften Tötungsmethoden, die an Ritualmorde erinnern", spricht der Historiker Alexander Korb: „Dazu gehörte das Anzünden von Bärten, das Ausstechen von Augen, das Abschneiden von Gliedmaßen, Nasen, Ohren und Zungen sowie das Aufschlitzen der Leiber." Marie-Janine Calic formuliert es ähnlich: „Was die Henker inszenierten, ähnelte menschlichen Schlachtopfern, zitierte sakrale Symbolhandlungen." Als Tatwerkzeuge dienen Messer, Hämmer, Äxte. Die Deutschen decken das Verbrechen. Der Journalist Hermann Proebst, der später Chefredakteur der *Süddeutschen Zeitung* in München wird und Jasenovac während des Krieges mit einer Delegation besucht, schreibt darüber, Jasenovac sei zwar kein Sanatorium, aber eben auch keine Folterkammer. Er lobt, wie das Lager dabei helfe, gefährliche Gegner auszuschalten. Die genauen Zahlen sind Gegenstand eines erbitterten Streits, doch bis 1945 kommen in Jasenovac viele zehntausende Menschen um.

Viele Serben und Roma aus kroatisch beherrschten Gebieten versuchen, in das deutsch besetzte Serbien zu fliehen. Zehntausende sammeln sich am bosnisch-serbischen Grenzfluss Drina. Das führt zu einem Konflikt zwischen der Wehrmacht und den Ustasche. Als unter den Flüchtlingen eine Flecktyphusepidemie ausbricht, fürchtet die deutsche Führung nämlich um die Gesundheit ihrer Truppe. Ustasche werfen nach Massakern Leichen in die Flüsse Save, Drina und Donau, um Schrecken zu verbreiten. Im Mai 1941 wird in einem deutschen Diplomatenbericht erwähnt, dass in einem bosnischen Städtchen an der Save die aneinandergebundenen Leichen einer vierköpfigen Familie angeschwemmt worden seien, denen die Täter eine Tafel mit der Aufschrift „Gute Reise nach Belgrad" mitgegeben hatten. „Wie es scheint, sollten die Flüsse die Botschaft durch das Land tragen, dass die Ustascha die Macht übernommen habe und dass die Serben, tot oder lebendig, Kroatien verlassen müssten", schreibt wiederum Alexander Korb. Die angeschwemmten Leichen, oft verstümmelt, sollten Schrecken verbreiten und die Adressaten in serbischen Siedlungsgebieten zur Flucht bewegen, so Korb. In Belgrad wird wegen Seuchengefahr das Flussbad an der Save geschlossen, das Andrić oft besucht hatte.

Doch Serben sind nicht nur Opfer. In Serbien hat sich die Bewegung der Tschetniks gebildet, was grob übersetzt Freischärler heißt. Tschetnikführer Dragoljub Mihailović fordert von seinen Männern die „Säuberung des Staatsgebietes von allen Minderheiten und nicht-nationalen Elementen", um ein „ethnisch reines" Großserbien zu errichten. Die Tschetniks, geführt von früheren Offizieren der jugoslawischen Armee, verteidigen Serben gegen kroatische und muslimische Angriffe, aber wo sie stark genug sind, greifen sie auch an und begehen selbst Massaker an Muslimen und Kroaten. Sie haben dafür die stillschweigende Billigung der italienischen Besatzer. Italien, einst wichtigster Sponsor der Ustasche, ist inzwischen in vielen Gegenden mit ihnen verfeindet. Vor allem im Osten Bosniens fliehen tausende Muslime vor den Tschetniks – außer dort, wo sie stark genug sind, um stattdessen ihrerseits Serben zu massakrieren oder zu vertreiben. In diesem Kampf fast aller gegen fast alle veröden ganze Landstriche. Ernteausfälle und Hungersnöte sind die Folge. „Das Deutsche Reich musste Getreide in ein agrarisches Überschussgebiet importieren. Einen deutlicheren Beleg für das Scheitern der deutschen Ausbeutungspläne kann es nicht geben", fasst Korb die Lage in Kroatien und Bosnien zusammen.

Auch in der Hercegovina toben Kämpfe. Ustasche überfallen serbische Dörfer und richten Massaker an. Tote und Lebende werden in Karsthöhlen geworfen. Daraus entsteht die Legende von den „Schlundfrauen" (jamarice), mit denen noch Jahrzehnte danach Kinder erschreckt werden: Demnach haben einige Frauen den Sturz überlebt und in den unzugänglichen Höhlen Kinder geboren, die dort bis auf den heutigen Tag hausen. Keine Legende ist, dass sich auf die Nachricht von den ersten Massakern der Ustasche in den serbischen Dörfern bewaffneter Widerstand formiert. Er führt dazu, dass Deutsche und Ustasche abseits der Hauptverkehrswege die Kontrolle über ganze Landstriche verlieren. In vielen dieser Gebiete können Partisanen Fuß fassen. Sie werden am Ende zur mächtigsten Fraktion im jugoslawischen Bürgerkrieg. Anders als die Tschetniks, die eine großserbische, oder die Ustasche, die eine großkroatische Ideologie verfolgen, sind Titos Partisanen nicht auf ein Volk festgelegt. Titos Männer und Frauen töten nicht nach Rasse, sondern nach Klasse. Wer nicht Klassenfeind, Trotzkist, Diversant oder sonst ein ideologischer Abweichler ist, darf mitmachen, ganz unabhängig von der Volkszugehörigkeit. „Brüderlichkeit und Einheit" wird die Losung später heißen, unter der die Partisanen morden. Die Partisanen kämpfen gegen Deutsche, Italiener, Tschetniks und Ustasche.

Als die Partisanen immer mächtiger werden, gehen die Tschetniks sogar Bündnisse mit den Deutschen gegen sie ein. Nicht obwohl, sondern gerade weil sie wissen, dass es danach Racheakte an Unschuldigen geben wird, verüben Partisanen oft mit Absicht in der Nähe von Dörfern oder Kleinstädten Überfälle auf deutsche Konvois. Meist brennen die Deutschen daraufhin die Orte nieder, aus deren Nähe sie beschossen worden sind. So organisieren sich die Partisanen neuen Zulauf unter den Überlebenden der niedergebrannten Orte. Ein deutscher Offizier warnt schon Ende 1941: „Diese Menschen, die in ungezählten Fällen selbst Zeuge der bestialischen Hinmordung ihrer Angehörigen waren, hatten nichts mehr zu verlieren … und gesellten sich darum zu den Kommunisten in die Wälder und Gebirge."

Inmitten dieses kaum überschaubaren Mosaiks der Gewalt sitzt ein etwa fünfzig Jahre alter Herr in einem Zimmer in Belgrad und schreibt Romane. Dem Blutvergießen um ihn herum kann er nichts entgegensetzen als Worte auf Papier. *Im Leben hängt der Lauf der Dinge nicht von uns ab, entweder überhaupt nicht oder nur in geringem Umfang, aber die Art, wie wir die Schicksalsschläge meistern, hängt in starkem Maße von uns ab.* Dieser Satz aus den *Wesiren* ist sein Programm in den Besatzungsjahren. Andrić hat im okkupierten Belgrad vielleicht auch die Lebensgeschichte Goyas vor Augen. Der war im von Frankreich besetztenSpanien zum Kollaborateur geworden. Er hatte Joseph I., dem ältesten Bruder Napoleons, der als König von Spanien eingesetzt wurde, Liebe und Gehorsam geschworen, nahm französische Orden an, war Hofmaler auch der neuen Herrscher. Nach der Vertreibung der Franzosen aus Spanien wäre ihm das fast zum Verhängnis geworden. Der neue König Ferdinand VII. erhob schwere Vorwürfe gegen den Maler, wie Andrić in seinem ersten Goya-Essay schreibt: *Er habe durch sein Verhalten gegenüber den Franzosen nicht die Verbannung, sondern vielmehr den Strang verdient, aber mit Rücksicht auf sein Genie verzeihe er ihm.* Doch auf die Gnade eines späteren Herrschers will

Andrić nicht setzen. Er meidet jeden Schritt, der als Kollaboration ausgelegt werden könnte. In den Besatzungsjahren veröffentlicht er nicht eine Zeile. Im September 1942 tritt der Verlag der *Serbischen Literaturgesellschaft*, der mit Erlaubnis der deutschen Zensur ausgewählte Werke veröffentlichen darf, mit einer Bitte an ihn heran. Der von den Besatzern eingesetzte Verleger Svetislav Stefanović will Texte Andrićs in eine Anthologie aufnehmen. Andrić ist in Sokobanja, als ihn die Anfrage erreicht. Er schreibt zurück, unter normalen Umständen hätte er *als serbischer Erzähler* gern zugesagt, doch derzeit sei ihm das unmöglich, *denn in den derzeitigen außergewöhnlichen Umständen will und kann ich nicht an irgendwelchen Publikationen mitwirken, weder mit neuen noch mit bereits früher veröffentlichten Werken.*

Diese Antwort ist auch deshalb bemerkenswert, weil Andrić sich darin unumwunden als *serbischen Erzähler* definiert und damit politisch eindeutig Position bezieht. Er hat eine Wahl getroffen, und das in schwierigen Zeiten. Ähnlich hält er es im Frühjahr 1943, als Svetislav Cvijanović, sein alter Verleger aus der Zwischenkriegszeit, ohne das Wissen seines berühmtesten Autors einige von dessen frühen Werken neu auflegt. Als Andrić davon erfährt, wendet er sich in scharfen Worten an Cvijanović und verlangt erfolgreich, dass alle Bücher aus dem Verkehr gezogen werden. Ein weiteres Mal muss Andrić im Januar 1944 Stellung beziehen. Ein Verlag aus Wien will die 1939 in Deutschland erschienene Sammlung von Andrićs Novellen neu herausgeben. Die Anfrage bringt den Autor in eine schwierige Lage. Einerseits ist Deutschlands Niederlage absehbar. Die Alliierten haben Sizilien erobert und das italienische Festland betreten, Stalins Armeen drängen im Osten vorwärts. Doch noch immer stehen deutsche Truppen in Belgrad. Sagt Andrić dem Verlag ab, setzt er sich womöglich der Gefahr aus, kurz vor Kriegsende doch noch als Gegner der Deutschen unter Verdacht zu geraten. Was tun? Andrićs Antwort an den Verlag in Wien ist ein diplomatisches Meisterstück, in dem ein „Nein“ so formuliert ist, dass es sich wie ein „Ja“ anhört. *Nach mehr als dreißigjähriger schriftstellerischer Tätigkeit bin ich heute an einem für mich wichtigen Wendepunkt angelangt, welcher meiner dichterischen Schöpfung eine neue Form und eine neue Richtung geben dürfte,* schreibt Andrić in perfektem Deutsch am 1. Februar 1944 nach Wien. Er verweist auf ein neues Werk, an dem er gerade arbeite und in dem er alle seine neuen Auffassungen zum Ausdruck bringen wolle. *In diesem Stadium meiner geistigen und künstlerischen Entwicklung, in welchem ich mich gegenwärtig befinde, möchte ich aber keine einzige meiner früheren Arbeiten drucken lassen, bevor ich das Werk, an welchem ich nun arbeite, nicht veröffentlicht haben werde.* Doch Andrić macht einen Vorschlag zur Güte: *Sobald mein neues Werk, welches ich in Bälde zu beendigen hoffe, erschienen ist, soll auch der Herausgabe meiner Novellen – meinerseits – kein Hindernis mehr im Wege stehen.* Der Subtext ist zumindest im Rückblick klar: *In Bälde* werden die Deutschen den Krieg verloren und Anfragen deutschsprachiger Verlage sich damit erledigt haben.

Tatsächlich dauert es nach Andrićs Absage aber noch fast neun Monate, bis der ersehnte Moment einritt. Erst im Oktober 1944 stehen die Rote Armee und die Partisanen vor Belgrad. In den Monaten vorher erleidet die Stadt heftige Luftangriffe der Amerikaner. Andrić führt darüber ausführlich Tagebuch. In den Aufzeichnungen, die erst Jahre nach seinem Tod veröffentlicht werden, kombiniert er Selbstbetrachtungen und die Beobachtung seiner Mitmenschen mit nüchternen Schilderungen des Geschehens in der Stadt. Bei mehreren Fliegeralarmen im April 1944 geht er nicht in den Luftschutzkeller des Hauses in der Prizrenska ulica 9, sondern auf die Terrasse, um die Überfliegungen zu beobachten. Entfernt erinnern seine Aufzeichnungen an die berühmte „Burgunderszene“ Ernst Jüngers, der nur einen Monat nach Andrić vom Dach seines Hotels in Paris aus die Bombardierung der französischen Hauptstadt beobachtet haben will. Anders als in den Schilderungen Jüngers, an deren Authentizität später Zweifel aufkamen, wird das Kriegsgeschehen bei Andrić nicht ästhetisiert. Weder stilisiert er sich als Wein trinkenden Dandy (Burgunder mit Erdbeeren, wie ihn Jünger getrunken haben will, hätte Andrić wohl ohnehin für geschmacklos gehalten), noch beschreibt er das brennende Belgrad mit erotisierenden Metaphern, wie es Jünger in Paris tat. Einmal zählt Andrić achtzehn Bomber am Himmel: *Sie flogen am rechten Ufer der Save entlang. Um sie herum explodierten die Kugeln der Luftabwehrraketen. In die Höhe starrend, bemerkte ich gar nicht, was auf dem Bahnhof geschah. Erst in einem späteren Moment sah ich, wie sich ein Waggon wie ein Pferd aufbäumte und rund um ihn die Erde in Strahlen hochspritzte. Während die Flugzeuge zur Mündung der Donau flogen, begannen die Waggons schon zu brennen, und aus ihnen kam schwarzer, schwerer Rauch … Es entstand eine Stille, in welcher der Mensch erst die wahre Bedeutung und die ganze Besonderheit dessen verstehen konnte, was gerade passiert war. Alles ging schnell, leicht und ohne die Schwere wahrer Ereignisse vorbei, wie eine Filmszene.*

Am Ostermontag 1944 unternimmt Andrić einen Spaziergang durch die zerstörte Stadt. Italienische Kriegsgefangene werden zu Räumungsarbeiten und zur Bergung Toter eingesetzt. Andrić beobachtet Menschen, die in Trümmern nach Angehörigen suchen und sich gleichzeitig darüber streiten, wer die Wertgegenstände bekommt, die sie in den Ruinen vermuten. Er ist auf der alten Türkenfestung, dem Kalemegdan, als er von einem weiteren Angriff überrascht wird. *Ich dachte an den Tod, und ich spürte mit dem ganzen Körper, dass ich vollkommen ungeschützt war. … Wenn ein Mensch diese ganze Szene vor sich betrachtet, hinterlässt der Unterschied, der zwischen jenem besteht, was in der Höhe geschieht und was auf Erden vor sich geht, einen eigenartigen Eindruck. Scheinbar gibt es keinen Zusammenhang zwischen diesen großen, schön angeordneten Flugzeugen, die sich würdevoll und langsam fortbewegen, als wäre ihr wahres Ziel irgendwo in der Ferne, und jenem Knallen eines klaren Geräusches, von dem die Erde bebt und Gebäude einstürzen.*

In der Wohnung fallen Wasser und Strom aus. Ein Freund lädt Andrić ein, in eine Vorortvilla zu ziehen, wo die Gefahr von Bombenangriffen geringer ist. Andrić nimmt an und verbringt dort zehn Tage, doch dann wird die Gegend ebenfalls bombardiert. Andrić registriert *diesen eigenartigen Wind, der einem über den Hinterkopf streicht, wenn irgendwo in der Nähe eine Bombe explodiert.* Mitte Oktober nehmen jugoslawische Partisanen und Russen erste Vororte Belgrads ein. Andrić ist wieder in der Innenstadt. Am 17. Oktober, einem Dienstag, schreibt er: *Seit Samstagabend gehe ich nicht mehr aus dem Haus, da die Kämpfe direkt in der Stadt stattfinden. ... Am Samstag gegen 6 Uhr wurde der Kampf schon rund um die Eisenbahnbrücke und einen Teil des Bahnhofs geführt. ... Wir leben jetzt schon den dritten Tag vollkommen im Haus eingeschlossen. ... Ich sitze den ganzen Tag im Flur meiner Wohnung im ersten Stock, hier schlafe ich auch, insoweit man vom Rumpeln der Kanonen, die auf beiden Seiten unseres Hauses stehen, und von den gepanzerten Fahrzeugen, die ständig durch unsere Straße dröhnen, schlafen kann.* Ein deutsches Geschoss schlägt über seinem Fenster ein und hinterlässt eine faustgroße Vertiefung in der Mauer. Um nicht von Querschlägern getroffen zu werden, kriecht Andrić auf allen vieren durch die Wohnung. *Manchmal erfasst mich die Angst. Ich stehe auf, ziehe mich an und versuche dabei, gebückt die Fenster zu umgehen, und gehe auf den Flur hinaus. Hier stehe ich eine Weile in der Dunkelheit, mit einer Decke in der Hand. Ich möchte in den Keller hinabgehen oder mich wo auch immer verstecken, nur irgendwo, wo man dieses Rumpeln und Röcheln nicht hört, nur um vor diesem Gefühl der nahen Gefahr zu fliehen, vor diesem Feind in der Dunkelheit ... Doch wenn ich an die Stimmung denke, die im Keller herrscht, bleibe ich auf den Treppen stehen, was eigentlich das Dümmste ist, was man tun kann, und hier warte ich nun, dass das Feuer verstummt und die Explosionen seltener werden. Denn vor dem Keller habe ich ebenso viel Angst, und es ekelt mich davor, wie auch vor diesem seelenlosen und unaufhörlichen Zittern draußen. ... Jeder ist mit seiner eigenen Angst beschäftigt ...*

Am Tag der Befreiung von deutscher Besatzung in Belgrad

Dann ist es vorbei. Am 20. Oktober 1944 haben Sowjets und Partisanen die Stadt eingenommen. Ein Foto, das auf diesen Tag datiert ist, zeigt Andrić in seinem besten Anzug auf der Terrasse der Wohnung in der Prizrenska ulica. Er begeht den Feiertag der Befreiung. Mit den Deutschen wird er sich nie wieder versöhnen, wie zahlreiche Einträge in den Notizbüchern zeigen. Andrić reist nach dem Krieg wochenlang durch China, besucht mehrfach die Sowjetunion, Schweden, Frankreich und Italien, fährt nach Großbritannien, Bulgarien, Polen, Griechenland, Ägypten, in die Schweiz und die Türkei, doch deutschen Boden betritt er nie wieder. Alle Angebote zu Lesungen oder Ehrungen in Deutschland und in Österreich lehnt er ab. Was er über die Deutschen denkt, hält er in seinen Notizheften fest. *Die Deutschen und Deutschland,* schreibt er 1946, *das ist das größte Übel meines Lebens. … Das ist ein Problem, an dem Europa noch 150 Jahre leiden wird. Und auch dann sehe ich keine Lösung.* Ohne Hass oder Rachedurst für das, was er von den Deutschen und wegen der Deutschen erlitten habe, frage er sich: *Wie werden diese Deutschen ihren Platz zwischen den Menschen und den menschlichen Angelegenheiten finden? Und wann? … Sie sind von der Geburt und der Erziehung her verwirrt; sie wünschen sich, dass alle anderen Menschen sie lieben und achten, und zur gleichen Zeit, dass sie ihnen gehorchen und sie fürchten. Sie lernen alles, möchten alles wissen, aber sie sehen nicht, dass jener, der Menschen nicht wie Menschen behandelt, aufhört, Mensch zu sein.* Als er 1946 die Sowjetunion bereist und in Stalingrad ist, findet ein Mitreisender auf dem Schlachtfeld eine Metalltafel. *Es war eine jener Messingtafeln, die die deutschen Soldaten als Legitimierung bei sich trugen. Darin war eingraviert: Johann Barth, Eisenach.* Andrić fragt sich: *Wer war dieser Unglückspilz? War er einer jener Deutschen, in deren Namen jener deutsche Schriftsteller sprach, als er inmitten der ersten deutschen Siege im November 1939 schrieb: „Der Mensch hat viele stolze Gefühle, aber eines der schönsten ist trotzdem: als Soldat durch erobertes Land zu marschieren"? Oder war er ein einfacher Mensch, wie tausend andere, der zugelassen hat, dass jene ihn führen, die es lieben, durch erobertes Land zu marschieren?* Dem Journalisten Siniša Paunović berichtet Andrić bei einem Treffen, dass er in einem Belgrader Haus an der Save jahrelang einige seiner Bücherkisten aufbewahrt hatte, als die Deutschen in den letzten Kriegstagen ausgerechnet dort eine Verteidigungsstellung bezogen. „Selbst in dieser größten Bedrängnis öffneten sie diese Kisten und lasen die Bücher, sie schafften es sogar, die eine oder andere Illustration auszuschneiden. Sie auszuschneiden, auch wenn sie vielleicht in jeder Sekunde der Tod erwartete. Ein eigenartiges Volk!"

Sie wollten die Welt in Stücke hauen und in einem Bierkrug hinunterstürzen. Wollten aus allem, was nährt, noch das kleinste Körnchen sich nehmen und vertilgen, notiert er 1953. *Das wollten sie, und das haben sie getan, soweit sie konnten. Ihr habt noch eure Sklaven beklaut, und um euch nicht vor euch selbst und vor ihnen schämen zu müssen, habt ihr sie zu niederen Rassen und Untermenschen erklärt. Ihr habt nicht Frauen auf den Straßen vergewaltigt, sondern sie planvoll und nach Listen in eure Kriegsbordelle gebracht … Und wir, eingeschlossen in unsere kalten Wohnungen, haben Goethe gelesen, um draußen, wenn ihr uns getroffen und auf Deutsch nach dem Weg gefragt habt, zu antworten: „Ne razumem."* (Ich verstehe nicht.) Was Andrić von den Deutschen hielt, hat er aber nicht nur versteckt in seinen Notizen dargestellt. Einen Hinweis gibt auch der innere Monolog des weisen Türken Alihodscha am Schluss der *Brücke.* Die Österreicher (für die genauso die Deutschen stehen können, denn Andrić macht da zumindest in späteren Jahren kaum Unterschiede), haben die Višegrader Brücke in die Luft gesprengt, und Alihodscha trauert. *Jetzt sah man, wer sie waren und worauf sie ausgingen. Er hatte das schon immer gewusst, aber jetzt, jetzt konnte es auch der letzte Narr sehen.* Derselbe Alihodscha, der seine Landsleute gewarnt hatte, dass der Schwabe sie mit seiner Eisenbahn eines Tages auch dorthin fahren werde, wohin sie gar nicht wollen, fragt sich nun, im Jahr 1914, wohin all das wohl noch führen werde. *Vielleicht würde sich dieser böse Glaube, der alles ordnete, putzte, reparierte und herrichtete, um es gleich danach zu verschlingen und zu zerstören, über die ganze Erde verbreiten; vielleicht würde er aus der ganzen Welt Gottes ein wüstes Feld für sein sinnloses Bauen und mörderisches Vernichten machen, eine Weide für seinen unersättlichen Hunger und seine unfassbaren Gelüste?*

Doch auch mit seinen Landsleuten geht Andrić hart ins Gericht. „Lieber Krieg als Pakt", hatten die Demonstranten im April 1941 auf den Straßen Belgrads skandiert, und Krieg hatten sie bekommen. Der Preis war entsetzlich. Der Krieg in Jugoslawien forderte etwa eine Million Tote. Andrić hatte sich in Berlin vergeblich dafür eingesetzt, Jugoslawien zu einer Art Schweiz des Balkans zu erklären und aus dem Krieg herauszuhalten, was nicht unmöglich schien. In der Besatzungszeit notiert er dazu einen bitterbösen Satz über seine Landsleute: *Die Gespräche unserer Bürger, die ich oft höre, zeigen, mit wie viel Leichtgläubigkeit, Unwissen und falschen Informationen, mit wie viel erbärmlichen Gedanken, mit wie viel naivem, kurzsichtigem und ungesundem Egoismus sie in den Krieg gezogen sind.* Andrić veröffentlicht diesen Satz nie.

GENOSSE IVO

Rien ne va plus, alles ist möglich. Als die Partisanen in Jugoslawien die Macht übernehmen, ist Andrić in einer schwierigen Lage. Es ist allgemein bekannt, dass er ein hoher Beamter der antikommunistischen Königsdiktatur war. In Belgrad geht sogar das Gerücht um, Prinz Paul habe im Frühjahr 1941, unmittelbar vor seiner Abreise aus Jugoslawien, dem Luftwaffengeneral und Putschistenführer Dušan Simović dringend ans Herz gelegt, Andrić zum Hofminister des neuen Königs Petar zu ernennen. Das stimmt zwar vermutlich nicht, doch macht das die Sache für Andrić nicht weniger gefährlich. Wer im Jugoslawien der unmittelbaren Nachkriegszeit erst einmal beschuldigt wird, Monarchist, Bourgeois, Kapitalist, Konterrevolutionär oder ein sonstiger Volksfeind zu sein, kann schnell unter der Erde liegen oder bestenfalls für viele Jahre im Zuchthaus verschwinden. Zu den Erschossenen, Verhafteten oder über Nacht „Verschwundenen" im Herbst 1944 gehören auch Freunde, Weggefährten und Bekannte Andrićs. Der Arzt, Schriftsteller und Verleger Svetislav Stefanović, dessen Bitte um Texte für eine Anthologie Andrić 1942 weise ausgeschlagen hatte, wird wegen Kollaboration gleich in den ersten Wochen nach der kommunistischen Machtübernahme erschossen. Andrićs Jugendfreund und Zellengenosse aus der österreichischen Haftzeit, der dalmatinische Schriftsteller Niko Bartulović, wird Anfang 1945 mit der gleichen Beschuldigung getötet. In anderen Fällen reicht das Gerücht der Kollaboration für ein Todesurteil. Der Witz von dem osteuropäischen Hasen geht um, der mit letzter Kraft aus dem kommunistischen Machtbereich gen Westen hoppelt, zu den Amerikanern. Ein Westhase sieht ihn und fragt: „Wovor läufst du denn fort, Häslein?“ – „Bei uns werden die Elefanten verfolgt.“ – „Aber du bist doch kein Elefant!“ – „Natürlich nicht – aber ich bin mir nicht sicher, ob ich das beweisen kann.“

Kann Andrić beweisen, dass er kein Elefant ist? Wird er erst einmal des Elefantentums bezichtigt, könnte es zu spät sein. Viele Kommunisten sind ihm gegenüber skeptisch. Vladimir Bakarić, ein Mann der neuen Elite, der bald zum Führer der kroatischen Kommunisten aufsteigen wird, schreibt in seinem Kriegstagebuch über Andrić: „Ein echter Jesuit. Schmierig, vornehm.“ Solche Meinungen sind nicht selten unter den Kommunisten. Viele haben harte Jahre in den Kerkern eines Regimes zubringen müssen, deren führender Diener Andrić gewesen war. Mit ihren Gegnern von gestern gehen die neuen Kerkermeister nun noch brutaler um, als diese es je mit ihnen getan hatten. Der jugoslawische Massenmörder Tito, der neue starke Mann in Belgrad, ist ein gelehriger Schüler Stalins. Allein in den ersten Wochen nach ihrem Sieg ermorden Titos Männer in Jugoslawien ungefähr 70 000 Menschen. Im November 1944 veröffentlicht die *Politika* die Namen von mehr als hundert zum Tode verurteilten „Verrätern und Volksfeinden“, von denen bald kaum noch einer lebt. Andrićs Freund Marko Ristić verfasst in der kommunistischen Zeitung *Borba* (Kampf) Aufrufe zum Mord an Klassenfeinden. Freiheit, Einheit, Frieden und Glück seien unmöglich, ohne die „vollständige, unbarmherzige Vernichtung der verräterischen Reaktion“, schreibt Ristić und fordert „den gewaltvollen Tod des Faschismus“. Wer Faschist ist, bestimmen die Kommunisten. Anfang 1946 berichtet der sowjetische Botschafter aus Belgrad nach Moskau, Milovan Djilas habe ihm versichert, die jugoslawischen Kommunisten hätten seit ihrer Machtübernahme schon 200 000 ehemalige Kollaborateure liquidiert. Die Zahlen seien wohl sogar noch untertrieben, mutmaßt

Stalins Mann in Jugoslawien. Besonders perfide sind die sogenannten *Dachauer Prozesse* in Slowenien, bei denen slowenische Kommunisten, die aus der Haft im deutschen Konzentrationslager Dachau zurückgekehrt waren, zum Tode verurteilt werden. Laut Anklage hatten sie mit der Gestapo kollaboriert – denn wie sonst hätten sie das KZ überleben können? Durch Folter werden die passenden Geständnisse erpresst, um die Männer aus der Frühzeit der kommunistischen Bewegung, die störende Machtansprüche erheben könnten, vernichten zu können. Stalinismus pur. Überall in Jugoslawien entstehen Massengräber. Die deutschen Soldaten sind zwar abgezogen, doch den Terror haben sie dagelassen. Täter, Opfer und Parolen sind nun andere, Metzger und Gemetzelte tauschen in vielen Fällen ihre Rollen. Das Blut fließt weiter.

Einige von Andrićs Weggefährten fliehen aus Jugoslawien oder bleiben ihm fern. Miloš Crnjanski ist bei Kriegsende in London, wo ihm bittere Jahre als Emigrant bevorstehen, aber wenigstens sein Leben nicht bedroht ist. Crnjanski hatte sich ebenso schwärmerisch über die Nationalsozialisten wie kritisch über die Kommunisten geäußert, weshalb er in Jugoslawien tatsächlich etwas zu befürchten hätte. Andrićs Lage ist etwas günstiger. Immerhin ist in Belgrad bekannt, dass er sich während der Besatzungszeit geweigert hat, zu veröffentlichen. Und, noch wichtiger: Er hat im Sommer 1941 im besetzten Serbien den „Appell an das serbische Volk" nicht unterschrieben, in dem zum Kampf gegen die „kommunistischen Verbrecher" aufgerufen worden war. Dass Andrićs Name nicht unter diesem Aufruf stand – er hatte sich angeblich verleugnen lassen, als der Bote mit dem Dokument in der Prizrenska ulica klingelte –, ist den Kommunisten bekannt. Der kommunistische Funktionär und Schriftsteller Radovan Zogović, der anfangs Andrićs Gönner und Beschützer im kommunistischen Regime ist, bis er selbst in Ungnade fällt, hat das später in einem Text festgehalten. Er erwähnt, dass sich Andrićs Weigerung, den Appell zu unterzeichnen, bei den Partisanen noch während des Krieges herumgesprochen hatte: „Und das vertrieb die scharfe Antipathie, die alle fortschrittlichen Menschen Andrić als Botschafter des Fürsten Pavle bei Hitler, während des Beitritts zum Dreimächtepakt, gegenüber empfanden – oder es schwächte sie zumindest ab. Und es ist vollkommen verständlich, warum wir schon in den ersten Wochen im befreiten Belgrad den Kontakt zu Andrić suchten …"

Dass die Kommunisten einstweilen nicht vorhatten, Andrić zu liquidieren, sondern ihn im Gegenteil in ihr Regime einbinden wollten, bestätigte später auch Milovan Djilas: „Ivo Andrić hatte die Gefahren vielleicht überschätzt. Ich bin sicher, dass er sie überschätzte. Denn die neuen Machthaber brauchten ihn mehr als er sie." Ob diese Sätze, die Djilas 1977 schrieb, Andrićs Lage von 1944/45 treffend beschreiben, darf bezweifelt werden. Sicher ist aber auch: Es gibt eine Chance für ihn, auch im zweiten Jugoslawien akzeptiert zu werden. Das zeigt ihm noch im Herbst 1944 nicht zuletzt Djilas selbst, als er ihm ein Buch schenkt mit der Widmung: „Für Ivo Andrić, mit dem Wunsch nach Freundschaft". Andrić nutzt die sich ihm bietende Gunst zielstrebig und steigt in der Folge zum Poeta laureatus des Regimes auf. Der kroatische Literaturwissenschaftler Krešimir Nemec hat Andrićs Motive vom Herbst 1944 so zusammengefasst: „Aus der Sicht der neuformierten bolschewistischen Regierung ist klar, dass ihnen ein Schriftsteller von Andrićs Ansehen sehr willkommen ist. Indem sie ihn in ihre Reihen aufnahmen … konnten sie den ideologischen Gegnern zu Hause und im Westen eine Botschaft der Ausgewogenheit und Demokratie übermitteln. Und dem verängstigten Andrić war wichtig, so schnell wie möglich Zeichen der Loyalität zu zeigen und in eine Zone der persönlichen existenziellen Sicherheit überzugehen." Außerdem besitzen, nachdem das erste Jugoslawien unwiderruflich gescheitert ist, nach dem Zweiten Weltkrieg nur die Kommunisten die Macht, um das südslawische Experiment unter anderen Vorzeichen fortzusetzen. Für Andrić ist das Grund genug, sich ihnen anzuschließen. Den Kommunismus akzeptiert er als notwendiges Übel, das dem Jugoslawismus das Überleben sichert.

Außerdem ergänzen sich die Interessen Andrićs und die der Kommunisten 1945. Die neuen Herrscher wollen sich als Förderer der Literatur zeigen, und Andrić hat drei fertige Romane in der Schublade. Die entsprechen zwar nicht dem Ideal des sozialistischen Realismus, sind aber gerade deshalb allem, was die Hausdichter der Kommunisten verzapfen, himmelhoch überlegen. Der fleißige Tagebuchschreiber Branko Lazarević hält 1947 über die Beziehung der Kommunisten zu dem Schriftsteller fest, Andrić habe sie mit seinen Romanen gerettet, „... aber dafür mussten sie seinen orientalischen Fatalismus und ziemlich ausgeprägten Pessimismus in Umlauf bringen. Das haben sie widerwillig zugelassen, aber man musste etwas herzeigen, was wahre Literatur ist." Selbst Andrićs eingeschworene Feinde können die literarische Qualität seiner Werke nicht in Zweifel ziehen, ohne sich lächerlich zu machen. Als 1945 Schlag auf Schlag die drei Romane erscheinen, ist für viele klar: Ihr Verfasser ist der erste Schriftsteller Jugoslawiens.

Andrić verteilt die Rechte für seine Bücher klug. Im Januar 1945 unterschreibt er mit dem Belgrader Verlag Prosveta (Aufklärung) einen Vertrag über den Druck der *Brücke,* die im Frühjahr erscheint. *Wesire und Konsuln* geht an einen anderen Belgrader Verlag, dessen Chef Marko Ristić geworden ist. Das Buch erscheint im August 1945, nachdem es Ristić gelungen ist, von einem beschlagnahmten ungarischen Transportschiff auf der Donau Papier für den Druck zu konfiszieren, eine Mangelware damals. Die Rechte für das *Fräulein* gibt Andrić nach Bosnien, an einen Verlag in Sarajevo, der das Buch im November 1945 herausbringt. Er verteilt sein Werk bewusst auf drei Verlage in zwei Republiken und hat nun sowohl in Sarajevo als auch in Belgrad einflussreiche Gönner. Doch der Erfolg hat einen Preis. Die Kommunisten akzeptieren Andrić zwar als literarisches Aushängeschild, erwarten von ihm aber auch, dass er sich öffentlich an ihre Seite stellt. Er muss seine Vergangenheit als Diplomat der Monarchie eindeutig und öffentlich sichtbar hinter sich lassen. Andrić fügt sich, und so staunt Belgrad zwischen Herbst 1944 und Frühjahr 1945 über die Metamorphose des einstigen königlichen Gesandten Andrić zu Genosse Ivo, der Baustellen und Bergleute besucht, Lobreden auf Tito und Stalin hält, später auch Mitglied der Kommunistischen Partei wird. Er ist nun, zumindest nach außen, nicht mehr Dichter, sondern „Ingenieur der Seele".

Auf Anweisung der Machthaber geht Andrić zunächst nach Sarajevo, wo er Abgeordneter des bosnischen Parlaments wird, das natürlich nicht frei gewählt ist. Hier findet er einen neuen wichtigen Gönner, der neben Ristić und Zogović dafür sorgt, dass Andrić nichts geschieht: Rodoljub Čolaković, ein jugoslawischer Kommunist der ersten Stunde. Čolaković war 1921 an der Ermordung eines jugoslawischen Ministers beteiligt gewesen und hatte elf Jahre im Gefängnis verbracht, während Andrić seine Diplomatenkarriere verfolgte. Im Krieg war Čolaković ein Anführer des Partisanenkampfes gegen die Deutschen gewesen, und nun ist er Regierungschef in Bosnien. Andrić hat Glück, denn Čolaković nimmt ihm dessen Vergangenheit als führender Beamter des alten Regimes nicht übel. Er hält seine Hand über ihn. Andrić dankt ihm das, indem er die freundschaftliche Nähe zu dem Parteimann sucht, der selbst auch schreibt und sich geschmeichelt fühlt, dass der anerkannte Schriftsteller mit ihm verkehrt. „Dem Genossen Rodoljub Čolaković in Erinnerung an den Sommer 1945 in Sarajevo. Herzlich Ivo Andrić", schreibt er als Widmung in eines seiner Bücher, die er seinem neuen Freund und Beschützer schenkt. Der redet ihn als „Genosse Ivo" an.

In der zweiten Hälfte der vierziger Jahre verbringt Andrić mehr Zeit in Sarajevo als in Belgrad. Er wohnt einige Monate im *Hotel Europa*, bezieht später eine Wohnung in der Innenstadt. Anfang 1946 kommt er auf einer Reise durch das kriegszerstörte Bosnien nach fast einem Jahrzehnt erstmals wieder in seine engere

Heimat. *Ich habe kein allzu weiches Herz und auch schon so einiges erlebt,* schreibt er einer Bekannten in Belgrad, *aber diese Gegenden zu betrachten, ist wirklich ein Trauerspiel. Višegrad ist ein verwüstetes Bild (die Brücke ist zu zwei Dritteln zerstört), die meisten Häuser sind niedergebrannt, die Straßen sind in Bäche und Sumpflöcher verwandelt. So ist es mehr oder weniger auf dem ganzen Weg. Das hat uns der Krieg hinterlassen. Trotzdem erhebt sich das Volk, stopft, repariert und baut neu auf. – Wenn ein Mensch das alles sieht, dann scheint ihm all unser Belgrader Unglück mit Brennstoff und Nahrung unendlich süß, und er ist beschämt von dieser Armut, der er nicht abhelfen kann.* Die Lösung, die der entstehende Staat zur Abhilfe anbietet, lautet: Von der Sowjetunion lernen heißt siegen lernen. In Sarajevo wird Andrić Vorsitzender der *Vereinigung für die kulturelle Zusammenarbeit Bosnien-Hercegovina-Sowjetunion,* in Belgrad zum stellvertretenden Präsidenten der jugoslawisch-sowjetischen Kulturgesellschaft. Er bereist mehrfach die Sowjetunion und bringt von diesen Reisen unter anderen die Reportagen *Eindrücke aus Stalingrad* und *Auf dem Newski-Prospekt* mit. Außer den jugoslawisch-sowjetischen Komitees gehört Andrić einem halben Dutzend weiterer kommunistischer Ausschüsse an. Er ist Mitglied eines Intellektuellenkomitees zur Bewahrung des Friedens (und lernt in dieser Funktion 1949 in Paris Picasso kennen), des Ausschusses für Auswärtige Angelegenheiten im jugoslawischen Parlament, der Bundeskommission für die Registrierung einer Volksanleihe, des Literaturrates im Kulturministerium Serbiens, eines künstlerischen Rats für Kinematographie, der jugoslawischen Kommission bei der Unesco und weiterer Gremien. An Universitäten, in Kulturheimen, Bibliotheken oder Offiziersclubs im ganzen Land hält er Vorträge über den jugoslawischen Fünfjahresplan. Wie es von linientreuen Schriftstellern erwartet wird, schreibt er Reportagen „aus der Welt des sozialistischen Aufbaus“ und unterzeichnet politische Appelle, so 1951 den Aufruf „An die italienischen Schriftsteller“ im italienisch-jugoslawischen Streit um Triest. Nach dem Besuch eines Kohlebergwerks in Bosnien preist er *die Kraft, den Wert und die Schönheit der sozialistischen Arbeit und des Wettbewerbs* in einer Reportage. *Wir sahen nicht nur Heldentum, sondern auch die Ritterlichkeit der Arbeit.* Arbeit, schreibt Andrić, sei die wahre Front des Sozialismus: *Überall um uns herum ist es ein Ringen mit fruchtlosen Äckern und mit der traurigen Ausweglosigkeit des leeren Landes und dessen mühsamer Bezwingung, eine Unterwerfung unter den menschlichen Willen und die Bedürfnisse der menschlichen Gemeinschaft.* Mit dem französischen Surrealisten Louis Aragon besucht er die Bauarbeiten an einer neuen Eisenbahnlinie in Bosnien. Unter der Losung „Wir erbauen die Gleise – die Gleise erbauen uns" leisten dort zehntausende Jugendliche unbezahlte Fronarbeit zum Ruhme des Sozialismus, viele von ihnen freiwillig. Andrić feiert sie als *Erbauer des neuen und besseren Lebens in ganz Jugoslawien.* Im November 1946 wird er auf Geheiß der Kommunistischen Partei zum Vorsitzenden des neu gegründeten jugoslawischen Schriftstellerverbandes gewählt. In seiner Dankesrede erinnert Andrić an noch lebende und gefallene Schriftsteller des letzten Krieges, erwähnt aber natürlich nicht seine von den Kommunisten erschossenen Kollegen wie Bartulović und andere. Er bedankt sich bei *dem Volkshelden und Erschaffer unseres Volkes Marschall Tito!* (Das Protokoll vermerkt an dieser Stelle laute Rufe: „Er lebe hoch!") Unmittelbar nach seiner Wahl wird Andrić mit einer Delegation des Schriftstellerverbands von Tito empfangen. Tito spricht sich dafür aus, dass alle jugoslawischen Schriftsteller die volle Freiheit der Entfaltung haben sollen – solange sie nichts Schädliches schreiben. Auf der Jahresversammlung des kroatischen Schriftstellerverbands fordert Andrić als Gastredner eine aktive Teilnahme der Autoren an der Schaffung eines „neuen Menschen" und bei der Verwirklichung des Sozialismus. Er rügt Autoren, die abseits stehen, und jeden Schriftsteller, *der aus der Literatur ein leeres Feld und einen Übungsplatz für seine persönlichen Paraden und Wettbewerbe machen will, für bizarre Turniere des Herzens und fruchtlose Taten einsa-*

mer Gedenken. Solche Autoren seien *Symptome des Verfalls und der Degeneration,* behauptet der Vorsitzende des jugoslawischen Schriftstellerverbands.

Von ihm als Leiter einer staatlich kontrollierten Institution wird auch erwartet, dass er Stalin und Tito besingt. Andrić erfüllt die Erwartungen und lobt die *weise Führung* der Sowjetunion durch den *Generalissimus Stalin, den Erschaffer der heutigen Sowjetunion, den Sieger über den Faschismus, den großen Marschall Stalin* ebenso wie die *weise Führung unseres Volksführers Marschall Tito.* Er wendet aber einen Trick an, um dem Personenkult wenigstens halbwegs auszuweichen. Meist preist er nicht Stalin und Tito direkt, sondern die Menschen, die sie anhimmeln. Als er 1946 in Moskau als Ehrengast an der großen Parade zum 1. Mai teilnimmt, ist sein Text darüber ganz auf den Moment ausgerichtet, da die paradierenden Massen ihre Gottheit schauen, auf dem Roten Platz, wenn *für jeden Einzelnen der Wunsch in Erfüllung geht, der ihn antreibt – den Generalissimus Stalin zu sehen und zu begrüßen.* Andrić beschreibt eine Epiphanie: *Da gibt es jene, die vor Rührung ganz blass sind, Erstarrte, die nur mit den Augen und dem Blick leben, andere, die lächeln, so breit es irgend geht, mit halb geschlossenen Augen und weit geöffnetem Mund, in dem sich das Weiß der Zähne mit dem Rot des Gaumens im hellen Licht des Maitages mischt.* Vor dem Lenin-Mausoleum, auf dessen Tribüne Stalin steht, *verlangsamt jeder den Schritt oder bleibt ganz stehen, um diese Gestalt in der schlichten Uniform und dieses wohlbekannte Gesicht, an dem man sich gar nicht sattsehen kann, so lange und so gut wie möglich betrachten zu können.* In seinem *Gruß an Tito,* der 1954 in der Zeitschrift der jugoslawischen Luftwaffe erscheint, wählt Andrić den gleichen Trick. Er beschreibt nicht Tito selbst, sondern einen jungen Mann, der dem Diktator im Namen des Volkes zum Geburtstag gratulieren darf: *Sein Gesicht war voller Röte, wie ein Abbild seiner inneren Flamme, und seine Augen strahlten aussagekräftiger als die hervorgepressten Grußworte. Ich erkannte in der Figur und Haltung dieses jungen Men-*

schen in diesem Augenblick ein ganzes Volk, mit all seinen Bestrebungen und Bemühungen, Wünschen und Gefühlen. Erst danach nähert sich der Text den konventionellen Tito-Elogen jener Zeit an: *Denn überall wo unsere Leute arbeiten und denken, schaffen und erheben, werden Titos Werke und sein Name beständig gefeiert. Bei der Arbeit auf den Feldern, in den Bergwerken und Fabriken, in den Laboratorien und Büros, bei der Armee und in den Schulen, beim Sport und in der Jugendfreizeit, die Feierlichkeiten sind überall, wo die Formen der neuen sozialistischen Gesellschaft geschaffen, perfektioniert und gefestigt werden, wo die Arbeit und der Erschaffungsgedanke unserer Menschen sich selbst den Weg bereitet.*

Andrićs Agitprop-Texte aus jenen Jahren sind aber trotz allem gemäßigter als die vieler Zeitgenossen. Anders als sein Freund Ristić und andere ruft Andrić nie zu Mord und Totschlag auf. Er schreibt nur, was unbedingt nötig ist, um von den Machthabern in Ruhe gelassen zu werden, gleichzeitig aber in gutem Ansehen bei ihnen zu stehen. Er arrangiert sich auch rhetorisch. Andrić zitiert nun Marx und setzt die sprachlichen Versatzstücke der kommunistischen Propaganda so routiniert ein, als sei er ein Kommunist der ersten Stunde. Auf dem fünften Kongress der Kommunisten Jugoslawiens im Juli 1948, der wegen des kurz zuvor erfolgten Bruchs zwischen Tito und Stalin in einer Atmosphäre der Angst vor einer sowjetischen Invasion stattfindet, begrüßt Andrić die Delegierten im Namen des jugoslawischen Schriftstellerverbands wie ein alter Parteitagsredner. Er hat die Zeichen der Zeit schnell erkannt und lobt Stalin nun nicht mehr, sondern nur die *ruhmreiche und brüderliche Rote Armee.* Das Protokoll des Parteitags zeigt, wie perfekt Andrić sich die kommunistischen Sprechblasen angeeignet hat. Er dankt der Kommunistischen Partei, *die unsere Künstler und Kulturschaffenden auf die Kultur der sowjetischen Völker hinwies und diese Beziehungen praktisch ermöglichte, sodass viele unserer Künstler und Kulturschaffenden dank ihnen wahrlich und für immer mit der sozialistischen Kultur der großen und brüderlichen Sowjetunion verbunden sind.* (Stürmischer Applaus.) *Wegen all dem sind die Schriftsteller und Künstler Jugoslawiens glücklich, dass sie von dieser Stelle aus ihre Anerkennung für die Kommunistische Partei Jugoslawiens und ihr Zentralkomitee mit dem Genossen Tito an der Spitze ausdrücken können.* (Langanhaltender Applaus.)

Als Belohnung für seine Loyalität wird Andrić im Dezember 1954 auf eigenen Wunsch in den „Bund der Kommunisten Jugoslawiens" aufgenommen, wie die Staatspartei inzwischen heißt. Vorher hat die Partei noch eine Charakterstudie anfertigen lassen, in der die Aufnahme befürwortet wird: „Als renommierter Literat und bekannter kultureller Agitator manifestierte Genosse Andrić mit seiner langjährigen Arbeit die Qualitäten eines großen Schriftstellers, guten Patrioten, fortschrittlichen und gewissenhaften gesellschaftlichen Arbeiters. Mit seinem ganzen literarischen Werk, und auch in allen anderen gesellschaftlichen Aktivitäten, stand Genosse Andrić immer auf den Positionen des gesellschaftlichen und kulturellen Fortschritts unseres Landes." Doch nicht alle in der Partei sehen das so. Es gibt Widerstand gegen seine Aufnahme. Im Frühjahr 1955 müssen schließlich zwei weitere Gutachten erstellt werden, um Andrić zu entlasten. Ein Vorwurf von Andrićs Gegnern geht auf das Jahr 1941 zurück. Demnach hat er in den ersten Monaten der deutschen Besatzung mit den königstreuen Tschetniks des großserbischen Freischärlerführers Dragoljub Mihailović sympathisiert – ein sehr schwerer Vorwurf im Nachkriegsjugoslawien. Die serbischen Tschetniks sind in Titos Staat neben den kroatischen Ustasche die Verkörperung des brudermordenden Bösen. Dass Andrić 1941 tatsächlich mit ihnen sympathisiert hatte, wird damals selbst von seinen Freunden bestätigt. Die führen aber an, dass er seinen Irrtum längst bereue. In einem der beiden internen Charaktergutachten von 1955, dessen Mitautor Andrićs Freund Marko Ristić ist, wird eingestanden, dass Andrić die Nachrichten über Mihailovićs Aufstand in Serbien anfangs „mit Freude und Begeisterung" verfolgt habe: „Als aufrichtiger Patriot, als

Aus einem Propagandafilm für die jugoslawische Luftfahrt

Mensch, der während des Ersten Weltkriegs drei Jahre lang in österreichischen Gefängnissen war, glaubte Andrić daran, dass die sog. nationalistischen Kräfte diejenigen sind, die sich an der Spitze des bewaffneten Aufstandes befanden, aber, nicht blind für Tatsachen, sieht er nach und nach ein, dass diese Kräfte mit Draža Mihailović an der Spitze verräterisch sind, und revidiert ehrbar gewisse Verirrungen und Illusionen." Erst nach einer „moralisch-politischen Krise" habe Andrić sich schließlich dem Kommunismus zugewandt, was sein Bekenntnis umso ehrlicher mache. Am Ende können Andrićs Verteidiger sich durchsetzen. Der Widerstand gegen seine Mitgliedschaft im Bund der Kommunisten verebbt. Dass der Genosse mit der Mitgliedsnummer 1046637 keinerlei politische Ambitionen zeigt und nicht nach Ämtern oder Posten strebt, macht die Sache einfacher.

Die Mitgliedschaft in der Partei ist für Andrić ein Akt der endgültigen Anbindung an das zweite Jugoslawien. An seiner Loyalität soll es keine Zweifel mehr geben können, und es gibt sie fortan auch nicht mehr. Das bürgerliche Belgrad dagegen, ohnehin eingeschüchtert und verwirrt von der neuen Zeit, ist entsetzt über Andrić. Die serbische Physikerin, Schriftstellerin und konservative Frauenrechtlerin Isidora Sekulić, dem Schriftsteller vormals in schwärmerischer Ergebenheit zugetan, speit Gift und Galle gegen ihren früheren Liebling. Sie nennt ihn einen Opportunisten, der nur mit Menschen Umgang pflege, die ihm etwas nützen können. Als Branko Lazarević ihr gegenüber versucht, Andrić zu verteidigen, gerät sie außer sich: „Sie kennen ihn nicht, Sie kennen ihn nicht! Ich kenne ihn!", ruft sie aus. „Er hasst Serbien! Er mag niemanden! Er mag nur das, was ihm persönlich hilfreich ist." So jedenfalls hält Lazarević die Szene in seinem Tagebuch fest, und da Sekulićs Wutausbrüche gegen Andrić auch von anderer Seite belegt sind, ist das durchaus glaubwürdig. Dasselbe gilt für eine Aussage von Aleksandar Belić, der Präsident der Serbischen Akademie der Wissenschaften ist und Andrić aus dieser Funktion kennt: „Ivo steht Ihnen bei, solange Sie für ihn notwendig sind; wenn er Sie nicht mehr braucht, entzieht er sich leise." Auch sein früherer Gönner Radovan Zogović bekommt das zu spüren, nachdem er im Konflikt zwischen Tito und Stalin die Kräfteverhältnisse falsch eingeschätzt und sich unvorsichtigerweise für Stalin ausgesprochen hat. Zogović wird von den jugoslawischen Machthabern nun seinerseits verfolgt, und Andrić wendet sich von ihm ab, als habe ihre Freundschaft nie existiert. In der Familie des Anwalts Milenković in der Prizrenska ulica, wo der Schriftsteller immer noch zur

Untermiete wohnt, hängt der Haussegen ebenfalls schief, wie Andrićs langjährige Sekretärin und Vertraute Vera Stojić später bestätigt. Die Milenkovićs sind Antikommunisten und nehmen ihrem Untermieter seinen Parteibeitritt übel, was sie natürlich nicht laut sagen können. Als Tito ihm einmal eine Schachtel Zigarren in die Prizrenska-Straße schicken lässt, muss das im Hause wie ein Affront wirken. „Das Geschrei gegen ihn ist groß; sogar bei jenen, die für die Kommunisten sind. Auch sie sind gegen ihn, vermutlich deswegen, weil er sie überholt und bei den Kommunisten als Erster das Ziel erreicht hat", notiert Lazarević, dessen Tagebuch schon deshalb eine ungemein wertvolle Quelle für diese Phase von Andrićs Leben ist, weil der Schreiber außer eigenen Eindrücken auch die Gerüchte, Gespräche und Meinungen festhält, die in Belgrad zu Andrić kursieren. Man weiß dann zwar immer noch nicht, was wahr ist, wohl aber, was in Belgrad getratscht und gesagt wurde. „Ganz Belgrad ist gegen ihn", schreibt Lazarević etwa, oder: „Belgrad klagt ihn schwer an." Die Frau eines ehemaligen Diplomatenkollegen, den Andrić manchmal besucht, ruft Lazarević gegenüber aus: „Mein Gott, wenn die Leute wüssten, dass er zu uns kommt! Wissen Sie, die ganze Welt erzählt nur das Schlimmste über ihn." Man dürfe nicht einmal erwähnen, dass man sich mit ihm treffe, schreibt Lazarević: „Jeder, der versuchte, ihn zu verteidigen, wäre Beleidigungen und Beschimpfungen ausgesetzt." Niemand verzeihe ihm seine neue Haltung. Er habe gerade Andrić getroffen, notiert Lazarević unter dem Datum des 23. Dezember 1946: „Im Laufe des Gespräches sehe ich, dass er genau versteht und weiß, was überall dort geschieht, wo der Bolschewismus ist." Lazarević rätselt, warum Andrić trotzdem mitmacht. „Es ist nicht möglich, dass er nicht sieht, was mit dem ganzen Volk gemacht wird, und es ist nicht möglich, dass er dem zustimmt." Offenbar glaube Andrić, „dass diese Bolschewisierung bei uns und im weiteren Europa bleiben wird, und das hat er mir gegenüber auch ein wenig betont. Er glaubt vielleicht, das sei der Weg Europas." Lazarević fällt auf, dass Andrić in Gesprächen nun oft Marx zitiere, was er früher nie getan habe. „Er hat sich ergeben und verkauft und arbeitet für sie." Obwohl er sich immer wieder bemüht, Andrić zu verstehen und ihn mit einer Mischung aus Bewunderung und ungläubiger, skeptischer Sympathie behandelt, fällt Lazarević am Ende ein strenges Urteil: Es gebe auch andere Schriftsteller, „die ethisch klein, aber künstlerisch groß waren, und man muss ihnen die Größe dort lassen, wo sie groß sind; aber auch die Armseligkeit, wo sie armselig sind". *So ist er, wenn er sich nicht auf dem Boden seiner herausragenden Fähigkeiten befindet, oft kleiner und schwächer als der Durchschnittsmensch,* hatte Andric einmal über ein nicht genanntes Talent in eines seiner Notizhefte geschrieben. Ein Selbstportrait?

Auch Lazarević fällt auf, was vor und nach ihm viele andere bemerkt haben: Andrić ist nicht zu fassen. „Es ist schwer, ihn einzufangen. Er flieht wie der Teufel vor dem Kreuz vor jedem brenzligen oder zweideutigen Gespräch ..." Das merke man schon an der Körpersprache: „Sein Blick ist schief. Er schaut durch die Brille und schaut nie direkt in die Augen. Er positioniert sich immer so, dass man ihn von der Seite betrachtet, aus dem Profil, und auch dann flieht sein Gesicht, und man sieht sein Gesicht nur von einer Seite." In Gesprächen gebe er sich niemals Emotionen hin. „Er ist immer kühl. Manchmal hat er einen Krampf auf den Lippen, als wollte er in seine Lippen beißen." Andrićs Grundeigenschaft ist eine extreme Zurückhaltung. „Er ist daran gewöhnt oder so geboren, dass er nie seine kleinen Hörner zeigt. Bei ihm passiert alles innerlich, und äußerlich nichts." Lazarević vermutet, Andrić halte Ehrlichkeit für eine Schwäche. Doch wann hat er gelogen – als er sich als Gefolgsmann der Monarchie im ersten Jugoslawien ausgab, oder jetzt als Unterstützer der Kommunisten? Oder in beiden Fällen? Es sei schlicht nicht möglich, „dass er für alles das ist und für nichts von früher, wenn er früher für all das von früher war und basierend darauf großes Vertrauen und eine große Karriere erreicht hat. Oder er ist wirklich ein Janus-Geschöpf oder irgendein

‚doppelter' Komplex, und dass dies jetzt das ehrliche Gesicht ist, und das andere war unehrlich?" Dass die Kommunisten ihn angenommen haben, sei nicht verwunderlich. „Sie brauchen sein Dekor und überschütten ihn oberflächlich mit Ehren und Pflichten, aber sie glauben ihm nicht wirklich. Denn er schweigt auch vor ihnen viel und passt auf, was und wie viel er sagt." Was ist die Wahrheit hinter seinem Schweigen? „Man sieht wirklich nicht, ob er etwas mag oder ob er etwas hasst. Ich habe den Eindruck, für ihn ist das Wichtigste: ‚Lasst mich in Ruhe!'" Andrić betrachte das Leben wie ein Biologe eine Leiche und pflege mit Menschen nur in dem Maße Umgang, wie es unvermeidbar ist. „Denn er liebt niemanden und nichts", schreibt Lazarević, um an anderer Stelle zu mutmaßen, dass Andrić „niemanden sehr liebt und dass er jeden ein wenig hasst ... Er ist eine geschlossene Muschel."

Dir ist an nichts gelegen, und in Wahrheit liebst du weder, noch hasst du, denn für das eine wie das andere muss man, wenigstens für einen Augenblick, aus sich herausgehen, sich aussetzen, vergessen, über sich und seine Eitelkeit hinausgehen. Sollte dieser Satz, den Andrić einem seiner Charaktere in den Mund legt, am Ende ihm selbst gelten, gar ein verkapptes Selbstportrait sein? Lazarević hätte dem vielleicht zugestimmt. Nur schrieb er sein Tagebuch als verbitterter, auch politisch besiegter Mann, was zur Schärfe seiner Urteile beigetragen haben mag. Wenn er behauptet, „ganz Belgrad" sei gegen Andrić, ist in Wirklichkeit nur Lazarevićs bürgerliche, von den Zeitläuften überrollte Schicht gemeint. Ein Andrić-Portrait aus der gleichen Zeit, nur von der Gegenseite, liefert Milovan Djilas. Er lernt Andrić Anfang 1945 kennen. „Andrić lebte derart zurückgezogen und unauffällig, dass er meines Wissens niemals irgendjemandem etwas Böses angetan hat. Es gibt aber auch nicht viele Menschen, die sich rühmen können, von ihm nennenswerte Wohltaten empfangen zu haben, von unverbindlichen Liebenswürdigkeiten abgesehen." Das ist in seiner kühlen Fairness wohl eines der treffendsten Urteile über Andrićs gesellschaftliches Verhalten. Vergleicht man Andrićs Briefe und Aufsätze mit dem, was sonst in jener ebenso schweren wie gefährlichen Zeit geschrieben wurde, zieht man die Einschätzungen von Zeitzeugen hinzu und berücksichtigt nicht nur, was er schrieb und tat, sondern auch, was er nicht schrieb und nicht tat, dann lässt sich über Andrićs Verhalten in jenen Jahren sagen: Er liefert niemanden ans Messer, hilft aber auch niemandem, der ans Messer geliefert wird. Dutzende jugoslawische Schriftsteller werden in Haft genommen oder auf die Folterinsel Goli otok deportiert, während Andrić Präsident des Schriftstellerverbands ist. Es ist aber kein Fall bekannt geworden, in dem er sich für verfolgte Kollegen eingesetzt hätte. (Das wäre in der nach stalinistischen Methoden verfahrenden Diktatur, die Jugoslawien damals war, freilich leichter gesagt als getan gewesen.) Es ist aber auch nicht bekannt, dass Andrić je Menschen denunziert hätte, wie es andere taten. Eine Anekdote aus Lazarevićs Tagebuch ist hier wiederum aufschlussreich. Im März 1947 war Lazarević aus der Schriftstellervereinigung Serbiens ausgeschlossen worden. Die Anweisung für die „Säuberungsaktion" sei vom Verband Jugoslawiens gekommen, „bei dem Ivo Andrić als Vorsitzender der ‚Trottel vom Dienst' ist", schreibt Lazarević bitter. Er wirft Andrić jedoch an keiner Stelle vor, seinen Ausschluss persönlich betrieben zu haben – auch nicht, als die beiden sich treffen und ein längeres Gespräch führen. Zu dieser Begegnung heißt es in Lazarevićs Aufzeichnungen: „Wir haben uns sehr freundschaftlich unterhalten, aber er hat kein Wort zu meinem Fall in der Schriftstellervereinigung Serbiens gesagt. Im Gespräch ging es um französische Literatur."

Dieses Verhalten entspricht genau dem, was auch andere an Andrić beobachten. „Er hat die perfekte, unfehlbare Kraft, sich selbst zu beherrschen und nur das zu tun und zu sagen, was niemanden stört, was ihn nicht in Gegensatz zu jemand anderem bringt …", notiert der serbische Schriftsteller Dobrica Ćosić, nachdem Andrić zu einem fast fünfstündigen Abendessen bei ihm zu Gast war. Das ist zwar schon 1968, also in einer ganz anderen Zeit, aber Andrić ist derselbe geblieben. Er gibt Ćosić gegenüber auch sein Lebensmotto für das richtige Verhalten im öffentlichen Raum preis: „Es geht nicht darum, alles zu sagen, was man denkt; hauptsächlich wichtig ist, nicht das zu sagen, was man nicht denkt." Ćosić beschreibt Andrić als großen und dunklen Egozentriker, der sich genial mit dem Leben, der Geschichte und den Umständen arrangiert habe. Andrić lebe nur für sich und seine Bücher: „Er glaubt dem gesprochenen Wort nicht. Daher spricht er nicht, macht keine Aussagen." Andrić habe vermutlich auch keine Ideale, mutmaßt Ćosić. „Wenn er mit Menschen zusammen ist, die große Ziele verfolgen, tut er das deshalb, weil er weiß, dass es viel leichter ist für als gegen sie zu sein; und dass es leichter ist, nicht für sie zu sein, wenn man auf ihrer Seite ist, als wenn man es nicht wäre." Ähnlich Schlussfolgerungen zieht Djilas nach Andrićs Tod. Niemals habe er ihn Hässliches über andere Menschen sagen hören, auch nicht über seine einstigen Chefs im königlichen Jugoslawien, über die er nach 1944 gefahrlos hätte herziehen können. „Er lebte in sich zurückgezogen für die Literatur, wobei er sich aus seinem Platz im Leben und in der Geschichte herzlich wenig machte." Andrić habe niemandem nahegestanden. Er habe einfach nur in Ruhe leben und arbeiten wollen.

DER VERDAMMTE ELEFANT

Andrićs Annäherung an die neuen Machthaber hat auch literarisch einen Preis. Stilistisch sind einige der Erzählungen, die er in der zweiten Hälfte der vierziger Jahre verfasst, dermaßen missraten, dass Andrić später nicht nur ihre Übersetzung in andere Sprachen, sondern auch ihren Eingang in einheimische Werkausgaben untersagt. Andrićs Literatur hat sonst viele Etagen: Da gibt es Balkone mit grandioser Aussicht, lange Flure mit verwirrend vielen Türen und düstere Keller, unter denen noch tiefere Gewölbe zu ahnen sind. Eine Reihe von Andrićs Nachkriegserzählungen dagegen sind Flachbauten. Ihnen fehlt vor allem der Keller. *Aus Großvaters Tagebuch, Elektrobih* oder die Geschichte *Samen aus Kalifornien,* die Andrić im Auftrag der Abteilung für Agitation und Presse des Landeskomitees der Volksfront Bosnien-Hercegovinas schreibt und die auch genau so klingt, offenbaren fast schon karikaturistisch die ganze Plattheit des sozialistischen Realismus. In *Elektrobih* geht es um die sozialistische Zukunft Bosniens, in der jedes Dorf an die Stromversorgung angeschlossen sein wird. Andrić schreibt von einer strahlenden Zukunft und einer besseren Zeit, welcher der neue Mensch entgegenschreite, *wie ein Soldat in einer unendlichen Prozession des Fünfjahresplans und der Elektrifizierung Bosniens ...* Als „Anekdoten ohne innere Kraft" und „vulgären Realismus" hat der serbische Literaturkritiker Predrag Palavestra solche Texte Andrićs bezeichnet. „Politik in einem Werk der Literatur ist wie ein Pistolenschuss mitten in einem Konzert: grob, aber man kann ihm seine Aufmerksamkeit nicht verweigern", lautet ein Satz Stendhals, den Orhan Pamuk seinem Roman „Schnee" vorangestellt hat. Genau denselben Satz hatte Andrić in eines seiner Notizbücher exzerpiert. Einige seiner Nachkriegserzählungen sind Konzerte, in denen viel geschossen wird.

Dass Andrić die mangelhafte literarische Qualität solcher Texte bewusst ist, zeigt sein programmatischer Aufsatz *Notizen für den Autor* von 1947, eine Art Werkstattbericht. Darin gibt er Ratschläge und stellt Regeln für gutes Schreiben auf, gegen die er in den Texten, die er den Machthabern zum Gefallen schreibt, ausnahmslos verstößt. *Wenn ein Autor im Laufe der Erzählung den Ton des Erzählers verlässt ... und beginnt, seinen Helden mit abstrakten Worten zu erklären und mit Worten seine Ansichten und Absichten deutet und ausmalt, die aus seiner Handlung nicht sichtbar sind, ist dies das Ende des künstlerischen Schaffens,* schreibt er zum Beispiel und rät jungen Autoren, ihre Texte *ohne blinde elterliche Liebe, kühl und unerbittlich streng* zu prüfen. *Brecht jeden Satz zehn Mal über das Knie, stellt euch mit der ganzen Kraft auf jedes Wort, hinterfragt seine Tragfähigkeit* … Er warnt davor, mit den eigenen Texten zufrieden zu sein, denn es gebe nichts Gefährlicheres für Autoren als Selbstzufriedenheit. *Sie ist ein schlechter Ratgeber und arglistiger Reiseführer, die viele auf den falschen Weg gebracht hat.* In einem Vortrag mit dem lakonischen Titel *Etwas zu Stil und Sprache* stellt er fest: *Es gibt keinen Stil ohne Inhalt.* Ein Haufen aneinandergereihter Worte sei noch lange kein Stil.

Mit einer Reihe von Erzählungen, die Ende der vierziger und zu Beginn der fünfziger Jahre erscheinen, beweist Andrić seinen Kritikern dann eindrucksvoll, dass er seine eigenen Regeln beherzigt und außer Agitproptexten, die zum Glück eine Ausnahme bleiben, weiterhin echte Literatur schreiben kann. Dazu gehört die 1948 veröffentlichte Erzählung *Der Elefant des Wesirs*, eine schillernde Parabel, die tausendundeine Deutung zulässt. Der polnische Regisseur Andrzej Wajda, ein passionierter Andrić-Leser, war eine Weile wie besessen von der Idee, die Geschichte zu verfilmen. Er stellte dann aber schon bei der Arbeit am Exposé fest, was nach ihm noch Ingmar Bergman, Emir Kusturica und andere einsehen mussten: Andrićs Werke sind nicht verfilmbar und eignen sich auch nicht für die Bühne. *Der Elefant des Wesirs* spielt in Travnik und hat womöglich einen historischen Kern. Der 85 Jahre nach Andrić in Travnik geborene Schriftsteller Muharem Bazdulj berichtet von einer lokalen Legende, laut der auf dem Bašbunar, Travniks Hausberg, ein Elefant begraben liege. Vor Andrić hatte schon sein väterlicher Freund Tugomir Alaupović über den Elefanten von Travnik geschrieben. Andrić siedelt die Geschichte im Jahr 1820 an, zur Zeit des historisch verbürgten Dželaludin-paša, eines der grausamsten Gesandten des Sultans, die je über Bosnien herrschten. Der Pascha, so wird erzählt, habe sich zum Zeitvertreib einen Elefanten aus Afrika bringen lassen. Dieses Detail genügt Andrić als Anregung für eine Erzählung über Macht, Angst und Niedertracht. Davon war der Autor auch im Jugoslawien des Jahres 1948 zur Genüge umgeben, doch beschreibt er die Phänomene lieber aus einem historischen Sicherheitsabstand von knapp 130 Jahren.

Um den Schrecken zu schildern, den der erste und letzte Elefant in der Geschichte Travniks bei seiner Ankunft verbreitet, wendet Andrić, der zur Vorbereitung auf die Geschichte unter anderem Informationen über das Verhalten dieser Tiere aus „Brehms Tierleben“ exzerpiert hat, einen Kniff an: Er beschreibt nicht etwa, wie die Menschen, sondern wie die Tiere Travniks auf das Erscheinen des Elefanten in der Stadt reagieren: *Die Hunde, die zahlreichen Hunde der Čaršija, begannen verwirrt umherzustreichen, sie witterten aus der Ferne das seltsame Tier, das sich außerhalb ihrer Erfahrungen befand, und verließen ihre Plätze in der Nähe der Fleischstände. Die älteren und fettgefresseneren Hunde verzogen sich schweigend; aber die jüngeren, die magereren und flinkeren erhoben durch die Bretterverschläge oder durch irgendeine Maueröffnung ein böses und wütendes Gebell, mit dem sie ihre eigene Angst übertönen wollten. Die Katzen wurden unruhig, rannten über die Straße, krallten sich an den Bretterwänden fest und flüchteten an den Weinstöcken in den Höfen auf die hölzernen Altane oder gar aufs Dach hinauf. Die Hühner, die um den Basar herum Körner unter den Futtersäcken der Dorfpferde aufpickten, flohen unter jähem Gackern und Flügelschlagen über die hohen Zäune. Laut schnatternd hasteten die Enten davon und stürzten sich von den Ufermauern in den Bach.*

Doch eigentlich geht es Andrić natürlich um die Wirkung des Elefanten auf die Menschen – beziehungsweise um die Macht, die ein Symbol ausstrahlen kann. Nur dass die Macht in diesem Fall eben nicht durch ein Kreuz, einen Halbmond, eine Swastika oder einen roten Stern verkörpert wird, sondern durch Fil, wie ihn die Travniker nennen, einen afrikanischen Elefanten, der schon auf seinem Weg durch Bosnien Angst und Schrecken verbreitet. *Offiziere, Beamte, Gemeindeälteste, Ordnungshüter, die von Amts we-*

gen nicht anders konnten, traten voller Angst und Ehrfurcht vor das unbekannte Tier des Wesirs … Die meisten näherten sich nicht nur der Begleitung, sondern auch dem jungen Elefanten mit unterwürfigem Lächeln … Im Inneren waren sie jedoch voller Furcht, dass dem Elefanten etwas zustoßen könnte, während er sich hier in ihrem Amtsbereich befand, sie warteten ungeduldig auf den Augenblick, da dieses ganze Gefolge des Wesirs mitsamt dem Ungeheuer weiterziehen und in das Nachbargebiet gelangen würde, wo andere die Verantwortung trugen. Andere Honoratioren sinnen darüber nach, *wie sie dem Elefanten des Wesirs ihre Ehrerbietung bezeugen könnten, und zwar so, dass es gehörigen Ortes zur Kenntnis genommen und berücksichtigt würde.*

Die Travniker empfinden Fil (türkisch für Elefant) als Plage, da er auf seinen regelmäßigen Gängen durch die Stadt viel Schaden anrichtet. *Bald stülpte er einem armen Manne einen Korb voll junger Pflaumen um, bald holte er mit dem Rüssel aus und warf alle Heugabeln und Rechen durcheinander, die ein Bauer auf dem Basar an eine Mauer gelehnt hatte, um sie zum Verkauf auszubieten.* Da der Elefant aber die Macht des Wesirs verkörpert, traut sich niemand, ihm Einhalt zu gebieten. *Das Volk zog die Köpfe ein wie vor einer Naturgewalt, verschluckte seinen Zorn und nahm den Schaden hin.* Niemand wagt es, den Wesir zu bitten, das Tier nicht mehr durch die Stadt führen zu lassen. Abends, in den heimischen Küchen und bei verstohlenen Gesprächen der Honoratioren, prahlen sie alle damit, wie sie schon am nächsten Morgen vor den Wesir treten und ihm Einhalt gebieten wollen. Doch tatsächlich kommt es nie dazu. *So ist es schon seit alters hier bei uns: Wer mutig und stolz ist, der verliert schnell und leicht Brot und Freiheit, Eigentum und Leben, und der wiederum, der den Kopf einzieht und sich der Angst ergibt, der verliert so viel von sich selbst, so sehr verzehrt ihn die Angst, dass sein Leben nichts wert ist.* Nur ein Spaßvogel namens Aljo behauptet, er sei zum Wesir vorgedrungen – und habe ihm den Wunsch der Travniker vorgetragen, dem einsamen Fil ein Weibchen zu besorgen. Das versetzt die Stadt in Schrecken, bis die Travniker auf eine Idee kommen, wie sie den Elefanten vernichten können. *Sie fingen jetzt an, Äpfel auf die Gasse zu werfen, dem Fil vor die Füße, und zwar nicht irgendwelche, sondern schöne, große, von den besten Sorten, sodass die Wärter nichts Schlimmes vermuten konnten. Indessen schnitten die Travniker von manchen dieser Äpfel den Stiel und das Kerngehäuse heraus, stopften in die Öffnung etwas zerstoßenes Glas und Arsenpulver, steckten dann den Stiel wieder in den Apfel, sodass er aussah, als wäre er ganz.* Doch selbst Arsen und Glas können dem Elefanten nichts anhaben. Erst eine noch größere Macht beendet den Spuk: Der grausame Wesir fällt bei dem Sultan in Ungnade und begeht Selbstmord. Nun erst wagen es die Travniker, dem Elefanten ganz offen eine große Portion Gift ins Futter zu mischen, und vier Tage nach seinem Herrn stirbt auch Fil. *Das erste Frühjahr ohne Dželaludin-paša ist angebrochen. Die Furcht wechselt die Gestalt und die Sorge den Namen,* schreibt Andrić, um mit einem für ihn typisch-lakonischen Schlusssatz zu enden: *Durch Bosnien wandert, unterwegs sich vervielfältigend, die Geschichte von Aljo und dem Fil.*

Im gleichen Jahr wie der *Elefant* erscheint auch der *Brief aus dem Jahr 1920*. In dieser Erzählung findet sich die mit Abstand am häufigsten zitierte – und wohl auch am häufigsten missverstandene – Passage von Andrićs Werk. Die Geschichte setzt auf einem Provinzbahnhof an der bosnisch-kroatischen Grenze ein, wo der Ich-Erzähler zwei Jahre nach dem Ende des Ersten Weltkriegs zufällig Max Löwenfeld begegnet, einem Freund aus Schultagen in Sarajevo. Löwenfeld, Sohn eines zum Katholizismus übergetretenen Wiener Juden, ist Arzt und auf dem Wege, Bosnien für immer zu verlassen. Warum? *Es ist schwer, das so im Vorbeigehen, auf dem Bahnhof, mit ein paar Worten zu sagen. Wenn ich aber in einem Wort ausdrücken soll, was mich aus Bosnien forttreibt, dann würde ich sagen: der Hass.* Knapp drei Wochen nach der zufälligen Begegnung erhält der Erzähler einen langen, in deutscher Sprache geschriebenen Brief von seinem Freund, der nun, bereits im Ausland, das Bedürfnis verspürt, die Gründe für seine Emigration genauer zu erklären. Bosnien, schreibt der Absender, sei ein Land der Angst und des Hasses. Es folgt ein Exkurs darüber, was den bosnischen Hass angeblich so einzigartig mache, bevor der Text in eine berühmte, immer wieder zitierte Passage mündet, die sogar in der Laudatio anlässlich der Verleihung des Nobelpreises in Stockholm verlesen werden wird: *Wer in Sarajevo die Nacht durchwacht, kann die Stimmen der Nacht von Sarajevo hören. Schwer und sicher schlägt die Uhr an der katholischen Kathedrale: zwei nach Mitternacht. Es vergeht mehr als eine Minute (ich habe genau 75 Sekunden gezählt), und erst dann meldet sich, etwas schwächer, aber mit einem durchdringenden Laut, die Stimme von der orthodoxen Kirche, die nun auch ihre zwei Stunden schlägt. Etwas später schlägt mit einer heiseren und fernen Stimme die Uhr am Turm der Beg-Moschee, sie schlägt elf Uhr, elf gespenstische türkische Stunden, die nach einer seltsamen Zeitrechnung ferner, fremder Gegenden dieser Welt festgelegt worden sind. Die Juden haben keine Uhr, die schlägt, und Gott allein weiß, wie spät es bei ihnen ist, wie spät nach der Zeitrechnung der Sepharden und nach derjenigen der Aschkenasen. So lebt auch noch nachts, wenn alle schlafen, der Unterschied fort, im Zählen der verlorenen Stunden dieser späten Zeit. Der Unterschied, der all diese schlafenden Menschen trennt, die im Wachen sich freuen und traurig sind, Gäste empfangen und nach vier verschiedenen, untereinander uneinigen Kalendern fasten und alle ihre Wünsche und Gebete nach vier verschiedenen Liturgien zum Himmel senden. Und dieser Unterschied, der manchmal sichtbar und offen ist, manchmal unsichtbar und heimtückisch, ist immer dem Hass ähnlich, sehr oft aber mit ihm identisch.*

Deshalb aber, schreibt der Freund des Erzählers, müsse er seine Heimat verlassen. In Bosnien sei ein Mensch wie er, *der nicht zu hassen weiß, oder noch schlimmer: einer, der bewusst nicht hassen will,* stets ein Fremder und oft ein Märtyrer. *Und so habe ich in dieser Herbstnacht, während ich die verschiedenartigen und verschieden klingenden Turmuhren von Sarajevo gehört habe, den Entschluss gefasst, nicht in meiner Heimat Bosnien zu bleiben, weil ich hier nicht bleiben kann.* Löwenfeld lässt sich als Arzt in Paris nieder und meldet sich nach Ausbruch des Spanischen Bürgerkrieges als Freiwilliger zur republikanischen Armee. In Spanien wird er getötet, als das von ihm geleitete Lazarett bei einem Luftangriff getroffen wird. *So endete das Leben des Menschen, der vor dem Hass geflohen war,* lautet Andrićs letzter Satz, der zugleich ein Kommentar ist: Der Mensch, der vor dem Hass aus Bosnien flieht, kommt anderswo durch den Hass ums Leben. Andrić behaupte keineswegs, dass es einen spezifisch bosnischen Hass gebe, lautet eine oft zu hörende Interpretation dieser Geschichte. Sein *Brief aus dem Jahr 1920* zeige vielmehr, dass der Hass ein universales Phänomen sei und ein Mensch ihm in der Hercegovina ebenso zum Opfer fallen könne wie in Aragonien, in Bosnien genauso wie im Baskenland. Bezogen auf den *Brief aus dem Jahr 1920* ist diese Lesart schlüssig. Doch es gibt Beispiele aus Andrićs Werk, in denen der Hass in Bosnien durchaus als etwas ebenso Auswegloses wie einzigartig Bosnisches dargestellt und nicht relativiert wird. In allen drei Romanen, die während der Kriegsjahre entstehen, spielt der Hass eine ausführliche Rolle. *Die Angehörigen der drei Hauptkonfessionen hassen einander von der Geburt bis zum Tode, vernunftlos und abgrundtief, und sie übertragen diesen Hass auch aufs Jenseits, das sie als ihren Ruhm und Sieg und als Niederlage und Schande des andersgläubigen Nachbarn auffassen,* heißt es im *Fräulein* über Sarajevo. *Sie werden geboren, wachsen und sterben in diesem Hass, in dieser wirklich physischen Abscheu vor dem Andersgläubigen; oft vergeht ihr ganzes Leben, ohne dass sich ihnen Gelegenheit bietet, diesen Hass in seiner ganzen Stärke und Schrecklichkeit zu beweisen; wenn aber anlässlich eines bedeutenden Ereignisses die feste Ordnung der Dinge ins Schwanken gerät und Verstand und Gesetz für einige Stunden oder Tage außer Kraft gesetzt sind, dann ergießt sich diese Horde, beziehungsweise ein Teil von ihr, nachdem sie endlich einen tauglichen Grund gefunden hat, über diese Stadt.* Solche Exzesse hat Andrić oft (einige Kritiker behaupten: manisch) geschildert. *All jene so lange zurückgehaltenen Gehässig-*

keiten und schlummernden Wünsche nach Zerstörung und Gewalttat, die bisher ihre Gefühle und Gedanken bewegt haben, dringen dann an die Oberfläche, und wie eine Flamme, die lange Zeit Nahrung gesucht und endlich gefunden hat, beherrschen sie die Gassen, spucken, beißen und zerbrechen … Andrićs Erzähler behauptet, es gebe einen *für Sarajevo eigentümlichen, wütenden Hass,* der von den Religionsführern über Jahrhunderte hinweg genährt und von den gesellschaftlichen Verhältnissen begünstigt worden sei. So ist es auch in *Omer Pascha Latas* zu lesen, seinem letzten Roman. Sarajevo sei keine Stadt des Verbrechens, zumindest nicht des offenen und blutigen; *eher könnte man sagen, es sei eine Stadt des Hasses,* heißt es da. Zu einer relativierenden Auflösung solcher Sätze kommt es nicht. Betrachtet man Andrićs Gesamtwerk, insbesondere seine Tagebuchnotizen, wird zwar deutlich, dass er Hass keineswegs für eine bosnische Spezialdisziplin hielt. Nur kommt diese Differenzierung in seinem literarischen Werk nicht immer zum Ausdruck. Ob das dramaturgische Gründe hatte oder ob Andrić tatsächlich glaubte, der Hass habe in Bosnien mit seinen vier Glaubensbekenntnissen einen besonders reichen Nährboden gefunden, ist nicht eindeutig zu beantworten.

Sechs Jahre nach dem *Elefanten* und dem *Brief* legt Andrić die Erzählung *Der verdammte Hof* vor, die raffiniert komponierte Geschichte der Geschichte einer Geschichte. Von den ersten Notizen in Madrid 1928 bis zur Veröffentlichung hat er mehr als 25 Jahre daran gefeilt. Er ist zwar ungemein diszipliniert und fleißig, bei manchen Sujets aber gilt für ihn, was Marcel Reich-Ranicki, Deutschlands wirkungsmächtigster Kritiker des 20. Jahrhunderts (der eine eindeutige Meinung zu Andrić hatte, aber dazu später), über Isaak Babel gesagt hat: „Er war aus dem Geschlecht jener, die einen Wald fällen mussten, um ein Streichholz zu produzieren." Im Jahr 1954 ist Andrićs neuestes Streichholz fertig. Es hat anfangs 250 Manuskriptseiten, aber da er mit der Form und Dichte nicht zufrieden ist, streicht er es um über die Hälfte auf etwa hundert Seiten zusammen. *Der verdammte Hof* spielt in Istanbul, obwohl die Stadt bis auf wenige Sätze unsichtbar bleibt, da die Handlung in einem von hohen Mauern umgebenen Untersuchungsgefängnis am Goldenen Horn angesiedelt ist. Im Mai 1952 hatte Andrić als Mitglied einer jugoslawischen Parlamentsdelegation erstmals die Türkei besucht und das Land kennengelernt, das ein Referenzpunkt fast seiner gesamten Prosa ist. Er hatte außer Ankara, Izmir und Bursa auch Istanbul gesehen. *Mir scheint, ich bin noch nie in ein fremdes Land mit so viel Bescheidenheit gefahren, mit einem derart lebhaften Wunsch, zu sehen und zu lernen,* notiert er über seine Begegnung mit dem einstigen Kernland des Osmanischen Reiches. Ausgangspunkt seiner Geschichte, in der Andrić auch eigene Hafterfahrungen aus Split und Maribor verarbeitet, ist der Tod von Fra Petar, eines bosnischen Franziskanermönchs. Der war einst durch eine widrige Fügung im *Verdammten Hof* inhaftiert gewesen. Ein junger Mönch, der bei der Ordnung von Fra Petars Nachlass hilft, erinnert sich an eine Geschichte, die der Verstorbene oft über seine Haftzeit in Istanbul erzählt hatte. Sie handelt von einem Mithäftling Petars, dem Sohn eines türkischen Vaters und einer griechischen Mutter aus Smyrna, der sich derart obsessiv mit der Biographie eines längst verstorbenen Sultanssohns befasst hatte, dass er schließlich dem Wahn verfiel, selbst dieser Thronfolger zu sein. Das genügte, um den Verdacht der Behörden zu erregen und ihn in Haft zu bringen. Im *Verdammten Hof* gibt es viele Passagen, die ihren Verfasser, hätte er das Jugoslawien des Jahres 1954 damit beschrieben, ebenfalls ins Gefängnis hätten bringen können. Doch so, erzählerisch verschanzt hinter längst vergangenen Zeiten und in der geographischen Ferne Istanbuls, kann Andrić einem Gefangenen – der zur Vermeidung jedweder Verwechslungsmöglichkeit als libanesischer Christ eingeführt wird – sogar diese hochgefährlichen Worte in den Mund legen: *Wenn du erfahren willst, wie ein Staat und seine Regierung beschaffen sind, und wie es um ihre Zukunft steht, dann musst du zu erfahren trachten, wie viel anständige und unschuldige Menschen in diesem Land in den Gefängnissen sitzen, und wie viel Mörder und Verbrecher frei herumlaufen. Das wird dir alles sagen.* Es ist hilfreich, sich vorzustellen, wie diese Sätze 1954, im Jahr nach Stalins Tod, auf osteuropäische Leser gewirkt haben dürften. Ist der *Verdammte Hof* eine Metapher für den Kommunismus allgemein oder für Goli otok, Titos Gefängnisinsel? Andrić hat im Alter, als er recht gefahrlos das Gegenteil hätte behaupten können, stets verneint, solche Anspielungen im Sinn gehabt zu haben. Er hielt es wie Ernst Jünger, der nach dem Zweiten Weltkrieg sagte, seine vielfach als Widerstandsparabel aufgefasste Erzählung „Auf den Marmorklippen“ sei nicht auf Hitler, sondern auf totalitäre Systeme allgemein gemünzt gewesen. Das kann auch für Andrić gelten. Als Anregung für seinen Satz über die verhafteten Unschuldigen und die in Freiheit lebenden Verbrecher diente ihm womöglich eine Sentenz des deutschen Dichters Ludwig Börne, die er in eines seiner Notizbücher eingetragen hatte: „Denn, wenn die Regierungen verrückt sind, werden alle vernünftigen Leute eingesperrt.“

Dass Andrićs Erzählung, als sie 1954 erscheint, dennoch etwas Subversives zugeschrieben wird, hat auch mit ihrer Publikationsgeschichte zu tun. Der erste Ausschnitt ist Teil der Januarausgabe der Monatszeitschrift *Nova misao* (Neuer Gedanke), die sofort nach Erscheinen verboten wird. Der Grund ist zwar nicht Andrićs Text, sondern der in der gleichen Ausgabe gedruckte Aufsatz „Anatomie einer Moral“ des endgültig zum Dissidenten gewordenen und später vor Gericht gebrachten Milovan Djilas. Doch Andrićs Geschichte gerät damit unweigerlich ebenfalls in den Ruch der Dissidenz. Letztlich ist es wohl sein Ruf, ein Erzähler von Bosniens Vergangenheit zu sein, der ihn vor dem Vorwurf schützt, er habe zeitgenössische Zustände anprangern wollen. Man lasse Andrić ein wenig Freiheit, „da er sich in den bosnischen Bergen früherer Jahrhunderte versteckt hält“, kommentiert Lazarević, treffend wie meist, Andrićs Maskerade.

Was Andrić wirklich von den neuen Machthabern hält, vertraut er klugerweise selbst seinen Notizbüchern jener Jahre nicht oder allenfalls in stark verschlüsselter Form an. In seiner veröffentlichten Prosa sind alle Hinweise, die Aufschluss geben könnten, ohnehin in die Watte längst vergangener Zeiten verpackt. *Vielleicht gebären Revolutionen Ungeheuer? Ja, sie werden in Größe und moralischer Reinheit gezeugt, aber sie gebären Ungeheuer,* lässt Andrić seinen Konsul Daville im Travnik des napoleonischen Zeitalters sagen. Und in der *Brücke* heißt es: *Sobald eine Regierung es für notwendig befindet, ihren Bürgern durch Plakate Frieden und Wohlstand zu versprechen, muss man auf der Hut sein und das Gegenteil davon erwarten.* Aber das gilt der habsburgischen Vergangenheit Bosniens oder dem Frankreich von 1789. Wenn Leser im Jugoslawien der Nachkriegszeit, einem Land mit leeren Schaufenstern und allgegenwärtiger Propaganda, solche Sätze partout auf ihre Gegenwart übertragen wollen, ist das ihre Sache.

EHE

Am 27. September 1958 heiratet Ivo Andrić Milica Babić, seine langjährige …

Dieser Satz ist schwer zu vollenden. Denn wer ist Milica Babić eigentlich für Andrić, als die beiden nicht mehr jungen Eheleute (er 66, sie 49 Jahre alt) in Belgrad heiraten? Geliebte? Platonische Vertraute? Seelenverwandte? Ginge es allein nach dem Belgrader Stadtklatsch zu Andrićs Lebzeiten, wäre die Antwort klar: Milica Babić, Kostümbildnerin am Nationaltheater, die zu Beginn der dreißiger Jahre den aus reichem Hause stammenden Übersetzer und Diplomaten Nenad Jovanović geheiratet hatte, ist schon länger als ein Jahrzehnt Andrićs Geliebte, bevor sie seine Ehefrau wird. Im November 1946, fast zwölf Jahre vor der Hochzeit, schreibt

Branko Lazarević in sein Tagebuch, was in der Stadt erzählt wird: dass sich nämlich Andrić „nachts bei Regen, Hand in Hand unter einem Regenschirm, auf den Straßen mit Milica Babić-Jovanović trifft, der Kostümbildnerin am Nationaltheater, einer Frau von etwa 40 Jahren, die Beine wie ein Reh hat und ziemlich schön ist. Das ist eine Geschichte noch von vor dem Krieg. Sie hatte eine zweijährige Freistellung für Berlin bekommen und ihr Mann war so eine Art Presseattaché, und seit damals gibt es diese Beziehung." Dobrica Ćosić nennt Andrić in seinem Tagebuch noch Ende der sechziger Jahre einen „Liebhaber einer verheirateten Frau". Andrićs Beziehung zu Milica Babić fällt in Belgrad in die Kategorie der offenen Geheimnisse – alle glauben zu wissen, was es damit auf sich hat. Immerhin ist es Andrić gewesen, auf dessen Betreiben Nenad Jovanović ab 1939 Presseattaché an Jugoslawiens Gesandtschaft in Berlin wurde. So kam auch Milica Babić, die Andrić vermutlich schon seit den dreißiger Jahren kannte, in seine Nähe. Schon in Berlin sei sie, wie viele im Belgrad der Nachkriegszeit sicher zu wissen glauben, nicht nur die repräsentative „Botschaftergattin" des alleinstehenden Gesandten bei Empfängen und anderen offiziellen Anlässen gewesen, sondern mehr als das. Eine Scheidung kommt für sie aber offenbar nicht in Frage, und es gibt auch keinerlei Hinweise darauf, dass Andrić sie je dazu gedrängt hat. Er integriert den Ehemann wie selbstverständlich in die Beziehung. Als im Frühjahr 1945 die *Brücke* erscheint, schenkt er Milica das Buch samt der Widmung *mit guter Hoffnung für den lieben Nenad*. Der ist zu diesem Zeitpunkt noch in Gefangenschaft in Deutschland. Ausgezehrt von jahrelanger Lagerhaft in Dachau, kehrt er im Sommer 1945 nach Belgrad zurück. Dort arbeitet er als Lektor und Übersetzer für die jugoslawische Nachrichtenagentur Tanjug, bis ihn im Februar 1957 im Alter von nur fünfzig Jahren die Tuberkulose holt. Andrić und die Witwe warten das Trauerjahr und noch gut sechs weitere Monate ab, bevor sie heiraten und damit aus ihrer heimlichen Liebschaft eine offizielle Partnerschaft machen.

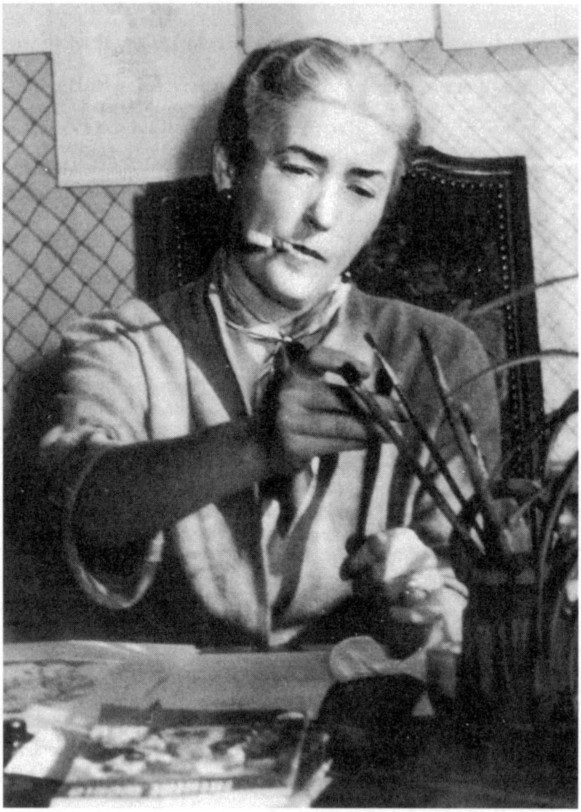

„ ... nur deine Stimme höre ich nicht.“ Milica Babić

Das ist zumindest die Sichtweise, die zu Andrićs Lebzeiten vorherrscht, als seine Briefe an Milica Babić noch nicht bekannt sind. Diese Briefe, die erst viele Jahre nach dem Tod der beiden veröffentlicht werden, werfen jedoch Fragen auf. Der älteste erhaltene Brief Andrićs an seine spätere Ehefrau stammt vom April 1956, als Nenad Jovanović noch lebt. Andrić schreibt aus Paris, wo er sich zur Vorstellung der französischen Übersetzung von *Wesire und Konsuln* aufhält. Er richtet sich nicht nur an Milica, sondern ausdrücklich auch an ihren Mann. Den nächsten Brief schickt

Andrić im Oktober desselben Jahres von einer mehrwöchigen Reise durch China, auf der er Mao Tse-tung begegnet und ein Tagebuch voller Staunen und Bewunderung über seine chinesischen Erlebnisse schreibt. *Ich hoffe, ihr seid alle gesund und es geht euch gut, es erinnert sich oft an euch und grüßt herzlich, euer Mandarin,* schreibt Andrić aus Peking, wiederum an Milica Babić und ihren Mann gerichtet. All das wäre an sich nichts Ungewöhnliches. Dass ein Liebhaber einem betrogenen, ahnungslosen Ehemann etwas vorspielt, sorgt in jeder Provinzburleske für Lacher und ist auch jenseits der Bühnen keine Seltenheit. Merkwürdig muten aber die vielen Briefe an, die Andrić nach Jovanovićs Tod an die Frau schickt, die angeblich seit mehr als fünfzehn Jahren seine Geliebte ist.

Den ersten Brief schreibt Andrić im April 1957 aus Zagreb, wo er an einem Schriftstellerkongress teilnimmt. Er spricht darin nicht nur Milica an– und zwar grammatisch in der männlichen Form –, sondern auch ihre Mutter, die er „Baka" (Oma) nennt: *Lieber Freund,* schreibt Andrić und referiert getreulich die Wetterverhältnisse in Zagreb, bevor er wünscht: *Ich hoffe, es geht Ihnen gut und Sie schlafen wie gute Kinder wenigstens die vorgeschriebene Stundenzahl. Ich möchte so schnell wie möglich zurückkommen. Es grüßt Baka und Sie Ihr Mandarin.* So geht es weiter. Stets wird Milica Babić gesiezt und als Mann angeschrieben. Na und? Dass Liebende einander Kosenamen geben, spielerisch die Geschlechterrollen vertauschen, sich aus Übermut auch mal förmlich anreden, ist schließlich nichts Ungewöhnliches. Doch Andrićs Förmlichkeit hat in vielen Briefen nichts Spielerisches oder Ironisches, sondern wirkt erdrückend und zeremoniell. Außer Wetterberichten und ähnlichen Banalitäten kann oder will der Absender offenbar nichts mitteilen. *Lieber Freund,* heißt es da etwa, *hier dämmert ein sonniger Tag. Weiter werden wir sehen.* Das Hauptthema von Andrićs Korrespondenz mit seiner künftigen Frau sei die Korrespondenz selbst, befand Miroslav Karaulac und mutmaßte, der Absender sei mehr an einem Austausch von beschriebenem Papier als von Gedanken interessiert gewesen: „Die größte Zahl der Benachrichtigungen beziehen sich auf die Briefe selbst: Wann sie geschickt wurden, wann sie ankommen könnten, mögliche Vorzüge von eingeschriebenen Briefen gegenüber Express-Briefen, die Suche nach Möglichkeiten, ihre Reise zu beschleunigen, auch wenn sie normalerweise nur die geizigsten Benachrichtigungen über den Absender überbringen – dass er angekommen sei, bereits ein Telegramm über seine Ankunft abgeschickt habe …“ Andrić habe seine Briefe meist von Reisen geschickt, „auf denen nie irgendetwas passiert – außer der Tatsache, dass man reist“.

Mit der Zeit werden Andrićs Briefe dann aber doch etwas persönlicher. Er nennt die Empfängerin „Ubavka“ oder „Lepo“ – das Schöne. Besonders oft schreibt er ihr, wenn sie mit dem Theater auf Tournee ist. Er zeigt sogar Anzeichen von Eifersucht, wenn sie nicht schnell genug antwortet: *Ich habe die letzten Tage in Belgrad schlecht verbracht. Von Ihrem letzten Brief aus Titograd bis zum ersten aus Budva sind zwölf Tage vergangen. Was hätte ich denken können? … Aber lassen wir das, auch wenn es sehr unangenehm ist.* Auch sonst fällt der paternalistische Ton auf, den Andrić seinem siebzehn Jahre jüngeren „Freund“ gegenüber wählt. Bevor Milica Babić im August 1957 mit dem Ballettensemble des Nationaltheaters zu einem Festival nach Athen abreist, mahnt er den „lieben Freund“ eindringlich: *Beharren Sie darauf, so viel wie möglich zu sehen und zu bemerken, denn wir bekommen nicht oft im Leben die Möglichkeit, die antike Kunst in jener Umgebung zu sehen, in der sie entstanden ist, und nicht herausgetrennt und zerfleddert in anderen Teilen der Welt, wie wir sie normalerweise kennen.*

Wenn Andrić sich aus der Zone der Floskeln hervorwagt und Gefühle zeigt, benutzt er vorsichtshalber einen doppelten Filter, indem er von sich zugleich in der dritten sowie der ersten Person spricht und auch die Adressatin verdoppelt: *„Mandarin wird, wie er sagt, schon am 20. August nach Belgrad zurückkehren, also vermutlich auch ich. Wann kehren Sie zurück? … Sagen Sie der Ubavka* *alles Schönste.* In der zweiten Jahreshälfte 1957 wird Andrićs Werben intensiver. *Bei der gestrigen Vorstellung, die ich fasziniert verlassen habe, haben alle Künstler Blumen bekommen, aber alle, die für den Erfolg verantwortlich waren, waren nicht anwesend. Daher schicke ich Ihnen diese wenigen bescheidenen Blumen mit Glückwünschen und Dankbarkeit,* heißt es auf einer Karte, die er wiederum mit *Mandarin* unterzeichnet – einem Kosenamen, den Milica Babić schon Jahre vor seiner Chinareise für ihn benutzte. *Chrysanthemen kündigen den Winter an, aber zumindest sehen sie schön aus! Es grüßt herzlich Mandarin,* schreibt Andrić Ende 1957. Auf einer anderen von einem Blumenstrauß begleiteten Karte heißt es nur *Hallo, hallo, hallo!* Spätestens Anfang 1958 beginnt man offenbar auch zu telefonieren: *Lieber Freund,* heißt es unter dem Datum des 18. Februar 1958 aus Dubrovnik, *ich habe Ihren Brief vom 14. d. M. erhalten, wie ich Ihnen schon gestern telefonisch mitgeteilt habe. Dieses Telefon ist eine gute Erfindung, aber das Gefühl von Langeweile und Einsamkeit, in dem sich der Mensch nach solch einem Gespräch wiederfindet, ist nicht gut; als hätte er geträumt, dass er spricht.* Immer wieder schickt er Blumen, besonders an grauen Tagen, weil es dann *gut ist, wenn man ein paar Blumen im Zimmer hat, die in sich immer die kondensierte Sonne verstecken. Ihr Mandarin.* Auch am ersten Todestag von Nenad Jovanović schickt Andrić Blumen *mit dem Wunsch, es möge Ihnen so gut wie möglich gehen und so schön wie möglich sein.*

Und dann, unter dem Datum des 2. August 1958, schreibt Andrić die radikalsten Worte seines Lebens. Er adressiert sie an die *Genossin Milica Babić-Jovanović* nach Split, da sie offenbar wieder auf Tournee mit dem Theater ist. *Liebe Milica* (sic!), beginnt sein Brief, um danach in ungeschützte Emotionalität zu kippen: *Es ist sehr ungewohnt ohne Sie. Baka geht es gut und sie ist gesund. Ich bereite mich vor. Ich habe dieses Bild viele Jahre aufgehoben, um Ihnen darauf zu sagen, wie sehr ich Sie liebe. Grüße an alle Dein Mandar[in].* Der Brief ist ein Tabubruch für Andrić. Ein Liebesbrief, wenn auch von seltsam reservierter, sozusagen andrićianischer Art. Immer noch wird die Angeschriebene gesiezt, nur in der abschließenden Grußfloskel deutet Andrić an, dass Milica ihn duzen dürfte, wenn sie wollte. Und wieder muss die Mutter mit von der Partie sein, als wolle Andrić sie, wenn er schon ihrer Tochter seine Liebe gesteht, als Gouvernante hinzuziehen, damit die Dinge nicht eskalieren. Andrić schreibt diese für ihn ungewöhnlich offenen Zeilen auf der Rückseite einer Ansichtskarte, die das Tor eines Klosters in Grenoble zeigt. In Grenoble war er 1927 gewesen. Sollte er Milica Babić also schon damals gekannt haben? War „Grenoble" ein interner Code in der Beziehung der beiden? Sicher ist, dass Andrićs Briefe an Milica Babić seit der Postkarte mit dem Grenoble-Motiv einen wärmeren Ton annehmen – als habe er mit dem Klostertor auch die Tür zu einer Welt aufgestoßen, in der es erlaubt ist, Emotionen zu zeigen. Drei Tage später schreibt er: *Heute möchte ich mit einigen Worten mehr jenes sagen, was ich Ihnen kurz gesagt habe und was Sie im Übrigen gut wissen, auch wenn ich Ihnen nichts schreibe: dass ich Ihre Anwesenheit wünsche und dass es mir sehr, sehr ungewohnt und leer ist ohne Sie. … Erholen Sie sich gut und erinnern Sie sich auch ein wenig an den Mandarin und seine Mandarin-Worte.* Und wiederum wenige Tage später: *Meine liebe Lepo, du sollst wissen, dass dich sehr, sehr liebt dein Mand[arin].* Einen solch ungeschützt-emotionalen Satz schreibt er danach nie wieder. Wie emotional die Antworten von Milica Babić waren, wissen wir nicht, denn weder ihre Briefe noch die anderer Frauen, mit denen er korrespondierte, sind in seinem Nachlass gefunden worden.

Bei der Hochzeit in kleinstem Kreise, die im Geist der Zeit nur standesamtlich stattfindet, sind Aleksandar und Julijana Lula Vučo die Trauzeugen. Aleksandar Vučo ist 1958 schon seit mehreren Jahren Generalsekretär des jugoslawischen Schriftstellerverbandes und damit einer der einflussreichsten Funktionäre im literarischen Leben des Landes. Palavestra schreibt: „Vučo hielt gemeinsam mit seinem alten surrealistischen Kollegen und Freund Marko Ristić (1902–1985), ursprünglich jugoslawischer Botschafter in Paris und danach recht einflussreicher Vorsitzender der staatlichen Kommission für Kulturbeziehungen mit dem Ausland, so gut wie alle jugoslawischen internationalen Kultur- und Literaturbeziehungen in den Händen, was auch dem Schriftstellerverband unter seiner Führung eine große Autorität und zweifellos gesellschaftliche Macht gab." Es wäre nicht seriös, Andrić Berechnung bei der Auswahl seiner Freunde zu unterstellen, denn für eine solche Behauptung gibt es keine Belege. Andrićs Freundschaft zu den Vučos, die bis zu seinem Tod andauert, scheint aufrichtig gewesen zu sein. Auffällig ist es aber dennoch, dass alle Männer, mit denen Andrić in den vierziger und fünfziger Jahren privat Umgang pflegt, mächtige Kulturfunktionäre sind und qua Amt Einfluss auf die Nominierung des jugoslawischen Kandidaten für den Nobelpreis haben.

Wenige Wochen nach der Hochzeit (bei der Andrić sich als ethnischer Serbe eintragen lässt) ändert sich noch etwas Entscheidendes für ihn: Er beendet sein Untermieterdasein und bezieht in einem Alter, in dem andere in Rente gehen, erstmals ein eigenes Zuhause – eine knapp 145 Quadratmeter große Vierzimmerwohnung in bester Lage, neben dem einstigen Königspalast, mit Blick auf einen Park und Jugoslawiens Parlament. Dort, im ersten Stock links, in der Straße der Proletarischen Brigaden Nr. 2a, wird er bis zu seinem Tode bleiben. Dass Parteigenosse Andrić die Wohnung beziehen darf, ist ein weiteres Zeichen für die Akzeptanz, die er im System genießt. Derart exquisiten Wohnraum bekommt in Jugoslawien nur zugeteilt, wer bei dem Regime in gutem Ansehen steht oder Teil davon ist, also in der Regel Parteifunktionäre, hohe Offiziere oder führende Beamte. Da Andrić kaum eigene Möbel hat – sein Junggesellenbesitz besteht hauptsächlich aus Büchern, einem Sekretär und einigen Teppichen –, kümmert sich die stilsichere Ehefrau, die gemeinsam mit ihrer Mutter in die Wohnung einzieht, um die Ausstattung. So entsteht mitten im sozialistischen Belgrad ein Refugium bürgerlich-europäischer Wohnkultur mit Perserteppichen, antiken Möbeln und historischen Stichen als Wandschmuck.

Die Frage, wer Milica Babić für Andrić eigentlich war, ist damit aber immer noch nicht beantwortet. Die Frau, der Andrić seine zärtlichsten Zeilen widmet, stammt wie er aus Bosnien, aus dem Provinzstädtchen Bosanski Šamac an der bosnisch-kroatischen Grenze. Sie ist Jahrgang 1909, war also ebenso wie Andrić noch im Habsburgerreich aufgewachsen, wenn auch ganz anders als ihr zweiter Mann. Sie hat zwei Schwestern und wird als Tochter eines wohlhabenden serbischen Händlers in sogenannten behüteten Verhältnissen groß. Finanzielle Not, die Andrić früh kennenlernt, bleibt ihr erspart. In ihrem Elternhaus kommt sie schon früh mit der Kunst in Berührung. Ein Onkel ist Opernsänger in Zagreb. Nach dem Besuch einer Vorstellung ist sie schon als Kind von der Bühnenwelt fasziniert und will dazugehören. Da sie jedoch keine Neigung zur Schauspielerei verspürt und auch keine Singstimme hat, sucht sie sich eine Aufgabe im Schatten des Rampenlichts. Ihr Handwerk als Kostümbildnerin lernt sie in Wien und Paris, weshalb sie ebenso wie Andrić fließend Deutsch und Französisch spricht – eine unabdingbare Voraussetzung dafür, um in Berlin die Rolle der Gattin des Gesandten ausfüllen zu können. Ihre Stelle am Belgrader Nationaltheater, wo im Laufe von gut drei Jahrzehnten fast dreihundert Vorstellungen mit von ihr entworfenen Kostümen aufgeführt wurden, tritt sie 1931 im Alter von nur 22 Jahren an. Das Belgrader Publikum ist mintunter so begeistert von ihrer Staffage, dass sie nach umjubelten Premieren ebenfalls auf die Bühne gerufen wird. Stolz schreibt die junge Frau das ihrer Familie in Bosnien: „Es war bei der Premiere des Tannhäuser so schön wie nie zuvor, nach dem zweiten Akt zogen sie mich auf die Bühne, damit ich mich verbeuge, ihr könnt euch vorstellen, wie ich mich gefühlt habe, von Angesicht zu Angesicht mit so vielen Menschen (es war sehr voll), und viele Bekannte haben begonnen zu rufen: Milica, Milica." Es ist durchaus möglich, dass sie Andrić in den dreißiger Jahren im Theater kennenlernt und ihre Beziehung so beginnt.

Menschen, die sie kannten, beschrieben Milica Babić als charmant und warmherzig. Nicht nur in Berlin sorgt sie offenbar mit ihren eleganten Kleidern, die sie nach neuster Mode selbst entwirft und schneidert, für Aufsehen im diplomatischen Korps. Andererseits gilt sie nicht als Frau von überragendem Intellekt. Ihr Tagebuch von einer Reise mit Andrić durch Schweden zu Beginn der sechziger Jahre bestätigt den letzten Teil dieser Einschätzung. Milica Babić hat offenbar vor allem einen Blick für das Praktische und das Detail. Sie notiert, wer ihr welche Blumensträuße schenkt, bemerkt die Farben von Teppichen oder Kleidungsstücken und entdeckt in Stockholm, dass die Schweden Talent für Möbeldesign haben: „Wir schauen uns die Straßen in der Stadt an, uns erscheinen am schönsten Geschäfte mit Möbeln. Ihre Möbel sind bis zur Perfektion funktional und einfach und doch künstlerisch hergestellt. Während man in Europa nach einer bestimmten Herstellung der Form zur Verzierung übergeht, herrscht bei ihnen ständig die Form ohne jegliche Verzierung. Ihre Tische, Sesselfüße und -lehnen erinnern an Knochenskelette, so sehr sind die einzelnen Teile ausgearbeitet und organisch einer in den anderen eingefügt." Ein tieferes Interesse für Politik, Geschichte oder Wissenschaften besitzt Milica Babić offenbar nicht, und auch in der Kunst scheint vor allem das Handwerkliche ihre Aufmerksamkeit auf sich zu ziehen. Andrić hat in den zwanziger und dreißiger Jahren meist Umgang mit Frauen gepflegt, die ihm intellektuell mindestens ebenbürtig waren, etwa mit der Polonistin Zdenka Marković, der Essayistin Isidora Sekulić oder der Malerin Leposava Bela Pavlović. Die Ehe geht er aber mit einer Partnerin ein, die andere geistige Interessen hat als er. Allerdings schätzt er ihr Urteil in ästhetischen Fragen. Andrić liest ihr oft aus Texten vor, an denen er gerade arbeitet, da ihre Hinweise ihm wichtig sind. Seine Briefe legen nahe, dass er Milica Babić aufrichtig liebt und sich ungern von ihr trennt. *Ich höre auf unserem Transistor alle möglichen Stimmen der Welt, nur deine Stimme höre ich nicht. Es umarmt dich dein Mandarin,* grüßt er von einer Reise, und im März 1959, als er sich anlässlich der Vorstellung der englischen Übersetzung der *Brücke* sowie von *Wesire und Konsuln* für zwei Wochen in Großbritannien aufhält, schreibt er ihr aus London: *Ich denke oft an dich und frage mich, wie es dir geht und was du machst. Sehr oft. Ich weiß sicher, dass ich mich nie wieder so leicht dazu entscheiden werde, ohne dich zu reisen.* Als seine Frau 1961 mit dem Ensemble des Nationaltheaters zu einem mehrwöchigen Gastspiel nach Kairo reist, schreibt er ihr besorgt hinterher, sie möge so schnell wie möglich zurückkommen, *und am wichtigsten: liebe mich so, wie ich dich liebe.* Ist er selbst auf Reisen, versucht er stets, sie anzurufen, was jedoch oft an schlechten Verbindungen scheitert. *Ich habe dir heute Morgen ein Telegramm geschickt, da es schwer ist, an ein Telefon zu kommen. … Wenn ich ein Telefon in die Hände bekomme, melde ich mich vielleicht zwischen 8–10 Uhr abends,* schreibt er ihr im September 1961 aus dem *Hotel Europa* in Sarajevo, wohl wissend, dass alle Angaben längst überholt sein werden, bis der Brief die Empfängerin erreicht. *Wenn ich keinen wirklichen Grund zur Sorge habe, dann kommt die Sorge von irgendwo aus der Höhe angeflogen, legt sich auf meine Schultern, flüstert und geht nicht mehr weg. Heute hat zum Beispiel jemand gesagt, dass in Belgrad die Grippe umgeht. Und jetzt denke ich darüber nach, ob es dir und Baka gut geht,* schreibt er von der kroatischen Insel Hvar. *Ich lese, ich trage den Transistor durch das Zimmer, der nichts von dir erzählt, aber von allem Möglichen murmelt, und dann lege ich mich schlafen; manchmal schlafe ich auch ein.*

Über Andrić ist gesagt worden, dass er nicht lieben konnte, zumindest nicht seine Mitmenschen. Seine Briefe an Milica Babić geben eine Ahnung davon, dass das nicht stimmt. Er liebte, auf seine Art.

EHEN

Dass Andrić überhaupt heiratet, überrascht viele seiner Bekannten. Sie hatten geglaubt, dass er die bittere Freiheit seines Einzelgängertums im siebten Lebensjahrzehnt nicht mehr aufgeben werde. In der Zwischenkriegszeit wollte der Belgrader Stadtklatsch zwar etwas über eine geplante Hochzeit mit Gordana Bajloni wissen, einer Schönheit aus einer der führenden Industriellenfamilien des Landes. Das war aber wohl nie mehr als Tratsch. Als die *Brücke* erschienen ist, geht die Schriftstellerin Isidora Sekulić, deren Begeisterung für den Schriftsteller nach dessen Annäherung an die Kommunisten wie gesehen ein ziemlich abruptes Ende genommen hat, in Belgrad herum und erzählt, Andrić interessiere an Frauen nur Sex. Ob sie aus eigener Erfahrung spricht, sagt sie nicht. „Er ist ein Weiberheld", konstatiert auch Branko Lazarević: „Seine männlichen Figuren brennen vor Sex, und es scheint, als sei das in großem Maße auch sein Fall: ‚Ach, wenn es selbst das nicht geben würde!', rief er mir einmal im Gespräch zu." Das wäre, wenn er das wirklich gesagt hat, für Andrićs Verhältnisse eine sehr offene Aussage. Als ein Journalist ihn 1967 zur Bedeutung von Frauen als Inspirationsquelle in der Literatur fragt, antwortet er unbestimmt, zwar gebe es keine Anna Kareninas mehr, aber die Literatur sei voller Erotik. Der Journalist hakt nach: Ob die Frau denn nur Erotik sei. Andrićs Antwort: „Ah, das weiß ich nicht. Das weiß ich wirklich nicht."

Die Institution der Ehe scheint Andrić jedenfalls skeptisch, ja verängstigt gesehen zu haben. Das zeigen auch unvollendete Notizen mit dem lapidaren Titel „Ehen", die in seinem Nachlass gefunden wurden: *Es ist schwer zu urteilen und gefährlich zu schlussfolgern; immer und zu allem, doch besonders, so scheint mir, über Ehepaare und einzelne Erscheinungen aus dem Eheleben. Hierzu ist es schwer, irgendetwas sicher und klar zu wissen, und noch schwieriger ist es, das, was man weiß (oder zu wissen denkt), zu verstehen und zu erklären.* Außenstehende könnten fast nie das Ganze sehen, nicht einmal die Eheleute selbst sähen es, *und die Einzelheiten, die wir erfahren, verwirren uns meist nur und führen uns zu einem falschen Urteil. Nirgendwo in den zwischenmenschlichen Beziehungen sind die wahren Motive so von Augenscheinlichkeiten verdeckt, bewusst oder unbewusst maskiert, nirgendwo sind Verluste und Gewinne, Schaden und Nutzen so verwoben und vermischt.* Er schildert den Fall eines wohlhabenden Ingenieurs aus Wien. *Sie lebten das ruhige und angenehme Leben vermögender Bürger. Vermeintlich. Eigentlich zog der freundliche und starke Mann die kapriziöse und uninteressante Verrückte wie eine schwere Last hinter sich her.* Die Ehefrau scheint eine Furie zu sein, die ihrem Mann das Leben vergällt. *Sie leidet an hunderterlei Verschrobenheiten und Phobien, die sie mehrmals wöchentlich ändert …, umgab sich mit Katzen, Hunden, Vögeln, Töpfen voller exotischer Pflanzen, mit allerhand Trödel und Kleinigkeiten aus Glas, Metall, Holz und Elfenbein, Kerzenhaltern, Kreuzen und Gläsern, danach mit Stücken von Brokat, Samt und Leder.* Die Frau macht ihrem Mann das Leben zur Hölle: *Es war eigenartig zu sehen, wie viel Finsternis und Erbärmlichkeit, Zweifel und Sarkasmus aus diesem riesigen Körper kam. Ihr noch immer schöner Kopf mit wunderbarem schwarzem Haar und strahlenden Augen fand keinen einzigen guten Gedanken, über niemanden und über nichts. Sie dachte lebhaft und viel nach, doch nur in eine Richtung. Ihr ganzer gedanklicher Aufwand ging nur einem nach: alles Fröhliche oder Unschuldige, das sich in ihrer Anwesenheit zeigte, zu zerstören, zu verdunkeln oder auszulöschen.*

So weit, so bekannt. Guter Mann, böse Hexe. Doch dann, wie so oft bei Andrić, kippt der Text und lässt die Leser mit der Ahnung zurück, dass die wahren Rollen in dieser Ehe ganz anders verteilt sein könnten. *Es wurde viel über diese Ehe gesprochen. Und natürlich lobten und bemitleideten alle den Mann und verurteilten die für jeden schwierige und unangenehme Frau. Ich hörte mir das an, und der allgemeinen Meinung folgend mochte ich den Ingenieur und mied seine Frau.* Dann kommt Andrićs Erzähler aber eines Tages mit der Frau ins Gespräch und lässt eine ironische Bemerkung über die Ehe fallen. *Da sah sie mich mit jenem hellen Blick an, der auch normalerweise schwer auszuhalten war, und sagte mit bestimmter Stimme: Hören Sie, junger Mann, wenn ich Ihnen einen Rat geben darf, dann würde ich Ihnen raten, nicht über Dinge zu sprechen, mit denen Sie nicht gut vertraut sind.* Besonders schwer sei es, korrekt über eine Ehe zu urteilen und darüber, wer von den Eheleuten besser und wer schlechter sei, rät die vermeintliche Furie. *Das tun nur kopflose oder böse Menschen, und natürlich immer falsch und verkehrt.* Die Ehe sei eine so große und wichtige Sache, dass auch viele sogenannte intelligente Menschen sie nie begriffen. Wer leichtsinnig und oberflächlich über fremde Ehen urteile, *der ist weder für sich selbst noch für andere gut.* Da die Notizen fragmentarisch geblieben sind, ist unklar, in welche Richtung Andrić sie entwickeln wollte. Für seine Erzählweise wäre es aber typisch, wenn sich herausgestellt hätte, dass der Schein trog und der allseits beliebte Ingenieur das Monster, seine als Furie geltende Frau hingegen das Opfer war.

Ehen sind fast immer Höllen bei Andrić. Glückliche Verbindungen bleiben seltene Ausnahmen. Andrićs Männern bekommt es nicht gut, dass es Frauen gibt. Und vice versa. Jean Daville und seine Frau in *Wesire und Konsuln* gehören zu den wenigen Paaren, über die sich sagen ließe, sie seien glücklich verheiratet. Davilles österreichischem Rivalen Joseph von Mitterer dagegen gibt Andrić eine Schreckschraube zur Frau, die ihren Mann nachts aufweckt, *um ihm Vorwürfe und Beleidigungen an den Kopf zu werfen, die sie sich ausgedacht hatte, während er schlief.* Anna Maria von Mitterer entstammt Andrićs reichhaltigem literarischen Fundus an niederträchtigen Weibern – exaltiert, gemein, wahnhaft, berechnend noch in ihrer Raserei, mit einem *angeborenen Bedürfnis nach Krisen und seelischen Zusammenbrüchen.* Es gibt viele böse Frauen bei Andrić, darunter manche, deren Bösartigkeit verständlich oder zumindest erklärbar ist, aber solche auch, die scheinbar grundlos böse sind und ihre Boshaftigkeit auskosten, genießen, sich daran laben und davon nähren. Die mit Liebe zum maliziösen Detail gezeichneten Portraits abscheulicher Frauen bei Andrić können allerdings leicht davon ablenken, dass die eigentlichen Übeltäter in seiner Welt Männer sind. In einer patriarchalischen Welt ist die strukturelle Gewalt auf ihrer Seite. Exemplarisch zeigt Andrić das in der im Belgrad der Zwischenkriegszeit spielenden Erzählung *Die Misshandlung,* deren Protagonistin Anica Zereković sich im dritten Ehejahr von ihrem Mann Andrija getrennt hat. Dafür wird sie nun von aller Welt verurteilt, selbst von ihrem Vater. Denn niemand kann begreifen, warum Anica Haus und Mann verlassen hat. *Weder in ihrer Ehe, die friedlich und mustergültig gewesen war, noch in dem armen, einsamen Leben, das sie nun nach ihrem Weggehen führte, gab es für diese Tat einen sichtbaren Grund, eine plausible Erklärung.*

Doch dann dringt die Erzählung in das Eheleben ein wie in einen Pfuhl der Finsternis. Andrija Zereković, von allen nur Gazda (Hausherr) genannt, ist ein leidlich vermögender Mann, dem an seiner Frau besonders gefällt, dass er sie aus armen Verhältnissen herausgeheiratet hat. *Nimmt man ein armes, aber arbeitsames Mädchen ins Haus, so bedeutet das, jeden Tag ein zusätzliches Vergnügen an dem mühsam erworbenen Wohlstand zu haben und ihn zugleich jeden Tag ein wenig zu mehren.* Manchmal versucht Gazda Andrija auszurechnen, welchen wirtschaftlichen Vorteil ihm seine Frau einbringt, aber die Rechnung geht nie auf. *Seine Heirat steigerte in ihm das Vergnügen, das er bisher gehabt hatte, und das Arbeit, Spekulation, gesellschaftliche Stellung und Gewinn ihm bereiteten. Überdies befriedigte sie auch jene Wünsche, an deren Verwirklichung er niemals auch nur zu denken gewagt und bei denen er gezweifelt hatte, ob sie für ihn überhaupt erreichbar waren.* Welche Wünsche das sind, deutet Andrić nur an. *Er konnte im Dunkeln beide Hände auf den festen warmen Körper seiner schlafenden Frau legen, sie hinlegen, wohin er wollte, wohin sie zufällig gerieten, und zu sich sagen: „Alles das gehört mir, vom Scheitel bis zur Sohle, mir und niemandem sonst!"* Doch der wahre Terror, unter dem Anica leidet, hat nichts Physisches. Anicas Mann ist ein unerträglicher Schwätzer, der vor seiner Frau Abend für Abend in *Orgien der Selbstgefälligkeit* darüber schwadroniert, wie er die Welt oder wenigstens das Land regieren würde, wenn man ihn nur ließe. Alles, was er sich bei Tage, im Geschäftsleben und vor den Kunden nicht zu sagen traut, muss sie anhören, wobei er allenfalls durch seine kurz eingeworfene, rhetorische Frage „Verstehst du?" andeutet, dass er sie überhaupt wahrnimmt. Selbst nach einem Besuch im Theater kann er nicht an sich halten. *Wehe, wenn ich der Dirigent und Ballettmeister wäre! Bei mir gäbe es kein Kneifen, kein bloßes Markieren, das kannst du mir glauben, und ich würde auch dieses alberne Gehopse nicht dulden.* Zu allem und jedem hat ihr Mann eine Meinung, die keinen Widerspruch duldet. *Sein ständiges „Verstehst du?" störte sie wie allzu grelles Licht.* So geht es Abend für Abend, Jahr um Jahr. *Das wurde nun zur Regel und wiederholte sich jeden Tag nach dem Abendessen. Anica nahm ihre Handarbeit und setzte sich unter die Lampe, im Inneren aber zitterte sie bereits vor dem unausweichlich auf sie zukommenden Redeschwall.* Andrić verdichtet das Unerträgliche der Lage Satz um Satz, steigert die Qual Szene um Szene. *„Ich würde, wenn das Staatsinteresse es erfordert, die Menschen entlassen, einsperren und, wenn nötig, umbringen. Jawohl, umbringen, umbringen! Ohne mit der Wimper zu zucken! Ich würde den Fall überprüfen, erwägen und das Urteil fällen: zack! zack! zack!" … Sie wusste, dass alles nur das Gerede eines ohnmächtigen Tropfes war, der nachts, in den Stunden nach dem nüchternen Tagewerk und vor dem ruhigen Nachtschlaf, den Jahrmarkt seiner Truggebilde eröffnete und sein der Welt unbekanntes Gesicht zeigte – und das nur vor ihr, der Frau, die er nährte und kleidete und vor der er demzufolge keine Scham und keine Rücksicht zu haben brauchte.* In den ersten Jahren hatte Anica die dummstolzen Prahlereien ihres Mannes noch irgendwie ertragen. *Allein, seine Erzählungen steigerten sich immer mehr, wurden immer länger und kühner, aggressiver und wunderlicher. Sie be-*

gann sich davor zu ekeln. Es kam ihr unwürdig vor, dass sie gezwungen war, sich stundenlang die Aufschneidereien und Hirngespinste dieses Mannes anzuhören und dabei aufrichtige Anteilnahme und Aufmerksamkeit zu zeigen. Sie war gekränkt, dass er glaubte, vor ihr wie vor einem toten Gegenstand oder vor einem Wesen ohne Urteilskraft seiner Einbildung freien Lauf lassen zu können, und es nicht für notwendig hielt, seine Zunge zu zügeln und seine Lügen und Faseleien zu mäßigen. Erhöht wird die Dosis der Ausweglosigkeit durch die Schilderung einer Gesellschaft, in der es kein Verständnis für Frauen gibt, die ihre Ehemänner verlassen. Denn worüber sollte sie sich beklagen *in dieser scheinbar so vollkommenen Ehe? Wie könnte sie irgendjemandem begreiflich machen, dass man sie auf eine ausnehmend hässliche und unerträgliche Weise misshandelte, dass sie fliehen müsse, wenn sie nicht wahnsinnig werden und an Langeweile, Scham und Ekel, den sie vor ihm und vor sich empfand, zugrunde gehen wollte?*

Es gibt viele Passagen in Andrićs Werk, in denen Frauen ebenso Opfer bestimmter Männer wie allgemeiner Umstände sind. In *Omer Pascha Latas* scheitert Saida Hanim, die Frau des Paschas, am Ende auch an ihrer Schönheit. Schöne Frauen haben es besonders schwer bei Andrić. Einige halten die Mitgift der Natur für ein Kapital und berücksichtigen dessen unweigerlichen Wertverlust nicht. Andere sind jahrelang ständig auf der Flucht vor einer lüsternen Männerwelt, bis das Alter sie von ihrer Attraktivität erlöst. In *Anikas Zeiten* bricht eine junge Serbin in Višegrad aus der vorgesehenen Rolle als künftige Ehefrau und Mutter aus und nutzt ihre Schönheit, um sich einflussreiche Männer gefügig zu machen. So erhält sie kurzzeitig Zugriff auf die eigentlich Männern vorbehaltene politische Macht. In *Die Geliebte des Veli Pascha* und *Die Leute von Osatica* lässt er Frauen zu Opfern sadistischer Ehemänner werden. Über das Verhältnis von Opfern und Tätern besteht insbesondere bei den Geschichten aus Bosnien selten Zweifel, denn *wenn hierzulande gesagt wird, eine Ehe sei schwer, dann bedeutet das regelmäßig, dass sie für die Frau schwer ist.* Nur manchmal herrscht Waffengleichheit zwischen den Geschlechtern. Dann nähren und verzehren sich die Partner gegenseitig in ihrem Hass. Der Text *Im Winter,* mehr eine Szene als eine Geschichte, zeigt ein bettlägeriges altes Bauernpaar, das einander die Verfehlungen des zu Ende gehenden Lebens vorrechnet. Jeder hat nur noch das Ziel, als letzten Triumph den Partner zu überleben, und sei es um eine Woche, einen Tag, eine Stunde. Genau das gelingt der Frau in der Kurzgeschichte *Worte,* einer Wiener Jüdin, die mit ihrem Mann, einem Kunsthändler, vor den Nationalsozialisten aus Wien nach Paris geflohen ist. Dort lebt das Paar in einem kleinen Hotel, wo der Ehemann jedoch bald in Agonie fällt. In seiner Todesangst fasst er die Hand seiner Frau und bittet sie, ihm etwas zu erzählen, irgendetwas. Doch seine Frau schweigt ihn in den Tod. Sie lässt einen Menschen zurück, *der im schwersten Augenblick vergebens um ein Wort gefleht hatte wie um einen Tropfen Wasser in der Wüste.* Das wirkt herzlos – bis die Frau dem im gleichen Hotel wohnenden Erzähler die Geschichte ihrer Ehe erzählt: *Über dreißig Jahre waren mein Mann und ich verheiratet. Das aber waren dreißig Jahre des Schweigens. Und nun kann ich mich gar nicht erinnern, dass er mit mir je über etwas anderes als über geschäftliche Dinge und über Kleinigkeiten des Alltags gesprochen hätte. Er schämte sich, wenn ich in Gesellschaft sprach … Wenn wir aber allein waren, schwieg er zumeist und machte kein Hehl daraus, dass jeder meiner Versuche zu sprechen ihn beim Denken störte.* Nach kaum erträglichen Qualen fügte sich die Frau in ein Leben erzwungenen Schweigens, das sie nicht brechen kann oder will, als ihr Mann in seinen letzten Stunden um Worte fleht.

In seinen privaten, nicht für eine Veröffentlichung zu Lebzeiten bestimmten Aufzeichnungen findet Andrić ebenfalls nur wenig schmeichelhafte Worte über die Ehe. *Ich hatte die Gelegenheit, einige Frauen und einiges von dem familiären Glück zu sehen, das sie geben, und ebenso einen Hauch der Hölle der unerklärlichen, blinden Ruchlosigkeit der Frau zu spüren, die sich selbst auffrisst und alles um sich herum vergiftet,* notiert er 1930 in Brüssel. An anderer Stelle schreibt er: *Die Hälfte der ekelhaften und dummen Sachen, die das Leben des Menschen vergiften und das Angesicht der Welt entstellen, wird im Ehebett ausgetüftelt.* Darüber, dass er keine Kinder hatte und damit unwiderruflich der Letzte seiner Familie war, ist keine Klage Andrićs überliefert. Aus irgendeinem Grund interessiert ihn jedoch in seiner Zeit als Gesandter in Berlin ein Artikel über ungewollte Kinderlosigkeit bei Eheleuten, den er in der Wochenzeitung *Das schwarze Korps* entdeckt, dem Kampfblatt der SS. Andrić schneidet den Artikel aus und bewahrt ihn auf. Es geht darin auch darum, welche Behandlungsmöglichkeiten Paaren mit Kinderwunsch offenstehen und wie die Krankenkassen dazu gebracht werden können, dafür zu zahlen. Andrić unterstreicht in dem Text einen Abschnitt über künstliche Befruchtung. Ob ihn das Thema literarisch interessiert oder ob er an Milica Babić denkt, deren damalige Ehe ja kinderlos ist, lässt sich nicht sagen. Mit einem eigenen Kinderwunsch hat es aber aller Wahrscheinlichkeit nichts zu tun. Neben seinem grundsätzlichen Misstrauen gegen die Ehe ist es wohl auch der Wunsch, sich ganz auf sein Schreiben zu konzentrieren, der Andrić lange davon abhält, Beziehungen einzugehen. Im Alter beruft er sich auf den französischen Schriftsteller Henry de Montherlant, um zu begründen, warum er erst spät geheiratet hatte. Montherlant, den er persönlich kannte und als Freund bezeichnet, sei der Ansicht gewesen, dass die Ehe für Schriftsteller, Künstler oder Wissenschaftler nur eine Sorge mehr sei. „Das Schreiben ist eine ziemlich schwierige und harte Arbeit, die sich des Menschen in einem Maße bemächtigt, dass ihm nur wenig Zeit, Nerven und Wille bleiben für all jene heftigen und fortlaufenden Verpflichtungen, die ein Leben zu zweit mit sich bringt", spinnt Andrić diesen Gedanken fort. Laut Ljubo Jandrić rechtfertigte er sich dann aber dafür, in späten Jahren Montherlants Devise untreu geworden zu sein, mit den Worten: „Jeder Mensch schaut mit eigenen Augen auf die Institution der Ehe. Warum sollte nicht auch ein Autor das Recht dazu haben?"

WAS KÜMMERT UNS VIŠEGRAD?

In den fünfziger Jahren wird Andrićs Name auch außerhalb Jugoslawiens langsam zu einem Begriff. Schon 1947 war die *Brücke* auf Ungarisch, 1948 dann auf Bulgarisch, Slowakisch und Tschechisch erschienen. Eine deutsche Übersetzung folgt 1953. Drei Jahre später erscheint Andrićs berühmtester Roman auf Französisch und darf, da sich die sowjetisch-jugoslawischen Beziehungen nach Stalins Tod entspannt haben, sogar auf Polnisch und Russisch gedruckt werden. Im Jahr 1959 erscheinen die *Brücke* und die *Wesire* auf Englisch. Andrić wird zum meistübersetzten Autor Jugoslawiens. Die *Brücke* ist auf Hebräisch lieferbar, *Das Fräulein* auf Hindi. Die Übersetzungen stoßen bei der Kritik fast immer auf positive Resonanz. Nicht nur, dass führende angelsächsische, französische und deutschsprachige Blätter den Werken viel Aufmerksamkeit widmen, was fast immer zum Vorteil Andrićs ausfällt. Auffällig ist auch, dass es sich in vielen Blättern die führenden Rezensenten und bekanntesten Mitarbeiter vorbehalten, Andrić dem Publikum vorzustellen. Es hat sich herumgesprochen, dass dieser Schriftsteller aus Jugoslawien etwas zu sagen hat.

Bei der *New York Times* ist Orville Prescott, der langjährige Chefkritiker des Blattes, vom „zeitlosen Klang" und „scharfsinnigen Portraits" in den *Wesiren* angetan. Der Roman sei „eine Studie des menschlichen Charakters" und in vielerlei Hinsicht eine Komödie, begleitet von einem weisen Erzähler. Prescotts Rezension kommt in Jugoslawien so gut an, dass die *Politika* eine ungekürzte Übersetzung nachdruckt. Auch sonst hat Andrić kaum Grund zur Klage über Rezensenten. Zwar enthält die englische Übersetzung der *Brücke* mehrere hundert Fehler, Auslassungen oder Verdrehungen, doch mindern solche Mängel weder die Begeisterung der Rezensenten noch das Interesse des Publikums. Sie hindern die

New York Times auch nicht daran, die *Brücke* zum bestübersetzten jugoslawischen Buch nach dem Zweiten Weltkrieg zu erklären. In anderen führenden Zeitungen der angelsächsischen Welt (*Chicago Tribune, San Francisco Chronicle, Observer, Saturday Review, Christian Science Monitor*) sind die Reaktionen ähnlich, mitunter enthusiastisch. Die *Wesire* zögen die Leser so tief mit in ihre Geschichte, dass man sich nicht nur in das Bosnien des 19. Jahrhunderts versetzt fühle, sondern fast die Hoffnung aufgebe, je wieder von dort zurückkehren zu können, heißt es in einer Doppelrezension des *Manchester Guardian*, in dem die *Brücke* allerdings weniger gut wegkommt. Zu diffus sei der Roman, und auch der „fast biblische Stil" des Originals gehe in der Übersetzung verloren. Bemerkungen dieser Art bleiben aber Ausnahmen. Stattdessen wird die *Brücke* 1959 in der *Times* als „höchst beeindruckendes Panorama" empfohlen. Andrić („ein in Bosnien geborener Serbe", wie es in der *New York Times Book Review* heißt) gilt als Schriftsteller „von seltener Intuition und philosophischer Breite". Die *Brücke* lese sich, als sei sie nicht geschrieben, sondern gewachsen, heißt es in einer Rezension. Als Schriftsteller von bemerkenswerter psychologischer Tiefenschärfe und einem ätzenden Sinn für Humor besitze der Autor das seltene Talent, ein Historiendrama zu erschaffen, dessen Charaktere alle hier und heute leben könnten, lautet das Urteil im *Times Literary Supplement*. Dessen Rezensent fühlt sich von Andrićs Prosa an Turgenjew und Tschechow erinnert und hebt hervor, Komisches sei darin auf eine Weise mit Tragischem vermischt, die den Leser ratlos lasse, ob er lachen oder weinen solle. Andere Rezensenten behaupten, Andrićs Stil erinnere an Tolstoi, Prosper Mérimée, Thornton Wilder oder ein Fries der griechischen Antike.

Schon drei Jahre bevor Andrić im englischsprachigen Raum zur Kenntnis genommen wird, waren *La chronique de Travnik* und *Il est un pont sur la Drina* in Frankreich gut aufgenommen worden. Das Vorwort zu den *Wesiren* schreibt Claude Aveline, ein damals bekannter Schriftsteller, der prophezeit, Andrićs Werk werde einen führenden Platz in der Weltliteratur einnehmen. Auch in Frankreich wird er in eine Reihe mit den Größten gestellt. Die einen fühlen sich durch die Prosa aus Jugoslawien an byzantinische Fresken erinnert, andere an Balzac, Flaubert, Proust, Kafka, Stendhal, Borges oder Thomas Mann. Was Mann und Stendhal betrifft, haben die Rezensenten die richtigen Vergleiche gefunden, denn das sind Vorbilder, auf die Andrić sich tatsächlich oft bezieht. Jean Cassou, einer der angesehensten französischen Schriftsteller seiner Zeit, stellt Andrić als großen Romancier, perfekten Erzähler und klaren Analytiker vor, dessen Prosa Merkmale von Tolstoi aufweise. Die linke Literaturzeitung *Les Lettres françaises* veröffentlicht 1957 eine Rezension ihres Kritikers André Wurmser, der die *Brücke* als glückliche Mischung von Geschichte und Fiktion bezeichnet. Im gleichen Jahr stellt der junge Literat Georges Pérec in der Literaturzeitschrift *Les Lettres nouvelles* fest, dass es sich bei der *Brücke* weder um eine Chronik noch um einen Roman handele und sich das Werk eigentlich nicht zuordnen lasse, „denn der Geist, der es geschaffen hat, hat kein Äquivalent in Frankreich". Ein anderer Rezensent hebt hervor, Andrić habe das Talent eines Romanciers mit der Genauigkeit eines Chronisten verbunden, „die Vertiefung eines Psychologen mit der Scharfsinnigkeit eines großen Historikers". In den *Wesiren* geschehe zwar eigentlich nichts, doch „das alltägliche Verhältnis zwischen den Geschöpfen, das Innenleben – Proust hat uns dazu etwas gelehrt –, können uns Themen bieten, die genauso sehr begeistern können wie die besten Bücher über aufregende und geheimnisvolle Erlebnisse". Für *Le Monde* schreibt Robert Escarpit, jahrzehntelang einer der bekanntesten Kolumnisten des Blattes, eine Rezension beider Romane unter dem Titel: „Un Tolstoï yougoslave? Ivo Andritch". Escarpit weist darauf hin, dass die Werke im deutsch besetzten Belgrad geschrieben wurden und deshalb auch eine Form des Widerstands gewesen seien. Er lobt insbesondere die *Brücke* als großes Werk.

Nachdem ein halbes Jahr zuvor auch die *Literaturnaja gazeta* in der Sowjetunion eine positive Besprechung der *Brücke* hatte veröffentlichen dürfen, ist Andrić ab Mitte der fünfziger Jahre auf gutem Wege, ein in West und Ost anerkannter Schriftsteller zu werden. Unter den vielen ausländischen Rezensionen jener Jahre ist, soweit sich das überblicken lässt, nur ein richtiger Verriss. Im März 1960 veröffentlicht die deutsche Tageszeitung *Die Welt* unter der Überschrift „Was kümmert uns Wischegrad?" eine scharfe Kritik ihres damaligen Mitarbeiters Marcel Reich-Ranicki. Der charismatische Journalist hat damals zwar den Höhepunkt seiner Karriere als „Literaturpapst" des deutschen Sprachraums erst noch vor sich, zählt aber schon zu den führenden Kritikern in Deutschland, als er über die *Brücke* urteilt: „Das Buch ist ziemlich langweilig." Einige Fragmente des Romans seien zwar „reizvoll, frisch und unmittelbar", und auch das Portrait einer aus Polen nach Bosnien zugewanderten jüdischen Hotelbesitzerin sei interessant, findet Reich-Ranicki, rügt dann aber Andrićs „Detailfanatismus" und ein erzählerisches Konzept, in dessen Mittelpunkt eine Brücke steht. „Da sich auf dieser Brücke wie auf einem Marktplatz das eigentliche Leben der an der bosnisch-serbischen Grenze gelegenen Stadt Wischegrad abspielte, spiegelt sich in ihrer Chronik logischerweise die Geschichte der ganzen Stadt. Nun gut, aber was kümmert uns Wischegrad?" Mit seiner apodiktischen Ablehnung Andrićs steht Reich-Ranicki allerdings allein da. Insgesamt fällt das Urteil über Andrić in den deutschsprachigen Feuilletons ähnlich positiv aus wie das der französischen und angelsächsischen Kollegen. *Die Zeit* nennt Andrićs Prosa eine „geglückte Synthese von Poesie und Geschichte", die *Neue Zürcher Zeitung* lobt ihn später als „einen der großen Erzähler unseres Jahrhunderts". In der *Frankfurter Allgemeinen Zeitung* schreibt Friedrich Sieburg, durch sein Buch „Die Lust am Untergang" ein stilbildender Kritiker im deutschen Sprachraum: „Alles, was dieser Andrić schreibt, ist klar, hell, bis zur äußersten Reinheit durchsichtig gemacht."

Während Übersetzungen die internationale Verbreitung von Andrićs Werk fördern, unternimmt der Autor auch selbst viel, um im Ausland bekannter zu werden. Obwohl ihm öffentliche Auftritte nicht liegen, reist er mehrfach für Lesungen ins Ausland. Im Februar 1954 tritt er bei einem „Autorenabend" in Zürich auf, wo er aus der kurz zuvor in der Schweiz erschienenen ersten deutschsprachigen Übersetzung der *Brücke* liest. Mit Klaus Gysi, dem Chef des Aufbau-Verlags in Ostberlin und späteren Kulturminister der DDR, führt er akribisch Korrespondenz über die Übersetzung seiner Werke. Er prüft sie Satz für Satz, tilgt Fehler, schlägt Verbesserungen vor, schreibt lange Anmerkungen dazu, welche Titel die Bücher auf Deutsch tragen sollen und welche keinesfalls. Als der Aufbau-Verlag einer Sammlung seiner Kurzgeschichten unter dem Titel „Liebe im Städtchen" veröffentlichen will, ist Andrić entsetzt: *Was den Titel des Buches betrifft, so bin ich mit dem vorgeschlagenen „Liebe im Städtchen" durchaus nicht einverstanden. Es klingt, so scheint es mir, zu sentimental und idyllisch, und diese Geschichten sind es, weiß Gott, nicht.* Besser sei es, die Sammlung wie in der italienischen und polnischen Übersetzung schlicht *Durst* zu nennen, schlägt Andrić vor. *Nur nicht „Liebe im Städtchen".* Die Korrespondenz zieht sich über Wochen hin und zeigt, wie wichtig Andrić die Rezeption seiner Werke im deutschen Sprachraum ist. Aber auch in anderen Ländern interveniert er, wenn ihm geplante Titel seiner übersetzten Bücher nicht gefallen. Als er erfährt, dass sein schwedischer Verlag Bonnier eine Sammlung seiner Kurzgeschichten unter einem Titel veröffentlichen will, der ihm missfällt, interveniert er sofort: *Ich habe Schwierigkeiten wegen des Titels meines ersten Erzählbandes auf Schwedisch,* schreibt er seiner Übersetzerin in Stockholm. *„Erzählungen aus Bosnien" würde ich auf keinen Fall wollen, da es das Werk auf eine Provinz begrenzt und nach Folklore riecht.*

Im April 1956 ist Andrić in Paris, um die französischen Übersetzungen seiner Romane vorzustellen. Zwar lehnt er den Vorschlag zu einem Vortrag an der Sorbonne ab, da er kein Talent für öffentliche Vorträge besitze, erklärt sich aber bereit, Ausschnitte aus den *Wesiren* zu lesen und vor Studierenden über die historischen Quellen seines Romans zu sprechen. Im März 1959 hält er sich für zwei Wochen in Großbritannien auf. Er besucht die Gräber von Karl Marx und William Shakespeare, verbringt einige Tage in Edinburgh, besichtigt Abbotsford, das pompöse Anwesen von Walter Scott. Andrić trifft auch den Dekan des St. Anthony's College in Oxford, Professor Frederick William Deakin, der im Weltkrieg Churchills Verbindungsoffizier bei Tito gewesen war. Außerdem kommt es zu einer Begegnung mit Miloš Crnjanski, seinem Reisegefährten aus italienischen Zeiten, der mit seiner Frau ein schwieriges Emigrantenleben in London führt. Der eigentliche Zweck der Reise besteht jedoch in der Vorstellung der englischen Übersetzungen seiner beiden Hauptwerke. Da Andrićs Englisch nicht gut ist, engagiert die jugoslawische Botschaft einen Dolmetscher für die Pressekonferenz, auf der die *Brücke* und die *Wesire* vorgestellt werden. Andrić sei sehr nervös gewesen, erinnerte sich Jahrzehnte später sein damaliger Gastgeber, der jugoslawische Botschafter Ivo Vejvoda: „Er schrieb die ganze Nacht lang irgendeine Rede, auch wenn ich ihm gesagt hatte, dies sei völlig unnötig und niemand würde große Reden von einem Schriftsteller erwarten, der gute Bücher schreibt, aber kein Redner ist." Am Morgen versteckt der Botschafter die Tasche, in der Andrićs Rede ist. „Während der Autofahrt bemerkte Andrić, dass seine Tasche nicht da ist, und verlangte, dass wir zurückfahren. Ich sagte ihm, dass wir dafür keine Zeit mehr hätten. Er schwieg und war einfach nur unglücklich." Doch die Veranstaltung wird ein Erfolg, gerade weil Andrić improvisieren muss. Er erzählt Anekdoten aus Bosnien, und das kommt bei den Journalisten gut an.

Wie sehr Andrić auf seinen Ruf bedacht ist, in Jugoslawien ebenso wie im Ausland, zeigt sein Konflikt mit Stanley Unwin, dem Verleger der englischen Übersetzung der *Brücke*. Ihm schreibt

Andrić noch aus London einen wütenden Brief und droht mit dem Ende der Zusammenarbeit, da er mit dem Vorwort der englischen Ausgabe unzufrieden ist. Die Brücke sei bisher in vierzehn Sprachen übersetzt worden, *doch nirgends und niemals hat der Autor des Vorworts seine Mission in dieser Art missbraucht. Gerade in Ihrem Land und von Ihrem Verlag hätte ich das nicht erwartet.* Andrić ärgert sich über *gewisse Reflexionen und politische Bewertungen*, die im Widerspruch zu seinen Überzeugungen stünden. In der Einleitung zur britischen Ausgabe der *Brücke* hatte der Übersetzer Lovett F. Edwards seine Eindrücke von einem Aufenthalt in Višegrad geschildert und geschrieben, in der Stadt seien noch immer jene Typen anzutreffen, die Andrić in seinem Roman schildere: „Der bosnische Bauer steht den Schwierigkeiten einer egalitären Verwaltung mit demselben Unverständnis und derselben Unerschütterlichkeit gegenüber, mit denen er schon den Neuerungen der österreichisch-ungarischen Besatzung begegnete." Eine solche Interpretation kann Andrić nicht gefallen, denn sie insinuiert, die bosnischen Bauern betrachteten nicht nur die Zeit der Habsburger, sondern auch die der Kommunisten als Fremdherrschaft. Das widerspricht der jugoslawischen Ideologie, laut der in Titos Jugoslawien die Bevölkerung geschlossen hinter dem Regime stehe und für alle bestens gesorgt sei. Der Satz hat etwas Regimekritisches – und mit Kritikern der Herrschenden will Andrić keinesfalls in Verbindung gebracht werden. Jahrzehnte später erinnerte sich Andrićs Londoner Gastgeber Vejvoda, die Reaktion des Autors auf das an sich harmlose Vorwort habe gezeigt, wie groß seine Angst vor den kommunistischen Machthabern war.

Das wäre nicht verwunderlich. Die fünfziger Jahre sind nicht nur in Jugoslawien eine Zeit, in der ein Leben jenseits des Politischen unmöglich ist. Eskapismus ist keine Option. Auch das ausländische Interesse an Andrićs Werk ist zumindest partiell nicht literarisch, sondern auf die politischen Umstände der Zeit zurückzuführen. Nach Titos Bruch mit Stalin 1948 wächst im Westen das

Interesse an dem Vielvölkerstaat der Südslawen, der sich zwar kommunistisch nennt, aber der mächtigen Sowjetunion trotzt. Die Neugier auf dieses kaum bekannte Land, das von London oder Paris aus betrachtet oft als eine Art europäisches Halbasien am Rande des Kontinents empfunden wird, erstreckt sich auch auf dessen Literatur. Einige Rezensionen von Andrićs Werken jener Jahre zeigen, dass dem ausländischen Interesse zum Teil etwas Oberflächliches, Nichtliterarisches anhaftet. Die Lust an der Exotik, mit der die Westeuropäer auf Jugoslawien blicken, erinnert an den Genuss, mit dem sich das Belgrader Bürgertum der Zwischenkriegszeit für Andrićs Schilderungen aus dem osmanischen Bosnien begeistert hatte. Spätere Äußerungen Andrićs lassen den Schluss zu, dass er sich dessen bewusst war und darunter litt. Ihm missfiel der Gedanke, das ausländische Publikum schätze an seiner Prosa womöglich nicht das überall und jederzeit Gültige, so wie es bei Dichtern seines Ranges aus Frankreich, Deutschland oder Großbritannien der Fall gewesen wäre, sondern fühle sich, einer kurzfristigen Laune oder einem literarischen Spleen gleich, nur von der andersartigen Buntheit seiner Szenerie angezogen wie Kinder von geschmückten Zirkuspferden. Er wehrt sich gegen solche Zumutungen mit Texten wie der 1959 erschienenen Kurzgeschichte *Ferien im Süden*. In ihr ist deutlich der Einfluss des von ihm verehrten Thomas Mann zu erkennen. Manns Prosa, *in der es weder hohle Stellen noch leere Worte gibt,* wie Andrić notiert, bezeichnet er bei verschiedenen Gelegenheiten als vorbildlich, auch wenn er nie versucht, sie zu kopieren. Andrić bestätigt später, es sei Thomas Manns Geschichte „Der Kleiderschrank“ gewesen, der ihn zu *Ferien im Süden* inspiriert habe. In Manns verrätselter Geschichte ist ein Mann mit dem Zug unterwegs gen Süden, steigt aber in einer nicht genannten Kleinstadt aus und nimmt sich ein Zimmer in einem einfachen Hotel, wobei unklar bleibt, ob die folgenden, traumartig-fieberhaften Ereignisse, die er dort erlebt, wirklich geschehen oder sich nur in der Phantasie des Protagonisten abspielen.

In *Ferien im Süden* wagt Andrić sich weiter als je zuvor in den ihm eigentlich suspekten Surrealismus vor. (*Beim Surrealismus gefällt mir dieses „sur" nicht.*) Der Text handelt, wie viele Texte Andrićs, vom Zauber des Meeres. Der Wiener Professor Alfred Norges und seine Frau verbringen in einem namenlosen Küstenort ihren Urlaub. Von Tag zu Tag verfällt der Professor dort stärker dem mediterranen Bann. Der professorale Ehrgeiz, all die schwere Wiener Gelehrsamkeit fallen von ihm ab. *Alles erregte ihn. Eine gewöhnliche Zigarette machte ihn trunken wie die Leidenschaft und ermüdete ihn wie eine schwere Arbeit. Überhaupt drangen Nahrung, Luft und Düfte in ihn ein wie eine harmlose Lust des Augenblicks, waren sie jedoch in ihm, so setzte sich jedes kleinste Teilchen in ein gewaltiges Glühen und hundertfache Kraft um, die ihn nicht zur Ruhe kommen ließ.* Eines Morgens, als seine Frau beim Einkaufen ist, verschwindet der Professor. *Nichts stellt sich ihm mehr entgegen. Das Gesetz der Schwerkraft, die alten Bestimmungen und Maße für die Härte und Entfernung der Dinge gelten nicht mehr.* Der Glanz des Mittelmeeres, *eine wunderbare steile Brücke, über die man schwerelos und unbehindert schreiten kann,* trägt ihn fort. Eine Leiche wird nie gefunden. Andrić, der kein Meister erster Sätze war, dessen oft verblüffende letzte Sätze aber eine eigenständige Studie verdienen, lässt die Leser genauso ratlos zurück wie die Bewohner des Städtchens, aus dem der Professor verschwunden ist: *Am Stocken ihrer Rede und am sorgenvollen Abschweifen ihrer Blicke zum Meer konnte man auch ohne Worte erkennen, dass sie auf irgendeine Erklärung für das unerklärliche Verschwinden hofften, dass sie ungeduldig auf sie warteten wie auf etwas, von dem der innere Friede eines jeden einzelnen von ihnen abhing.* Aus.

Ob Marcel Reich-Ranicki diese Geschichte besser gefallen hätte? Da der Kritiker sich, wie er einige Jahre vor seinem Tod schrieb, nach 1960 nie wieder mit Andrić befasst hat, lässt sich das nicht beantworten. Anders ist das mit Reich-Ranickis Frage, was uns Višegrad kümmere. Leser in aller Welt, immer neue Auflagen der *Brücke* und anderer Werke Andrićs sind eine deutliche Antwort. Mit Andrićs Bosnien verhält es sich wie Manns Lübeck, Dostojewskis Petersburg oder Balzacs Paris: Sie kümmern uns.

STOCKHOLMER TOMBOLA

Für Jugoslawien ist 1961 ein gutes Jahr, vielleicht das beste in seiner kurzen Geschichte. Im Januar wird der vom Minister zum Dissidenten gewandelte Milovan Djilas, der 1957 wegen staatsfeindlicher Tätigkeit zu neun Jahren Zuchthaus verurteilt worden war, aus der Haft entlassen. Das kommt gut an im Ausland – das Regime habe seine Humanität bewiesen, heißt es in wohlwollenden Kommentaren. Titos Staat steht international in hohem Ansehen. Im Osten Europas blicken die Völker zu einem sozialistischen Land auf, dessen Einwohnern es erlaubt ist, ihre Heimat zu verlassen. Davon können Russen, Polen, Rumänen, Tschechen, Bulgaren und Millionen andere Osteuropäer nur träumen. Im Westen gilt Jugoslawien als willkommener Sonderfall. Kalte Krieger schätzen es als Dorn im Auge Moskaus, viele Linke sehen in dem Land den Beweis, dass ein menschlicher Sozialismus möglich sei. Ihren Zenit erreicht die internationale Jugoslawien-Bewunderung im September 1961, als in Belgrad die Gründungskonferenz der Blockfreien-Bewegung tagt. Journalisten aus aller Welt berichten von der Konferenz der Staaten, die sich als dritte Kraft zwischen den beiden Supermächten etablieren wollen. Belgrad sieht exotische Gäste: Kaiser Haile Selassie aus Äthiopien, Präsident Sukarno aus Indonesien, Premier Nehru aus Indien, General Nasser aus Ägypten, Erzbischof Makarios von Zypern. Unter Führung Jugoslawiens, Indiens, Indonesiens und Ägyptens fordern die Blockfreien in Belgrad Selbstbestimmung für alle Völker, eine allgemeine Abrüstung, die Unabhängigkeit aller Kolonialgebiete sowie den Abzug ausländischer Truppen aus Afrika, Südamerika und Asien. Das macht Eindruck in der Welt.

Nach der Belgrader Konferenz der Blockfreien hält das Jahr 1961 aber noch einen weiteren Triumph für Jugoslawien bereit. Die Ursprünge dieses Triumphs liegen vier Jahre zurück: Am Donnerstag, dem 25. September 1958, trifft sich das Nobelkomitee der Schwedischen Akademie zu seiner wichtigsten Sitzung des Jahres. Die Entscheidung über die Vergabe des Nobelpreises für Literatur steht an. Die Sitzung bildet den Abschluss eines zwölfmonatigen Auswahlverfahrens. Endgültig entscheiden zwar die auf Lebenszeit ernannten Mitglieder der Schwedischen Akademie, doch innerhalb von „De Aderton", wie die achtzehn Angehörigen dieses exklusiven Gremiums genannt werden, gibt es eine weitere Abstufung. Die Akademiker wählen aus ihren Reihen ein Nobelkomitee für Literatur, das aus vier bis sechs Mitgliedern besteht und die Hauptarbeit macht. Da ein halbes Dutzend schwedischer Akademiker diese Arbeit unmöglich allein bewältigen kann, zieht das Komitee für Gutachten und spezielle Übersetzungen Kenner der verschiedenen Nationalliteraturen hinzu. Jedes Jahr im September werden bis zu 700 Personen und Institutionen in aller Welt angeschrieben, um Nominierungen für den bekanntesten aller Literaturpreise einzuholen. Vorschlagsberechtigt sind wissenschaftliche Akademien, Schriftstellerverbände und deren Vorsitzende, Literaturprofessoren führender Universitäten, aber auch frühere Nobelpreisträger. Bis zum 31. Januar des Folgejahres werden die aus aller Welt eingegangenen Vorschläge in Stockholm gesammelt und gesichtet. Das Komitee sortiert aus formalen Gründen ungeeignete Nominierungen aus, diskutiert über die anderen und dünnt die Liste der Kandidaten über Monate hinweg langsam aus. So bleiben auf einer Liste, die anfangs mehrere hundert Namen umfassen kann, irgendwann nur noch einige Dutzend übrig. Von Juni bis August beschäftigen sich die Mitglieder des Komitees im Detail mit diesen Mohikanern (oder sollten das zumindest tun), sofern deren Werk nicht durch Nominierungen aus früheren Jahren längst bekannt ist. Im September, während schon die Aussendungen für das nächste Jahr in die Welt gehen, folgt der Feinschliff. Das Komitee diskutiert Vorzüge und Schwächen der verbliebenen Kandidaten. Einer nach dem anderen wird geköpft: zu leicht, zu schwer, zu jung, zu alt, zu speziell, zu artifiziell, zu japanisch, zu italienisch, zu blass, zu krass, zu dies, zu das. Anfang Oktober unterbreitet das Komitee schließlich den endgültigen Vorschlag, dem die Akademie meistens folgt. Die Namen der Nominierten sowie die Einzelheiten der Diskussion über die Kandidaten bleiben fünfzig Jahre lang geheim. Erst dann erfährt die Öffentlichkeit, warum der hochgeschätzten Dichterin X der Preis versagt wurde, während ihr längst vergessener Kollege Y ihn bekommen hat, woraufhin dann das traditionelle Nobelpreis-Bashing anhebt, das so alt ist wie die Auszeichnung selbst.

Im Jahr 1958 haben es siebzig Nominierungen in die engere Wahl geschafft. Große Namen stehen auf der Liste: Robert Frost, Carl Sandburg, Alberto Moravia, Graham Greene, Jean-Paul Sartre, Tennessee Williams, Karen Blixen, John Steinbeck. Einige sind seit Jahren in der engeren Auswahl. Mit dabei ist 1958 erstmals Ivo Andrić. Der Schriftstellerverband Jugoslawiens hat ihn nominiert und damit erstmals von seinem Vorschlagsrecht Gebrauch gemacht. Die Initiative kommt vom Sekretär des Verbandes, dem machtbewussten Aleksandar Vučo, Andrićs Trauzeuge. Ein anderer Freund, der einflussreiche Parteimann Rodoljub Čolaković, hat zuvor dem schwedischen Botschafter in Belgrad den 1939 erschienenen Band mit Erzählungen Andrićs in deutscher Übersetzung gegeben, um Interesse zu wecken. Andrić ist jedoch nicht der alleinige jugoslawische Kandidat. Der Vorschlag des Schriftstellerverbands lautet, er solle sich den Preis mit dem kroatischen Schriftsteller Miroslav Krleža teilen. Krleža, ein heute außerhalb Kroatiens kaum noch bekannter Autor, ist damals nicht nur in Jugoslawien populär, er hat auch eine Fangemeinde unter westlichen

Intellektuellen, eine größere wohl sogar als Andrić. Doch keiner der beiden schafft es 1958 in die engere Wahl. Dort findet sich unter anderen der von Hermann Hesse nominierte Religionsphilosoph Martin Buber, der dann aber doch ausgesiebt wird, da sein Werk schwerlich unter die Kriterien für den Nobelpreis falle, wie die Jury urteilt. Der amerikanische Lyriker Robert Frost wird aus einem anderen Grund aussortiert: Er ist 83 Jahre alt, und es gibt Bedenken, er könnte vor der Preisverleihung sterben. (Frost stirbt mit 88, ohne den Nobelpreis erhalten zu haben.) Von John Steinbeck ist die Jury enttäuscht: „Dessen jüngere Produktion zeigt einen Abschwung und kann einem Vergleich mit seinem besten früheren Werk, Früchte des Zorns, nicht standhalten", heißt es im Sitzungsprotokoll. Zu Krleža und Andrić hat die Akademie ein Gutachten erstellen lassen, das positiv ausgefallen ist. Im Protokoll steht: „Aus dem Gutachten geht hervor, dass diese beiden jungen Schriftsteller respektable Verdienste erworben haben, aber dass sie wohl in den kommenden Jahren mit ihrer starken Phantasiebegabung mehr an Bedeutung gewinnen werden und daher besonders in Erinnerung behalten werden sollen." Dass der 65 Jahre alte Andrić und der ein Jahr nach ihm geborene Krleža als „junge Schriftsteller" bezeichnet werden, bestätigt den alten Verdacht, der Nobelpreis habe auch ein gerontologisches Element, obschon das Vertrauen der Jury in die Vitalität der Nominierten ab deren achzigstem Lebensjahr zu sinken scheint, wie der Fall Frost zeigt. Zum Preisträger des Jahres 1958 wird schließlich Boris Pasternak bestimmt, dessen Roman „Doktor Schiwago" gerade um die Welt geht „und sich mit überraschendem Gewicht in die Waagschale legt", wie Anders Österling hervorhebt. Österling ist schon seit 1941 Ständiger Sekretär der Akademie, sein Wort hat besonderes Gewicht unter den achtzehn Stimmberechtigten.

Im Jahr darauf kommen 83 Kandidaten in die engere Wahl, darunter viele bereits in früheren Jahren Nominierte. Der französische Politiker und Schriftsteller André Malraux steht auf der Liste, ebenso Max Frisch, Aldous Huxley, Anna Seghers aus Ost-Berlin und der österreichische Erzähler Heimito von Doderer. Sogar Martin Heidegger, der noch fünfzehn Jahre vorher von der „Größe und Herrlichkeit" von Hitlers nationalsozialistischem Aufbruch geschwurbelt hatte, gehört zum Kreis potentieller Laureaten. Doch geben sich die Juroren nicht lange mit ihm ab, und auch mit anderen namhaften Kandidaten machen sie kurzen Prozess. Huxley ist dem Komitee zu wissenschaftlich, Frisch zu leichtgewichtig („ihm kann nicht so viel Bedeutung zuerkannt werden, wie sie hier Voraussetzung ist"), von Doderer zu langweilig („der bis ins Äußerste manierierte Stil verursacht eine mühevolle Schwere"). Zu Seghers heißt es im Protokoll ebenso lapidar wie vieldeutig, das Komitee habe „Gründe, diesen Vorschlag abzulehnen". Auch der wiederum gemeinsam mit Krleža nominierte Andrić fällt durch – mit einer Begründung allerdings, die ihn fortan zu einem der aussichtsreichsten Anwärter auf den Preis machen wird: „Den Preis zu teilen wird abgelehnt mit Hinweis auf die besondere Beurteilung von Ivo Andrić." Diese „besondere Beurteilung" hatte Österling abgegeben, der sich eingehend mit Andrić beschäftigt hat und begeistert ist. „Andrićs sogenannte bosnische Trilogie, die umfangreichen Romane *Das Fräulein, Wesire* und *Konsuln* und *Die Brücke über die Drina,* stellen eine absolut beeindruckende Leistung dar", urteilt der Sekretär und schlägt vor, die Nominierung des jugoslawischen Kandidaten im nächsten Jahr erneut zu diskutieren.

So gilt Andrić, der inzwischen auch öffentlich oft als kommender Literaturnobelreisträger genannt wird, 1960 als einer der Favoriten auf die Auszeichnung. Schon im Mai 1960 hat er Post aus Stockholm erhalten, die ihn der Ehrung um einen großen Schritt näher bringt. Nicht die Akademie hat geschrieben, sondern die Übersetzerin Gun Bergman. Nach ihrer Scheidung von dem Regisseur Ingmar Bergman hat sie ein Slawistikstudium begonnen und die *Brücke* ins Schwedische übersetzt – offiziell aus dem Serbokroatischen, tatsächlich aber zumindest passagenweise aus dem Deutschen, da sie diese Sprache besser beherrscht und sich stark an der deutschen Fassung orientiert. Sie teilt Andrić mit, dass die *Brücke* im September 1960 bei Bonnier erscheinen werde, dem renommiertesten Verlag Schwedens. Das ist eine wichtige Etappe auf dem Weg zum Nobelpreis. Viele Werke von Nobelpreiskandidaten liegen nicht auf Schwedisch vor, weshalb die Mitglieder der Akademie sie auf Französisch, Deutsch oder Englisch lesen müssen. Der Schriftsteller Eyvind Johnson etwa verfasst für das Nobelpreiskomitee Einschätzungen zur Qualität von Andrićs Werken nur aufgrund von deren deutschen und französischen Übersetzungen. Die schwedische Sprache ist ein Nadelöhr. Hat das Buch eines Nominierten es in einer guten Übersetzung durch dieses Nadelöhr geschafft, steigert das die Aussichten des jeweiligen Kandidaten. Von Andrić war zwar schon 1959 *Der verdammte Hof* in schwedischer Übersetzung erschienen, doch erst durch die Ausgabe der *Brücke* bei Bonnier wird er einem breiteren Leserkreis in Schweden bekannt. Gun Bergman ist zudem nicht nur eine skrupulöse Übersetzerin mit gutem Sprachgefühl, sondern auch eine Art Propagandistin für Andrić. Sie schreibt Artikel in schwedischen Zeitungen über ihn, wirbt hinter den Kulissen für seine Werke, fördert seinen Ruhm und Ruf. Sie besucht Andrić auch in Jugoslawien. Der nimmt sich Zeit für seine Übersetzerin, kauft ihr Geschenke, schickt ihr ein serbokroatisch-deutsches Wörterbuch nach Stockholm, um ihr die Arbeit zu erleichtern. Er weiß, was er an ihr hat, und zeigt sich der Schwedin gegenüber stets von seiner liebenswürdigsten Seite. Die *Brücke* erscheint im Spätsommer 1960 in einer Auflage von 20000 Exemplaren, und die Kritiken in den schwedischen Zeitungen sind äußerst positiv. Eine weitere Hürde ist genommen.

Seinen jugoslawischen Rivalen Miroslav Krleža hat Andrić zu diesem Zeitpunkt längst hinter sich gelassen. „Abgesehen von prinzipiellen Bedenken gegen den Vorschlag, den Preis zu teilen, ist das Komitee der Meinung, dass die beiden jungen Schriftsteller nicht auf demselben Niveau stehen und Andrić allein Anspruch auf größere Beachtung erheben kann", heißt es im Protokoll der Sitzung von 1960, bei der Österling noch vehementer als im Vorjahr für Andrić wirbt: „Sein Ruhm wächst sichtlich, nachdem seine Werke in jüngster Zeit in die großen Sprachen übersetzt werden. International ist dies nun ein aktueller Name." Womöglich hat Österling, der Deutsch beherrscht, den wenige Monate zuvor erschienenen Verriss Reich-Ranickis über die *Brücke* gelesen oder davon gehört. Jedenfalls nimmt er Andrić gegen Vorwürfe von der Art, wie sie der deutsche Kritiker geäußert hat, in Schutz: „Bei der ersten Lektüre kann möglicherweise vermutet werden, dass diese Schilderungen vor allem durch das überwältigende Gewimmel und die Farbigkeit des Schauplatzes selbst ihre Wirkung entfalten, also durch die halborientalische Umgebung, die uns unbekannt ist. Aber der starke Eindruck bleibt in Erinnerung und wird bei erneuter Lektüre bestärkt." Der beherrschte Stil und das niemals erlahmende psychologische Interesse für jede Figur in seinem Ensemble machen Andrić zu einem Erzähler von unverkennbarem Rang, sagt Österling. Er weist auch auf einen nichtliterarischen Umstand hin, der für den Autor spreche: „Dass eine Auszeichnung für Andrić auch die Beachtung eines neuen Sprachraums bedeuten würde, ist sicher nur ein Nebenargument, scheint mir aber doch seinen Reiz zu haben im Hinblick auf die mehr oder weniger berechtigte Kritik an der geographischen Verteilung der Literaturnobelpreise."

Genau das wird dem Nobelpreis heute oft vorgehalten: dass er nicht kompromisslos literarische Qualität auszeichne, sondern nach einem Nationen-Proporz (und später auch einer Frauenquote) oft nur Mittelmaß ehre. Der immer wieder angeführte Umstand, dass Tschechow, Ibsen, Tolstoi, Strindberg, Kafka, Rilke, Pessoa, Mandelstam, Babel, Joyce, Brecht, Achmatowa, Nabokov, Philipp Roth und andere den Nobelpreis nicht erhielten, spricht gewiss ebenso gegen dessen Bedeutung wie die Namen vieler Autoren, die ihn bekommen haben. Andrić selbst hat sich wenige Jahre vor seinem Tod zu den Kritikern der Stockholmer Vergabepraxis gesellt, als er sagte, dass der Preis zu oft an mittelmäßige Franzosen gegangen sei, während viele große Russen ihn nicht erhalten hätten. Die Akten der Akademie belegen allerdings, dass nicht zuletzt Andrić selbst von dem Proporzdenken der Stockholmer Jury profitiert hat. Andrić sei „ein außergewöhnlicher Schriftsteller aus einer neuen, interessanten Ecke der Welt", urteilt etwa das Akademiemitglied Henry Olsson, und der schwedische Schriftsteller Sigfrid Siwertz, der dem Gremium schon seit fast drei Jahrzehnten angehört, fügt seinem Plädoyer für Andrić hinzu: „Ich bin der Meinung, dass sich die Akademie diesmal außerhalb der üblichen Kulturkreise begeben und ihren Preis an einen Mann abseits der üblichen literarischen Fahrwasser vergeben sollte." Allerdings macht Siwertz deutlich, dass er Andrić für einen Erzähler hält, der nicht auf eine geographische Minderbegabtenförderung angewiesen sei: „Er ist so weise, nicht den Versuch zu unternehmen, eine künstliche Einheitlichkeit zwischen den wunderlichen Ereignissen und Menschen herbeizuzaubern. Sie huschen vorbei mit ihrer Rätselhaftigkeit und sind wieder verschwunden. Im Gewimmel der Türken, Christen, Juden und Zigeuner, die sich auf der höchst realen und zugleich symbolhaften Brücke über die Drina bewegen, begegnet uns keine einzige gleichgeartete Figur." Im Herbst 1960 stellen Andrićs Verleger in Erwartung des Preises schon Champagner kalt. Wer einen Nobelpreisautor unter Vertrag hat, kann schließlich auf ein gutes Weihnachtsgeschäft hoffen. Eine schwedische Zeitung berichtet im Oktober, Andrić sei vor Heinrich Böll und Graham Greene der aussichtsreichste Kandidat. Doch den Champagner trinken in diesem Jahr andere. Nicht auf Andrić, sondern auf den französischen Lyriker Saint-John Perse, für den sich UN-Generalsekretär Dag Hammarskjöld hinter den Kulissen stark gemacht hat, fällt das große Los. Als die Nachricht die Runde macht, geben sich viele Kenner sicher, dass Andrić den Preis dann eben im nächsten Jahr erhalten werde. Im Oktober 1960 schreibt Gun Bergman: „Lieber Hr. Andrić, Ich habe viel an Sie gedacht, vor allem in den letzten Tagen, als alle hier erwartet haben, dass Sie den Nobelpreis gewinnen. Die Journalisten haben mich angerufen, um sich über Sie zu informieren. Ich bin wirklich Ihre persönliche Botschafterin in Stockholm geworden. Es war eine wirkliche Überraschung, als wir erfahren haben, dass Saint-John Perse der Gewinner ist. Hr. George Svensson aus dem Bonnier-Verlag sagte mir, sollte der Preis in diesem Jahr nicht Ihnen zufallen, so werden Sie ihn höchstwahrscheinlich nächstes Jahr bekommen."

Im Jahr 1961 gibt es offiziell 93 Nominierungen, wobei Mehrfachnennungen mitgezählt werden, weshalb die Zahl der Kandidaten deutlich niedriger ist. Mit Abstand an der Spitze liegt Robert Frost, der achtmal nominiert wurde, dem Nobelpreiskomitee aber immer noch zu alt ist. Zum ersten und zugleich letzten Mal diskutiert das Komitee über einen Mann, der nach Einschätzung der Jury zwar ein „kurioses Phantasiespiel" vorgelegt hat, „aber das Resultat ist dennoch keine Dichtung höchster Klasse, und das Komitee sieht nicht, dass die Kandidatur dem Anspruch entspricht, der gestellt wird". Der Kandidat, der auf diese Weise durchfällt, ist ein gewisser J. R. R. Tolkien, Verfasser einer Trilogie namens „Der Herr der Ringe". Bereits zum zweiten Mal findet sich 1961 der Name eines alten Bekannten Andrićs aus Berliner Tagen auf der Nobelpreisliste: Ernst Jünger. Er wird zwischen 1956 und 1966 sechsmal vorgeschlagen, aber nie in die engste Wahl kommen. Auch der erstmals nominierte Friedrich Dürrenmatt fällt durch: „Das Gutachten legt deutlich dar, dass der Schweizer Dramatiker nicht für einen Preis dieser Kategorie infrage kommt." Simone de Beauvoir, die 1961 zum ersten und letzten Mal Kandidatin ist, wird dagegen äußerst positiv beurteilt: „Die Autobiographie der französischen Schriftstellerin, die nun in zwei Bänden vorliegt, Memoiren einer Tochter aus gutem Hause und In den besten Jahren, hat sich als wirklich bedeutende Arbeit erwiesen. Hier tritt eine Persönlichkeit mit außerordentlichen Voraussetzungen in Erscheinung, um klar, ehrlich und fesselnd einen Teil ihrer eigenen Entwicklungsgeschichte und der ihrer Generation darzulegen, wobei sie alle sozialen, intellektuellen und emotionalen Erlebnisse gleichwertig berücksichtigt." Der Grund, den der Ständige Sekretär Österling dafür angibt, dass sie den Preis trotzdem nicht erhält, bestätigt Vorwürfe, die der schwedischen Literaturlotterie oft gemacht werden: Es seien schließlich schon viele Nobelpreise nach Frankreich gegangen, weshalb die Akademie ihr Augenmerk auch auf andere Regionen richten sollte. „Daher komme ich auf den Namen Ivo Andrić zurück", leitet Österling zu seinem Lieblingskandidaten über. „Da dieser jugoslawische Schriftsteller in der Diskussion des Vorjahres im Vordergrund stand und schließlich überzeugte Anhänger gewonnen hat, empfinde ich es als angemessen, dieses Jahr seine Kandidatur als natürliche Lösung zu empfehlen." Andrićs bosnische Trilogie sei „ein episches Unternehmen im großen Stil". Dass seine Auszeichnung obendrein die Beachtung eines neuen Sprachraums bedeuten würde, könne natürlich nur ein Nebenargument sein, „scheint mir jedoch – ich habe es ja schon früher betont – seinen Reiz zu haben ...", wirbt der Ständige Sekretär. Der schwedische Kulturjournalist Kjell Strömberg, der wie nur wenige andere Einblick in die Kulissen der Nobelpreisbetriebsamkeit hatte, bestätigte einige Jahre später die geographische Komponente der Entscheidung: „Als der serbokroatische Dichter und Romanschriftsteller Ivo Andrić 1961 unter etwa fünfzig Mitbewerbern als neuer Nobelpreisträger für Literatur gewählt wurde, sprach für ihn vor allem die Tatsache, dass er aus Jugoslawien stammte und sein Land bisher noch nicht in den Annalen dieses großen Literaturpreises verzeichnet war. Bekanntlich fühlt sich die Schwedische Akademie mehr oder weniger an die testamentarischen Verfügungen ihres

Stifters gebunden, der bei der Preisverleihung alle Nationen möglichst gleichmäßig berücksichtigt sehen wollte."

Die Sitzungsprotokolle des Komitees, die Strömberg noch nicht kennen konnte, als er diese Einschätzung schrieb, geben ihm recht. Nicht allein Österling, auch andere Mitglieder des Komitees erwähnen die Geographie als Entscheidungskriterium. Hinzu kommt wohl ein politisches Argument, auch wenn es nicht direkt thematisiert wird: Jugoslawien ist 1961 en vogue, vor allem in linksliberal umflorten Kreisen. Die Mitglieder des Nobelpreiskomitees, die am 18. September zu ihrer entscheidenden Sitzung zusammenkommen, haben vermutlich alle die Berichterstattung über die kaum zwei Wochen zuvor beendete Belgrader Konferenz der Blockfreien in Zeitungen, Radiosendungen oder im Fernsehen registriert. Das positive Echo auf die Konferenz und die großen Hoffnungen, die manche mit der neu entstandenen Blockfreien-Bewegung als friedensstiftender Kraft in Verbindung bringen, dürften Andrić als Schriftsteller aus Jugoslawien zumindest nicht geschadet haben. Hinzu kommt, dass er längst nicht mehr nur vom Jugoslawischen Schriftstellerverband vorgeschlagen wurde wie noch 1958. Über die Jahre ist er zehnmal für den Preis nominiert worden, unter anderem von Professoren und Professorinnen in Cambridge, Bordeaux und Göteborg sowie von dem Lyriker Johannes Edfelt, dem Vorsitzenden des schwedischen P.E.N.-Clubs. Und so endet die Sitzung des Nobelpreiskomitees am 18. September 1961 mit dem einstimmigen Beschluss der Akademie, Ivo Andrić als Nobelpreisträger für Literatur 1961 vorzuschlagen. Die Akademie nimmt diesen Vorschlag an. In dem Jahr, in dem die Sowjetunion erstmals einen Menschen in den Weltraum schießt, geht der Hauptpreis der Stockholmer Literatur-Tombola nach Belgrad.

RUHM

Am 26. Oktober 1961 ist Andrić gerade von seinem Vormittagsspaziergang zurück, als der Geschäftsträger der schwedischen Botschaft in Belgrad, einen Strauß roter Nelken in der Hand, an der Tür im ersten Stock links in der Straße der proletarischen Brigaden 2a klingelt und ihm mitteilt, dass sein Los gezogen wurde. Auf den zurückgezogen lebenden Schriftsteller rollt nun eine ungeahnte Welle an Aufmerksamkeit zu. Die Behauptung, frisch gekürte Nobelpreisträger erhielten, zumindest bis zur Erfindung der E-Mail, „waschkörbeweise Post", trifft im Fall Andrić zu. Als einer der Ersten meldet sich der amerikanische Diplomat und Historiker George F. Kennan, den Präsident Kennedy zum Botschafter Amerikas in Jugoslawien ernannt hatte: „Die vielen tausend Amerikaner, die Ihre in den Vereinigten Staaten veröffentlichten Werke gelesen haben, werden der Auswahl des Nobelpreiskomitees ebenfalls Beifall spenden, da Sie in unserem Land ein bemerkenswert populärer Autor geworden sind." Auch ein Telegramm von Tito geht ein. Der Marschall mag Andrić nicht und hält Krleža für den besseren, da „klassenbewussteren" Autor. „Tito war der Ansicht, dass Krleža Unrecht getan wurde, und er schloss sich nicht der allgemeinen Begeisterung an, dass Jugoslawien mit Andrić den ersten Nobelpreisträger bekommen hatte", erinnert sich der serbische Schriftsteller Dobrica Ćosić, der den jugoslawischen Staatschef auf mehreren Auslandsreisen begleiten durfte und dabei dessen Abneigung gegen Andrić bemerkte. In Titos Telegramm ist davon natürlich nichts zu spüren: „Lieber Genosse Andrić, ich bin sehr erfreut von der Nachricht über die hohe Anerkennung, die Ihnen mit der Verleihung des Nobelpreises für Ihre literarische Arbeit zuteilwird. Sie haben damit auch deutlich zum Ansehen der literarischen Werke des sozialistischen Jugoslawien beigetragen.

Traurige Berühmtheit
„Ich kann keine Interviews geben."

Ich gratuliere Ihnen von Herzen. Josip Broz Tito." *Ich werde mich immer glücklich schätzen, wenn auch ich mit meiner literarischen Arbeit wirklich etwas zum Ansehen unseres Landes beigetragen und damit Ihren Glückwunsch verdient habe, der für jeden von uns die schönste Anerkennung darstellt,* antwortet Andrić. So geht es wochenlang – Politiker, Diplomaten, Bürger schreiben dem Nobelpreisträger, so die Belegschaft des Kombinats „Rote Flagge" aus Kragujevac. Monatelang ist Andrić damit beschäftigt, für Glückwünsche zu danken.

Und dann sind da noch die Journalisten. Andrić liebt es, Interviews zu lesen, die andere gegeben haben. Aber er hasst es, selbst befragt zu werden. Könnte er zwischen einem Interview und einer Zahnwurzelbehandlung wählen, wäre das Interview nicht seine erste Wahl. So wie es Menschen gebe, die nicht fotogen seien, gebe es auch Menschen, die nicht beredt seien, und zu solchen gehöre er, verteidigt er sich. *Ich kann nicht auf Fragen antworten. Ich kann keine Interviews geben. Das ist für mich ein besonderes Trauma.* Er hasse Fragen, sagt Andrić einem Journalisten. *Wenn sich ein Erdbeben ereignet, gibt es gleich jemanden, der mich fragen wird: „Was denken Sie darüber?" Aber was kann ich darüber denken?* Doch da Andrić nun berühmt ist, trifft die Interview-Manie auch ihn. *Es gibt in der Welt so gut wie keine Frage, die Journalisten „bekannten" Schriftstellern nicht stellen würden,* klagt er in seinen Aufzeichnungen. *Auch ich habe leider das zweifelhafte Glück, zu solchen Schriftstellern gezählt zu werden. Mal fragen sie mich, was ich von Vietnam und der amerikanischen Bombardierung dieses Landes halte, dann zum Rassismus in Südafrika, mal zur Familienplanung und der Beschränkung der Geburtenrate, dann zum Schicksal des Films, dann über die Rolle der Blume und der Pflanzen in der Kunst, dann über verhaftete sowjetische Autoren, von denen ich nicht einmal die Namen richtig kenne, dann über die Straßen in Bosnien-Hercegovina, dann über mein persönliches Leben und meine literarischen Pläne. Und das nimmt kein Ende.* Offenbar in der Hoffnung, einen Fragesteller abwimmeln zu können, sagt er, dass er nicht einmal über seine eigene Arbeit Auskunft geben könne: *Ich arbeite, ich weiß, dass ich arbeite, aber ich kann nicht genau sagen, was ich arbeite; als wäre ich in einem Tunnel.* Einer italienischen Zeitung sagt er: *Ich frage mich, ob es überhaupt einen Autor gibt, der wirklich weiß, warum er schreibt und welche Motive ihn zum Schreiben bringen.* Doch im Herbst 1961 gibt es kein Entrinnen aus der Fragefabrik, und Andrić sieht das ein. Klappern gehört zum Handwerk, oder, wie er es sagt: „Selbst der Herrgott kann nicht ohne Glocken." Also lässt er eine Pressekonferenz im

Schriftstellerclub einberufen und gibt in den kommenden Wochen mehr als ein Dutzend Interviews, so viele wie nie wieder. Als der italienische Fernsehsender RAI von ihm wissen will, was er getan habe, seit er vom Nobelpreis erfahren habe, antwortet Andrić leicht enerviert: *Leider nichts. Man hat mich meist fotografiert, und ich habe auf solche und ähnliche Fragen geantwortet.* Andrić ist sich der Koinzidenz seiner Auszeichnung bewusst. „Es ist ein absoluter Zufall, dass ich den Nobelpreis gewonnen habe. Es gibt viele andere, Bessere und Klügere als mich, die ihn nicht gewonnen haben", sagt er, und das ist wohl keine Koketterie, wie seine privaten Aufzeichnungen zeigen. Als ihm die Frage gestellt wird, ob er weiterhin schreiben werde, fällt ihm nur eine Gegenfrage ein: „Als hätte ich in der Lotterie gespielt und den Hauptpreis gewonnen, wonach es keinen Sinn mehr hat zu spielen?" Sein Alltag werde sich nicht ändern, hofft Andrić: „Ich habe derzeit wirklich keine besonderen Pläne, weder für meine Arbeit noch für mein Leben. Ich werde weiterhin schreiben, was ich auch früher getan habe, und so leben, wie ich auch bisher gelebt habe. Das ist mein einziger Plan."

Wenn er nicht auf Journalistenfragen antwortet, bereitet Andrić sich generalstabsmäßig auf seinen Auftritt in Stockholm vor. *Verzeihen Sie, dass ich Sie mit Fragen bis ins kleinste Detail quälen werde,* schreibt er Jugoslawiens Botschafter in Schweden, bei dem er sich über die Kleiderordnung erkundigt, um sich alles rechtzeitig schneidern lassen zu können. *Natürlich nur das, was unverzichtbar ist. Einen Smoking habe ich. Einen Frack werde ich hier in Belgrad bestellen … Ist das, was Jackett genannt wird, notwendig oder reicht es, einen dunklen Anzug zu haben?* Von Gun Bergman will er wissen, wie lang seine Dankesrede sein soll (höchstens fünfzehn Minuten), welche Kleider seine Frau braucht (mindestens zwei elegante Abendkleider), welche gesellschaftlichen Verpflichtungen in Stockholm auf ihn zukommen (ein Abendessen beim schwedischen Königspaar, mehrere Empfänge) und wie man am besten von Belgrad nach Stockholm reist (mit dem Zug über München,

Ausgezeichnet: Nobelpreisvergabe in Stockholm 1961

Hamburg und Kopenhagen oder mit dem Flieger via Zürich). Als Andrić erfährt, dass er in Stockholm eine weitere Pressekonferenz geben soll, setzt er alle Hebel in Bewegung, um das drohende Schicksal abzuwenden. *Die Erfahrung mit der hiesigen Konferenz – und das in bescheidenerem Umfang – zeigte mir, dass ich dazu nicht fähig bin, und dass ich noch eine nicht aushalten würde,* schreibt er dem jugoslawischen Botschafter. *Es gibt Autoren (so wie es zum Beispiel E. Hemingway war), die solche Sachen mit Leichtigkeit erfüllen, aber ich bin deren Antipode, und jetzt sogar gesundheitlich angeschlagen.* Wenn es unbedingt sein müsse, solle die Botschaft literarisch interessierte Journalisten zu einem Cocktailempfang laden, auf dem er sich zwanglos unterhalten werde, *aber in der Form eines Privatgespräches und nicht einer Konferenz.* Andrić setzt sich durch, er muss keine Pressekonferenz geben.

Über Andrićs Tage in Stockholm und die Verleihungszeremonie gibt das Tagebuch von Milica Babić Auskunft. Das Paar fliegt auf einer bemerkenswert komplizierten Route mit vier Zwischenlandungen (Zagreb, Wien, Frankfurt, Kopenhagen) nach Stockholm. In Dänemark warten wie zuvor in Frankfurt schlechte

Nachrichten auf Andrić: Journalisten. „In Kopenhagen steht eine Wand von Fotoreportern vor dem Flugzeug, sie sehen aus wie Brüder, alle blond, jung und klein. Der starke Wind trägt Mandarin den Hut weg, sie fotografieren ihn, wie er dem Hut nachläuft." In Stockholm lernt Andrić die anderen Nobelpreisträger des Jahres kennen, die alle jünger sind als er und für Errungenschaften ausgezeichnet werden, die außer ihnen selbst nur wenige Menschen verstehen. Der Amerikaner Robert Hofstadter wird „für seine bahnbrechenden Studien über Elektronenstreuung im Atomkern und für die dabei erzielten Entdeckungen über die Struktur der Nukleonen" mit dem Nobelpreis für Physik ausgezeichnet, den er sich allerdings teilen muss. Der andere Preisträger ist der erst 32 Jahre alte deutsche Nuklearphysiker Rudolf Mößbauer, der für „Forschungen über die Resonanzabsorption der Gammastrahlung" geehrt wird. Den Nobelpreis für Chemie bekommt der Amerikaner Melvin Calvin „für seine Forschungen über die Kohlensäure-Assimilation der Pflanzen", den für Medizin der in Ungarn geborene Biophysiker György von Békésy „für seine Entdeckungen im physikalischen Mechanismus der Erregungen in der Schnecke des Ohres". Andrić wird ausgezeichnet „für die epische Kraft, mit der er Motive und Schicksale aus der Geschichte seines Landes gestaltet". Die Laudatio von Anders Österling ist ebenso wohlmeinend wie fehlerhaft. Im Jahr 1914 war Andrić demnach ein „junger serbischer Student", und den Beginn des Zweiten Weltkrieges erlebte er nicht etwa in deutscher Internierung, sondern mitten im Kriegsgeschehen: „Bereits wenige Stunden nach seiner Ankunft in Belgrad erlebte er die Bombardierung der Stadt durch deutsche Flugzeuge", behauptet der Sekretär der Schwedischen Akademie. Wenigstens wird Andrić in der Nobelpreisrede nicht für das Attentat auf Franz Ferdinand verantwortlich gemacht, wie es die französische Tageszeitung *L'Aurore* in ihrer Überschrift getan hat: „Der siebzigjährige jugoslawische Literaturpreisträger Ivo Andrić hat mit achtzehn Jahren das Attentat von Sarajevo vorbereitet."

Aschenbachs Erben: die Nobelpreisträger des Jahres 1961

Andrićs Nobelpreisrede *Über die Erzählung und das Erzählen,* die er am 10. Dezember in französischer Sprache bei einem Bankett im Stockholmer Rathaus hält, ähnelt seinem Goya-Essay von 1935. Es ist ein Werkstattbericht und eine poetische Grundsatzerklärung – zugleich aber auch eine Verteidigungsrede. Andrić weiß natürlich, dass seine Gegner ihm vorwerfen, er sei nur eine Art besserer Geschichtenonkel, der Anekdoten aus der osmanischen Vergangenheit aufgreife, um sich der Gegenwart nicht stellen zu müssen. Er nutzt das Stockholmer Podium, um die Kritik zurückzuweisen. Manche behaupteten, eine Geschichte, die sich mit vergangenen Zeiten befasse, vernachlässige die Gegenwart, kehre ihr gar den Rücken zu, sagt Andrić. Doch ein Verfasser historischer Romane könne ein solches Urteil nicht akzeptieren. *Er wird eher zuzugeben geneigt sein, dass er selbst nicht besonders gut weiß, wann oder wie er sich von dem, was die Gegenwart genannt wird, hinüberbewegt in das, was wir die Vergangenheit nennen, und dass er mit Leichtigkeit – wie in einem Traum – die Schwelle der Jahrhunderte überschreitet.* Gehe es beim Schreiben zu allen Zeiten und dem Erzählen von allen Zeiten nicht stets um dasselbe? *Mensch zu sein, geboren worden zu sein, ohne es zu wissen oder zu wollen, in den Ozean der Existenz geworfen zu sein, zum Schwimmen gezwungen zu sein, zu existieren; eine Identität zu haben; dem Druck und den Schlägen von außen sowie den unvorhergesehenen und unvorhersehbaren Taten zu widerstehen – den eigenen und denen von anderen – was so oft die eigenen Fähigkeiten übersteigt?* Zwischen Vergangenheit und Gegenwart verlaufe in der Literatur nur eine imaginäre Demarkationslinie. Ganz gleich, auf welcher Seite dieser Linie ein Schriftsteller arbeite, finde er sich am Ende doch immer in derselben Lage wieder, *Auge in Auge mit den Bedingungen des Menschseins.* In tausenden Sprachen, in den unterschiedlichsten Gefilden, von Jahrhundert zu Jahrhundert sei die Geschichte des Menschseins fortgesponnen worden, ohne dass die Menschen je müde wurden, sie einander zu erzählen. *Die Art des Erzählens und die Geschichte unterscheiden sich je nach Zeiten und Umständen, aber die Vorliebe für das Erzählen und Weitererzählen einer Geschichte bleibt gleich: Die Erzählung fließt endlos und versiegt nie. … Oder könnte es sein, dass der Erzähler sich seine eigene Geschichte erzählt, wie das Kind, das im Dunklen singt, um seine Angst zu lindern?*

Zwanzig Jahre vor Stockholm, in einem zu Kriegszeiten entstandenen Tagebuch, hatte Andrić noch Zweifel an der Kraft und dem Sinn des Erzählens festgehalten. Doch das geschieht in einem Moment der Niedergeschlagenheit, als sein Land vom Feind okkupiert und es vollkommen ungewiss ist, ob seine Romane je erscheinen können. Zudem ist Andrić das Pendeln zwischen Euphorie und Verzweiflung aus seiner täglichen Arbeit vertraut, er hat es oft beschrieben und weiß: Beides vergeht. „Ich frage mich oft: Lohnt es sich denn zu schreiben, wofür all das? Und es gab Tage, da wurde mir die Literatur für das ganze Leben zuwider, aber dann dachte ich an Manns Aschenbach“, sagte er Ljubo Jandrić. Thomas Mann lässt im „Tod in Venedig“ sein Alter Ego, den Schriftsteller Gustav von Aschenbach, über das Zweifeln am Sinn künstlerischen Tuns nachdenken: „Aschenbach hatte es einmal an wenig sichtbarer Stelle unmittelbar ausgesprochen, dass beinahe alles

Große, was dastehe, als ein Trotzdem dastehe, trotz Kummer und Qual, Armut, Verlassenheit, Körperschwäche, Laster, Leidenschaft und tausend Hemmnissen zustande gekommen sei." Dieses Trotzdem treibt auch Andrić an. Außerdem kann er in Stockholm als frisch gekürter Nobelpreisträger schlecht eine Rede über seine Zweifel am Sinn des Erzählens halten, die ihm vielleicht manchmal kommen. Das hätte zwar originell sein oder zumindest originell wirken, aber auch in einem Eklat enden können – und Skandale hasst Andrić noch mehr als Interviews.

4

DIE BRÜCKE
ÜBER DIE BRÜCKE

ERNTEZEIT

Um dem befürchteten Trubel in Belgrad zu entgehen, reisen Andrić und seine Frau nach der Zeremonie in Stockholm und dem Empfang bei König Gustav Adolf VI. nicht zurück nach Jugoslawien, sondern verbringen einige Wochen bei Freunden in der Schweiz. Sie besuchen Zürich, Basel und Lausanne. Silvester feiern sie in der jugoslawischen Botschaft in Bern. Die ersten Wochen nach der Rückkehr nach Belgrad sind dennoch ausgefüllt mit Ehrungen: Empfang der Serbischen Akademie der Wissenschaften, Festessen beim Schriftstellerverband, gesellschaftliche Verpflichtungen. Andrić nimmt es hin. Danach zieht er sich langsam aus dem öffentlichen Leben zurück. Erste Schritte dazu hatte er schon im Vorjahr eingeleitet, als ihm angeboten worden war, den Vorsitz der Serbischen Akademie der Wissenschaften zu übernehmen, er aber ablehnte und lieber für drei Wochen zum Urlaub auf die dalmatinische Insel Korčula fuhr. Nach dem Nobelpreis sagt er Angebote immer häufiger ab, zieht sich aus Gremien und Vereinen zurück, lehnt fast alle der aus vielen Ländern eingehenden Anfragen zu Lesungen ab. Er entschleunigt sein Dasein. Die Vita contemplativa wird, mit Unterbrechungen, zur Lebensform der letzten Jahre.

Zu seinem siebzigsten Geburtstag im Oktober 1962 muss er aber noch einmal einen Ehrungsmarathon über sich ergehen lassen. Obwohl er von der Idee alles andere als begeistert ist, lässt sich Tito von seiner Umgebung überreden, Andrić zu empfangen. Titos Berater weisen den Marschall darauf hin, dass es im Ausland missverstanden werden könne, wenn er den berühmtesten Dichter des Landes ignoriere. Der Schriftsteller Dobrica Ćosić, der da-

Empfang bei Staatschef Tito und dessen Frau Jovanka Broz

mals bei Tito ein und aus geht, spielt eine wichtige Rolle bei den Versuchen, den widerstrebenden Staatschef umzustimmen: „Tito empfing mich und hörte sich finster an, wie ich ihm die Notwendigkeit und Bedeutung seines Empfanges von Ivo Andrić auseinandersetzte“, erinnert sich Ćosić Jahrzehnte später und behauptet, Tito habe geantwortet: „Wie soll ich das denn machen, mein Gott? Krleža wird beleidigt sein. Er hätte den Nobelpreis gewinnen müssen, nicht Andrić. Und ich soll jetzt Ivo Andrić gratulieren …“ Letztlich überwindet Tito seine Abneigung gegen den einstigen Botschafter der jugoslawischen Monarchie jedoch. Er lädt ihn und seine Frau in seine Belgrader Villa ein. Auch Titos Frau Jovanka Broz ist da. Es wird ein Desaster.

„Diese erzwungene Veranstaltung einer Demonstration staatlicher Anerkennung für den großen Schriftsteller war wirklich mühselig. Tito war offiziell wie ein Marschall, Andrić steif und diplomatisch konventionell wie ein Botschafter, Jovanka fröhlich und neugierig, ‚wie Genosse Andrić schreibt‘, Milica Babić nobel distanziert“, erinnert sich Ćosić, der ebenfalls an dem Empfang teilnehmen darf. Tito verleiht Andrić einen Orden für besondere Verdienste um die Kultur Jugoslawiens, Andrić reagiert artig: *Genosse Tito, ich danke Ihnen für diese Auszeichnung, die aus Ihren Händen zu empfangen für jeden Jugoslawen die höchste Anerkennung darstellt.* Es folgt eine einstündige Unterhaltung, die von Stenographen festgehalten wird. Sie dokumentiert die Begegnung zweier älterer Herren (beide Jahrgang 1892), die nichts miteinander anzufangen wissen. Man trinkt Champagner, erzählt Anekdoten, plaudert über die Gefahren des Rauchens. Andrić äußert die Vermutung, Berichte über die krebserregende Wirkung des Tabaks würden von „Bonbon-Fabriken“ gestreut, um den Verkauf von Süßigkeiten zu steigern. Tito antwortet, er lutsche gerne Eukalyptusbonbons. Er empfiehlt, Zigaretten nur bis zur Hälfte zu rauchen, weil sich das Nikotin im hinteren Teil befinde. Dann werden Reiseeindrücke aus Ägypten ausgetauscht. Luxor sehe erbärmlich aus, sagt Andrić, *voller alter Engländerinnen und Amerikaner.* „Dort ist es sehr heiß“, weiß Tito und bezeichnet die Verlegung der Tempel von Abu Simbel wegen des Baus des Assuan-Staudamms als „dummes Projekt“, zumal es in Ägypten tausende alte Denkmäler gebe, „besonders mit Ramses’ Gesicht“. Andrić stimmt zu: *Sie haben genügend Denkmäler. Von Kairo bis Luxor gibt es so viele man will.* Er sei gegen Überreste und würde keinen Dinar dafür ausgeben.

Tito hat den Empfang für elf Uhr ansetzen lassen. In seiner Umgebung ist bekannt: Gefallen dem Präsidenten solche Vormittagsbegegnungen, lädt er seine Gäste ein, mit ihm zu Mittag zu essen. Doch der Staatschef ist offenbar froh, als er nach einer Stunde das Treffen beenden kann. Um Punkt zwölf sei Tito aufgestanden, schreibt Ćosić. „Wir alle standen dann auch auf; und wir schüttelten uns mit verlogener Herzlichkeit die Hände.“ Im Protokoll heißt es: „Am Ende des Gespräches verabschiedete sich der Genosse Präsident herzlich vom Schriftsteller Andrić und dessen Ehefrau.“ Tito lädt Andrić nie wieder ein. Mit Krleža, der es genießt, dem mächtigen Mann nahe zu sein, verbringt der Staatschef hingegen weiterhin oft Zeit.

Um der ständigen Beobachtung durch Medien, Autogrammjäger und gewöhnliche Neugierige zu entgehen, planen Andrić und seine Frau, zusätzlich zu der Wohnung in Belgrad ein Haus auf dem Land zu kaufen. Obwohl Andrić den gesamten Betrag des Nobelpreises für die Entwicklung des Bibliothekswesens in Bosnien spendet, kann er sich das mühelos leisten, denn seine Bücher verkaufen sich gut. In Deutschland führen die *Wesire* kurz sogar die berühmte Bestsellerliste des *Spiegel* an, und auch die Verkaufszahlen in anderen Ländern und im angelsächsischen Raum können sich sehen lassen. Finanzielle Sorgen hat Andrić spätestens seit seinem Aufstieg an die Spitze des Außenministeriums in den dreißiger Jahren nicht mehr, doch nun ist er sogar wohlhabend. Eine Villa an der Donau unweit von Novi Sad mit einem Garten von fast 7500 Quadratmetern samt Kirschbäumen und Haselnusssträuchern ist schon in Aussicht genommen, als das Paar sich umentscheidet: Sie wollen lieber am Meer wohnen und lassen ein Haus an der montenegrinischen Küste bauen. Dort, in Herceg Novi, verbringen sie viele Monate im Jahr, oft in Begleitung von Baka, der Schwiegermutter. Wann immer das Wetter es zulässt, schwimmt Andrić im Meer. Manchmal begleitet ihn Branko Lazarević, der von Belgrad nach Herceg Novi gezogen ist. So verbringt der ahnungslose Andrić ganze Nachmittage mit dem Mann, der ihn in seinem geheimen Tagebuch in den vierziger Jahren filetiert hat. Ist es zu stürmisch oder zu kalt zum Baden, geht Andrić an der Küste spazieren. Im Herbst kommt er braungebrannt wie ein Fischer nach Belgrad zurück. Andrić beneidet Menschen, die am Meer geboren und aufgewachsen sind, hält sie für gesegnet. *Wenn ich an den Tod denke, erfasst mich stets eine Traurigkeit wegen des Meeres, das für immer aus meinen Augen verschwinden wird.* Seine Faszination hält er unter anderem in dem Essay *Über das Meer fliegend* fest. Dutzende Einträge in seinen Notizbüchern gelten ebenfalls dem Meer und den Menschen, die vom Meer leben. Von der Veranda seines Hauses hat er einen Blick auf die Bucht von Kotor, einen der schönsten Flecken Erde in Euro-

Das Refugium der späten Jahre in Herceg Novi

pa. Oft sitzt Andrić stundenlang dort und genießt die *endlose Sequenz von Augenblicken,* die ihn mahnt, sein Leben nicht falsch zu leben. *Wenn ich vor dem Haus sitze, habe ich eine panoramische Aussicht vor mir, die so aussieht, als habe nicht der Zufall, sondern ein Liebhaber natürlicher Schönheit sie ausgesucht. … Das Meer und die Küste. Was von den beiden ist das Bild und was der Rahmen?*

Nur gute Freunde werden in das Refugium vorgelassen. Einer ist der sowjetische Schriftsteller Ilja Ehrenburg, mit dem Andrić nicht nur das Interesse für Goya und Spanien teilt. Seit ihrer ersten Begegnung 1946 in Bulgarien verbindet die beiden eine Freundschaft, die sogar den Bruch zwischen Tito und Stalin 1948 überstanden hat. Dass Ehrenburg bei einer Konferenz in Paris 1949, als alle anderen Osteuropäer die jugoslawischen Teilnehmer wie Aussätzige mieden, demonstrativ auf Andrić zugegangen war, ihm eine Havanna angeboten und mit ihm geraucht hatte, ist eine Geste, die er seinem Moskauer Freund hoch anrechnet. Von gelegentlichen Besuchen abgesehen, stellt sich in Herceg Novi über die Jahre eine gewisse Routine ein. Andrić schwimmt, schreibt,

Im Garten der Villa in Herceg Novi

liest, schaut aufs Meer. Manchmal kommen Gäste zum Abendessen. Milica Babić verwandelt das Grundstück über die Jahre in einen Paradiesgarten. Orangen, Zitronen, Mandarinen, Weintrauben, Feigen, Jujuben, Pfefferminze, Rosmarin, Kapuzinerkresse, Basilikum, Lavendel, Rosen, Hortensien, Nelken, Magnolien, Astern, Kamelien – als Andrić Jahre später, als das Paradies verloren ist, aus dem Gedächtnis aufschreibt, was im Garten in Herceg Novi alles wuchs und blühte, hört er nach 51 Einträgen mit der Bemerkung auf, die Liste sei nicht vollständig.

Obwohl er sich schwer von dem Paradies Herceg Novi trennt, unternimmt Andrić in der ersten Hälfte der sechziger Jahre noch mehrere Reisen. Einladungen nach Japan und nach Indien, das er zehn Jahre zuvor auf der Rückreise von China unbedingt hatte sehen wollen, lehnt er zwar ab, da er sich die Strapazen nicht mehr zutraut. Einige andere Angebote nimmt er aber an. Mit seiner Frau bereist er 1963 auf Einladung des Bonnier-Verlags Schweden, da er von dem Land bei der Nobelpreisverleihung nichts mitbekommen hatte und es kennenlernen will. Er besucht auch Griechenland und nimmt anlässlich des Erscheinens der *Brücke* auf Arabisch eine Einladung des ägyptischen Kulturministeriums an. In Luxor erkrankt er schwer, fiebert stark und sieht sich, da der Flieger nach Kairo wegen eines Sandsturms zwei Tage nicht abheben kann, schon in einem Hotelbett in Ägypten sterben. In Belgrad wird er sofort an der Militärmedizinischen Akademie, dem besten Krankenhaus Jugoslawiens, an der Prostata operiert und muss so lange das Bett hüten, dass in der Stadt bereits Gerüchte umgehen, es gehe zu Ende mit ihm. Doch Andrić erholt sich. Im März 1964 reist er auf Einladung seines italienischen Verlegers Mondadori mit Milica Babić nach Italien (Rom, Neapel, Mailand), trifft Alberto Moravia und genießt es, nach vier Jahrzehnten wieder in dem Land zu sein, in dem er seine ersten Schritte als Diplomat getan hatte, als Mussolinis dunkler Stern dort aufging. Im April besucht er Krakau, wo die Jagiellonen-Universität ihrem berühmten Studenten die Ehrendoktorwürde verleiht. Mit einem Polonisten in Belgrad feilt er vorher tagelang an seiner polnischen Aussprache, um seine Dankesrede möglichst akzentfrei vortragen zu können. Im Jahr darauf nimmt er als Ehrengast am internationalen PEN-Kongress in Bled teil. In dem slowenischen Kurort an den Ausläufern der Julischen Alpen residiert er in einer sonst für Tito reservierten Villa, trifft Arthur Miller, Max Frisch, Pablo Neruda und andere. Vor allem mit Neruda, der sich als großer Verehrer Andrićs zu erkennen gibt, ergeben sich lebhafte Gespräche. Er bedauert nur, ohne Milica zu sein, und schreibt ihr aus Bled: *Heute Nacht habe ich Dich im Traum gesehen und mich sehr gefreut, aber ich habe die Gelegenheit nicht ausgelassen, wie ein richtiger Griesgram all jene Belehrungen und Empfehlungen zu wiederholen, die ich schon einmal gesagt habe.*

Über die vielen Auszeichnungen, Ehrendoktorwürden und Literaturpreise, die er nun erhält, freut er sich zwar, legt aber sein skeptisches Verhältnis zu äußerlichem Erfolg nie ab. Ein wirklicher Triumph bleibt ein gelungener Satz, nicht das Ehrendiplom einer Universität. Die Arbeit des Schriftstellers laufe immer auf dieselbe Entscheidung hinaus, und die vollziehe sich *in jenem winzigen und beweglichen Punkt, der die Spitze unserer Feder mit dem gleichgültigen Papier verbindet. Das ist unser Schlachtfeld, hier wird der Kampf um den Ausdruck geführt, hier erprobt sich unsere Kraft,* schreibt er über seine Prioritäten. Dennoch ist er nun in jener Lebensphase, in der Künstler sich nach Billy Wilder auf Ehrungen und Hämorrhoiden gefasst machen müssen. Und auf Gesamtausgaben. Andrićs „Gesammelte Werke“ erscheinen 1963 gleichzeitig in einer bosnischen, einer serbischen, einer kroatischen und einer slowenischen Ausgabe in je zehn Bänden. Er wird in nahezu alle europäischen und viele andere Sprachen übersetzt: Finnisch, Portugiesisch, Isländisch, Türkisch, Farsi, Vietnamesisch, Mongolisch, Esperanto. Berühmte Regisseure wollen Andrićs Prosa auf die Bühne bringen oder verfilmen. „Mein Exmann Ingmar, der auch weiterhin ein guter Freund ist, bat mich, Sie zu fragen, Herr Ivo, ob Sie ein Drama für ihn haben.“ Für ihren früheren Ehemann komme nur das Beste in Frage, schreibt ihm Gun Bergman aus Stockholm. Doch Andrić hat kein Drama für Ingmar Bergman. Er muss niemandem mehr etwas beweisen.

Wenn sich von einer glücklichen Zeit in Andrićs Leben sprechen lässt, dann trifft das wohl auf die Jahre ab 1961 zu, die im Frühjahr 1968 abrupt enden. Soweit es ihm gegeben ist, genießt Andrić in diesen sieben guten Jahren das Leben.

„Es ist jedem bestimmt, etwas mit ins Grab zu nehmen.“

WAS MAN EINEN ABTRÜNNIGEN NENNT

Auf dem Höhepunkt seines Ruhms war sein Name in ganz Europa bekannt. Die Zeitungen schrieben über ihn, Biographien verbreiteten die Geschichte seines abenteuerlichen Lebens. In Rom wurde er von Papst Pius IX. empfangen, in Wien von Kaiser Franz Joseph und Kaiserin Sisi. Er war ein Star seiner Zeit. Unter seinem Taufnamen kannte ihn aber kaum jemand: Mihajlo (oder Mićo) Latas, (oder Lattas) geboren 1806, entstammte einer serbisch-orthodoxen Familie aus Kroatien, die aus Bosnien eingewandert war und sich in der Krajina niedergelassen hatte, dem militärisch befestigten Grenzgebiet des Habsburgerreiches. Sein Vater war Unteroffizier in der habsburgischen Armee, und der Sohn hatte beste Aussichten, ihn deutlich zu überflügeln. Er wurde als Kadett einem Grenzregiment zugeteilt, galt als klug und begabt, zeichnete sich vielfach aus. In kürzester Zeit avancierte er zum Feldwebel, weitere Beförderungen standen in Aussicht. Eine glänzende Offizierslaufbahn schien vor ihm zu liegen. Doch als er um die zwanzig Jahre alt war, nahm das Leben des Mihajlo Latas eine dramatische Wende: Er desertierte aus der habsburgischen Armee und floh über die Grenze. Dorthin, woher seine Vorfahren gekommen waren, nach Bosnien, in das Osmanische Reich. Die Gründe für seine Fahnenflucht sind nie ganz geklärt worden. Einige Historiker behaupten, Mihajlos Vater habe Spielschulden durch einen Griff in die Regimentskasse beglichen und mit der Schande seiner unehrenhaften Entlassung aus der Armee auch dem Sohn die Karriere verbaut. In anderen Quellen heißt es, nicht der Vater, sondern der Sohn habe Spielschulden angehäuft und sei vor ihnen geflohen. Wieder andere wollen wissen, Mihajlo Latas habe eine Affäre gehabt und einen Nebenbuhler getötet.

Was auch immer die Gründe waren, die Karriere des vielversprechenden habsburgischen Feldwebels endete über Nacht, und ein vollkommen neues Leben begann. Er fand in Bosnien bei einem muslimischen Kaufmann Unterschlupf, nahm den Islam an, lernte Türkisch und trat bald in die Dienste der osmanischen Armee ein. Dort wurde aus Mihajlo Latas, dem serbisch-orthodoxen Offiziersanwärter in der Armee des christlichen Reiches der Habsburger, der Muslim Ömer Lütfi Pascha, einer der erfolgreichsten Militärführer der osmanischen Geschichte. Seine Geschichte erinnert an die des Brückenbauers Mehmed Pascha Sokollu/Bajica Sokolović aus Višegrad: Wieder ein zum Islam konvertierter Balkanslawe, der im Osmanischen Reich zu höchsten Ehren kam. Ömer Pascha (auch Omer Pascha genannt) unterrichtete an der Militärakademie in Istanbul und wurde Hauslehrer des Kronprinzen Abdülmecid. Als der 1839 Sultan wurde, stieg auch sein Lehrer auf. Abdülmecid wollte das taumelnde Osmanische Reich modernisieren, um es vor dem Zerfall zu bewahren. Er initiierte die sogenannten Tanzimat-Reformen, die zumindest auf dem Papier auch den bisher diskriminierten Christen zugutekamen. Christen durften fortan als Zeugen vor Gericht aussagen und erhielten weitere Rechte. Abdülmecids Reformen führten in vielen Provinzen des Reiches zu Protesten muslimischer Landbesitzer, die ihre angestammten Privilegien nicht aufgeben wollten. Wann immer es irgendwo im Reich Aufstände niederzuschlagen galt, schickte Sultan Abdülmecid den bald weithin gefürchteten Ömer Pascha. Der sprach längst fließend Türkisch, betete regelmäßig in der Moschee und hatte auch sonst die türkische Lebensweise so weit übernommen, „dass man hinter ihm schwerlich einen Europäer hätte suchen können", wie ein Zeitgenosse bemerkte. Nur Wein trank er weiterhin, anfangs im Geheimen und später, als er berühmt war, ganz ungeniert. Wer dem muslimischen Heerführer eine besondere Freude bereiten wollte, konnte mit einer Flasche Bordeaux nichts falsch machen. Seine allseits bekannte Liebe zum Wein tat seinem Aufstieg freilich keinen Abbruch, denn hohe bis höchste Würdenträger im Osmanischen Reich teilten sie, und manch ein Sultan war am Alkohol zugrunde gegangen.

Auf dem Schlachtfeld energisch und mitunter sogar für das zu seiner Zeit Gewohnte grausam, warf Ömer Pascha eine Rebellion nach der anderen nieder. Er bekämpfte die aufmüpfig gewordenen Albaner und eroberte das zwischenzeitlich verlorene Üsküp (heute Skopje) in Mazedonien zurück, bevor er in den Nahen Osten zog und bei der Unterwerfung aufständischer Drusen im Libanon und in Syrien half. „Kaum war die Ruhe in Syrien wieder hergestellt, als die Kunde von einem allgemeinen Aufstande der fanatischen, das Tanzimat perhorrescirenden Kurden ... überbracht wurde", schreibt Ömer Paschas langjähriger Leibarzt und Sekretär Josef Koetschet in seiner enthusiastischen Biographie des Feldherrn. Koetschet war ein abenteuerlustiger Schweizer, der sich freiwillig zum Dienst in der osmanischen Armee gemeldet hatte und den umfangreichsten der vielen zeitgenössischen Berichte über Ömer Pascha Latas hinterließ. Er beschreibt, wie sein Patient auf Befehl des Sultans nach Diyarbakir in Südostanatolien zog und rebellisch gewordene Kurdenstämme in einem raschen, blutigen Feldzug besiegte: „Die Kunde dieses Sieges und der unerwartet schnellen Pacificirung des wilden Kurdenlandes verursachte im ganzen Reiche eine wahre Begeisterung für Omer Pascha." Der Triumphator wurde vom Sultan reich beschenkt. „Der fahnenflüchtige Feldwebel Mičo Lattas", so Koetschet, „hatte die höchste militärische Stufe, den Marschallsrang, erstiegen." Wohl wahr. Spätestens nach seinem Sieg über die Kurden war Ömer Pascha der erste Feldherr der türkischen Armee.

Das war 1846. Bald darauf stellte sich Ömer Pascha mit seinen Truppen den aufmüpfigen Rumänen in den Donaufürstentümern entgegen und lernte in Bukarest eine siebzehnjährige Pianistin kennen. Das Mädchen, einigen zeitgenössischen Berichten nach aus einer deutschen Familie in Siebenbürgen stammend, wurde seine Hauptfrau und trat formal zum Islam über. Die Berichte erwähnen, dass Anna (die sich nach ihrer Heirat auf Türkisch Subeida Hanum nannte) später mit einem polnischen Arzt nach Europa floh, wo sie in Paris gefeierte Konzerte als „Madame Omer Pascha“ gab. In Bosnien war sie zuvor der Grund dafür, dass Jahrhunderte nach dem ersten Elefanten auch das erste Klavier seinen Weg in das unwegsame Land fand. Das war 1850, als Ömer Pascha Latas ausgerechnet in jene Provinz befohlen wurde, in der knapp ein Vierteljahrhundert zuvor seine Karriere als „Neutürke“ begonnen hatte. Die muslimischen Grundbesitzer wollten die Reformen des Sultans keinesfalls hinnehmen. Nicht nur die Vorstellung, dass Christen künftig nicht mehr vom Pferd absteigen mussten, wenn ein Muslim an ihrem vorbeiritt, schien ihnen unannehmbar. Sie sabotierten alle Reformen. Doch wer nicht hören wollte, dem schickte der Sultan Ömer Pascha. Im Sommer 1850 zog der serbisch-türkische General mit fast zehntausend türkischen Soldaten und etwa zweitausend albanischen Söldnern in Bosnien ein. Begleitet wurden die Truppen von Ömer Paschas Hofstaat, der vielen Bosniern so prächtig erschien, als könne er nur einem Sultan gehören. Da gab es Pfeifenstopfer, die nur gebraucht wurden, wenn der Pascha rauchen wollte. Kaffeesieder, deren einzige Aufgabe es war, ihm den Kaffee nach seinem Geschmack zuzubereiten. Speisenträger, die für nichts anderes bezahlt wurden und auch nichts anderes taten, als dem Herrscher das Essen zu bringen. Zureiter, die ihm seine Lieblingspferde einritten. Oder den Mühürdar, der keine andere Aufgabe hatte, als das Siegel des Paschas zu bewahren und auf dessen Briefe zu drücken, die selbstverständlich von Schreibern verfasst wurden. Die wichtigsten Diener des Paschas waren so wichtig, dass sie eigene Diener hatten. Allein der Harem habe nicht weniger als zwanzig Personen gezählt, erinnert sich Koetschet, „nebst den zu hohen Preisen angekauften Cirkassierinnen und den schwarzen, männlichen und weiblichen Sklaven“. Ein österreichischer Diplomat in Bosnien berichtet, dass der Pascha seinen Harem ziemlich bald nach seiner Ankunft in Bosnien um eine sechzehnjährige Serbin erweitert habe.

Doch Ömer Pascha war nicht zum Ausbau seines Harems nach Bosnien gekommen. „Zum Oberbefehlshaber in Bosnien ernannt, erhielt er die Aufgabe, die vornehmsten Häuptlinge des Landes, welche sich weigerten, den Tanzimat anzuerkennen, zu unterwerfen", heißt es in einem alten österreichischen Lexikon. Und genau das tat Ömer Pascha. Er zog mit seinen Truppen durch Bosnien und kämpfte jeglichen Widerstand nieder. „Zudessen ist hier zu bemerken, dass das Standrecht nicht in Anwendung kam und keine einzige Execution vollzogen wurde, sondern Omer Pascha sich begnügte, die vornehmsten Begs und Agas in langen Reihen aneinander gebunden nach Stambul transportieren zu lassen, damit sie dort das A-B-C der neuen Regierungsform erlernen konnten. Nicht weniger als 500 solche Feudalherren wanderten nach den grünen Ufern des Bosphorus", schreibt Koetschet in seinem 1885 erschienenen Buch. Das ist indes ein geschöntes Bild, denn so harmlos, wie der Leibarzt sie dreieinhalb Jahrzehnte später darstellte, war Ömer Paschas Strafexpedition in Wirklichkeit nicht gewesen. „Die Kämpfe selbst kosteten vielen Aufständischen das Leben", schreibt der österreichische Historiker Hannes Grandits gut 130 Jahre nach Koetschet. Er erwähnt, dass selbst die unbeteiligte bäuerliche Bevölkerung in den Aufstandsgebieten unter Requirierungen, Einquartierungen, Plünderungen und Übergriffen der Soldateska schwer zu leiden hatte. Der Besitz der Aufständischen wurde konfisziert, und wer die Kämpfe überlebte, hatte das Schlimmste oft noch vor sich. In Tuzla, einem der Zentren des Aufstandes, habe Ömer Pascha mehr als hundert Gefangene durch einen Spießrutenlauf gehen lassen, berichtet Grandits. Viele überlebten diese grausame Form der Züchtigung nicht. Tatsächlich wurden, das immerhin berichtete Koetschet korrekt, hunderte bosnische Begs in Ketten gelegt und Richtung Anatolien deportiert. Ein bosnischer Franziskanerpater resümierte zufrieden,

Ömer Pascha habe seine Mission großartig erfüllt: „Das feudale Gebäude hat er zum Einstürzen gebracht, die schlimmsten Agas und Begs wurden zu Fall gebracht und der Herrschaft des Sultans galt es von nun an wieder Respekt zu zollen – die Pforte als die direkte und bestimmende Führung ward wieder anerkannt und die kleinen Tyrannen in allen Teilen des Landes von ihren Thronen gestoßen." Noch enthusiastischer heißt es bei Koetschet: „Die Mission Omer Paschas war auf glänzende Weise gelöst, seine militärischen Erfolge mit geringen Streitkräften über numerische Übermacht sind heute noch hochgepriesen … Das mittelalterliche Feudal-Gebäude in Bosnien war niedergerissen, die jedem Fortschritte feindlichen Agas und Begs zu Boden getreten, die Macht des Sultans zur Geltung gebracht, die Centralgewalt der Pforte nach modernem Schnitte zur Anerkennung gelangt." Es ist unbestritten, dass die Neuordnung der Machtverhältnisse in Bosnien durch Ömer Pascha Latas eine Zäsur in der bosnischen Geschichte war, zumal Ömer Pascha auch die Hauptstadt von Travnik zurück nach Sarajevo verlegte. Dessen stolze Bürger hatten sich zuvor geweigert, Abgesandte des Sultans länger als einen Tag und eine Nacht zu beherbergen, doch nun wagte es niemand, die Befehle des Paschas zu kritisieren. Der griff derweil nicht nur gegen die muslimischen Grundbesitzer durch, sondern auch gegen die Oberschicht der Christen. Das Beziehen von Zeitungen aus dem christlichen Ausland wurde unter strengste Strafe gestellt. In Bosnien war es üblich, dass Fuhrleute ausländische Zeitungen und Bücher, unter Getreide oder anderen Waren versteckt, ins Land schmuggelten, um sie gegen viel Geld an die „Abonnenten" zu verkaufen. Ömer Pascha legte fest, wer beim Lesen solcher Werke erwischt werde, „der soll mit schweren Ketten gefesselt werden, sein ganzes Vermögen soll dem Staate verfallen".

Verhasst war Ömer Pascha aber vor allem bei den muslimischen Landadligen. Unter ihnen verbreitete sich die Ansicht, der Pascha sei in Wahrheit immer Christ geblieben, stehe unverwandt in Diensten Wiens und habe von dort den Befehl erhalten, Bosnien durch eine Entmachtung der Muslime auf eine habsburgische Okkupation vorzubereiten. In Wirklichkeit schreckte der Pascha aber vor einem entscheidenden Schritt zur Entmachtung der muslimischen Oberschicht zurück. Selbst Koetschet unterschlägt nicht, dass sein Idol die wichtigste Frage nicht gelöst hatte, „nämlich die Frage der traurigen Agrar-Verhältnisse in Bosnien. In dieser Richtung verblieb alles beim Alten, und es ist mir unbekannt geblieben, ob überhaupt Omer Pascha den moralischen Muth besessen hat, der Pforte wenigstens Vorschläge zur Besserung des trostlosen Loses der christlichen Bauern zu unterbreiten." Er hatte diesen Mut nicht. Die orthodoxen und katholischen Christen, die anfangs große Hoffnungen in den konvertierten General gesetzt hatten, wurden enttäuscht. Während die Bosnier, ob christlich oder muslimisch, sich mit Groll und Hass an ihn erinnerten, zog der längst durch andere osmanische Provinzen, um mit Feuer und Schwert Aufständische in die Knie zu zwingen. Zu Beginn des Krimkriegs gelang es ihm sogar, mit zahlenmäßig unterlegenen Truppen ein russisches Heer zu schlagen. Der Sultan verlieh seinem besten Heerführer daraufhin den Ehrentitel „Serdar" (Anführer), schenkte ihm einen mit Brillanten besetzten Säbel und ein Landgut, „beinahe so groß als das Fürstenthum Liechtenstein", wie Koetschet festhält. Dass Russland eine seiner wenigen Niederlagen gegen die Türken ausgerechnet in einer Schlacht erlitt, die auf der Gegenseite von einem General serbischer Abstammung befehligt wurde, gehört zu den kaum bekannten Ironien der europäischen Geschichte. „Omer Pascha war der Mann des Tages sogar in Europa", schreibt Koetschet über die Zeit nach diesem Sieg und fügt hinzu, dass sein ehemaliger Chef, obschon Slawe, mit Moskau nie viel anfangen konnte: „Er war von jeher und blieb immer ein entschiedener Gegner Rußlands, sowie aller slavischen Stämme."

Ömer Pascha wurde später zum Gouverneur von Bagdad ernannt und führte weitere Feldzüge an allen Enden des Osmanischen Reiches. Trifft der Bericht seines Leibarztes zu, war der Höhepunkt seines Lebens aber weder der Sieg gegen die Russen zum Auftakt des Krimkriegs noch die Kampagne in Bosnien oder irgendeine Schlacht, sondern seine triumphale Reise nach Wien im Jahr 1868: „In der großen Hauptstadt seines Vaterlandes glänzend auftreten, durch persönliches Erscheinen vor Sr. Majestät dem Kaiser die Verzeihung seines Jugendfehlers besiegeln zu lassen, betrachtete er als die Krönung seiner glorreichen Laufbahn." Ömer Pascha ließ sich in Wien feiern und empfing in seiner Suite neben hohen Militärs und anderen Würdenträgern bevorzugt Damen der Wiener Halbwelt. „Trotz seiner sechzig Jahre, seines schneeweißen, zugestutzten Bartes und seiner Magerkeit, hatte er noch immer eine stramme, rüstige Haltung, und in seiner von Goldstickereien und Ordenssternen bedeckten Uniform erregte er die Bewunderung der schaubegierigen Wiener." Nach der Wiener Satisfaktion kehrte der Pascha auf sein Landgut zurück, wo er 1871 allseits geachtet starb. Josef Koetschet lebte noch viele Jahre und starb 1898 in Sarajevo. In dem Buch über seinen Dienstherrn zitiert er einen muslimischen Gutsherrn, der das Wirken Ömer Paschas in Bosnien in einem Satz zusammenfasst: „Es ist ein eigentümliches Kismet, dass gerade dieser Sohn unserer uralten Feinde, nachdem wir ihn gastfreundlich aufgenommen und zu dem Unsrigen gemacht hatten, dazu auserlesen war, unsere Heimat zu verwüsten und unsere alte Macht für immer zu brechen."

SPÄTLESE

In den letzten 25 Jahren seines Lebens arbeitet Andrić an einem Roman, dessen Veröffentlichung er nicht mehr erlebt. Im Mittelpunkt steht die Figur des Ömer Pascha Latas, doch wie immer geht es Andrić nicht um die belletristisch ausgeschmückte Nacherzählung historischer Begebenheiten. Zwar liest er Unmengen an Literatur über Ömer Pascha (wie Koetschets Memoiren), sammelt Bücher und Zeitungsartikel zu seinem Thema. Kriegsgewimmel und Schlachtenlärm interessieren ihn aber nicht. Die meisten äußeren Höhepunkte des Lebens von Ömer Pascha Latas kommen in dem Roman entweder gar nicht oder nur in Nebensätzen vor. Vielmehr kreist das Spätwerk in immer neuen Anläufen um Fragen des Renegatentums und der Identität. Andrić betrachte seinen Protagonisten nicht in erster Linie als grausamen und unbarmherzigen Kriegsherrn, „sondern eher als komplexe und vielschichtige Persönlichkeit, mit allen dramatischen Widersprüchlichkeiten, die ihren Ursprung in seinem Konvertitentum haben", schreibt Žaneta Djukić Perišić. „Andrić wollte keinen historischen Roman schreiben und konzentriert seine Aufmerksamkeit auf die private Seite der Geschichte, auf die Verschiebungen und Beben in den Persönlichkeiten, die den Pascha umkreisen und in seinem Kreis wirken."

Was geschieht mit einem Menschen, der aus seinem herkömmlichen Dasein herausgerissen und in ein anderes Leben geworfen wird, der seinen Glauben, seine Sprache und seine Kultur aufgeben muss, um in einer gänzlich anderen Welt zu bestehen? In *Omer Pascha Latas* geht Andrić solchen Fragen nicht nur im Fall des namensgebenden Protagonisten nach. Sein letzter Roman ist bevölkert von lauter Migranten, Flüchtlingen, Entwurzelten: Fliegende Holländer, die ewig gegen den Wind kreuzen. Davongekommene, die nie ankommen. Muhsin Rizvić, der bereits erwähnte bosnische Literaturkritiker mit Hang zu steilen Thesen, hat sogar die Behauptung aufgestellt, der gebürtige Kroate und spätere „Kulturserbe" Andrić habe in *Omer Pascha Latas* sein eigenes Schicksal verarbeitet. Sein letzter Roman sei nichts anderes als „der Versuch der Befreiung von einer traumatischen Last des eigenen Lebens, des Komplexes des Renegatentums, des Verrats". Demnach wäre *Omer Pascha Latas* eine Art literarische Beichte, „als hätte Andrić sich vor seinem Lebensende auch selbst in Frage gestellt und mit sich abgerechnet", wie Rizvić mutmaßt. Alles, was Andrić in diesem Roman über Latas sage, stelle eine Allegorie auf sich selbst dar. Der im Osmanischen Reich zu höchsten Ehren gekommene serbische Deserteur gehöre just deshalb zu Andrićs künstlerisch besten und psychologisch überzeugendsten Figuren, weil der Autor darin sich selbst beschreibe, behauptet Rizvić. Im Schicksal des Fahnenflüchtigen dränge sich der Vergleich zu Andrićs Loslösung von Zagreb und dem Kroatentum „und der abtrünnigen Anlehnung an Belgrad und das Serbentum auf". Das ist ein reizvoller Gedanke, und mit Sicherheit war Andrićs Gespür für fluide Identitäten auch aus eigener Erfahrung zeitlebens hellwach. Doch müssen Rizvićs Thesen mit Vorsicht gewertet werden. Nicht nur deshalb, weil der 1994 im serbisch belagerten Sarajevo gestorbene Literaturwissenschaftler in seinen letzten Lebensjahren ein radikaler Gegner Andrićs war, der dem Schriftsteller unterstellte, in seinen Texten Islamophobie im Allgemeinen und Hass auf die bosnischen Muslime im Besonderen geschürt zu haben. Es gibt mindestens einen weiteren Grund, zurückhaltend mit autobiographischen und psychologisierenden Deutungen von *Omer Pascha Latas* zu sein. Wenn Andrić in dem Protagonisten tatsächlich ein Alter Ego gesehen hätte, gäbe es in seinen weitverzweigten, nicht für die Veröffentlichung zu Lebzeiten bestimmten Notizen bestimmt Hinweise darauf. Doch soweit bekannt, finden sich solche Hinweise nicht in seinem Nachlass.

Zutreffend ist aber, dass Figuren mit gespaltener Identität eine große Rolle in Andrićs Prosa spielen. Schon in der *Brücke* gelingt es dem Großwesir nicht, seine Kindheit in Bosnien ganz zu vergessen und zu verdrängen. Als schmerzhaftes Unbehagen macht sich die Erinnerung an die Herkunft manchmal bemerkbar, was der Wesir dann in Betriebsamkeit und Arbeit zu ersticken sucht. *Aber jenes Gefühl des Unbehagens, das von all dem zurückgeblieben war, verschwand niemals ganz. Im Gegenteil, mit den Jahren und dem Alter meldete es sich immer häufiger: immer derselbe schwarze Strich, der seine Brust durchzog.* Bei Andrić ist der Befehl zum Bau der Brücke über die Drina somit auch eine Therapie, durch die der Wesir seinen Schmerz zu kurieren hofft: *Mit geschlossenen Augen wartete der Wesir dann, dass der schwarze Strich verschwinde und der Schmerz vergehe. In einem solchen Augenblick kam er … auf den Gedanken, dass er sich von diesem Unbehagen befreien würde, wenn er jene Fähre an der fernen Drina, bei der sich das Elend und aller Verdruss unaufhörlich ansammelten und ablagerten, beseitigte, indem er die steilen Ufer und das böse Wasser zwischen ihnen überbrückte, die beiden Enden des Weges, der hier abgebrochen war, zusammenführte und so für immer und sicher Bosnien mit dem Osten, den Ort seiner Herkunft mit den Orten seines Lebens verbände.* Doch der Wesir muss erkennen, dass er dem *schwarzen Strich* in seiner Brust nicht entkommen kann. Während die gespaltene Identität in der *Brücke* ein Nebenstrang der Erzählung ist, rückt das Changieren zwischen Ost und West in *Omer Pascha Latas* in den Mittelpunkt. Auch bei dem General meldet sich der *schwarze Strich* als Erinnerung an sein früheres Dasein: *Die Seele des Glaubens-Abtrünnigen, die eingeschläfert war; zum Schweigen gebracht vom Erfolg, vom Ruhm, von den Jahren, erwachte zuweilen in ihm und begann wieder zu sprechen …* An anderer Stelle heißt es: *In jedem Neutürken, der so hoch gestiegen ist, gibt es solch einen Streifen Leere, er ist schmaler oder breiter, auf jeden Fall tot und unüberbrückbar, und er trennt in diesem Menschen zwei völlig verschiedene Teile seines Lebens, verschluckt je-*

den Laut, der herüberdringen könnte, löscht jede lebhaftere Erinnerung. Ohne diesen isolierenden Gürtel könnte der Abtrünnige nicht bestehen, könnte er nicht leben und nicht vorwärtskommen. Der gewaltige Unterschied zwischen dem, was gewesen ist, und dem, was jetzt ist, würde ihn augenblicks zermalmen und in toten, namenlosen Staub verwandeln. In dem in Auszügen erstmals 1950 veröffentlichten Kapitel *Was ein Maler heißt*, dem mit Abstand längsten im *Omer*, lässt Andrić dazu in einer brillanten Szene zwei Entwurzelte aufeinandertreffen: Ömer Pascha Latas will sich von dem berühmten Maler Vjekoslav Karas portraitieren lassen. Auch der Maler ist eine reale historische Figur, über den Andrić Biographien und Studien gelesen hat. Doch bei dem Aufeinandertreffen der beiden Männer in seinem Roman spielt deren Historizität keine Rolle. Andrić nutzt die Begegnung für einen erzählerischen Kunstgriff: Indem er Karas dabei beschreibt, wie er das Gesicht des Paschas genauestens betrachtet, um es malen zu können, umgeht er eine herkömmliche auktoriale Personenbeschreibung. Der Erzähler schildert nicht etwa direkt das Aussehen des Protagonisten, sondern einen Maler, der die Erscheinung der Hauptfigur zu erfassen versucht und dabei über die Schwierigkeit nachdenkt, ein gutes Portrait zu erschaffen. Dabei schildert Andrić die innere Zerrissenheit der beiden Männer, die während der stillen Portraitsitzungen tief in ihren Einsamkeiten versinken.

In den Augen der Einheimischen entlarvt sich Ömer Pascha, indem er einen Maler zu sich lädt. Allein die Idee, sich portraitieren zu lassen, kann schließlich nur ein Giaur haben, ein Ungläubiger. *Im Flüsterton wurde erzählt und weitergetragen, dass „aus Deutschland" ein Meister angekommen sei, der sich auf ein besonderes Kunststück verstehe: Menschen abzumalen …* Für die erzkonservativen Muslime in Sarajevo bestätigt das alle Vorurteile, die sie gegen Ömer Pascha haben. *„Er lässt sich abmalen!", sagte ein Rechtgläubiger leise dem anderen, und keiner von ihnen hatte in seinem Leben je einen Maler gesehen, keiner auch nur ein gemaltes Lebewesen, und alle* *stellten sich verworren Teufelszeug und Hexenwerk darunter vor.* Es folgt eine komische Passage, in der Andrić die Vorstellungen der bosnischen Muslime darüber beschreibt, wie so ein „Abmalen“ vor sich gehen möge und ob wohl alles verdorben wäre, wenn der Pascha sich aus Versehen bewegt. Dann wird der Fokus in Rückblenden und Exkursen auf den Porträtisten und den Porträtierten gerichtet. Während er vor dem Maler stillsitzen muss, schweifen die Gedanken des Paschas ab: *Hier begann der Pascha wieder über sein Bild nachzudenken und es mit den Augen der späteren zahllosen Betrachter und der künftigen Geschlechter zu sehen.* In seinen Tagträumen ist das Gemälde, das ihn *erhaben über alle menschlichen Rücksichten, Nöte und Bedürfnisse* zeigen soll, nämlich ein Instrument zur Korrektur seiner Lebensgeschichte: *Sein Porträt, lebensgroß, hängt an der Wand, aber nicht irgendwo in Sarajevo oder in Stambul, nicht in der Türkei, sondern in der Kaiserlichen Galerie mitten in Wien, und auf ihm ist er nicht in der Uniform eines Befehlshabers aller türkischen Truppen dargestellt, sondern in der eines österreichischen Feldmarschalls – mit blitzenden Sternen und einer stahlblauen Schärpe auf der Brust und mit dem Maria-Theresien-Orden um den Hals. Auf einem Kupfertäfelchen, unten am vergoldeten Rahmen, steht auf Deutsch zu lesen: Feldmarschall Michael Lattas von Castel Grab.* Auch deshalb will der Pascha sich nämlich verewigen lassen nach Art der Ungläubigen, zu denen er nach Ansicht der bosnischen Muslime immer noch gehört: *Rache für all das, was von diesem selben kaiserlichen österreichischen Heer sein Vater hatte erdulden müssen, der schimpflich entlassene Intendanturleutnant, und auch er selbst, der ehemalige Kadett, Aspirant eines Likanerregiments, der Deserteur und Glaubensabtrünnige Mićo Latas aus dem Dorf Janja Gora.*

Doch nicht nur der Oberbefehlshaber der türkischen Strafexpedition in Bosnien ist ein zwischen die Fugen Geratener. Auch viele seiner Offiziere sind islamisierte ehemalige Christen, die im Niemandsland zwischen den Welten und Religionen umhertaumeln, dabei weder in der einen noch in der anderen Halt findend.

Im Heer von Ömer Pascha gab es an die zweihundert ungarische, polnische, deutsche, italienische, armenische und andere ehemals christliche Offiziere, die nach dem Scheitern der europäischen Freiheitsbewegungen von 1848 in das Osmanische Reich geflohen waren. Andrić weiß davon unter anderem aus den Berichten des damaligen habsburgischen Generalkonsuls in Bosnien, Dimitrije Atanacković, eines Serben in habsburgischen Diensten, also eines weiteren Wanderers zwischen den Welten. Adressat von Atanackovićs Depeschen war der habsburgische Kanzler und Regierungschef Felix zu Schwarzenberg, der das Treiben von Ömer Pascha Latas in Bosnien aufmerksam verfolgte und sich regelmäßig darüber berichten ließ. Andrić hatte diese Berichte gelesen und lässt sich von einigen zu Passagen des Romans anregen. So interessiert ihn die Mitteilung des Konsuls, der Pascha habe befohlen, „überall Straßen zu bauen, um von hier bis Brod einen durchgängigen Weg zu schaffen; für seine Ehefrau, die sich hier befindet, bestellte er aus Wien ein Klavier und Ähnliches." Bei Andrić heißt es, Ömer Pascha habe ein Klavier bestellt, *das nach Sarajevo zu liefern war. Allein dessen Transport von Brod nach Sarajevo – er dauerte elf Tage – schuf denen, die ihn ausführten, gewaltige Sorgen und Plagen.* Dass Ömer Pascha sich hatte portraitieren lassen, erfuhr Andrić ebenfalls aus einer Depesche an Schwarzenberg.

Am wichtigsten sind für Andrić die Berichte des Konsuls über die „Islamisierten" in Ömer Paschas Armee. Über die in das Osmanische Reich geflohenen Männer also, die ihre soldatischen Kenntnisse dem Sultan zur Verfügung gestellt und notgedrungen, zum Schein, den Islam angenommen haben. Atanacković berichtet regelmäßig nach Wien, was er über sie in Erfahrung bringen kann. „Wie ich hörte", schreibt er dem Fürsten Schwarzenberg zum Beispiel, „befinden sich hier unter den österreichischen Fahnenflüchtigen, die den Islam und den türkischen Dienst angenommen haben, auch der Doktor der Medizin Gal aus Wien, jetzt Beli-beg, Chef der Truppensanitäter von Omer-pascha …" Atanacković berichtet auch über die nachträgliche Beschneidung der Überläufer vom Juni 1851: „Morgen beginnt die allgemeine Beschneidung der Emigranten und Deserteure. Ein gewisser Doktor Regelsberger wird die Operationen durchführen." Andrić übernimmt manche solcher Details, beschreibt die ausländischen Soldaten im osmanischen Heer aber vor allem aus der Perspektive der bosnischen Muslime: *Zu den schrecklichen Dingen, die über den Serasker Omer-Pascha und sein Heer erzählt wurden, gehörte auch die Kunde von einer ganzen Abteilung, die aus Fremdländern bestehe, aus Christen oder Juden; sie trügen türkische Uniformen und hätten mohammedanische Namen: seien aber Ungläubige und tückische Feinde alles Mohammedanischen. Diese Fremdländer-Abteilung wurde Murtad-Tabor genannt – Verräter-Bataillon.* Wie ihr Befehlshaber sind die islamisierten Offiziere in Ömer Paschas Armee Strauchelnde und Gestrandete, ahasverische Gestalten, *die eine Heimat verloren und keine andere gefunden hatten, innerlich zerfressen vom Leben in der Fremde, abgebrochene Brücken hinter sich, keinen klaren und freien Weg vor sich … Da sie ihr Land und ihre Familie, ihren Besitz und ihren Platz in der Gesellschaft verloren hatten, da sie dem Zufall und der Ruhelosigkeit des Flüchtlingslebens preisgegeben waren, da sie in einer fremden Welt fremden Interessen dienen mussten, trugen sie ihr Unglück wie eine ansteckende Krankheit von einer türkischen Provinz in die andere.* Während Ömer Pascha Latas Trost in Phantasien von künftigem Ruhm in Österreich-Ungarn sucht, betäuben sich seine Offiziere: *Keinem lieb, jedem zuwider, mit sich selber hadernd, hatten sie das Trinken zum Freund gewählt.* Mit großer Lust am Detail beschreibt Andrić die Gelage des „Verräter-Bataillons", bei denen sich Männer wie Hauptmann Izet-Effendi (ehemals der Pole Kuczynski) oder Major Abdulah-Effendi (einst der Ungar Német Antal) aus der Gegenwart in eine Zeit wegtrinken, da sie noch nicht zwischen den Welten lebten. *Ihr Leben (besser gesagt: der Ersatz für ihr verlorenes Leben), das Hauptziel ihres Tuns, ihre letzte brüchige Stütze, ihre Liebe und ihr Hass (hoffnungslose Liebe und ohnmächtiger*

Hass!), ihre Arznei, ihre Krankheit, ihr Tod – das war das Trinken … Sie tranken fast alle, viel und grimmig, ohne Halt und Maß. Und wer nicht trank, der war in der Regel mürrisch und stumpf, vergiftet mehr von den eigenen schwarzen Gedanken, als er's vom ärgsten Fusel gewesen wäre. Immer kreisen die Gespräche der Säufer um dieselben Themen: *Um das Elend des Flüchtlingslebens, um den Trübsinn der bosnischen Dörfer und Städte, um Pläne, von hier fortzugehen, das alles ein für alle Mal zu verlassen. Darüber sprachen sie, die Männer vom Murtad-Tabor, allesamt, immer und überall, oder sie träumten wenigstens davon, auf allen Feldzügen, in Syrien wie in Kurdestan oder Mazedonien, und sie taten es auch jetzt, hier in Sarajevo.* Doch nur in den Phantasien ihres Suffs, wenn sie miteinander Krakowiak und Csardas tanzen, sind Andrićs *Neutürken* kühn genug, aus ihrem osmanischen Kerker zu fliehen.

Es ist dem *Omer Pascha Latas* anzumerken, dass es ein reifes Werk ist. Andrić hat sich mit dem osmanischen Heerführer serbischer Herkunft spätestens 1924 erstmals befasst, als er ihn an mehreren Stellen in seiner Dissertation erwähnt. Die Figur des grausamen Renegaten lässt ihn danach nicht wieder los. Als Diplomat in Berlin entdeckt er in einem Antiquariat eine Porzellanfigur des Paschas in blauer Paradeuniform. Sie gehört, neben der Luther-Bibel von Carl Schmitt und wenigen anderen Gegenständen, zu den einzigen Erinnerungstücken an seine Berliner Zeit, die er mit in die Internierung und von dort mit nach Belgrad nimmt (wo sie heute in seiner zu einem Museum umgewandelten Wohnung zu sehen ist). Mit der Arbeit an dem Roman beginnt er jedoch erst um das Jahr 1950. Dass ihn Ömer Pascha danach ständig beschäftigt, zeigt auch das Tagebuch seiner Chinareise 1956, als er sogar in Shanghai über den Stoff nachdenkt. Bis 1967 veröffentlicht Andrić in unregelmäßigen Abständen mehr als ein Dutzend Fragmente aus dem späteren Roman in verschiedenen jugoslawischen Zeitungen und Zeitschriften. Öffentlich spricht er jedoch nur ungern darüber, was aus den Arbeiten werden soll. In den fünfziger Jahren geht in

Belgrad das Gerücht um, nach den beiden großen Chroniken aus Višegrad und Travnik arbeite er an einem „Sarajevo-Roman". Einige wollen sogar wissen, er plane, das Attentat seiner Schulfreunde von 1914 zu literarisieren. Anfangs verfolgt Andrić wohl tatsächlich die Idee, einen „Sarajevo-Roman" zu schreiben. Der Umfang des gesammelten Materials und der Exzerpte sowie einige Skizzen aus dem Nachlass deuten darauf hin. „Wenn man Andrićs Erzählungen und Artikel zum Thema Sarajevo folgt, dann scheint es, dass er ursprünglich daran gedacht hatte, eine Art Chronik dieser Stadt zu schreiben, aber er gab diesen Gedanken auf, als er sah, dass es sich um ein historisch und literarisch unbezwingbares Thema handelt", vermutete der serbische Literaturwissenschaftler Radovan Vučković. Es scheint, als wird sich Andrić erst während der Arbeit an den einzelnen Kapiteln allmählich darüber bewusst, in welche Richtung sich die Geschichte entwickelt. Jedenfalls engt er das Sujet auch chronologisch sukzessive immer stärker ein, bis es schließlich nur noch um die Zeit vom Sommer 1850 bis zum Frühjahr 1852 geht, als Ömer Pascha Bosnien heimsuchte. Als er 1958 von einem jugoslawischen Journalisten gefragt wird, was er zu den Gerüchten sagen könne, dass er an einem Sarajevo-Roman arbeite, antwortet Andrić: *Darüber kann ich auch mir selbst nichts sagen, und schon gar nicht Ihnen. Und demnach glaube ich, ich hätte selbst gern, dass das, was man hört, stimmt. Aber dem ist nicht so.* Drei Jahre später bekennt er in einem Gespräch: *Ich weiß noch nicht, was es sein wird: vielleicht ein Roman oder vielleicht eine längere Erzählung.* Als Tito ihn 1962 fragt, woran er gerade arbeite, antwortet Andrić, dass er sich für einen *sehr interessanten Mensch*en aus einer orthodoxen Familie interessiere, der in der Türkei sechzehn Aufstände niedergeschlagen habe: *Egal wo es zu Aufständen kam, man schickte Omer Pascha.* Zu Ljubo Jandrić sagt er Ende der sechziger Jahre, ursprünglich habe er die Handlung in Sarajevo zur Zeit des osmanischen Rückzugs aus Bosnien ansiedeln wollen (also in den Jahren um 1878), doch dann geriet Ömer Pascha Latas immer mehr in den

Mittelpunkt seines Interesses. Was genau am Ende daraus wird, weiß Andrić wohl lange nicht, doch sicher ist er sich, dass er keinen „historischen Roman" schreiben will: *Die Vergangenheit zu beschreiben heißt nicht, vor der Gegenwart zu fliehen, sondern nur einen bestimmten Blickwinkel der großen menschlichen Wirklichkeit zu beschreiben, welche die Vergangenheit und die Gegenwart und die Zukunft umfasst und alles, was in ihnen ist – menschliche Leben und Taten und ihre Träume und Gedanken.* Literatur, sagt er an anderer Stelle, sei keine Frage von Kostümen und Requisiten.

Zu Beginn der siebziger Jahre arbeitet Andrić noch immer an dem geheimnisvollen Buch. Ljubo Jandrić erzählt er, der Protagonist sei „einer jener unserer Leute, die es geschafft haben, in Konstantinopel zu großer Macht zu kommen". Im Mai 1973, knapp zwei Jahre vor seinem Tod, reist er mit einem Manuskript namens *Omer* in den Urlaub, doch als Jandrić ihn vorsichtig fragt, ob das Werk wohl bald fertig werde, zeigt Andrić sich skeptisch: „Man sagt, dass es keinem einzigen Menschen bisher gelang, dass er vor dem Tod alles fertigstellt, was er vorhatte; warum sollte ich eine Ausnahme sein? Es ist jedem bestimmt, etwas mit ins Grab zu nehmen." Das ist eine realistische Einschätzung der ihm verbleibenden Lebenszeit und vor allem seiner schwindenden Kraft. Andrić arbeitet seit Anfang der sechziger Jahre immer langsamer. Er hat nicht mehr die enorme Spannkraft wie noch in den vierziger Jahren. „Ich brauche mindestens vier Wochen, um einen unerwarteten sommerlichen Regenschauer zu beschreiben", sagt er einem Gesprächspartner. Die Herstellung von Streichhölzern fällt ihm immer schwerer. Tatsächlich nimmt das Werk, obwohl er bis kurz vor seinem Tod immer wieder daran arbeitet, nicht mehr den geplanten Umfang an. So hatte Andrić sich aus diversen Archiven Material zu dem habsburgischen Generalkonsul Atanacković zusammentragen lassen und wollte dessen Figur offenbar noch viel stärker herausarbeiten, als ihm das am Ende gelang. Auch mit einigen anderen Figuren hatte Andrić wohl noch mehr vor.

Wer das nicht weiß, wird den fragmentarischen Charakter des Werkes beim Lesen jedoch schwerlich ahnen. Die neunzehn Kapitel, die der Roman schließlich erreicht, einschließlich des Abschlusskapitels, in dem der Abzug Ömer Paschas aus Bosnien beschrieben wird, zeugen von einem souveränen, gleichermaßen selbstsicheren wie selbstkritischen Autor. Jedes Kapitel in *Omer Pascha Latas* ist ein in sich ruhendes Meisterwerk – eine Intarsie, um es mit Ernst Jünger zu sagen. *In Ketten* ist eine Psychologie der Gefangenschaft, *Die Audienz* beschreibt die Anatomie von Macht und Machtkämpfen, das Kapitel *Was ein Maler heißt* könnte ebenso gut mit „Was ein Dichter heißt" betitelt sein, denn es lässt sich auch als Werkstattbericht über das Schreiben lesen. Dass die einzelnen Kapitel nur lose miteinander verbundene, in sich abgeschlossene Geschichten sind (ein Kritiker sprach von einer „Galerie erdichteter Gemälde"), hat nichts mit Vorläufigkeit oder dem Fragmentarischen des Romans zu tun. Es ist ein Wesensmerkmal von Andrićs mosaikartiger Epik, das auch die *Brücke* und die *Wesire* auszeichnet. Eigentlich sind alle seiner größeren Werke, das *Fräulein* ausgenommen, literarische Typengalerien oder Portraitsammlungen, nicht klassische Romane. Aber mit einem solchen Erzählverfahren befindet sich Andrić – siehe Gogols „Tote Seelen" – in exzellenter Gesellschaft. Das gilt auch für die poetischen, im Sinne der Erzählökonomie strenggenommen überflüssigen Sätze, die er immer wieder in den Text einwebt: *Er lief bis zur nächsten Ecke. Dort erwartete ihn ein Windstoß.*

Dass Andrić seinem letzten großen Prosawerk nicht mehr alle Facetten geben konnte, die er wohl vorgesehen hatte, hat auch mit einem Schicksalsschlag zu tun, der den Rest seines Lebens überschatten wird.

DIE FRAU, DIE ES NICHT MEHR GIBT

Was für ein Anblick: Obwohl es in der Bucht von Kotor fast nie Frost gibt, hat der Garten in Herceg Novi den Winter nicht gut überstanden. Hortensien und Rosen haben sich halten können, alles andere ist erfroren. Als Ivo Andrić und Milica Babić Mitte März 1968 in ihr Refugium am Meer zurückkehren, bläst die Bora, ein kalter Wind an der dalmatinischen Küste. Es ist der 24. März. Milica Babić inspiziert die Schäden und ruft ihren Mann in den Garten, um ihm etwas zu zeigen. Sie setzt sich auf einen Stuhl auf der Terrasse, um auf ihn zu warten. Dort stirbt sie an einem Infarkt. Sie ist 58 Jahre alt. Das Kortison und andere starke Medikamente zur Linderung ihrer Arthritisschmerzen haben ihr Herz geschwächt, heißt es später. Andrić reagiert auf die einzige Weise, die ihm gegeben ist, um mit Gefühlen umzugehen – er schreibt.

Der Tod ist ein Donner. Du weißt, dass es ihn gibt, hast darüber gelesen, oft auch nachgedacht, unbestimmt, ohne Ende und Schlussfolgerung. Manchmal erwähnst du ihn auch im Gespräch oder beim Schreiben, stets weise und ruhig, als wüsstest du alles darüber. Und wenn es dann passiert, dass er in deiner nächsten Umgebung einschlägt und unerwartet jemanden trifft, den du liebst und mit dessen Existenz du dein schönstes Wohlgefallen verbindest, erst dann merkst du, dass du nicht weißt und nie wirklich wusstest, was der Tod ist, und dass du auswendig geredet und geschrieben hast, oberflächlich und leer. Du dachtest, du wüsstest, was der Tod ist, weil du ein paar schöne poetische Worte über türkische Friedhöfe schreiben konntest, und nun siehst du, dass das weder mit dem Leben noch mit dem Tod wirklich etwas zu tun hat.

Mit einem Militärhubschrauber werden Andrić und die Leiche seiner Frau nach Belgrad geflogen. Sie wird eingeäschert, die Urne später auf einem für verdiente Bürger reservierten Areal des

Belgrader Hauptfriedhofs beigesetzt. Andrić beginnt ein neues Notizbuch, in dem er seiner Trauer Ausdruck gibt. *Jetzt sehe ich: als sie noch hier neben mir gelebt hat, hätte ich nicht noch glücklicher sein müssen, denn das wäre nicht möglich, sondern mir meines Glückes stärker bewusst sein müssen. Das hätte sein können und müssen.* Mit dem Tod seiner Frau sei eigentlich auch sein eigenes Leben zu Ende, schreibt Andrić. *Ich schreite noch, als ginge ich etwas entgegen, ich schaue und denke, und vor mir sind nur lauter Unausweichlichkeiten, ohne Ausweg, ohne Aufschub. Ein Stein, der nur versinken kann. Ein Vorhang, den man nur ein einziges Mal fallen lässt, aber nie aufzieht. Die Erzählung von einem Vogel, von dem man einzig weiß, dass er weggeflogen ist.*

Nach Herceg Novi kehrt er nie wieder zurück. Das Haus war groß genug für zwei, aber für einen allein ist es zu klein. In Belgrad bildet er nun mit Zorka Babić, der Mutter seiner gestorbenen Frau, die nur wenige Jahre älter ist als er, eine Wohngemeinschaft der Trauernden. Nachdem ihre erste Tochter, Milicas Schwester, als junges Mädchen in Paris Selbstmord begangen hat, steht Zorka Babić nach dem Tod ihrer zweiten Tochter noch ein weiterer Schicksalsschlag bevor, denn auch ihre dritte Tochter wird vor ihr sterben. Andrić und Baka versuchen sich gegenseitig zu stützen und versichern einander tapfer, dass es ihnen gut gehe. „Das einzige Übel ist, das wir uns gegenseitig belügen", sagt Andrić einem Bekannten. Die Freunde bemühen sich aufrichtig um den Schriftsteller und seine Schwiegermutter. Sie holen Andrić zu Spaziergängen oder Ausflügen ab, damit er nicht in Trauer ertrinkt. „Ich weiß, dass Ivo weise und mutig ist, aber ich befürchte, dass Milicas Tod auch seinen eigenen beschleunigen wird", schreibt Rodoljub Čolaković in sein Tagebuch. Andrić sagt, er sehe nichts mehr vor sich und könne höchstens noch bis zum übernächsten Tag denken. Was er empfindet, hält er in Briefen an seine tote Frau fest. *Wann immer ich weit von Dir entfernt war und die Schönheit der schnellen Wolken gesehen habe oder vollendete Musik gehört habe, hatte ich – wissend, dass Du nichts von diesem vergänglichen Moment wirst sehen oder hören können, das Gefühl, als hätte ich Dich schon verloren und dass der Tod etwas ist, das uns trennt. Aber das war nur ein Gedanke, eine vorüberziehende Wolke. Schon eine Stunde oder einen Tag später waren wir wieder vereint, fröhlich, dass wir sind wie wir sind, und dass wir zusammen sind. Aber jetzt.*

Als er bei einem Spaziergang sagt, dass er keinen Grund mehr zum Weiterleben sehe, macht sich im Freundeskreis Sorge breit. Er erwähnt häufig den französischen Schriftsteller Henry de Montherlant, der ständig davon erzählt und schreibt, dass er selbst bestimmen werde, wann sein Leben ende – und der sich dann tatsächlich umbringen wird. Doch solche Auswege passen nicht zu Andrić. Er stellt sich der Trauer und nutzt sie literarisch. Der Nachlass ist voller Einträge wie diesem: *Wenn jemand stirbt, der Ihnen lieb und nahe ist, dann sehen Sie erst wirklich und gänzlich das, was Sie zuvor nur geahnt und worüber Sie oft nachgedacht haben. Das ist: Ihnen zeigt sich die ganze große und furchtbare Diskrepanz zwischen der Unbeständigkeit, der Zerbrechlichkeit und der Kürze unseres persönlichen Lebens auf der einen Seite, und unseren Gefühlen, Auffassungen, Plänen, Unternehmungen, Wünschen und Bedürfnissen auf der anderen Seite. Und der Mensch ist dann verletzt und windet sich, kleiner als ein Wurm und schwächer als ein Strohhalm, er stirbt ohne Krankheit oder Tod, herabgefallen und gebrochen allein von der Tatsache, dass so eine absurde Diskrepanz möglich ist, und dass sie organisch in die Grundlage unseres Bestehens eingewoben ist, in das, was wir fälschlicherweise und unberechtigterweise als unser Leben ansehen und benennen.*

RITUALE (CARBO ANIMALIS)

Andrić begegnet der emotionalen Entwurzelung nach dem Verlust seiner Frau, indem er seinen Alltag einem engen Netz an Regeln und Gewohnheiten unterwirft. Morgens um acht, nicht eine Minute später, muss die Haushaltshilfe ihn wecken. Auch dann, wenn er wieder einmal eine seiner vielen schlaflosen Nächte hinter sich hat. Milosava Puzić, die von allen Milka genannt wird, bringt ihm seinen Bademantel. Nach dem Waschen und Rasieren wartet ein heißer Tee, dann ein Frühstück. Anschließend der Morgenspaziergang, höchstens eine Dreiviertelstunde. Nach der Rückkehr ein frisch gepresster Obstsaft, aber nie an zwei aufeinanderfolgenden Tagen von der gleichen Sorte. Dazu Zeitungen. *Politika,* das erste Blatt Jugoslawiens, gehört für Andrić selbstverständlich zur täglichen Lektüre. Für aktuelle Meldungen interessiert er sich wenig, denn die Nachrichten hört er im Radio. Lieber liest er Gerichtsreportagen oder Kleinanzeigen. Auch die *Oslobodjenje* (Befreiung) aus Sarajevo liegt auf dem Tisch, seine tägliche Brücke nach Bosnien. Den Rest des Vormittags zieht Andrić sich zum Arbeiten zurück. Dabei raucht er mitunter, aber höchstens acht Zigaretten am Tag, meist weniger. Auf die Havannas, von denen er früher gern auch zwei oder drei am Tag geraucht hatte, verzichtet er schweren Herzens. Ist Post zu erledigen, müssen Notizen sortiert oder Manuskripte abgetippt werden, kommt Vera Stojić vorbei. Heute würde man sie wohl als Andrićs Managerin bezeichnen, doch sie ist viel mehr als das: Lektorin, Buchhalterin, Sekretärin, Ratgeberin. Andrić nennt Stojić auf Deutsch „eine Stütze meines Alters", und das ist sie wirklich. An Tagen, an denen wieder einmal die Buchstaben vor seinen Augen verschwimmen, liest sie ihm aus der Zeitung vor. Sie zieht sogar in eine Wohnung im gleichen Haus, um ihm besser helfen zu können.

Klingelt unangemeldeter Besuch, geht Milka zur Tür und dann ins Arbeitszimmer, um zu sehen, „ob Herr Andrić zu Hause ist". Will er niemanden empfangen, ist er es nicht. Freunde werden vorgelassen und dürfen auf dem Diwan im Wohnzimmer Platz nehmen, den Andrić auf Türkisch seinen „Selamluk" (Männerecke, Empfangsraum) nennt. Mit Gästen trinkt er dort einen türkischen Kaffee, oft auch ein Glas Cognac. („Angenehm, dass es auf der Welt doch immerhin Cognac gibt", hatte Thomas Mann geschrieben, und so sieht es auch Andrić.) Er liebt kleine Plaudereien, solange die Besucher eine Regel beachten: Sie dürfen ihn nichts Privates fragen. Über das Wetter, das jüngste Erdbeben in China oder die Lebensgeschichte eines wenig bekannten Sultans spricht er dagegen gern. Berührt das Gespräch politische Fragen, hält er es oft wie die bosnischen Ladenbesitzer, die er in seiner Erzählung *Die Geliebte des Veli Pascha* beschrieben hat: *Höflich bis zur Heuchelei und an vielerlei Unheil und Veränderung gewöhnt, lauschten sie und merkten sich jedes Wort, wenn aber die Reihe an sie kam, etwas zu sagen, lenkten sie das Gespräch auf die Gesundheit, die trotz allem die Hauptsache und der größte Schatz wäre, oder auf die heurige Ernte, oder sie ergingen sich in belanglosen Erinnerungen an vergangene Jahre.*

Um Punkt eins gibt es Mittagessen, unbedingt mit einer Suppe vorweg. Milka sorgt dafür, dass Andrić von den Versorgungsengpässen des sozialistischen Alltags nichts mitbekommt. Milch muss man in einigen Geschäften bis sieben Uhr in der Frühe kaufen, danach ist sie aus. Für Brot müssen die Käufer später zurückkommen, denn das ist so früh noch nicht da. Doch Milka kann „organisieren", und zur Not schickt sie Rade, den Fahrer, in Geschäfte in anderen Teilen der Stadt. Da Andrić seinen geliebten Žilavka aus der Hercegovina nicht mehr verträgt, ist er auf Blatina umgestiegen, einen Rotwein aus der gleichen Region. Nach dem Essen legt er sich hin und kann manchmal etwas von dem Schlaf nachholen, der ihn in der Nacht floh. Gegen drei dann der Aufbruch zum zweiten, dem längeren Spaziergang des Tages. Wenn die Košava durch Belgrad wirbelt, ein sturmartiger, nervöser, unangenehmer Südostwind, bleibt Andrić zu Hause, doch sonst gibt es keine Ausnahme vom täglichen Gang durch die Stadt, auch nicht bei Schnee oder Regen. Wozu gebe es schließlich Mützen und Regenschirme, sagt Andrić einem Besucher, der staunt, dass er bei nahezu jedem Wetter auf seinem Nachmittagsspaziergang beharrt. In der Belgrader Innenstadt kennt man den Anblick schon: Meist führt der Weg des berühmten Spaziergängers am *Hotel Moskva* und der Akademie der Wissenschaften vorbei bis zum Kalemegdan, der alten Türkenfestung, unter deren Mauern die Save in die Donau mündet. Oft bleibt Andrić, der selbstverständlich auf der Straße erkannt wird und nach dem sich viele Passanten umdrehen, unterwegs an den Schaufenstern der Buchgeschäfte stehen. Sonntags schaut er sich manchmal die Spiele des Fußballclubs Roter Stern Belgrad an. Oft geht er zu den Basketballplätzen am Rande des Kalemegdan, wo das Frauenteam von Roter Stern spielt. Es geht das Gerücht um, er schwärme für Gordana Baraga, die Nationalspielerin und Spielführerin von Roter Stern. Die kennt das Gerücht und bemerkt auch, dass er sich regelmäßig ihre Spiele ansieht, immer vom selben Platz aus, in der letzten Reihe neben dem Eingang.

Nach der Rückkehr verbringt Andrić den Rest des Tages lesend. Mindestens bis Mitternacht, oft länger. Jeden Winter wählt er einen Autor aus, mit dem er sich besonders intensiv beschäftigen will. Wenn er Bücher liest, entsteht eine spezielle Art von Literatur: Randnotizenprosa. Die 4502 Bücher in Andrićs Bibliothek (nein, er hat sie nicht selber gezählt. Das haben fleißige Kustoden nach seinem Tod getan, weshalb wir heute etwas über Andrić wissen, was Andrić selbst nicht über sich wusste) sind voller Mini-Literaturkritiken. Er tadelt ungeschickte Übergänge und hohle Sätze (*fein, subtil, falsch, schwach* oder *verdächtig* steht dann am Seitenrand), korrigiert Druckfehler und rügt Formulierungen, die er für missraten hält: *Ob das Pferd mit dem Schweif wedelt?* Regelmäßig kritisiert er Autoren, die behaupten, statt zu zeigen. *Er nennt die Tschetniks eine verräterische Bande. Es ist besser, sie so darzustellen, damit der Leser dann selbst ruft: Das ist eine verräterische Bande.* An den Rand eines Romans, der ihm überfrachtet erscheint, schreibt er: *Es gibt unzählige Tatsachen in uns und rund um uns. Aber es scheint, dass jede dieser Tatsachen ihre musische Form bekommen muss, um in gute Prosa überzugehen; ohne das sollte man sie besser gar nicht verwenden.* Doch er kann auch begeistert sein. In Tolstois „Hadschi Murat" markiert Andrić am Rand gleich einen der ersten Sätze: „Und mir fiel eine Geschichte aus der Zeit der Kaukasuskämpfe ein, die ich teils selbst miterlebt, teils von Augenzeugen gehört und teils ergänzend in meiner Phantasie geformt habe. Diese Geschichte, wie sie in meinem Gedächtnis und in meiner Einbildungskraft Gestalt gewonnen hat, will ich hier erzählen." Zu diesen Zeilen schreibt Andrić: *Und mit diesem einfachen, nebenbei hingeworfenen Satz hat Tolstoi wunderbar gezeigt, wie eine Erzählung entsteht, aus welchen Elementen das „Geheimnis" ihres Entstehens besteht, das Wunder ihrer Genese.* An anderer Stelle schreibt er an den Rand: *Er arbeitet wie ich!* Eine vierbändige russische Ausgabe der Briefe Nikolai Gogols markiert er besonders intensiv, da er wohl einen Essay darüber schreiben will, wozu es dann nicht kommt. Am Rand der serbischen Übersetzung von „Moby Dick", die er viele Male liest, schreibt er bewundernd: *Was ist hier real außer unmessbaren Gedanken?* Melvilles Meisterwerk ist eines seiner Lieblingsbücher und dient ihm dazu, die Menschheit in zwei Gruppen einzuteilen: „Es tut mir immer leid,wenn ich einen jungen Menschen treffe, der dieses Buch gelesen hat. Ich kann ihn dann nicht beneiden. Ich kann jeden Menschen beneiden, der Moby Dick nicht gelesen hat, da er noch die Möglichkeit hat, es zu lesen und die unglaubliche Kraft und Schönheit dieses ungewöhnlichen Werkes zu spüren."

Liest Andrić keine fremden Werke, dann eigene Texte zur Korrektur. Er liest sie sich laut vor, um ein besseres Gefühl für den Satzbau und das Erzähltempo zu bekommen. Milka und Baka ziehen sich dann in ihre Zimmer zurück, da er beim Korrekturlesen absolute Ruhe wünscht. Manchmal bricht er danach noch spät zu einem dritten Spaziergang auf, um die Schlaflosigkeit zu besiegen. Späte Passanten sehen ihn dann gegen Mitternacht durch die leeren Straßen der Belgrader Innenstadt gehen. Kann er dann immer noch nicht schlafen, hört er Radio. Auch sonst spinnt sich Andrić in den letzten Jahren in einen Kokon aus Gewohnheiten ein. Sein Freundeskreis besteht im Kern aus Aleksandar und Julijana Vučo, Rodoljub und Milica Čolaković sowie Marko und Ševa Ristić. Sonntags ist er zum Mittagessen bei den Vučos, Silvester bei den Čolakovićs. Neue Menschen lässt er kaum noch in sein Leben. Eine Ausnahme bildet der damals international bekannte Kunstkritiker, Publizist und Kurator Oto Bihalji-Merin, meist nur Merin genannt. Andrić kennt ihn spätestens seit einer gemeinsamen Reise nach Polen 1948, aber erst nach dem Tod seiner Frau intensiviert sich das Verhältnis zwischen dem zurückhaltenden Schriftsteller und dem vor Esprit sprühenden Essayisten, der in den sechziger Jahren längst eine legendäre Figur in der europäischen Kunstwelt ist. Andrić besucht Oto und dessen deutsche Frau Liza regelmäßig in deren Belgrader Wohnung, lädt sie auch zu sich ein und trifft sich im Urlaub mit ihnen. Gesprächsthemen gibt es genug. Der zwölf Jahre jüngere Merin, ein gründlicher Kenner von Goyas Werk, ist ebenfalls als Untertan der Habsburgermonarchie zur Welt gekommen, in Semlin (serbisch Zemun), das einst die letzte Eisenbahnstation der Doppelmonarchie vor der Grenze zu Serbien war und seit deren Zusammenbruch ein Vorort Belgrads ist. Merin, dessen Bücher über die moderne Malerei in alle westlichen Sprachen übersetzt werden, ist wie Andrić ein guter Kenner Deutschlands. In den frühen zwanziger Jahren, als Andrić seine ersten diplomatischen Posten annahm, hatte Merin sich in Belgrad als Firmenschildmaler und Anstreicher durchgeschlagen, bevor er als fließend Deutsch sprechender Frühstalinist und Mitglied der Kommunistischen Partei Jugoslawiens nach Berlin ging. Dort hatte er mit Johannes R. Becher und Georg Lukács die kommunistische Zeitschrift *Linkskurve* geleitet. Er war ein exzellenter Netzwerker, wie es heute hieße. Viele literarische Größen der Weimarer Zeit und einige von Andrićs Vorbildern kannte er persönlich. Merin war Maxim Gorki in Moskau und Ernest Hemingway in Spanien begegnet, hatte mit Thomas Mann debattiert, war mit Heinrich Mann, Simone de Beauvoir und Picasso befreundet, und wenn er über Stefan Zweig oder William Faulkner sprach, dann erzählte er selbstverständlich von Menschen, die er nicht nur gelesen hatte, sondern persönlich kannte. Unter Pseudonym hatte Merin ein Buch über von den Nationalsozialisten in Deutschland verbotene Malerei veröffentlicht. Er gehörte zu den Initiatoren der 1938 in London eröffneten Ausstellung „Twentieth Century German Art", einer Antwort auf die nationalsozialistische Verhöhnung zeitgenössischer deutscher Kunst. Durch Leihgaben privater Sammler aus ganz Europa wurde es möglich, den Londonern Werke von Paul Klee, Max Beckmann, Wassili Kandinsky, Franz Marc, Otto Dix, George Grosz und anderer in Deutschland als „entartet" verfemter Künstler zu zeigen. Dass er fast alle dieser Maler persönlich kannte, versteht sich von selbst.

Obwohl er mindestens so sehr unter den Nationalsozialisten gelitten hat wie Andrić – Merins älterer Bruder Pavle wurde von den Deutschen wenige Monate nach Beginn der Okkupation Jugoslawiens erschossen, und er selbst überlebte nur durch Glück –, sind seine Schlussfolgerungen anders: Er reist auch nach 1945 weiter nach Deutschland und hält den Kontakt zu Intellektuellen in allen Besatzungszonen. Viele seine Bücher schreibt Merin zuerst auf Deutsch. Trotzdem ist er wie Andrić ein überzeugter Anhänger Jugoslawiens. Dass Andrić Merin schätzt, hatte er schon 1961 demonstriert, als er ihn in seiner Nobelpreisrede zitierte: *Mein Land ist wahrlich „ein kleines Land zwischen den Welten", wie es einer unserer Schriftsteller treffend charakterisiert hat,* sagte Andrić in Stockholm und griff damit den Titel des in viele Sprachen übersetzten

Jugoslawien-Buches von Oto und Liza Bihalji-Merin auf. Die Freundschaft zwischen Andrić und den Merins hält bis zum Tod des Schriftstellers. Das Ehepaar Merin ist rührend um die Gesundheit des Witwers besorgt und bringt von Auslandsreisen von ihm bestellte Tabletten und Pillen mit, die zu der wachsenden Zahl an Medikamenten in Andrićs Hausapotheke kommen. Augentropfen aus der Schweiz etwa oder das homöopathische Präparat *Carbo Animalis* aus Deutschland, von dem er sich eine Linderung seiner vielen Leiden erhofft. Es soll gegen Verdauungsschwäche helfen.

Für Medikamente, die er in Belgrad nicht bekommen kann, ist Andrić auf die Merins und andere Freunde angewiesen, denn abgesehen von einer Reise nach Schweden 1969, wo er sich einer Augenoperation unterzieht, verlässt er Jugoslawien nicht mehr. Die Kräfte reichen nur noch für Reisen innerhalb des Landes. Einmal im Jahr, meist im Herbst, fährt er für einige Tage nach Novi Sad, logiert immer im *Hotel Park* und hat eine feste Abfolge, welche Freunde er zum Mittagessen und welche er abends besucht. In Sarajevo wohnt er nur im *Hotel Europa* und dort im Apartment 701, in dem er mit seiner Frau übernachtet hatte. Isst er bei Freunden in Sarajevo zu Abend, freut er sich über Forellen aus der Miljacka und Tufahije (bosnische Bratäpfel) zum Nachtisch. Da Andrić überzeugt ist, dass Kaffee aus im Mörser zerstoßenen Bohnen besser schmecke als Kaffee aus gemahlenen Bohnen, ist ein Besuch in einem Café in Sarajevo, in dem das Getränk noch auf diese alte türkische Art zubereitet wird, Pflicht bei jedem Aufenthalt in der Stadt. Am liebsten reist er in seinen letzten Lebensjahren aber in die Hercegovina. „Wenn ich in der Hercegovina bin, fühle ich mich immer ein wenig so, als wäre ich in schwerelosem Zustand. Hier geht man irgendwie schneller, atmet leichter und denkt besser", sagt er Ljubo Jandrić bei gemeinsamen Tagen in Mostar, wo er abends gern die berühmte Brücke über die Neretva betrachtet. Von Mostar aus besteht Andrić stets auf einem Ausflug an die Adria, zum Austernessen in einem Restaurant, in dem er mit seiner

Frau oft war. Nur die winterlichen Reisen nach Hvar, die er früher gern mit Freunden unternommen hatte, meidet er in den letzten Lebensjahren. Zwar bewundert er die Schönheit der Insel wie eh und je, aber im Winter trifft sich das halbe literarische Belgrad dort, und das ist ihm zu viel. Belgrad ist ihm im Winter allerdings auch nicht lieb, denn in der Stadt wird mit Holz und Kohle geheizt, weshalb die Winterluft kräftig mit Ruß gewürzt ist. Andrićs Lungen leiden unter dem Smog.

So vergehen Andrićs letzte Jahre in einem stark ritualisierten Ablauf. Als Jandrić ihn fragt, ob er noch schreibe, antwortet Andrić zögerlich: „Ach wissen Sie, wenn der Mensch nicht weiß, was er tun soll, dann arbeitet er. Aber wenn man mich so fragt, wie Sie eben: ob ich schreibe, sage ich am liebsten: ‚ich arbeite, aber ich schreibe nicht.'“ Doch tatsächlich entsteht, ohne dass die Öffentlichkeit etwas davon ahnt, in den letzten Lebensjahren das ungewöhnlichste Buch in Andrićs sechs Jahrzehnte umfassender Schriftstellerkarriere.

ALT SEIN

Der Körper ist abtrünnig geworden. Von einem stillen Verbündeten hat er sich zum Feind gewandelt. Will nicht mehr. Kann nicht mehr. Andrić hört schlechter, sieht schlechter, schläft schlechter, vergisst leichter. *Schlüssel des Sekretärs bei Baka, Wohnungsschlüssel in der Kommode* notiert er sich. Menschen in seiner Umgebung müssen lauter sprechen. Versteht er sie trotzdem nicht, kann Andrić ungeduldig werden und zornig auf eine Welt, die immer leiser wird. An manchen Tagen fällt ihm sogar das Sprechen schwer. Bei den Mittagessen mit den Vučos kann es passieren, dass er minutenlang abwesend wirkt. Auch das Herz ist schwach, obwohl sich die führenden Kapazitäten des Landes darum kümmern: Professor Slobodan Kostić, Kardiologe, Neurochirurg, Mitglied der Serbischen Akademie der Wissenschaften, und Professor Isidor Papo, Chefchirurg der Militärmedizinischen Akademie. Sie machen regelmäßig Hausbesuche bei ihrem berühmten Patienten und seiner Schwiegermutter. Am meisten fürchtet Andrić jedoch, blind zu werden. Er denkt an Jorge Luis Borges oder Ivo Vojnović, seinen Freund aus Zagreber Krankenhaustagen. Es sei nur die Frage, wer schneller ist, das Glaukom oder er, sagt er einem Freund und rät ihm: „Man muss auf die Augen aufpassen, sie zerbrechen eines Tages plötzlich wie Glas." Er notiert: *Ich sehe immer schwächer, lese und schreibe immer schwerer. Offensichtlich verdunkelt sich langsam die Welt vor meinen Augen.* Er will sich damit trösten, dass viele Weise am Ende blind geworden seien, schilt sich dann aber sofort für diesen Gedanken: *So findet unsere Eitelkeit selbst in unserem Unglück Nahrung.*

Es ist das übliche Trauerspiel: In einem langsam verlöschenden Körper brennt ein weiterhin reger Geist, der sich nicht abfinden will mit dem Verfall seiner Hülle. In seinen geistesgegenwärtigen Momenten arbeitet Andrić hochkonzentriert an seinen beiden letzten Werken. Wenn man *Omer Pascha Latas* als Alterswerk bezeichnen kann, so sind die *Wegzeichen* im Wortsinne sein Lebenswerk – und zugleich ein Buch, das einen ganz anderen Andrić zeigt als jenen, den das Publikum kennt. Manche Leser fühlen sich durch die *Wegzeichen* an Fernando Pessoa erinnert, andere sagen, Prosa wie in Andrićs letztem Buch käme vermutlich heraus, wenn man Franz Kafka, Edgar Allan Poe und Emil Cioran in einen Mixer gäbe. Natürlich sind das alles hilflose Vergleiche und Versuche, die Sperrigkeit eines Werks zu erklären, das sich vielen Maßstäben entzieht. Denn letztlich sind die *Wegzeichen,* das umfangreichste und stilistisch modernste Buch des jugoslawischen Nobelpreisträgers, Andrić in Reinkultur – nur eben von einer Seite, die er seinem Publikum zu Lebzeiten nie gezeigt hat. In das kaleidoskopische Buch, an dessen Zusammenstellung er bis in die letzten Lebens-

Der Witwer

„Wie ein Lied, das nicht mehr gesungen wird."

monate hinein arbeitet, fließen Lesefrüchte, Milieustudien, Charakterbilder, Aphorismen, Redensarten, aufgeschnappte Dialoge, Reiseeindrücke, Skizzen und Alltagsbeobachtungen ein. Die kurzen Texte – mitunter sind es Aphorismen oder Sentenzen von wenigen Worten, manchmal lakonische Kürzestgeschichten und scharf konturierte Portraits bestimmter Menschentypen – sind über Jahrzehnte hinweg in jeder erdenklichen Lebenslage entstanden. In habsburgischer Verbannung im Ersten oder bei Luftangriffen auf Berlin im Zweiten Weltkrieg, in Rom und im Österreich der zwanziger Jahre, auf einer Reise durch China, in einem Krankenhaus in Schweden, einem Hotel in der Schweiz oder auf einem sibirischen Flughafen. Andrić notiert seine Beobachtungen in Blöcke und Programmhefte, auf der Rückseite von Rechnungen oder Briefen. Später überträgt er die Notizen in überarbeiteter Fassung in seine Notizbücher, die er sein gesamtes Erwachsenenleben lang führt. Von 1915 bis 1974 füllt er auf diese Weise mehr als fünfzig Journale. Einige sind nur dünne Hefte, andere haben mehrere hundert Seiten Umfang. Andrić-Forscher haben diesen Notizbüchern nach ihrem Aussehen Namen gegeben: Notizbuch Nr. II, Ledernotizbuch, Notizbuch mit geblümtem Einband, kariertes Notizbuch und so weiter. Das größte dieser Notizbücher, das sogenannte Schwarze Buch, hat fast fünfhundert Seiten. Andrić nennt es *meine Scheune, mein Dachboden, meine Kammer, mein Keller, in das alles eingeschichtet ist, was ich der Reihe nach oder nicht der Reihe nach im Laufe voller acht Jahre aus Büchern und Zeitungen gesammelt und zusammengetragen habe, zusammen mit vielen meiner Gedanken und Beobachtungen. All das gleicht dem Besitz eines Menschen, der nicht einmal selbst weiß, wo er was hat …*

Aus diesen Scheunen, die Andrić über ein halbes Jahrhundert hinweg gefüllt hat, wählt er an seinem Lebensende aus, was ihm noch bemerkenswert erscheint, was seinen Anforderungen an gedankliche und sprachliche Exaktheit weiterhin standhält. Die *Wegzeichen* sind also die Essenz einer Essenz, gleichsam die poetische Summe eines Lebens. Um sich einen Überblick zu verschaffen und die Gedanken thematisch zu ordnen, beginnt Andrić in seinen letzten Jahren, sie mit Hilfe von Vera Stojić zu inventarisieren. Allein im „Schwarzen Buch" findet er 35 Einträge zum Thema „Islam, Türkei, Türken", aber auch viele Notizen zu Goethe (27), Gorki (19), Gogol (18), Marx (18) und Balzac (17). Die meisten verwirft er. Was ihm noch gefällt, bearbeitet er oft nochmals, bringt es in eine neue Form, kürzt. Von seinen Bemühungen um eine aphoristische Verdichtung des Materials zeugt auch die Lektüre der letzten Lebensjahre. So lässt er sich von seinem westdeutschen Verleger Carl Hanser aus München die in dessen Haus erschienene fünfbändige Werkausgabe des Aphoristikers Georg Christoph Lichtenberg (1742–1799) schicken, eines der originellsten Denker der deutschen Geistesgeschichte. Andrić studiert sie genau, ebenso wie die Betrachtungen von Novalis über die Kunst und das Buch „Homo ludens" des niederländischen Kulturhistorikers Johan Huizinga über den menschlichen Spieltrieb. Ein anderer Dichter, der immer wieder in den Notizen auftaucht, ist der Franzose Léon Bloy. Bloy, der von 1847 bis 1917 lebte, war ein radikaler Katholik und zugleich ein radikaler Kritiker des real existierenden Katholizismus, ein „Zwillingskristall aus Diamant und Kot", wie Ernst Jünger ihn nannte. Dass Andrić sich schon in den vierziger Jahren mit Bloy befasst, zeigt eine Notiz Carl Schmitts von 1946: „Im Herbst 1940, als Frankreich besiegt am Boden lag, hatte ich ein Gespräch mit einem Jugoslaven, dem serbischen Dichter Ivo Andrić, den ich sehr liebe. Wir waren uns in einer gemeinsamen Kennerschaft und in der Verehrung für Léon Bloy begegnet." Bloy bezeichnete sich als „entrepreneur de démolitions". Dieser geistige Abbruchunternehmer, der mit Prostituierten zusammenlebte, bevor er die Tochter eines dänischen Schriftstellers heiratete, verbrachte sein Dasein in selbstgewählter Armut und propagierte eine Rückkehr zum Urchristentum. Als katholischer Denker ist er noch Jahrzehnte nach seinem Tod so einflussreich, dass sogar Franziskus in seiner ersten Predigt als neu gewählter Papst im Jahr 2013 ihn zitierte: „Wer nicht zum Herrn betet, betet zum Teufel." Solche Sätze schlagen auch Andrić in ihren Bann und machen ihn ebenso wie Ernst Jünger (mit dem er sich in Berlin darüber unterhalten haben dürfte) zu einem aufmerksamen Leser dieses radikalen Franzosen. Der Umfang des gesammelten Materials von und über Bloy in seinem Nachlass deutet darauf hin, dass er einen Aufsatz über ihn schreiben wollte. Dazu kommt es nicht, doch ein Echo der Beschäftigung mit Bloy hallt durch die *Wegzeichen*.

Obwohl er womöglich gar nicht vorhat, dieses radikal offene, für seine Verhältnisse nachgerade intime Buch noch zu Lebzeiten zu veröffentlichen, bemüht er sich bei der Vorbereitung der Edition trotzdem, die Spuren zu verwischen, indem er Entstehungsdaten und Orte der Eintragungen aus seinen Notizbüchern in fast allen Fällen tilgt. Zusätzlich ersetzt er die ursprüngliche Ichform vieler Notizen durch scheinbar objektivere grammatische Konstruktionen. Aus „ich" wird „wir", „man", „ein Mensch", „jemand". Die Genese der literarischen Miniaturen soll nicht erkennbar sein, Rückschlüsse auf ihre Entstehung, auf die Beziehung zwischen seinen Gedanken und einzelnen Lebensetappen will Andrić nicht zulassen. Er will sich im Text auflösen. Natürlich haben Literaturwissenschaftler die Herkunft der Textstellen nach seinem Tod anhand des Nachlasses dennoch ziemlich genau entschlüsseln und zuordnen können, aber das Buch selbst gibt fast nichts davon preis. Gerade weil es so anders ist als alles andere, was man von dem Autor kennt und erwartet, erreicht dieses „Anti-Tagebuch", als es nach Andrićs Tod erscheint, Leserschichten, die dem Autor zu Lebzeiten verschlossen waren. Viele, die den Nobelpreisträger fälschlicherweise für einen behäbigen Erzähler alter Schule hielten, finden durch die *Wegzeichen* einen Zugang zu dessen Werk. Das drückt sich auch in dem Verkaufserfolg des Buches aus. Allein in Jugoslawien und seinen Nachfolgestaaten hat es bisher eine Auflage von 200 000 Exemplaren erreicht, und neue Ausgaben kommen hinzu, ebenso wie Übersetzungen.

Die *Wegzeichen* haben keine Handlung, die sich im Sinne einer Inhaltsangabe wiedergeben ließe, aber es gibt Ariadnefäden. Einer ist das Thema des Alterns und des Altseins. Der Stoff ist nicht neu für Andrić. Schon in den *Wesiren* finden sich Anklänge, wenn der junge französische Diplomat Chaumette des Fossés im nächtlichen Travnik vor einer heruntergebrannten Kerze sitzt und die Stille zu ihm wispert: *Ich werde dir den Rücken schon beugen, das Blut um dein Herz stauen und deine Blicke zu Boden zwingen; ich will aus dir eine bittere Pflanze machen an einem windigen Ort auf felsigem Boden. Nie wieder wird dich dein französischer Spiegel wiedererkennen, nicht einmal die Augen deiner eigenen Mutter.* In der 1958 erschienenen Erzählung *Die Frau auf dem Stein* ist das Altern und das Erschrecken über den Verfall des Körpers das alleinige Thema: Marta L., 48, Opernsängerin, bemerkt beim Sommerurlaub am Strand ihr Alter. Sie schließt die Augen vor der Einsicht. *Aber in der rötlich schimmernden Dunkelheit hinter den geschlossenen Lidern sah sie wieder das Gleiche, immer das Gleiche: die gewundenen, schrecklichen und heimlichen Wege ihres Kampfes mit den Jahren, eines vergeblichen, aber unablässigen Kampfes ohne Verbündete, ohne Aussicht und ohne wirkliche Atempause.* Vor dem Spiegel tastet sie ihre Haut ab, *wie ein verirrter Wanderer die Landkarte,* betrachtet ihre Falten *wie böse Siegel und Narben der Niederlage.* Sie sucht nach Kleidern, die ihre Figur verschleiern, beschäftigt sich monatelang mit der Frage des vorteilhaftesten Badeanzugs. Sie will sich einreden, dass das Alter auch Vorteile habe, glaubt sich aber nicht. *Nein, das Alter ist weder gut noch schön. In nichts, in nichts, in nichts!* Versuche, das Alter zu überschminken, machen die Sache nur schlimmer. *Es blieb ihr nichts anderes, als zu verschwinden. ... Ja, es blieb ihr nichts andres übrig, als zu verschwinden, man musste ihn vernichten, verbrennen, diesen Körper, der ihr auf so hinterhältige Weise untreu geworden war, ihr ganzes Leben in das Gegenteil dessen verkehrt hatte, was es bisher gewesen war und was es allein hatte sein können. Vollständig, gänzlich, bis auf den Grund verbrennen im allmächtigen, reinen, unwiderruflichen Feuer. Restlos verbrennen, im allgemeinen Brand der Welten sich verlieren wie Feuer im Feuer.*

In den *Wegzeichen* finden sich solche unversöhnlichen Gedanken über das Alter in zum Teil noch radikaleren Variationen. Hier erscheint das Altsein als der *wahre Tod vor dem Sterben,* der von bitteren Einsichten begleitet ist. *Das ist: Die klare und unerbittliche Erkenntnis, dass wir an dem, was in der Welt fruchtbar, fröhlich und fortschrittlich ist, immer weniger und seltener teilhaben, dass es im-*

mer mehr Begeisterung gibt, die wir nicht empfinden und große Leistungen, die ohne uns entstehen, dass für uns die Welt vor unseren Augen welkt und erstirbt und wir, noch lebendig, aber abseits des Lebens, sie ohnmächtig, stumm und starr betrachten. Andrić beobachtet alte Menschen um sich herum und stellt mit Schrecken fest, dass er zu ihnen gehört. *Beim Anblick eines Rentners. Die schlimmste aller möglichen Lebensweisen, wenn jeder einzelne Augenblick nur in Erwartung des nächsten vergeht, für sich genommen aber kein einziger Sinn oder Inhalt hat. Unerträglich ist diese Ablagerung von Leere, und mit der Zeit wird sie tödlich wie Sauerstoffmangel.*

Die Stimme, die in den *Wegzeichen* erzählt, oder vielmehr konstatiert, richtet sich aber auch gegen den Hochmut des Alters und seine Überzeugung, dass nachfolgende Generationen alles falsch machten. Andrić analysiert den Widerwillen alter Menschen gegen Veränderungen, der etwa in ihrer Ablehnung neuer Worte zum Ausdruck kommt. *Als ob es in ihrer Jugend keine neuen Worte und Redensarten gegeben hätte, und als ob nicht auch sie diese mit Begeisterung ausgesprochen hätten, als sagten sie etwas Neues und Schönes … Und wozu diese Unduldsamkeit und verbitterte Ablehnung neuer Ausdrücke? Wenn sie gut sind, werden sie bleiben, wenn nicht, werden sie rasch durch den Rost der Zeit und des Gehörs fallen und spurlos verschwinden, wie auch viele Worte verschwunden sind, die wir in unserer Jugend, wo sie am Platz waren und wo sie es nicht waren, stolz ausgesprochen und aufgeschrieben haben.* Alt sein, beobachtet Andrić, bedeute nicht nur, *von Kapital zu leben, dessen Wert täglich schwindet,* sondern gehe auch mit dem Verlust der Fähigkeit einher, das Leben in seiner Unvorhersehbarkeit anzunehmen. So laufe man Gefahr, Sklave seiner Gewohnheiten zu werden.

Während der Mann, der im *Hotel Europa* immer das Zimmer 701 will, den Starrsinn des Alters als Schriftsteller schonungslos analysiert, verhält er sich im Leben oft genau wie einer jener Alten in seinen Texten. Als er auf einer Reise mit Ljubo Jandrić seine in Schweden gekaufte Lieblingsmütze in einem Restaurant vergisst, ist er ganz aufgebracht und schaltet zur Ablenkung im Hotel den Fernseher ein, um die Nachrichten zu sehen. Noch laufen die letzten Minuten eines amerikanischen Zeichentrickfilms. „Sein Gesicht zog sich auf einmal zusammen", schildert Jandrić die folgende Szene und zitiert Andrić als zornigen Kulturkritiker: „Die amerikanischen Zeichentrickfilme sind hart, geistlos und ohne wahre Schönheit. In jedem davon muss irgendetwas umfallen oder kaputtgehen, nicht einmal, sondern hundertmal. Es gibt nichts Lehrreiches für Kinder darin." Was da aus Amerika nach Europa schwappe, sei „technische Perfektion im Dienste des Idiotismus" und „eine Sünde wider den menschlichen Geist". Andrić beklagt auch das Vordringen der englischen Sprache. „Es ist unser Unglück, dass wir uns in den Schulen immer mehr dem Englischen zuwenden, zum Leidwesen der französischen Sprache." Er bezweifelt, dass sich ein Volk ohne die französische Sprache und die französische Kultur geistig entwickeln könne. „Was haben die Amerikaner? Weniger als 200 Jahre und eine Sprache, die nicht die ihre ist."

Im Übrigen findet er, dass es in Jugoslawien zu viele Schuhe gebe: „An jeder Ecke ein Schuhgeschäft. Als wären wir ein Volk von Tausendfüßlern." Er beklagt die Konsumkultur: „Unsere Welt ist Schickimicki. Alle haben die Angewohnheit, gut zu essen, zu trinken und sich schön anzuziehen. Das ist völlig verständlich. Aber mir scheint, dass viele von uns die Angewohnheit haben, mehr auszugeben, als man hat. Zu meiner Zeit sagte man: ‚Schulden sind ein schlechter Freund!' Und heute gibt es kaum jemanden, der keinen Kredit aufnimmt." Die Menschen wüssten nicht zu schätzen, wie gut es ihnen gehe, sagt er bei einem Besuch in Sarajevo: „Ich erinnere mich an ein Bosnien, in dem man an jeder Ecke arme Menschen sah: hungrig, in kaputter Kleidung, ohne Schuhe. Brot war ein Heiligtum." Und heute? „Nirgendwo ein Flicken auf den Menschen, und das Brot wird weggeworfen." Er freut sich, dass es den Menschen besser geht als „zu seiner Zeit", muss sich aber daran gewöhnen, dass die nachwachsende Generation dem revolutionären Kampf gegen Österreich-Ungarn, der Andrićs Jugend bestimmt hatte, fern steht *wie ein Lied, das nicht mehr gesungen und eine Sprache, die immer weniger gesprochen wird*. In der Literatur verschaffen sich neue Namen mit neuen Ideen Gehör. Borislav Pekić veröffentlicht 1965 seinen sarkastischen Roman „Zeit der Wunder", dessen englische Übersetzung der Komikertruppe Monty Python als Anregung für ihren Welterfolg „Das Leben des Brian" dient. Im gleichen Jahr veröffentlicht Danilo Kiš die Erzählung „Garten, Asche" und findet schnell viele Leser. Bora Ćosić präsentiert vier Jahre später seinen famosen, urkomischen Roman „Die Rolle meiner Familie in der Weltrevolution", den wohl niemand zur Seite legt, der darin zu lesen angefangen hat. Aleksandar Tišma etabliert mit dem 1972 erschienenen „Buch Blam" einen nüchtern-rabenschwarzen Ton, in dem er die vojvodinische Hauptstadt Novi Sad ebenso in den Atlas der Weltliteratur einschreibt, wie es Andrić mit Višegrad getan hatte. Andrić nimmt kaum etwas davon zur Kenntnis, auch wenn er sich über den jungen Kiš, einen seiner Bewunderer, anerkennend äußert. In der Kunst drängen eigenwillige Persönlichkeiten wie Marina Abramović nach vorn, die ein ganz anderes Bild von Jugoslawien haben als Andrić: „Ich komme aus einem finsteren Land. Aus dem Nachkriegsjugoslawien von Mitte der 1940er bis Mitte der 1970er Jahre. Einer kommunistischen Diktatur unter Marschall Tito", beschreibt Abramović in ihrer Autobiographie das Belgrad ihrer jungen Jahre, das zugleich die Stadt von Andrićs Alter ist: „Es mangelte an allem, alles war grau. Der Kommunismus und der Sozialismus haben eins gemeinsam – eine Ästhetik, die auf purer Hässlichkeit beruht." Abramović evoziert die Trostlosigkeit der Behörden, „den schmutzigen Grünton, mit dem die Wände gestrichen waren, die nackten Glühbirnen, die ein trübes Licht verströmten, das alles irgendwie verschattete. Die Wandfarbe und das fahle Licht ließen die Haut der Leute grünlich-gelb aussehen, so als wären sie alle leberkrank. Egal, was man tat, stets schlich sich ein Gefühl der Beklemmung ein, und diese Atmosphäre machte einen irgendwie schwermütig." Das ist nicht Andrićs Jugoslawien. Aber er muss sich damit abfinden, dass nun eine Generation antritt, die einen gemeinsamen Staat der Südslawen nicht mehr um jeden Preis will. Rodoljub Čolaković fällt auf, dass er in Gesprächen mit engen Freunden häufig Sorgen um den Fortbestand Jugoslawiens äußert. Natürlich gebe es Unterschiede zwischen Slowenen, Kroaten, Serben, muslimischen Bosniern, Mazedoniern und den anderen Völkern Jugoslawiens. „Aber warum, bitte, müssen wir wieder immer nur von den Unterschieden ausgehen?", sagt er in einem dieser Gespräche. Belfast müsse Jugoslawien eine Lehre sein. „Egal was für eine politische Lösung man in Irland fand, die Katholiken und die Protestanten müssen zusammenleben, das ist eine Unausweichlichkeit." Er äußert die Sorge, Jugoslawien könnte am Nationalismus zerbrechen. „Das ist ein Schauer, der nicht aufhört", sagt er deprimiert. Am schärfsten geht er mit „seinen" Kroaten ins Gericht, doch in Serbien sieht er ebenfalls unheilvolle Zeichen aufziehen: „Mich haben auch einige serbische Chauvinisten zu vertreiben versucht", sagt er Ljubo Jandrić und klagt: „Der Chauvinismus ist überall der gleiche, und er hat immer das gleiche Ziel: sich der wahren Kunst und der ehrlichen Gemeinschaft entgegenzustellen." Er zitiert Goethes Ausspruch, dass es keine patriotische Kunst und keine patriotische Wissenschaft gebe, weil beide nur durch allgemeine freie Wechselwirkung gefördert werden können. „Alle Nationalisten dieser Welt müssten das wissen! So auch unsere!" Bei einem Besuch in Višegrad 1972, als die ganze Stadt auf den Beinen ist, um ihn zu feiern, besucht er das örtliche Gymnasium und fordert die Schüler zu jugoslawischem Patriotismus auf: „Seid gute Söhne eures Bosnien und unseres sozialistischen Jugoslawien!" Andrić will auf jeden Fall ein guter Sohn Jugoslawiens sein, und die vielen Würdigungen zu seinem Achtzigsten 1972 bestätigen, dass er auch so gesehen wird. Er wird Ehrendoktor der Universität Belgrad, und Tito (der sich aller-

Später Triumph. Die letzte Rückkehr nach Višegrad

dings vertreten lässt) verleiht ihm den Orden „Held der sozialistischen Arbeit".

Andrić bleibt bis zu seiner letzten Stunde „überzeugter Jugoslawe" – mit allen Konsequenzen. Als sich die schwedische Sektion von Amnesty International 1965 an alle Nobelpreisträger mit der Bitte wendet, einen Appell zur Befreiung des vom Apartheid-Regime isolierten südafrikanischen Bürgerrechtlers Albert Luthuli zu unterschreiben, reagiert er sofort. Andrić antwortet, er sei glücklich, einen Appell zu unterzeichnen, *der von dem Gefühl für Gerechtigkeit und Humanität inspiriert ist.* Drei Jahre später veröffentlicht er anlässlich der Ermordung von Martin Luther King eine Verlautbarung, in der er sich *entsetzt und angewidert* über den Mord an dem amerikanischen Bürgerrechtler zeigt. Doch als sich 1969 die Londoner Sektion von Amnesty International an ihn wendet und ihn bittet, er möge seinen beträchtlichen Ruf dafür verwenden, in Belgrad eine Amnestie für den inhaftierten Literaturkritiker und Dissidenten Mihajlo Mihajlov zu erwirken, antwortet Andrić nicht. Geht es um jugoslawische Regimekritiker, müssen für ihn Gerechtigkeit und Humanität hinter der Staatsräson zurückstehen. So steht sein Name 1972 zwar an erster Stelle eines Appells zur Befreiung politischer Gefangener in Südvietnam, doch als ihn im Juli 1974 eine amerikanische Sektion von Amnesty International bittet, seine Stimme für politische Gefangene in Jugoslawien zu erheben, bleibt er stumm. Sein Begriff von Menschenrechten ist relativ. Für Gegner des jugoslawischen Staates gilt er nicht. Er fürchtete alles, was Jugoslawien schwächen könnte.

Die Sorge um die Zukunft Jugoslawiens wird allerdings meist von der Sorge um die Zukunft seines Körpers überschattet. „Seit kurzem stören mich sowohl Helligkeit, Geräusche, das Lesen, die Medikamente, das Gehen. Ich habe das Gefühl, ich gehe mir selbst auf die Nerven", sagt er Ljubo Jandrić. Obwohl er schlecht hört, ist er extrem lärmempfindlich. Er prophezeit, der Krach in den Städten werde noch dazu führen, dass man Sanatorien für Lärmgeschädigte errichten müsse. Kälte, Dunkelheit, Wind, laute Töne, allzu helles Licht, unkonventionelle Ansichten und radikale Meinungen seien Feinde des Alters, schreibt er und verhält sich auch danach. Er kritisiert die „neuen Medien" (er meint Fernsehen, Radio und Schlagersänger), weil sie die Position der Literatur bedrohten. Zugleich sieht er die Gefahr, seelisch zu verkarsten. Nicht der physische Verfall sei nämlich das Schlimmste am Alter. *Das Entsetzliche liegt darin, dass mit uns alles um uns herum altert, die Erde und das Wasser und die Wälder und der Himmel und die Sterne und die Wolken. Der interessanteste Anblick und die schönste Landschaft lassen uns dann gleichgültig und sagen uns fast nichts.* Die Gleichgültigkeit gegenüber der Gegenwart vergifte sogar die Erinnerungen, beklagt er.

Jovan Dučić, der große serbische Dichter von Andrićs Vorgängergeneration, hatte über einen Mann geschrieben, in dessen Adern ein Herbst rann, der keinen Frühling mehr kennt. Es wirkt mitunter so, als sei Andrić in den *Wegzeichen* Dučićs Mann des letzten Herbstes. Ein Mann, der die Erfüllung seiner eigenen Prophezeiung aus seinem ersten veröffentlichten Text von 1911 ist: *Mein Herz aber ist ein dunkler See, den nichts bewegt und in dem sich niemand spiegelt.* Der sagt, die schlimmsten Begleiterscheinungen des Alters seien so erniedrigend, dass man sie nicht nur anderen, sondern auch sich selbst nicht eingestehen könne. Und schreibt: *Wir lernen, mit eingeschnürten Herzen und gesenkten Blicken zu leben, ohne Plan, fast ohne Hoffnung, ohne einen Funken Trost.*

Also kein Trost, nirgends? Aber nicht doch. In den fast 1500 Einträgen der *Wegzeichen* gibt es auch Passagen voller Lebensfreude und Daseinsbejahung, die an den Satz von William Somerset Maugham erinnern, er sei nie auf der Südseite von Piccadilly entlanggelaufen, ohne erregt daran zu denken, was auf der Nordseite passieren könnte. Im Alltag kann Andrić in seinen letzten Lebensjahren durchaus noch zufrieden wirken, heiter gar. „Im Klub der Zeitung ‚Oslobodjenje' bei der Preisverleihung für die journalistische Kurzgeschichte. Er ist fröhlich und zum Gespräch aufgelegt", schreibt Ljubo Jandrić über einen Besuch in Sarajevo im Oktober 1970. Ein Jahr später heißt es über ein Treffen in Belgrad: „Er ist gut gelaunt, frisch und zum Scherzen aufgelegt. Langsam komme ich Goethes Alter näher, aber nicht Goethe selbst – sagt er lächelnd." Neben Passagen, aus denen Weltekel und Lebensüberdruss sprechen, hat Andrić auch in die *Wegzeichen* Abschnitte aufgenommen, die von tiefer Liebe zum Dasein zeugen. *Hat noch wer die Welt so geliebt wie ich? Nachts, wenn alle schlafen und es höchste Zeit ist, sich hinzulegen, bin ich noch unruhig, und bevor ich einschlafe, zucke ich zusammen bei dem Gedanken, dass jetzt jemand, verspätet und allein, durch die Straßen geht und dass ich ihm begegnen und ihn sehen und mit ihm sprechen könnte.... Vor dem Abend, wenn ich an einem hohen Haus ein noch von der Sonne beschienenes Fenster sehe, bedaure ich es, dass ich nicht dort bin. Mein Herz zieht sich zusammen, wenn ich daran denke, dass es irgendwo einen Gipfel gibt, von dem aus ich noch für einige Augenblicke die Sonne sehen könnte, während sie mir hier längst untergegangen ist.*

LAUTER LETZTE MALE

Im Februar 1974 folgt Zorka Babić ihren drei Töchtern ins Grab. Andrić lebt nun allein mit der Haushälterin in der großen Wohnung. Das Herz wird schwächer, der Gleichgewichtssinn auch. Er muss sich beim Gehen oft auf jemanden stützen. „Alles ist gut, nur ich tauge nichts", sagt er Ljubo Jandrić, dem braven Chronisten, mit dem er im Juni noch einmal nach Sarajevo, in die Hercegovina und an die Adria reist. Austern und Weißwein von der kroatischen Halbinsel Pelješac lösen ihm dort die Zunge, er erzählt von gemeinsamen Tagen mit seiner Frau, was er sonst fast nie tut. Er bedauert, zu alt zu sein, um noch Israel und den Libanon zu sehen, zwei Länder, die ihn immer interessierten. Auch Indien und Japan bleiben Sehnsuchtsziele. Und wie schön wäre es, noch einmal die Türkei zu sehen, die salzige Luft des Bosporus zu atmen. Stattdessen fährt er im Juli und August nach Sokobanja, den serbischen Kurort, in dem er 1942 mit der Arbeit an der *Brücke* begonnen hatte. Dort arbeitet er weiter am *Omer*. Wieder in Belgrad, setzt er mit Vera Stojić die Zusammenstellung der *Wegzeichen* fort. Wenige Monate zuvor hat er seinen letzten nichtbelletristischen Text geschrieben. In einem langen Brief an das Komitee des norwegischen Parlaments in Oslo schlägt er Tito für den Friedensnobelpreis vor. Ausgerechnet Tito, dessen Regime in den vierziger Jahren im Namen der „Brüderlichkeit und Einheit" hunderttausende von Andrićs Landsleuten hatte ermorden, verhaften, foltern oder nach Goli otok deportieren lassen. Ungefähr zur gleichen Zeit, als Andrić sein Schreiben aufsetzt, hat derselbe Tito im neu aufgeflammten Konflikt zwischen Israelis und Arabern klar Stellung bezogen, wie sein Biograph Jože Pirjevec schreibt: „Die jugoslawischen Journalisten bekamen den Auftrag, so zu berichten, ‚als befänden wir uns im Krieg mit Israel'. Sowjetischen Flugzeugen erlaubte Tito wieder die Nutzung des jugoslawischen Luftraums und von Flugplätzen für den Transport von Waffen für die ägyptischen und syrischen Einheiten, und als diese schwer geschlagen waren, vergaß er sich so weit, dass er Nassers Nachfolger Sadat sogar riet, Tel Aviv zu bombardieren. Diese Botschaft wurde von der amerikanischen Gegenspionage abgefangen und löste in Washington naturgemäß große Entrüstung aus." Doch Andrić will ein guter Sohn von Titos Jugoslawien sein, *denn wie die meisten meiner Volksgenossen sehe auch ich im Präsidenten unserer Republik einen ausgesprochenen Träger des Friedens und Kämpfer gegen Krieg und Gewalt.* Deshalb betrachtete er es als seine Pflicht, die Nominierung Titos für den Friedensnobelpreis inständig zu unterstützen. Der Vorschlag fällt durch.

Im Oktober 1974 nimmt Andrić mit dem aus dem Exil zurückgekehrten Miloš Crnjanski, dem Bosnier Meša Selimović und einigen weiteren Autoren an einer Literaturmatinee im Belgrader Nationaltheater teil. Er ist sogar bereit, Ausschnitte aus seinen Texten zu lesen. Es ist der letzte öffentliche Auftritt. Der letzte halbwegs normale Tag seines Lebens ist der 16. Dezember 1974. Laut Wetterbericht in der *Politika* ein trüber Wintertag, wolkenverhangen. Der erste Schnee des Winters fällt. Andrić unternimmt seinen gewohnten Vormittagsspaziergang, hat später aber keinen Appetit, rührt das Mittagessen kaum an, schläft ein wenig. Am Nachmittag sortiert er im Arbeitszimmer Papiere. Auf den sonst üblichen zweiten Spaziergang verzichtet er wegen des ungemütlichen Wetters und weil er sich nicht gut fühlt. Was danach passiert, lässt sich nur aus dem Bericht der Haushälterin rekonstruieren. Die wird nachts wach, weil sie Andrić durch die Wohnung wandern hört. Sie steht auf. In allen Zimmern brennt Licht, doch Andrić ist in keinem. Schließlich findet sie ihn auf dem schmalen, hofseitigen Balkon. Andrić steht im Pyjama barfuß in der Kälte und starrt in die Dunkelheit. Er registriert nicht, dass sie ihn anspricht. Erst als sie ihn am Arm in die Wohnung zieht, folgt er und sagt: „Das ist furchtbar! Es ist schlimm!“ Eine Ärztin wird geholt und stellt fest, dass Andrić einen oberen Blutdruckwert von mehr als 240 hat. Der hinzugerufene Professor Kostić veranlasst eine sofortige Überstellung ins Krankenhaus. Andrić geht ins Badezimmer und packt seine Waschutensilien zusammen. Vera Stojić ist aus ihrer Nachbarwohnung herübergekommen und erinnert ihn daran, die Augentropfen nicht zu vergessen. Alles kommt in die alte Ledertasche, die jeder kennt, der Andrić kennt, weil er darin seit Jahrzehnten seine Sachen mit sich herumträgt. Andrić ist schon an der Haustür, als er noch einmal umkehrt. Aus seinem Arbeitszimmer kommt er mit einer französischen Taschenbuchausgabe von Mark Aurels „Selbstbetrachtungen“ zurück. Vor dem Krankenhaus verabschiedet er sich von Vera Stojić und dem Schriftsteller Erih Koš, der sie hingefahren hat. Es ist der Vormittag des 17. Dezember. Da sich sein Zustand verschlechtert, wird er am nächsten Morgen in die Militärmedizinische Akademie überstellt, wo er nach einer weiteren Nacht auf die Intensivstation kommt. Eigentlich sind Besuche dort verboten, doch Koš und Stojić werden vorgelassen. Andrić scheint sie zu erkennen, versucht ein Lächeln. Vera Stojić hält seine Hand und sagt ihm, er werde bald wieder nach Hause kommen. Andrić antwortet leise etwas, was sich wie „Danke“ anhört. Er will noch etwas sagen, kann aber nur noch unartikulierte Laute von sich geben. „Es zeigte sich, dass eine Körper- und Gesichtshälfte vollständig gelähmt war. Seine Zunge funktionierte nicht mehr“, schildert Koš die Szene später. Bald darauf verliert Andrić das Bewusstsein. Nach Auskunft der Ärzte hat er eine Hirnembolie erlitten. Der Körper lebt noch fast drei Monate weiter, als biologische Verlängerung der Apparate, an die er angeschlossen ist. Er wird im Bett fixiert und über Schläuche mit Sauerstoff, Flüssignahrung und Infusionen versorgt. Der künstlich am Leben erhaltene Körper bekommt eine Lungenentzündung, die mit Antibiotika bekämpft wird. Am 13. März 1975, um 1.15 Uhr morgens, macht das Herz dem unwürdigen Schauspiel ein Ende und hört zu schlagen auf. *Auf der Steigung, die auf den Mejdan führt, lag Alihodscha und hauchte in kurzen Zuckungen sein Leben aus.*

DIE BRÜCKE ÜBER DIE BRÜCKE

„Bosnien braucht so viele Bücher und Leser wie möglich. Nur die Bücher können uns aus dem dunklen Vilayet herausziehen."

Ivo Andrić am 18. Oktober 1968 auf die Frage, warum er den gesamten Betrag des Literaturnobelpreises für die Entwicklung des Bibliothekswesens in Bosnien gespendet habe.

„Das Gericht stellt fest, dass Archive und Bibliotheken während des Krieges in Bosnien und Hercegovina ebenfalls angegriffen wurden. Am 17. Mai 1992 wurde das Institut für orientalische Studien in Sarajevo mit Brandbomben beschossen und verbrannte, wodurch 200 000 Dokumente verloren gingen, darunter eine Sammlung von über 5000 islamischen Manuskripten. ... Am 25. August 1992 wurde die bosnische Nationalbibliothek bombardiert und schätzungsweise 1,5 Millionen Bände wurden zerstört."

Aus einem Urteil des Internationalen Gerichtshofs in Den Haag, 26. Februar 2007

„Gestern in Belgrad: Ivo Andrić gestorben", lautet die Schlagzeile auf Seite eins der *Politika* vom 14. März 1975. Unter der Nachricht ist ein Beileidstelegramm Titos an den Schriftstellerverband abgedruckt. Die Bevölkerung könne sich von acht Uhr morgens bis zwölf Uhr mittags im großen Saal des Belgrader Rathauses von Andrić verabschieden, wird gemeldet. Obwohl Ankündigung und Abschiednahme auf den gleichen Tag fallen, kommen mehr als zehntausend Menschen ins Rathaus und erweisen dem Verstorbenen die letzte Ehre. Andrićs Sarg ist mit der Flagge Jugoslawiens bedeckt, daneben wechselt sich die Ehrenwache ab. Hunderte Besucher tragen sich in das Kondolenzbuch ein. „Auf Wiedersehen!", schreibt ein Mann, der als „Arbeiter" unterzeichnet: „Du hast uns viel gesagt. Wir haben dich gut verstanden. Die folgenden Generationen werden von dir lernen." Bei der Trauerfeier spricht außer Rodoljub Čolaković auch Pavle Savić, weltweit angesehener Kernphysiker, Beinahe-Entdecker der Kernspaltung und Vorsitzender der Serbischen Akademie der Wissenschaften. Der dritte Redner ist Jugoslawiens Parlamentspräsident Kiro Gligorov, ein Mazedonier. Tito schickt einen Kranz.

Und damit wäre dieses Buch eigentlich zu Ende. Held tot, Märchen aus. Doch die Geschichte Ivo Andrićs endet nicht mit seinem Tod. Über das, was danach mit ihm und seinem Werk angestellt wurde und bis heute angestellt wird, ließe sich ein eigenes Buch schreiben. Schon bei der Vorbereitung der Trauerzeremonie hatte sich angedeutet, worum es später einmal gehen würde: „Auch wenn sich Andrić als ein Bürger Jugoslawiens fühlte und zumindest in seinen späteren Jahren sehr zurückhaltend bei der Zurschaustellung nationaler Gefühle war, mussten wir in unserer komplizierten Situation in diesem Fall zumindest drei Republiken konsultieren, um Proteste und politische Probleme zu vermeiden", schreibt Andrićs Freund Erih Koš über die Organisation der Trauerfeierlichkeiten für den in Bosnien geborenen Kroaten, der als Schriftsteller zum Wahlserben wurde. Sechzehn Jahre nach Andrićs Tod zerbricht der Staat, für den er sich ein Leben lang eingesetzt hatte, in einer Orgie aus Tod und Gewalt. Das südslawische Experiment hat nicht lange gehalten: Als Jugosla-

„Hat noch wer die Welt so geliebt wie ich?“

wien 1991 zerfällt, leben noch Menschen, die vor der Gründung dieses Staates geboren worden waren. Die jugoslawischen Zerfallskriege beschäftigen jahrelang die Weltpolitik. Es sind die blutigsten Kriege in Europa nach 1945. Andrićs Literatur ist eine Munition in diesen Kriegen. Zu seinem Neunzigsten im Oktober 1982 gibt es noch Gedenkfeiern in ganz Jugoslawien. Der hundertste Geburtstag im Oktober 1992 dagegen ist schon vom Krieg überschattet. Viele Zentenarfeiern, die noch in Friedenszeiten vorbereitet worden waren, finden nicht statt. Die Universität Harvard sagt eine geplante Konferenz zu Leben und Werk Andrićs wegen des Krieges ab. Auch andere Tagungen im Ausland werden widerrufen. Im ehemaligen Jugoslawien ist an eine Veranstaltung mit Teilnehmern aus Serbien, Bosnien und Kroatien ohnehin nicht mehr zu denken. Hassprediger auf allen Seiten missbrauchen Andrićs Werk zur Rechtfertigung ihrer Ideologie und der daraus folgenden Verbrechen. Im Jahr 1992, als ein großer Teil Kroatiens serbisch besetzt ist, führt eine Zagreber Buchhandlung Andrić nur in der Abteilung für ausländische Literatur. Mit dem „Belgrader Verräter" wollen kroatische Nationalisten nichts zu tun haben, wenn sie ihn schon nicht zum Kroaten umdefinieren können. Radikale bosnische Muslime erklären Andrić zum Feind Bosniens und des Islam. Ein örtlicher muslimischer Kommandeur schlägt dem Andrić-Denkmal in Višegrad mit einem Hammer den Kopf ab und wirft die Trümmer in die Drina. „Du hast genug geschrieben, jetzt kannst du schwimmen", sagt der Mann. In Tuzla fordert der Vorsitzende einer muslimischen Kulturgesellschaft die Umbenennung der Ivo-Andrić-Straße. Der Name sei nicht nur für die Stadt, sondern auch für Andrić selbst eine Beleidigung, heißt es zur Begründung. Schließlich hätte der Dichter bestimmt nicht Namensgeber einer Straße sein wollen, in der Menschen leben, die er gehasst habe. Wäre Andrić noch am Leben, müsste man ihn vor das Kriegsverbrechertribunal in Den Haag stellen, denn er sei einer der ideologischen Architekten der großserbischen Aggressionspolitik, wird nicht nur in Tuzla behauptet. Die britische Slawistin Celia Hawkesworth vom University College in London zitiert in einem 2002 erschienenen Aufsatz über die Instrumentalisierung des Nobelpreisträgers einen bosnisch-muslimischen Intellektuellen mit dem Satz, Andrićs Ruhm beruhe nicht so sehr auf seinem Talent, „sondern auf seiner unmenschlichen anti-islamischen Ideologie und seinem hinterhältigen Hass auf alles, was von der islamischen, östlichen Kultur und Zivilisation berührt wurde …"

Serbische Nationalisten missbrauchen Andrić ebenfalls. Einer von ihnen ist der bosnisch-serbische Kriegsherr Radovan Karadžić. Er wurde 2019 wegen Völkermords, Verbrechen gegen die Menschlichkeit, Geiselnahme von Blauhelmsoldaten, der jahrelangen Belagerung Sarajevos und anderer Untaten vom Kriegsverbrechertribunal der Vereinten Nationen in Den Haag zu lebenslänglicher Haft verurteilt. Doch in der ersten Hälfte der neunziger Jahre ist Karadžić noch ein gefürchteter und mächtiger Mann auf dem Schlachtfeld, das Bosnien heißt. In seinem Hauptsitz in Pale oberhalb von Sarajevo lässt er an alle ausländischen Diplomaten und Emissäre, mit denen er zu tun hat, eine Übersetzung von Andrićs *Brief aus dem Jahr 1920* verteilen. Der Text beweist in Karadžićs Lesart nämlich die Unvermeidbarkeit des bosnischen Blutvergießens und die Berechtigung des serbischen Kampfes. „Es wird erzählt, dass es da einen Berater gegeben habe namens Omer Zametica – einen Muslim, der zum Christentum konvertiert war und sich dann Jovan Zametica nannte. Ihm kam die Idee, diese Erzählung in alle großen Sprachen übersetzen und verteilen zu lassen. Und auf einmal hieß es: Sogar ein Nobelpreisträger behauptet, das Blutvergießen in Bosnien ist eine natürliche und normale Sache für dieses Land", berichtete der bosnische Schriftsteller Dževad Karahasan dem Autor dieses Buches bei einem Gespräch in Sarajevo im Februar 2005. Der Historiker Ekkehard Kraft urteilt in diesem Sinne: „Radovan Karadžić ließ diese Erzählung an die ausländischen Diplomaten verteilen, um sie davon zu überzeugen, dass der Hass und die daraus resultierende Gewalt ein unveränderlicher Bestandteil der bosnischen Mentalität und Geschichte seien, weshalb ein Eingreifen auswärtiger Mächte nicht gerechtfertigt sei." Es ist kein Zufall, dass Karadžić sich ausgerechnet auf Andrić stützt. Denn erstens sieht er sich als ebenbürtigen Kollegen des Nobelpreisträgers. Karadžić, der in den siebziger Jahren einige wenig beachtete Lyrikbände veröffentlicht hat, betrachtet sich als Dichter, den nur die Not seines Volkes in die Politik getrieben hat. Und er hat sich schon lange vor dem Krieg intensiv mit Andrić befasst, so mit dessen Roman *Omer Pascha Latas*. Im Jahr 1981 wurde Karadžićs Aufsatz „Latas – Phänomenologie des Verrats" veröffentlicht. Er beruht auf einem Vortrag, den Karadžić bei einem internationalen Andrić-Symposium in Belgrad im Jahr zuvor gehalten hatte. In seinem Aufsatz stellt Karadžić Andrić in eine Reihe mit dem montenegrinischen Fürsten, Bischof und Dichter Njegoš (1813–1851). Das hätte Andrić durchaus gefallen können. Zumindest hat Andrić immer wieder betont, dass Njegoš – ein begabter Dichter und eine faszinierende, aber auch problematische Gestalt – ihn beeinflusst habe wie kein Zweiter, der je in serbischer Sprache schrieb. Doch wer Karadžićs Andrić-Aufsatz von 1981 im Wissen seiner späteren Rolle als Politiker und Kriegsherr liest, wird schaudern. Bei Karadžić ist der „Verräter" Ömer Pascha Latas nur eine Episode „in dem fünfhundertjährigen, quälenden und blutigen Gespräch … zweier gegensätzlicher, einander ausschließender Prinzipien". Dieses „blutige Gespräch" wird Karadžić zehn Jahre nach der Veröffentlichung seines Andrić-Aufsatzes fortsetzen.

Zu Beginn der neunziger Jahre, während Karadžić Andrićs Geschichte an (westliche) Diplomaten und Emissäre verteilt, um sie vor einem Eingreifen zu warnen, schießen seine Truppen, die einen Belagerungsring um Sarajevo gelegt haben, die Nationalbibliothek in Sarajevo in Brand und nehmen die herbeieilenden Feuerwehrleute unter Scharfschützenbeschuss. So hat es der Internationale Gerichtshof in Den Haag 2007 festgestellt, auch wenn Karadžićs Apologeten behaupten, die Einwohner Sarajevos hätten sich dreieinhalb Jahre lang selbst belagert und beschossen. Das Bibliotheksgebäude (es ist das ehemalige Rathaus von Sarajevo, aus dem kommend Franz Ferdinand 1914 seinem Tod entgegengefahren war) brennt tagelang – und irgendwie soll das alles mit Andrićs *Brief aus dem Jahr 1920* zu tun haben. Auch Hawkesworth erwähnt die erstaunliche Karriere dieses Textes: „Dies war die Geschichte, die Radovan Karadžić als Pflichtlektüre für alle Ausländer betrachtete, die ihn in Pale besuchten." Karadžić habe sie Ausländern mit der Erklärung übereicht, „dass in Andrićs Arbeiten fast alle muslimischen Figuren und die Mehrheit der Katholiken dunkle und pervertierte Typen sind", während die Serben und allenfalls noch manchmal ein Franziskanermönch die hellen Charaktere seiner Prosa ausmachten.

Bei einigen ausländischen Akteuren fällt solche Propaganda auf fruchtbaren Boden. Oder sie verwirrt sie so, dass sie zwischen Aggressor und Opfer in Sarajevo nicht mehr unterscheiden können. Andrić wird auf diese Weise unfreiwillig zum Gewährsmann jener, die behaupten, der Krieg auf dem Balkan sei unvermeidlich, gar folgerichtig. Das Blutvergießen im ehemaligen Jugoslawien, heißt es zur Begründung, werde nun einmal von atavistischen Instinkten und jahrhundertealtem Hass zwischen den Völkern und Religionen getrieben, gegen den niemand etwas ausrichten könne – das habe schließlich schon Andrić geschrieben. „Wenn sie denn ihren serbokroatischen Hass unbedingt ausleben wollen, dann sollte man sie eben lassen", schreibt die in Deutschland einflussreiche Publizistin Marion Gräfin Dönhoff 1991 ganz in diesem Sinne in der Wochenzeitung *Zeit*. Immer wieder werden als Beleg für die angebliche Unausweichlichkeit des Blutvergießens dieselben berühmten (oder berüchtigten) Passagen über den Hass aus Andrićs *Brief aus dem Jahr 1920* herangezogen. In diesem Text habe der Visionär Andrić schließlich alles schon vorhergesagt, heißt es. Als in Andrićs Nachlass gefundene Notizen dann auch noch belegen, dass der Autor 1948 mit dem Gedanken gespielt hatte, seine Geschichte in die Zukunft zu verlegen und ihr den Titel „Brief aus dem Jahr 1992" zu geben, also ausgerechnet des Jahres, in dem der Krieg in Bosnien tatsächlich ausbrach, verstärkt das diese Lesart noch.

Es ist bereits beschrieben worden, dass Andrić im *Brief aus dem Jahr 1920* den Hass eben gerade nicht als biologistische Spezialdisziplin Bosniens und der Bosnier beschreibt, sondern die anfängliche Perspektive bricht, indem er die Hauptfigur, den Arzt Max Löwenfeld, der vor dem Hass in Bosnien flieht, fern der Heimat als Opfer des Hasses sterben lässt. Die drei letzten Sätze der Erzählung lauten: *Zu Anfang des Jahres 1938 war er gerade in einer kleinen Stadt in Aragonien, deren Namen keiner meiner Landsleute richtig aussprechen konnte. Sein Lazarett wurde am helllichten Tag Ziel eines Luftangriffs, und er fiel, zusammen mit fast allen seinen Patienten. So endete das Leben des Menschen, der vor dem Hass geflohen war.* Doch diese Sätze werden überlesen. Was haften bleibt, was in Zeitungen, Büchern, Fernsehsendungen und Reden immer wieder zitiert wird, ist die Passage, in der Max Löwenfeld über das nächtliche Sarajevo sinniert: *Der Unterschied, der all diese schlafenden Menschen trennt, die im Wachen sich freuen und traurig sind, Gäste empfangen und nach vier verschiedenen, untereinander uneinigen Kalendern fasten und alle ihre Wünsche und Gebete nach vier verschiedenen Liturgien zum Himmel senden. Und dieser Unterschied, der manchmal sichtbar und offen ist, manchmal unsichtbar und heimtückisch, ist immer dem Hass ähnlich, sehr oft aber mit ihm identisch.* Zitiert werden auch immer wieder diese Sätze, die Andrić seinem Protagonisten in den Mund legt: *Bosnien ist ein Land der Angst und des Hasses. ... In Bosnien und der Hercegovina gibt es mehr Menschen, die aus verschiedenen Motiven und mit den verschiedensten Ausreden in den Ausbrüchen dieses unbewussten Hasses bereit sind zu töten und sich töten zu lassen, als in anderen an Bevölkerungszahl und Raum viel größeren Ländern, seien es slawische oder nicht.* Nur ergibt diese Melodie eben ein ganz anderes Lied, wenn man den Schlussakkord von Löwenfelds Tod in Spanien unterschlägt. Andrićs Erzählung sei während des Krieges „aufs Schrecklichste missbraucht" worden, sagt Dževad Karahasan: „Von serbischen Nationalisten, die der großen nationalen Sache dienen wollten, von halbgebildeten westlichen Intellektuellen, von unzähligen Pseudoexperten." Selbst ein Qualitätsblatt wie die *Neue Zürcher Zeitung* zitiert als Einleitung eines Artikels zu Andrićs Hundertstem im Oktober 1992 eine lange Passage aus dem *Brief aus dem Jahr 1920* und knüpft daran die Bemerkung, diese Sätze hätten „neuerdings eine beklemmende Aktualität gewonnen". Ein Hinweis auf Löwenfelds Tod in Spanien fehlt. Sieben Jahre später zieht der deutsche Verteidigungsminister Rudolf Scharping in seinem Buch „Wir dürfen nicht wegsehen. Der Kosovo-Krieg und Europa" einen Vergleich, den er auch in seinen Reden oft wählt. „Immer wieder hatte ich Ivo Andrić gelesen", behauptet der deutsche Minister. „Andrićs Text, sein *Brief aus dem Jahr 1920,* könnte auch heißen ‚Brief aus dem Jahr 1992'. Eine erschreckende Prophetie, die mich sehr nachdenklich machte, denn in diesem Jahr hatte der Krieg in Bosnien begonnen. Ich wollte und konnte mir damals nicht vorstellen, dass der jahrzehntealte Text dieses Nobelpreisträgers für Literatur, des Autors der *Brücke über die Drina,* jemals so beklemmend aktuell sein würde." Natürlich zitiert auch Scharping den Satz, dass Bosnien *ein Land des Hasses* sei, ohne die Relativierung dieser Behauptung am Ende der Geschichte zu erwähnen.

Die verzerrte Interpretation von Andrićs *Brief aus dem Jahr 1920* gelangt während der Balkankriege über einen Vermittler schließlich sogar zum mächtigsten Mann der Welt. Der amerikanische Präsident Bill Clinton liest zu Beginn der neunziger Jahre das damals insbesondere in Amerika einflussreiche Buch „Die Geister des Balkan" des Journalisten Robert D. Kaplan. Die Clintons (auch

Hillary liest das Buch) zeigen sich so beeindruckt, dass die *New York Times* bereits darüber spekuliert, wie ihre Lektüre die amerikanische Balkanpolitik beeinflussen werde. Tatsächlich sagt Clinton seinem Verteidigungsminister Les Aspin, Kaplans Buch habe ihm die Augen für die tiefen historischen Wurzeln des Konflikts auf dem Balkan geöffnet. Das Bosnien, das Kaplan beschreibt, ist „ein Morast ethnisch gemischter Dörfer in den Bergen". Und wer ist einer von Kaplans wichtigsten Kronzeugen? Richtig, Ivo Andrić. In dem Buch, das den amerikanischen Präsidenten so beeindruckt, wird der *Brief aus dem Jahr 1920* sogar schon in der Einleitung zitiert. Andrić schildere in seinem berühmten Stück „die unsichtbare Grenze zwischen Liebe und Hass", schreibt Kaplan, um dann unter anderem die Theorie aufzustellen, dass selbst der Nationalsozialismus Adolf Hitlers „balkanische Ursprünge" vorweisen kann: „In den Übernachtungsheimen Wiens, einer Brutstätte ethnischer Ressentiments, ganz in der Nähe der südslawischen Welt, lernte Hitler, so ansteckend zu hassen." Im postumen Umgang mit Andrić bewahrheitet sich ein Satz von Danilo Kiš: „Über tote Schriftsteller kann man jeden Mist schreiben." Diese Freiheit nimmt sich im April 1993 auch Aleksa Djilas, Sohn von Milovan, der Andrić so treffend portraitiert hatte. In der *New York Times* behauptet Djilas unter ausführlichem Verweis auf den *Brief aus dem Jahr 1920,* Andrić habe nie geglaubt, dass Bosnien als unabhängiger Staat existieren könne: „Die Lösung der bosnischen Tragödie ist deshalb die Teilung in drei Einheiten: muslimisch, serbisch und kroatisch." So wird Andrićs Prosa sogar zur Handlungsanweisung für eine Zerstückelung Bosniens. Dass Andrić einen unabhängigen bosnischen Staat nicht wollte, ist einleuchtend, denn er war ein integrativer Jugoslawe. Dass jedoch ausgerechnet Andrić, der lebenslang für eine Einheit der Südslawen eintrat, eine Dreiteilung Bosniens gewollt haben könnte, darf bezweifelt werden, auch wenn im ehemaligen Jugoslawien bis heute viele Intellektuelle mit gutem Draht ins Jenseits ganz genau wissen, was

Andrić zu dieser oder jener tagespolitischen Frage gesagt haben würde. Zu den wenigen, die den Missbrauch von Andrićs *Brief aus dem Jahr 1920* früh erkennen und benennen, gehört der berühmte Schweizer Psychoanalytiker Paul Parin. Er kennt Jugoslawien, denn Parin und seine Frau waren im Zweiten Weltkrieg freiwillig aus der behaglichen Schweiz nach Jugoslawien gegangen, um sich als Ärzte den Partisanen anzuschließen. Parin hat seine Erfahrungen später in dem spannenden Buch „Es ist Krieg, und wir gehen hin" beschrieben. Im Jahr 1994 veröffentlicht er einen Aufsatz über das Schindluder, das mit Andrićs Werk getrieben wird. „Ich gehöre zu den ungezählten Lesern von Andrić im In- und Ausland, die ihn nicht als Propheten unergründlichen Hasses und unabwendbaren Unheils sehen. Es genügt, die Erzählung *Brief aus dem Jahr 1920* vorurteilsfreier zu lesen und sie in den Zusammenhang von Andrićs Leben und Werk zu stellen." Parin fragt aber auch, warum sich seine Lesart Andrićs nicht durchsetzt, und antwortet sich selbst: „Machtgierige Kriegsherren und gewissenlose ‚Mittler' nehmen ein Werk der Dichtung zur Geisel für ihren ungerechten und unsäglich grausamen Krieg und wollen es zur Legitimation des Krieges zum Schreien bringen."

Gut ein Jahr nach der Veröffentlichung von Parins Aufsatz, im Dezember 1995, nach fast fünf Kriegsjahren mit 100 000 Toten, Millionen Verwundeten, Vertriebenen und seelisch Entwurzelten, ist der Krieg in Bosnien dann endlich vorbei (und zieht in das Kosovo weiter). Eine von der Nato geführte Friedenstruppe mit fast 60 000 Soldaten rückt in Bosnien ein, um die brüchige Nachkriegsordnung zu sichern. Ein sogenannter „Hoher Repräsentant der Staatengemeinschaft" wacht über das Land. Erstmals seit dem Abzug der Türken 1878 oder seit der Herrschaftszeit der Habsburger residiert damit wieder ein Wesir respektive habsburgischer Landesverwalter in Sarajevo, wenn auch nicht mehr aus Istanbul oder Wien entsandt. Die Zeit des Missverstehens von Andrić ist aber nicht vorbei. Bis heute muss die Erzählung von der Allgegenwärtigkeit des Hasses zur Illustration eines vermeintlich spezifisch bosnischen Hasses herhalten. Aus der Fülle der Beispiele seien hier nur zwei genannt. Im Jahr 2007 veröffentlicht der amerikanische Historiker und ehemalige Geheimdienstmann John R. Schindler sein Buch „Unheiliger Krieg. Bosnien, Al Qaida und der Aufstieg des globalen Dschihad". Schindler, der Kaplans „Geister des Balkan" gelesen hat, warnt davor, dass Bosnien zu einem Sprungbrett für den islamistischen Terror in Europa zu werden drohe. Wie Kaplan beruft er sich auch auf Andrić: „Hatte nicht Ivo Andrić, Bosniens einziger Nobelpreisgewinner, gewarnt, dass in seinem oberflächlich friedlichen Heimatland ‚Stürme des Hasses in undurchsichtigen Tiefen versteckt liegen'?" Leider habe Andrićs realistische Sicht auf Bosnien kaum Aufmerksamkeit in den Medien und der akademischen Welt gefunden, klagt Schindler. Ebenfalls 2007 veröffentlicht der britische Politiker Paddy Ashdown sein Buch „Schwerter und Pflugscharen". Ashdown war mit Unterstützung des damaligen britischen Premiers Tony Blair 2002 „Hoher Repräsentant" in Sarajevo geworden und behielt sein Wesirat bis 2006. In dem Buch beschreibt er seine Jahre in Sarajevo – den Kampf gegen die Korruption, den Widerstand der lokalen Politiker gegen Reformen. Vorangestellt ist dem ein langer Ausschnitt aus Andrićs *Brief aus dem Jahr 1920*. Was Andrićs Text über den Hass mit Ashdowns Schilderungen zu tun hat, wird an keiner Stelle deutlich. Andrić, dachte Ashdown vielleicht, passt irgendwie immer. Und so wird es bis heute tatsächlich oft gesehen. Ein deutscher Feuilletonist nannte den *Brief aus dem Jahr 1920* im Jahr 1999, dem Jahr des Kosovo-Krieges, „eine Phänomenologie des bosnischen Nationalcharakters". Im Internet ist seither viel Unsinn dazugekommen.

Was kann Ivo Andrić dafür? Natürlich überhaupt nichts. Er ist für die Instrumentalisierung seiner Literatur genauso wenig verantwortlich wie Richard Wagner etwas dafür konnte, dass Hitler seine Opern mochte. *Jeder trägt die moralische Verantwortung für das, was er erzählt, und jeden muss man frei erzählen lassen,* hatte Andrić in seiner Stockholmer Nobelpreisrede gesagt und sie mit dem Wunsch ausklingen lassen, *dass die Geschichte, die der heutige Erzähler den Menschen seiner Zeit erzählt, nicht von Hass vergiftet ist und vom Donner mörderischer Waffen übertönt, sondern soweit irgend möglich von der Liebe bewegt und von der Weite und der Heiterkeit des freien menschlichen Geistes geleitet sei.* Dieser Wunsch ist nicht erfüllt worden. Die zum Teil grotesken Fehldeutungen seines Werks, aus Unkenntnis oder Böswilligkeit, haben mit Literatur nichts zu tun. Doch wer Andrićs Wirkung untersucht (und zum Beispiel den Spuren nachgeht, die seine Bücher als Schul-Pflichtlektüre bei Generationen von Schülern in der Region hinterlassen haben), kann sie nicht ignorieren. Es ist zu befürchten, dass Andrićs Werke mindestens ebenso zum Missverständnis wie zum Verständnis der Region beigetragen haben, von der sie erzählen. Für Nationalisten und Rassisten führt keine Brücke über Andrićs Brücke. Sie nutzen die Bausteine seines Werks, um ein Gebäude des Hasses daraus zu errichten. In ihrer Propaganda ist Ivo Andrić ein Sänger der Zerstörung. Er scheint das geahnt zu haben. Jedenfalls findet sich in seinen zu Lebzeiten unveröffentlichten Notizen ein Eintrag, der anders als der *Brief aus dem Jahr 1920* tatsächlich prophetisch wirkt – oder zumindest, um es mit einem weniger bombastischen Begriff zu sagen, sehr weitsichtig: *Wer an einem künstlerischen oder wissenschaftlichen Werk arbeitet und sein Opus, wenn es abgeschlossen ist, veröffentlichen und der Ansicht und dem Urteil der Öffentlichkeit aussetzen möchte, sollte vorher wissen, was ihn alles erwartet, welchen Möglichkeiten und Gefahren sowohl sein Werk als auch er selbst ausgesetzt sein werden. Aber er weiß es nicht und kann es nicht wissen, denn das ist unvorhersehbar. Erst später, oft sehr viel später, hat er Gelegenheit zu sehen, auf was für ein Abenteuer er sich eingelassen hat …* Selbst wenn ein Werk Lob und Anerkennung erfahre, sei sein weiteres Schicksal nämlich bestenfalls ungewiss und zahlreichen Gefahren ausgesetzt: *Neid, grundlosem Hass, dem Wandel von Mode und Geschmack, jedermanns Betrachtung und Berührung, Wohlmeinenden und Übelwollenden, Verschrobenheiten und dem blinden Zufall, Scheelsucht und Dumpfheit, Unterstellungen und Dummheiten.* Einmal veröffentlicht, werde ein Kunstwerk abgetreten *an fremde, unbekannte Hirne, fremde Münder und fremde Federn,* wie ein Denkmal ohne Wächter, auf dem jeder geistlose Passant seinen Namen und alle möglichen Markierungen hinterlassen kann. Für den Erschaffer bedeute das: *Weder im Leben noch nach Deinem Tode bist Du noch geschützt und sicher. Alles kann Dir widerfahren.* Natürlich konnte Andrić nicht ahnen, dass Verbrecher sein Werk für ihre Politik reklamieren würden, doch es ist verblüffend, wie genau das, was er über die Gefahren der Vereinnahmung eines Kunstwerks schrieb, zu dem passt, was gut fünfzehn Jahre nach seinem Tod tatsächlich begann: *Du und Dein Werk, ihr werdet Ikonoklasten ausgeliefert sein, die von dem Wunsch getrieben sind, alles, was aufrecht ist, umgedreht zu sehen; Verrückten, die gerade dann, wenn ein Werk ein gewisses Ansehen hat, auf fremde Arbeit zu spucken und zu urinieren lieben; Neidern, die sich beeilen, wenn sie den Wert eines Werkes schon nicht abstreiten können, seinen Schöpfer zu erniedrigen und zu beschmutzen.* Das eigene Werk werde Kämpfern unterschiedlicher Ideologien und Richtungen dienen, von Fanatikern für ihre Zwecke ausgebeutet werden. *Du wirst von Lesern gerühmt werden, derer Du Dich niemals rühmen würdest … Und am Ende willst Du nur noch eines: In jene Anonymität zurückzukehren, aus der Du so töricht und unüberlegt hervorgetreten bist.*

Es gibt ziemlich überzeugende Argumente dagegen, Andrić zum Kronzeugen einer nur in Bosnien existierenden Sonderform des Hasses auszurufen oder aus seinem Werk gar eine Rechtfertigung für Kriege und Massaker abzuleiten. Aber Andrić muss auch vor einigen seiner Verteidiger in Schutz genommen werden. Sein Werk ist nämlich andererseits viel zu sperrig, als dass jene es überzeugend für sich in Anspruch nehmen könnten, die behaupten, er habe mit seiner Schilderung Bosniens multiethnischen und multireligiösen Gesellschaften das Wort geredet. Gewiss: Andrić hat den Hass in zahlreichen Variationen beschrieben und dabei trotz seines chirurgisch genauen Blicks stets Empathie für die Opfer gezeigt. Aber er sah den Hass nicht als eine ausschließlich und unweigerlich negative Erscheinung, sondern erkannte darin auch eine produktive Kraft in der Geschichte: *Hass und Zorn zerstören das Leben nicht, sondern verwandeln es.* Das schreibt er, veröffentlicht es aber nicht. Andrić spricht dem Hass eine kathartische Rolle in der Geschichte zu. *Nur Hass und Zorn können die Grenzen verfaulter Reiche hinwegfegen, die Fundamente altersschwacher Institutionen verrücken,* schreibt der einstige Rebell wider das Habsburgerreich. *Denn Hass gibt Kraft, und Zorn ruft Bewegung hervor. Später erlischt der Hass, der Zorn verzieht sich, aber die Früchte der Kraft und des Aufbruchs bleiben. Deswegen kommt es auch vor, dass Zeitgenossen in solchen historischen Augenblicken nur Hass und Zorn erkennen, wie apokalyptische Bestien, ihre Nachkommen aber im Gegenteil nur die Früchte der Kraft und der Bewegung.* Andrić hat seine Philosophie über den Hass als lebensverändernder, revolutionärer Kraft, deren Folgen nicht nur zerstörerisch sein müssen, sondern auch produktiv sein können, vielfach illustriert. Im Oktober 1946 notiert er: *Das Haus, in dem ich lebe, trägt viele Narben von der Bombardierung 1941 und 1944 sowie aus dem sechstägigen Straßenkampf 1944. Über meinem Fenster gibt es eine Vertiefung in der Größe einer Männerfaust, das ist die Spur eines kleinen deutschen Kanonengeschosses von 20 mm. In dieser rundlichen Vertiefung haben die Spatzen heuer ihr Nest gebaut. Ich habe sie dabei betrachtet, wie sie weggeflogen sind, zurückgekommen sind, jedes Mal mit einem Strohhalm oder irgendeinem Faden im Schnabel, bis die ganze Vertiefung „tapeziert" war mit einem weichen und warmen Bett, das an den Enden herausschaut. Sie arbeiten noch etwas drinnen. So hat die Patrone einer kleinen deutschen Panzerkanone Platz gemacht für die Behausung dieses Spatzenpaares.*

EIN EUROPÄISCHES LEBEN

Der Streit um Andrić dauert an. Er wird geführt von Literaturwissenschaftlern und Historikern, die sich nicht als unabhängige Intellektuelle sehen, sondern als Diener ihrer Nationen. „Am tragischsten ist, dass einzelne angesehene Wissenschaftler und Autoren, die im Namen dieser oder jener Nation sprechen, rasch der Psychose des Anfeuerns ihrer Nation erliegen, und jedes Anfeuern zieht sofort einen Anfeuernden auf der anderen Seite nach sich", hat Andrić das Phänomen einmal beschrieben. Ein Nebenstrang der Debatte ist der bizarre Streit darüber, ob Andrić nun ein serbischer, kroatischer oder bosnischer Dichter gewesen und welcher Nationalliteratur er zuzurechnen sei. Dazu kursiert auf dem Balkan ein böser Witz: „Die Serben hassen Andrić, weil er zwar als Serbe starb, aber als Kroate geboren wurde. Die Kroaten hassen Andrić, weil er zwar als Kroate geboren wurde, aber als Serbe starb. Die muslimischen Bosnier hassen Andrić, weil er geboren wurde." Auf Außenstehende wirkt dieses Ringen ungefähr so notwendig wie ein Streit darüber, ob Goethe ein hessischer oder ein thüringischer Dichter war, da er schließlich in Frankfurt geboren wurde und in Weimar starb. Wer ihn aufmerksam liest, weiß natürlich: Andrić sprengt die engen Grenzen, die ihm nationalistische Cheerleader setzen wollen.

Andrić ist ein Dichter von europäischem Rang, und sein Werk ist Teil dessen, was August Wilhelm Schlegel und Goethe zu Beginn des 19. Jahrhunderts mit dem Begriff Weltliteratur belegt haben. Er ist großen Literaturnobelpreisträgern des 20. Jahrhunderts wie Thomas Mann, Ernest Hemingway, Albert Camus, Gabriel García Márquez oder Orhan Pamuk ebenbürtig. Wenn er dennoch im Schatten der Genannten steht, so hat das auch mit dem allgemeinen Kenntnisgefälle zu tun, das ihm als Schriftsteller einer

„kleinen" Sprache und eines wenig bekannten Kulturkreises entgegenschlägt. („Was geht uns Višegrad an?") Ohne jegliche Larmoyanz hat Andrić diese Konstellation mit einer prägnanten Anekdote aus seiner Kindheit illustriert. Seine Mutter war in Višegrad zu Besuch, musste aber dringend etwas in Sarajevo regeln und meldete beim Postamt ein Telefongespräch an. Die Verbindung kam auch zustande, das Gespräch jedoch nicht. Andrićs Mutter konnte zwar die Stimme am anderen Ende hören, doch in Sarajevo verstand man sie nicht. „Was soll ich machen, ich verstehe jedes Wort. Aber sie hören mich dort nicht", zitierte Andrić seine Mutter. Er hat diese Anekdote oft erzählt, unter anderem in London, als seine Romane dort vorgestellt wurden: „Wir hören euch in Jugoslawien wunderbar, doch ihr hört uns schlecht oder gar nicht und wisst nicht, dass wir in der Literatur existieren!" Einige Jahre später variierte er den Satz: „Ich verstehe alles, was in Paris, London, Wien geschrieben und gedacht wird. Aber sie verstehen mich dort nicht." In den *Wesiren* legt er solche Gedanken dem Arzt Giovanni Mario Cologna in den Mund, einer tragischen Figur, die in der osmanischen Provinz gestrandet ist: *Denn weshalb sollte mein Gedanke, gut und richtig, wie er ist, weniger Wert haben als der gleiche Gedanke, der in Rom oder Paris hervorgebracht wird? Etwa deshalb, weil er in dem tiefen Tal, das sich Travnik nennt, hervorgebracht worden ist?*

Andrić schrieb in einem kleinen Land, das sich Jugoslawien nannte, über ein noch kleineres Land, das Bosnien heißt. Zwar ist dieses Land eigentlich die Welt, aber die Abgelegenheit des von Andrić gewählten Bildausschnitts ist bis heute eine mehrfache Hemmschwelle für manche Leser. Viele, die Andrićs Werk nur vom Hörensagen kennen, halten ihn fälschlicherweise für einen Schriftsteller, der sogenannte „historische Romane" geschrieben hat – fettleibige Schinken, in denen es nach Schießpulver riecht und holde Haremsdamen bittere Tränen weinen. Das ist ein Missverständnis, gegen das auch Andrić sein Leben lang nicht ankam. Nur Unverständige seien der Ansicht, dass die Vergangenheit tot sei, sagte er einmal: „Die Wahrheit ist im Gegenteil, dass all das, was der Mensch irgendwann einmal dachte und fühlte und tat, untrennbar in das eingewebt ist, was wir heute denken, fühlen und tun.“ Nach diesem Motto schrieb er, und so begegnen wir in dem Panoptikum seiner Literatur lauter sehr heutigen Menschen, die sich von Zeitgenossen nur dadurch unterscheiden, dass sie in der osmanischen Vergangenheit Bosniens leben. Ansonsten: Ehrgeiz und Liebeskummer, nächtliche Existenzangst und morgendlicher Lebensdurst, Alpträume, Schnaps und Blasenschwäche – alles da.

Anders als etwa im Fall von Boris Pasternaks „Doktor Schiwago“ oder Günter Grass' „Blechtrommel“ gibt es allerdings keine Verfilmungen, die den Zugang zu Andrićs Werk erleichtern würden. Selbst hervorragende Regisseure wie Andrzej Wajda oder Ingmar Bergman, die sich für eine Adaption von Andrićs Texten interessierten oder mit der Arbeit daran bereits begonnen hatten, mussten einsehen, dass sich seine meditative Prosa nicht auf die Bühne oder Leinwand übertragen lässt, ohne das einzubüßen, was ihren Reiz ausmacht. Andrić selbst misstraute Regisseuren nicht erst, seit er ein amerikanisches Drehbuch zur Verfilmung der *Brücke über die Drina* bekommen hatte, in dem sich die jüdische Hotelbesitzerin Lotika in den Višegrader Stadtnarren Ćorkan verliebt und ihn am Ende heiratet. Noch Jahre später kommentierte er die Ideen des Drehbuchschreibers entgeistert: „Das Fräulein Lotika heiratet den Stadtnarren! Er wollte ein Happy End machen!“ So sind Andrićs große Romane bis heute unverfilmt, und es ist wenig wahrscheinlich, dass sich daran etwas ändern wird. Dem Regisseur Emir Kusturica, einem bosnischen Landsmann Andrićs, wird zwar seit vielen Jahren nachgesagt, er wolle die *Brücke* ins Kino bringen (er hat zu diesem Zweck sogar eine ganze Stadt in Bosnien bauen lassen, nicht als Kulisse, sondern aus Stein und Beton), doch auch er scheint vor dem Stoff kapituliert zu haben.

Ein Filmstoff ist dagegen Andrićs Biographie. Hinter den trockenen Lebensdaten, wie sie in Lexika zu finden sind, verbirgt sich ein wahrhaft europäisches Leben. Nirgends wird das so deutlich wie in Andrićs zu einem Museum umgewandelter Wohnung im Belgrader Stadtzentrum. Wie selbstverständlich stehen dort neben einheimischer Literatur spanische, französische, deutsche, italienische, polnische und russische Bücher. In fast allen hatte der Besitzer eifrig gelesen, wie die vielen Randbemerkungen verraten. Er beherrschte oder verstand mehr als ein halbes Dutzend Sprachen, hatte aus vielen übersetzt, war ein guter Lateiner, konnte Altgriechisch lesen, hatte in einem Dutzend europäischer Städte gelebt und fast alle Länder Europas bereist. Selbstverständlich las er die Klassiker der europäischen Literatur im Original (wobei Englisch seine schwächste Seite war. Briefe, die ihn auf Englisch erreichten, beantwortete er grundsätzlich auf Französisch). Mit der französischen Literatur war er so selbstverständlich vertraut wie mit der polnischen, russische oder italienische Klassiker waren ihm nicht weniger geläufig als deutsche. Die Skandinavier hatte er (in deutscher Übersetzung) schon in seiner Jugend gelesen. Svevo, Grabbe, Gide, du Gard, Apollinaire, Jacob Burckhardt, Baudelaire, Hölderlin, Heidegger, Hugo, Diderot, Gottfried Keller, Lamartine, Huysmans, Huxley, Racine, Winckelmann, Spinoza, Seneca, Talleyrand, Villon, Voltaire – die Exzerpte in seinen Notizheften (diese Aufzählung stammt aus einem einzigen) zeugen von einem weiten Horizont. Als Leser setzte Andrić sich einem Konglomerat unterschiedlichster Einflüsse aus, ohne sich je epigonal darin zu verlieren. Vielleicht habe der Einfluss von Thomas Mann und Dostojewski dazu geführt, dass es in seinem Werk kaum Landschaftsbeschreibungen gebe, vermutete er zwar einmal, doch an anderer Stelle betonte er: „Man muss im richtigen Moment spüren, wann man sich vom fremden Einfluss befreien und selber an das Ufer schwimmen muss.“ Jeder stehe in einer literarischen Tradition und könne sich an sie anlehnen. „Aber das, was sich Schaffen nennt, das macht man in den eigenen vier Wänden, und da kann es keine große Hilfe geben.“

Die Spanne der Menschen, denen Ivo Andrić als Diplomat und Schriftsteller begegnete, reichte von Pablo Picasso bis Adolf Hitler. Bei einer solchen Bandbreite blieb dazwischen reichlich Platz für Begegnungen mit vielen der klügsten Köpfe seines Jahrhunderts. Doch obwohl er in eine europäische Literaturtradition eingebettet war und sich souverän in ihr bewegte, obschon er Europäer durch und durch war, kam sich die Stockholmer Jury kühn vor, als sie ihn für den Literaturnobelpreis nominierte. Schließlich spielt sein Hauptwerk im „exotischen“ Bosnien zu osmanischen Zeiten, also eigentlich in der Türkei (die erst mehr als 45 Jahre nach Andrić in Orhan Pamuk ihren ersten Literaturnobelpreisträger erhalten wird). So ist es geblieben. Von außen wird Andrić oft am Rande der Tradition verortet, in deren Mitte er steht. Ihm wäre das vermutlich egal. Andrić hat sich zeitlebens, unbeeindruckt von Moden und vermeintlich guten Ratschlägen, konsequent an seine Themen gehalten. Dass er sich als Neuling im Belgrad nach dem Ersten Weltkrieg nicht den vermeintlich modernen Großstadtthemen widmete und in stilistischen Experimenten verausgabte, sondern seit *Alija Djerzelez* immer wieder vom osmanischen Bosnien erzählte, dabei alle gängigen Ideologien und Ismen ignorierend, wurde seinerzeit oft als Skurrilität eines literarischen Außenseiters verspottet, der die Zeichen der Zeit nicht erkannt habe. Die Namen der Spötter kennt heute niemand mehr.

Formale, stilistische Experimente interessierten Andrić nicht. Das hat ihm zu Lebzeiten den Ruf beschert, ein altmodischer Erzähler zu sein, etwa im Vergleich zu seinem Nobelpreisrivalen Miroslav Krleža. Doch vieles von dem, was vor fünfzig Jahren als literarisch besonders verwegen und modern galt, erinnert heute eher an geistige Turnübungen oder pubertäre Mutproben. Manch eine experimentelle Verstiegenheit, die bei ihrem Aufkommen als bahnbrechend gefeiert wurde, wirkt im Rückblick durchaus verstaubt, mitunter leise peinlich. Marcel Reich-Ranicki hat die geringe Halbwertzeit literarischer Tollkühnheiten treffend analysiert: „Die Avantgarde altert schnell." Andrićs Werk indes ist nicht gealtert. Sein Stil wirkt im Abstand der Jahrzehnte zeitlos. Ob ein literarisches Werk von bleibendem Wert sei, lasse sich frühestens fünfzig Jahre nach dem Tod des Autors sagen, vermutete Andrić. Sein eigenes Werk, so viel lässt sich schon sagen, hat diesen ersten Test der Zeit bestanden.

Damit dieses Werk überhaupt geschrieben und danach auch noch gedruckt werden konnte, musste Andrić Kompromisse eingehen. Den größten Teil seines Lebens lebte er in finsteren Zeiten, in denen sich selber in Gefahr bringen konnte, wer für andere eintrat. Um sein Werk zu schützen und dessen Verbreitung zu fördern, verfolgte Andrić einen Weg pragmatischer Anpassung. Sogar in seiner besten Prosa kann man auf Spuren davon stoßen, etwa in der Erzählung *Buffet Titanic* aus dem Jahr 1951, die im besetzten Sarajevo zur Zeit des Zweiten Weltkriegs spielt. *Dann kam der Monat April des Jahres 1941, der den Überfall der Deutschen und der Italiener auf unser Land mit sich brachte,* heißt es da, und der Kompromiss, der in diesen Worten steckt, überliest sich heute leicht oder wird von ausländischen Rezipienten gar nicht erst bemerkt. Doch wer diesen Satz 1948 in der Vojvodina, in Mazedonien oder in Südserbien las, wird nicht übersehen haben, dass darin etwas fehlte: Auch Ungarn hatte Jugoslawien überfallen und die Vojvodina besetzt. Bulgarien hatte sich ebenfalls an der Okkupation beteiligt, um sich Südostserbien und Mazedonien einzuverleiben. Aber das erwähnt Andrić nicht, da Ungarn und Bulgarien 1948 zum sozialistischen Block und damit aus offizieller Belgrader Sicht zum eigenen Lager gehören. Es gibt weitere Sätze in Andrićs Werk, die Tributzahlungen an die Zeitläufte enthalten. Zum Dissidenten taugte Andrić nicht. Nur in jungen Jahren, im Habsburgerreich, stand er in offener Opposition zu dem Staat, dessen Bürger er war. Später, im ersten und im zweiten Jugoslawien, konnte kommen, wer oder was wollte, Andrić arrangierte sich. In den letzten Jahren seines Lebens, besonders nach dem Nobelpreis, hätte er gefahrlos die Stimme für bedrängte Kollegen erheben können, denn er war durch seinen Weltruhm unantastbar geworden. Unangreifbar war er aber nicht, und hätte er sich zum offenen Kritiker jugoslawischer Verhältnisse aufgeschwungen, gar Partei für inhaftierte Dissidenten ergriffen, wäre aus den Archiven womöglich Widriges über seine Zeit als Diener der Monarchie, als Diplomat und Waffenunterhändler in Hitlers Deutschland an die Öffentlichkeit gebracht worden. Doch diese Gefahr bestand nie, denn für das jugoslawische Experiment setzte Andrić sich stets ein. Es war sein Lebenstraum. Das schloss gelegentliche Skepsis an den Zuständen im real existierenden Jugoslawismus nicht aus, doch Andrić äußerte sie nur im kleinsten Kreise oder in seinen Notizheften. Von den Kroaten trennte ihn viel, mit den Serben verband ihn längst nicht alles. Der Jugoslawismus war die einzige politische Idee, der er ein Leben lang verbunden blieb. Es gehört zu den Glücksfällen seines Lebens, dass er das Scheitern seines Traums nicht mehr miterleben musste.

Abgesehen von seinem lebenslangen und bedingungslosen Einsatz für Jugoslawien und seinen hellsichtig frühen Warnungen vor dem Faschismus war Andrić, politisch gesehen, Treibholz. Er wollte sich nicht einmischen müssen – jedenfalls nicht da, wo es unangenehm werden konnte. Besonders deutlich wird das in den dunkelsten Zeiten, die er miterleben musste, im Jugoslawien der vierziger und frühen fünfziger Jahre. Die Mordmaschine in Titos ersten Herrschaftsjahren fraß hunderttausende. Verglichen mit dem kommunistischen Menschenschredder war der habsburgische Imperialismus, in dem Andrić eines der übelsten Regime der Geschichte erkennen wollte, ein sanftes Präludium, auch wenn der Schriftsteller das nie eingestehen wollte. Die vierziger und fünfziger Jahre, erst unter einer mörderischen deutsch-italienisch-ungarisch-bulgarischen Besatzung, dann unter jugoslawisch-kommunistischer Unrechtsherrschaft, waren finstere Zeiten. Das arglose Wort war töricht und ein Gespräch über Bäume fast ein Verbrechen, weil es ein Schweigen über so viele Untaten einschloss, hatte Brecht zu solchen Zeiten festgestellt. Ein Gespräch über Verbrechen wiederum hätte im damaligen Jugoslawien leicht Bäume einschließen können, und zwar jene, an denen die Sprechenden aufgehängt worden wären. „Der dort ruhig über die Straße geht / Ist wohl nicht mehr erreichbar für seine Freunde / Die in Not sind?", fragte Brecht, und er hätte diese Frage außer sich selbst auch Andrić stellen können. Wer so auf Andrić zu schauen versucht, wie dieser auf seine Protagonisten schaute – mit Empathie und Verständnis für deren Schwächen (von denen manch eine vielleicht die eigene ist), aber zugleich mit kühlem Blick und in dem Bestreben, weder zu verteufeln noch zu idealisieren, wird feststellen müssen: Andrić war, neben vielem anderen, auch ein Opportunist. Aber das schreibt sich leicht dahin in der Sicherheit eines seichten Zeitalters. Wäre Andrić nicht so vorsichtig gewesen, wie er war, wüssten wir heute nichts von ihm als Dichter. Ein europäisches Leben im 20. Jahrhundert bedeutete auch, Umwege um Abgründe zu nehmen. Wäre Andrić diese Umwege nicht gegangen, einige der beeindruckendsten Werke der europäischen Literatur wären vielleicht ungeschrieben, auf jeden Fall ungedruckt geblieben. Sie hätten die Öffentlichkeit bestenfalls über die unsichere Route des Samisdat erreicht oder wären, um Jahrzehnte verzögert, als im Nachlass eines kaum bekannten Dichters gefundene Flaschenpost entdeckt worden.

Andrićs Berliner Weltkriegsbekanntschaft Ernst Jünger hatte in Erwartung des Todes geschrieben: „Vieles wird geschehen in einem Moment." Als Jünger im Februar 1998 in seinem 103. Lebensjahr gestorben war, schrieb der Schriftsteller Helmut Krausser über dieses Notat: „Es gibt viele große Sätze, die eigentlich nichts sagen (nichts verraten), aber in beeindruckender Weise *da sind.*" Ivo Andrić schrieb über seine Auffassung vom Autor und der Autorschaft: *Daraus, was nie war und was niemals sein wird, machen geschickte Schriftsteller die schönsten Geschichten über das, was ist.*

ANHANG

ANMERKUNGEN

Dieses Buch soll weder ein Denkmal errichten noch ein Denkmal stürzen. Es ist der Versuch, sich einem Menschen und seiner Zeit zu nähern. Unter den vielen Büchern, von denen ich glaube, dass sie mir dabei geholfen haben, Andrićs Leben besser zu verstehen, möchte ich drei besonders hervorheben: Žaneta Djukić Perišić hat mit „Pisac i priča" (Der Dichter und die Geschichte) 2012 die bisher umfangreichste Darstellung von Andrićs Werk vorgelegt. Die Berliner Jahre wiederum hat niemand umfassender erforscht als Dušan Glišović in seinem im gleichen Jahr veröffentlichten Buch über Andrić und das „Dritte Reich". In ihrer eleganten Klarheit stilistisch unerreicht ist bis heute die erste umfassende biographische Studie über Andrić. Nikola Mirković hat sie 1938 vorgelegt.

Die meisten Zitate von Andrić sind in Kursivschrift aufgeführt, einige jedoch in Anführungszeichen. Kursiv stehen jene Aussagen, die aus Andrićs Werken und Briefen sowie aus autorisierten, zu Lebzeiten erschienenen Interviews stammen. Die meisten der in Anführungszeichen gesetzten Zitate stammen aus dem Buch „Mit Ivo Andrić" von Ljubo Jandrić. Dieses Buch, das in Texten über Andrić immer wieder genannt wird, ist gewiss eine wichtige Quelle, doch es erschien erst 1977, also zwei Jahre nach Andrićs Tod. Auch wenn ich keinen Zweifel daran hege, dass Jandrić seine Gespräche mit Andrić getreulich aufgezeichnet und wiedergegeben hat, stellt sich aus quellenkritischer Sicht die Frage, ob es sich hierbei um Sätze handelt, die umstandslos als authentische Zitate wiedergegeben werden dürfen. Ich habe mich in solchen Fällen für eine Zwischenlösung entschieden und die entsprechenden Aussagen durch die Verwendung von Anführungszeichen von jenen abgegrenzt, die eindeutig Andrić zuzuordnen sind.

Kenner werden bemängeln, dass ich nicht auf die Bedeutung von Vuk Karadžić und Petar II. Petrović-Njegoš für Andrićs Werk eingegangen bin. Recht haben sie. Schließlich hat Andrić sich in mehr als einem Dutzend Essays mit Karadžić und Njegoš befasst. Doch außerhalb ihrer Region sind diese beiden herausragenden Gestalten der südosteuropäischen Geschichte nur einem sehr kleinen Kreis bekannt, weshalb ein Exkurs dazu bestimmt weitere hundert Seiten in Anspruch genommen hätte. Das aber wollte ich vermeiden, denn so spannend Andrićs Lebensgeschichte ist, verlangt dieses Buch Interessierten schon in seiner jetzigen Form einige Geduld ab. Es sollte nicht noch umfangreicher werden, als es schon ist.

Die Kapitelüberschrift „Was die Jugoslawen taten, als ihr Klassiker schrieb“ ist ein verfremdetes Zitat von Walter Benjamin, was im Text nicht aufgelöst wird.

DANK

In den sieben Jahren, die ich an diesem Buch gearbeitet habe, haben mir viele Menschen geholfen, und ich bitte bei allen um Entschuldigung, die ich in der nun folgenden Aufzählung vergessen haben sollte. Muharem Bazdulj steht hier nicht nur deshalb an erster Stelle, weil es das Alphabet so will. Mit seinem enzyklopädischen Wissen über Jugoslawien und die südslawischen Literaturen hat er mir in stundenlangen Gesprächen ungemein wertvolle, oft entscheidende Hinweise gegeben. Erhard Busek war von der ersten Stunde an ein Förderer des Projekts. Er sowie das Institut für den Donauraum und Mitteleuropa haben die Recherchen unterstützt. Zorana Ćetenović danke ich für ihre Recherchen zu bosnischen Volksliedern und vielen anderen Fragen. Obwohl er sich eigentlich schon aus der Öffentlichkeit zurückgezogen hatte, hat Dobrica Ćosić mich weniger als vier Monate vor seinem Tod noch zu einem langen Gespräch über seine persönlichen Erinnerungen an Andrić empfangen. Für die Vermittlung dieser Begegnung bin ich Alexa Pekić dankbar. Johanna Deimel danke ich für den Hinweis auf die Förderungsmöglichkeit durch die Stabilitätspaktmittel, Petar Dragisić für die Recherchen in Belgrader Archiven. Dem entsetzlich früh verstorbenen Helmar Dumbs gedenke ich auch deshalb in Dankbarkeit, weil er mir seine Archivfunde aus Wien und Paris über die historischen Quellen von *Wesire und Konsuln* überlassen hat. Die Übersetzungen der Gutachten und Sitzungsprotokolle des Nobelpreiskomitees aus dem Schwedischen durch Annika Ernst waren eine große Hilfe. Hannes Grandits hat mich dankenswerterweise mit Katharina Tyran bekanntgemacht, deren ebenso umsichtige wie effektive Mitarbeit und Archivrecherchen dazu beigetragen haben, dass ich nicht noch weitere sieben Jahre an diesem Buch arbeiten musste. Georg Hagl vom Auswärtigen Amt stand dem Projekt stets aufgeschlossen gegenüber. Die Hemofarm Fondacija hat Recherchen in Belgrader Archiven unterstützt. Tanja Korićanac half uneigennützig und schnell bei der Suche nach Fotos aus Andrićs Leben. Michael Krüger ließ mich im Archiv des Hanser-Verlags und der dort erhaltenen Andrić-Korrespondenz stöbern. Dass er ein begeisterter Andrić-Leser ist und meine Recherchen von Beginn an unterstützt hat, erwies sich außerdem bei verschiedenen Gelegenheiten als unverhoffter Türöffner. Uta Kuhlmann hat sich viel Zeit genommen, um mich durch die Räume der ehemaligen jugoslawischen Gesandtschaft in Berlin zu führen und mir auch Andrićs damalige Wohnräume zu zeigen, weshalb ich jetzt weiß, dass es schon 1940 Duschen mit Massagefunktion gab. Ivan Lovrenović aus Sarajevo gab mir viele wichtige Lektüreempfehlungen und Hinweise auf den frühen Andrić. Ivan Vejvoda danke ich für die Überlassung der Andrić-Fotos seines Vaters und Hinweise zu Andrićs Londoner Aufenthalt. Dankbar bin ich schließlich jenen Freunden und Bekannten, die dieses Buch vor Erscheinen kritisch gelesen, mir wichtige Hinweise gegeben und mich auf Fehler aufmerksam gemacht haben: Norbert Beckmann-Dierkes, Florian Hassel, Christian Hellbach, Robert Hodel, Horst Hoffmann, Wolfgang Klotz, Martin Knapp, Viktor Krauskopf, Jana Mayer-Kristić, Jelena Pržulj, Dušan Reljić, Enver Robelli, Karl-Peter Schwarz, Michael Schmunk, Andras Toth-Czifra und Stefan Troebst. Ein besonderer Dank gilt schließlich der Ivo-Andrić-Stiftung in Belgrad, insbesondere Žaneta Djukić Perišić und Biljana Djordjević-Mironja, die mir über Jahre hinweg mit guten Ratschlägen und wichtigen Hinweisen zur Seite gestanden haben. Der wichtigste und größte Dank gebührt selbstverständlich meiner Frau, die bereit war, mich mit Andrić zu teilen, und besser als alle anderen Menschen weiß, was das bedeutet.

QUELLEN- UND LITERATURVERZEICHNIS

AKTEN

Akten der Schwedischen Nobelpreisakademie der Jahre 1958–1961, Stockholm

Akten zur deutschen auswärtigen Politik
Serie C. 1933–1937: Bände I, 1–2; II, 1–2, III, 1–2, IV, 2
Serie D. 1937–1945: Bände III; IV; V; VI; VII; VIII; IX; X; XI; XII

Auswärtiges Amt
Dokumente zum Konflikt mit Jugoslawien und Griechenland. Berlin 1941

Fonds Pierre David 1AE 61
Ministère des Affaires étrangères. Direction des archives et de la documentation. Centre des Archives diplomatiques de Nantes. Fonds Pierre David 1AE 61

Lični fond
Dokument 498. Zuko Džumhur. Nekrolog jednoj čaršiji. 1958

Politisches Archiv des Auswärtigen Amtes
Belgrad 16/4; Belgrad 16/5; R 27 092; R 27 094; R 27 095; R 27 096; R 27 097; R 27 118; R 27 119; R 27 121; R 27 168; R 27 175; R 27 184; R 27 887; R 29 661; R 29 662; R 29 663; R 29 829; R 29 830; R 29 831; R 29 833; R 29 843; R 29 844; R 29 846; R 29 893; R 29 967; R 35 541; R 73 127; R 101 092; R 101 097; R 102 448; R 103 320; R 103 321; R 103 322; R 103 324; R 103 347; R 103 349; R 103 351; R 103 354; R 106 181; R 120 453; R 120 459; R 123 730; R 123 731; R 901-106440; R 901-106441; Wien Geheim

ORIGINALWERKE

Дипломатски списи. Београд 1992
Pisma. 1911–1973. Beograd 2011
Prvi Maj u Moskvi, Mladi borac Nr. 135, 29. 04. 1948, S. 3
Сабрана дела у 20 књига. Београд 2011

ORIGINALWERKE IN ÜBERSETZUNG

Erzählungen. Wien/Leipzig 1939
Der verdammte Hof. Frankfurt 1957
Bosnian Story. London 1958
Das Fräulein. Berlin 1958
The Bridge on the Drina. New York 1959
Die Geliebte des Veli Pascha. Stuttgart 1960
Bosnian Story. London 1961
Wesire und Konsuln. München 1961
Die Brücke über die Drina. München 1962
Gesichter. Berlin 1962
Goya. München 1962
Sämtliche Erzählungen. Der Elefant des Wesirs (Band I). München 1962
Die Brücke über die Zepa. Stuttgart 1963
Sämtliche Erzählungen. Im Streit mit der Welt (Band II). München 1963
Sämtliche Erzählungen. Gesichter (Band III). München 1964
Der Weg des Alija Djerzelez. Frankfurt 1965
Die Frau auf dem Stein. München 1967
Jelena. Recklinghausen 1967
Die Männer von Veletovo. Berlin 1968
Wegzeichen. München 1982
Omer-Pascha Latas. München 1983
Das Haus in der Einsamkeit. Berlin 1987
Buffet Titanic. Klagenfurt 1995
Liebe in einer kleinen Stadt. Jüdische Geschichten aus Bosnien. Frankfurt 1996

Die verschlossene Tür. Erzählungen. Wien 2003
Die Entwicklung des geistigen Lebens in Bosnien unter der Einwirkung der türkischen Herrschaft (Dissertation). Klagenfurt 2011
Lyrik und lyrische Prosa. Ex Ponto. Klagenfurt 2012

REDEN, MANUSKRIPTE, NOTIZBÜCHER, TAGEBÜCHER

Aide-mémoire о албанском питању. Свеске Задужбине Иве Андрића. свеска 5. Београд 1988
Андрић, Иво. Бележница Иве Андрића бр. 1. Свеске Задужбине Иве Андрића. свеска 18. Београд 2001
Андрић, Иво. Блок смеђе боје [Делове бележнице приредио Мирослав Караулац; приредила и редиговала Биљана Ђорђевић-Мироња]. Свеске Задужбине Иве Андрића. свеска 29. Београд 2012
Андрић, Иво. Бракови Свеске Задужбине Иве Андрића. свеска 8. Београд 1992
Андрић, Иво. Дневник са пута по Кини (Рукописи). Свеске Задужбине Иве Андрића. свеска 24. Београд 2007
Андрић, Иво. Дневник – Сокобања, лето 1942 [Приредио Предраг Палавестра]. Свеске Задужбине Иве Андрића. свеска 14. Београд 1998
Андрић, Иво. Две бележнице Иве Андрића [Приредио Бранимир Живојиновић]. Бележница бр. II. Мали нотес цбетних корица. Свеске Задужбине Иве Андрића. свеска 20. Београд 2003
Andrić, Ivo. Dvestota godišnjica Velike Enciklopedije. Свеске Задужбине Иве Андрића. свеска 13. Београд 1997
Андрић, Иво. Изјава поводом именовања бившег загребачког надбискупа Алојзија Степинца за кардинала. Свеске Задужбине Иве Андрића. свеска 32. Београд 2015
Андрић, Иво. Мали нотес шарених корица (1915–1917) [Приредила Биљана Ђорђевић-Мироња]. Свеске Задужбине Иве Андрића. свеска 31. Београд 2014
Андрић, Иво. Међу сиренама [Берлин, 1940] [Приредила Жанета Ђукић-Перишић]. Свеске Задужбине Иве Андрића. свеска 28. Београд 2011
Андрић, Иво. Пра-Ћуприја [Приредио Иво Тартаља]. Свеске Задужбине Иве Андрића. свеска 25. Београд 2008

Андрић, Иво. Ратни дневник Иве Андрића [Приредио за штампу Предраг Палавестра]. Свеске Zадужбине Иве Андрића. свеска 1. Београд 1982
Андрић, Иво. Три немачке свеске [Приредион Душан Глишовић]. Свеске Zадужбине Иве Андрића. свеска 23. Београд 2006
Андрић, Иво. Звона – Исписи и белешке [Приредила Неда Деполо]. Свеске Zадужбине Иве Андрића. свеска 9–10. Београд 1994
Дневник Милице Бабић. Свеске Zадужбине Иве Андрића. свеска 8. Београд 1992

BRIEFWECHSEL

Андрићева писма Александру Вучу [Приредио Предраг Палавестра]. Свеске Zадужбине Иве Андрића. свеска 11. Београд 1995
Андрићева писма Евгенији Гојмерац [Приредио за штампу Мирослав Караулац]. Свеске Zадужбине Иве Андрића. свеска 3. Београд 1985
Андрићева писма Илији Кецмановићу [Babinyi Припредио Триша Кујача]. Свеске Zадужбине Иве Андрића. свеска 14. Београд 1998
Андрићева Писма Милици Бабић. Иво Андрић: Књига [приредио Мирослав Караулац]. Свеске Zадужбине Иве Андрића. свеска 6. Београд 1989
Андрићева писма Милутину Поповићу [Припредио Мирослав Караулац]. Свеске Zадужбине Иве Андрића. свеска 14. Београд 1998
Андрићева писма Тугомиру Алауповићу [Приредио за штампу Предраг Палавестра]. Свеске Zадужбине Иве Андрића. свеска 2. Београд 1983
Андрићева писма Војиславу М. Јовановићу и Војиславу Гаћиновићу [Приредио за штампу Предраг Палавестра]. Свеске Zадужбине Иве Андрића. свеска 8. Београд 1992
Андрићева писма Зденки Марковић [Приредио Мирослав Караулац]. Свеске Zадужбине Иве Андрића. свеска 9–10. Београд 1994
Иво Андрић – Лепосава Бела Ст. Павловић. Милица Бабић-Јовановић – Лепосава Бела Ст. Павловић [Приредила Биљана Ђорђевић-Мироња]. Свеске Zадужбине Иве Андрића. свеска 30. Београд 2013
Иво Андрић и Гун Бергман (I) [Приредила Јасмина Нешковић]. Свеске Zадужбине Иве Андрића. свеска 7. Београд 1991
Иво Андрић и Гун Бергман (II) (1. XI 1961–1. V 1971) [Приредила Јасмина Нешковић]. Свеске Zадужбине Иве Андрића. свеска 8. Београд 1992
Иво Андрић и Љубо Јандрић [Приредила Биљана Ђорђевић]. Свеске Zадужбине Иве Андрића. свеска 19. Београд 2002
Иво Андрић и Вера Стојић [Приредила Жанета Ђукић Перишић]. Свеске Zадужбине Иве Андрића. свеска 5. Београд 1988

Korrespondenz Ivo Andrić mit Christoph Schlotterer / H. G. Göpfert / Carl Hanser Verlag 1959–1974. Eingesehen am 10. 1. 2013 in München.
Лесковчева Писма Андрићу и Андрићева Лесковцу [Припредио Радован Поповић]. Свеске Zадужбине Иве Андрића. свеска 14. Београд 1998
Писма Бранка и Ање Лукач Иви Андрићу [приредила Биљана Ђорђевић]. Свеске Zадужбине Иве Андрића. свеска 22. Београд 2005
Писма Иве Андрића Вељку Петровићу [приредила Татјана Корићанац]. Свеске Zадужбине Иве Андрића. свеска 29. Београд 2012
Писма Марка Ристића Иви Андрићу [приредила Биљана Ђорђевић]. Свеске Zадужбине Иве Андрића. свеска 17. Београд 2000
Писма Милоша Црњанског Иви Андрићу. Свеске Zадужбине Иве Андрића. свеска 16. Београд 2000
Писмо Иве Андрића Милошу Видаковићу. Андрићев први рукопис из 1911. године [Приредио Предраг Палавестра]. Свеске Zадужбине Иве Андрића. свеска 28. Београд 2011
Преписка између Иве Андрића и Густава Крклеца [Приредио за штампу Радован Поповић]. Свеске Zадужбине Иве Андрића. свеска 3. Београд 1985
Преписка између Иве Андрића и Матице хрватске [Приредила Невена Тодорић]. Свеске Zадужбине Иве Андрића. свеска 28. Београд 2011
Уз преписку Иве Андрића и Гун Бергман. Свеске Zадужбине Иве Андрића. свеска 8. Београд 1992

ZEITUNGSARTIKEL / PRESSE

„Muschir Omer Pascha, Serasker der gesammten großherrlichen europäischen Armee". Illustrirte Zeitung, Leipzig. 26. 2. 1853
Völkischer Beobachter. 20. 4. 1939; 22. 4. 1939; 24. 4. 1939; 29. 4. 1939; 17. 5. 1939; 20. 5. 1939; 24. 5. 1939; 28./29. 5. 1939; 1. 6. 1939; 2. 6. 1939; 3. 6. 1939; 4. 6. 1939; 7. 6. 1939; 8. 6. 1939; 10. 6. 1939; 27. 2. 1941; 26. 3. 1941; 7. 4. 1941
„Zürcher Kalenderblatt". Neue Zürcher Zeitung. 17. 2. 1954
„Книги – ето путь к дружбе". Литературная газета. 12. 6. 1956
„Ein jugoslawischer Pasternak? ". Tagesspiegel. 25. 1. 1959
„New Fiction". The Times. 12. 3. 1959
„Fact and Fiction". The Observer. 19. 4. 1959
„Нови шведски превод Андрићевих и Крлежиних дела". Политика. 26. 5. 1959
„The Hero is Serbia". The New York Times Book Review. 28. 6. 1959

„Borderline stuff from Bosnia". Manchester Guardian. 25. 9. 1959
„Највише цу превођена дела Иве Андрића". Политика. 4. 11. 1959
„Books of the Times". New York Times. 30. 11. 1959
„Њујорк Тајмс о Травничкој хроници". Политика. 6. 12. 1959
„Андрић – и даље најтраженији". Вечерње новости. 19. 1. 1960
„Ćuprija na Švedskom". Telegram. 23. 9. 1960
„Ivo Andrić". Neue Zürcher Zeitung. 3. 11. 1960
„Андрић бестселер у Немачкој". Борба. o. D. 1961
„Andrić i dalje naš najviše prevođeni pisac". Oslobođenje. 3. 10. 1961
„Ein Jugoslawe Nobelpreisträger für Literatur". Bieler Tagblatt. 27. 10. 1961
„Nobelpreisträger Andrić". Der Tagesspiegel. 27. 10. 1961
„Ein Epiker vom Balkan". Die Welt. 27. 10. 1961
„Dichtung aus den bosnischen Bergen. Der Nobelpreis für Ivo Andrić". Frankfurter Allgemeine Zeitung. 27. 10. 1961
„Literaturnobelpreis für einen Anhänger Titos". Seeländer Volkszeitung. 27. 10. 1961
„Nobelpreis für Ivo Andrić". Süddeutsche Zeitung. 27. 10. 1961
„The epic force". The Guardian. 27. 10. 1961
„His Story Is Yugoslavia". The New York Times. 27. 10. 1961
„Novelist of a Nation". The New York Times International Edition. 27. 10. 1961
„Yugoslav given Literature Prize". The Times. 27. 10. 1961
„Andrić und sein Marschall". Frankfurter Rundschau. 28. 10. 1961
„Andritsch liest Tolstoj und Thomas Mann". St. Galler Tagblatt. 28. 10. 1961
„Auf der Grenzscheide zwischen Abendland und Orient". Tagesanzeiger Zürich. 28. 10. 1961
„Der Nobelpreis für Literatur 1961 an Ivo Andrić". Neue Zürcher Zeitung. 28. 10. 1961
„Stockholm: Nobelpreis für Literatur. Ein Jugoslawe". Der Abend. 30. 10. 1961
„Ivo Andrić – Nobel Prize Winner". The Jerusalem Post. 3. 11. 1961
„Begegnungen mit Ivo Andrić". Berner Tagblatt. 4. 11. 1961
„Ivo Andrić – und eine notwendige Korrektur". Sonntagsblatt. 5. 11. 1961
„Ein Epiker vom Balkan. Eine Richtigstellung". Die Welt. 7. 11. 1961
„Umstritten, aber nicht gefährdet". Wortwärts. 8. 11. 1961
„Иво Андрић допутовао у Стокхолм". Борба. 6. 12. 1961
„Иво Андрић – први гост Шведске академије". Политика. 7. 12. 1961
„Увежбавање пред велику премијеру". Политика. 10. 12. 1961
„Langweiliger Mensch". Hamburger Abendblatt. 10. 12. 1961
„Bosnien – ein Modellfall für Europa". Sonntagsblatt. 17. 12. 1961
„Ivo Andrić. Zum siebzigsten Geburtstag". Neue Zürcher Zeitung. 10. 10. 1962
„Ivo Andrić. Zum siebzigsten Geburtstag". Neue Zürcher Zeitung. 11. 10. 1962
„The Voice of the Oppressed". Time. 19. 10. 1962

„Guilt, Sin, Above All, Fear“. The New York Times Book Review. 28. 10. 1962
„The climate was bad, the people were rude“. The Sunday Herald Tribune. 3. 11. 1963
„Andrić na Baltiku“. Svijet. 15. 11. 1963
„Поклон Иненију“. Политика. 17. 6. 1965
„На Дрини ћуприја у 50 000 примерака на јапанском“. Борба. 27. 9. 1966
„Vom täglichen Kampf mit dem Einzelhandel“. Frankfurter Allgemeine Zeitung. 11. 7. 1967
„Undurchdringliches Zeitalter. Ivo Andrić zum 75. Geburtstag“. Frankfurter Allgemeine Zeitung. 10.10. 1967
„Grenzscheide zweier Welten. Ivo Andrić zum 80. Geburtstag“. Frankfurter Allgemeine Zeitung. 10. 10. 1972
„Der Chronist aus Bosnien. Zum Tod des Nobelpreisträgers Ivo Andrić“. Frankfurter Allgemeine Zeitung. 14. 3. 1974
„Јуче у Београду: Умро Иво Андрић“. Политика. 14. 3. 1974
„Кремација ће се обавити данас на новом гробљу у Беораду“. Политика. 14. 3. 1974
„Тито: Своим великим Књижевним дјелом Иво Андрић је много задужио наше народе“. Политика. 14. 3. 1974
„Са онима који су га лечели. У нади до последњег часа … “. Политика. 14. 3. 1974
„Данас: Ујутру мраз, а током дана претежно суво“. Политика. 17. 12. 1974
„Rekordni tiraž Na Drini ćuprije“. Oslobođenje. 22. 1. 1975
„Zeichen am Wegrand. Eine Veröffentlichung aus dem Nachlass, die das Bild des jugoslawischen Nobelpreisträgers korrigiert“. Süddeutsche Zeitung. 23. 7. 1977
„Андрићева Ћуприја у Пакистану“. Дневник. 13. 3. 1981
„Oduzeti Nobelovu nagradu Ivi Andriću“. Vjesnik. 2. 8. 1990
„Eine Brücke im Wappen. Er hoffte noch auf Jugoslawien: Ivo Andrić zum Hundertsten“. Frankfurter Allgemeine Zeitung. 9. 10. 1992
„Bosnien als Gleichnis der Welt. Zum 100. Geburtstag von Ivo Andrić“. Neue Zürcher Zeitung. 9. 10. 1992
„Die vielen Stimmen zum Chor vereint. Zum 100. Geburtstag des bosnischen Schriftstellers Ivo Andrić“. Süddeutsche Zeitung. 10.10. 1992
„Balkan peace depends on talking to Serbs also; Hate feeding on hate“. New York Times. 16. 4. 1993
„Иво Андрић и даље усамљен“. Политика. 2. 12. 1996
„The dangers of letting a president read“. New York Times. 22. 5. 1999
„Ivo Andrić – ein geistiger Brandstifter?“. Neue Zürcher Zeitung. 1. 4. 2000
„Lepi život u paklu“. Vreme. 8. 1. 2004
„Послератна власт убила новинара“. Политика. 10. 12. 2012
„Како је Србија рекла не Хитлеру“. Политика. 27. 3. 2016

„Како је Србија рекла не Хитлеру“. Политика. 27. 3. 2016
„Unfamiliar Territory“. Times Literary Supplement. o. D.
„Meisterhaft gestalteter Roman: Die Brücke über die Drina“. o. D.

SONSTIGE LITERATUR

Abramović, Marina. Durch Mauern gehen. München 2016
Akademija Nauka i Umjetnosti Bosne i Hercegovine (Hg). Međunarodni Naučni Skup. Ivo Andrić – 50 godina kasnije. Zbornik radova. Sarajevo 2012
Антић, Велизар. Андрићево виђење ислама. Свеске Zадужбине Иве Андрића. свеска 31. Београд 2014
Антонић, Здравко. Иво Андрић у дневнику Родољуба Чолаковица. Београд 1992
Arbeitsausschuß Deutscher Verbände. Der Sarajevo-Prozeß. Berlin 1933
Ashdown, Paddy. Swords and Ploughshares. Bringing Peace to the 21st Century. London 2007
Balić, Smail. Das unbekannte Bosnien. Europas Brücke zur islamischen Welt. Wien 1992
Баздуљ, Мухарем. Отпор ријечи: неколико аспеката досад најуспјешније екранизације Андрићеве прозе: "Бифе Титаник" Емира Кустурице. Свеске Zадужбине Иве Андрића. свеска 32. Београд 2015
Benjamin, Walter. Was die Deutschen lasen, während ihre Klassiker schrieben. In: Rundfunkarbeiten. Herausgegeben von Thomas Küpper und Anja Nowak. Berlin 2017
Bergmann, Ingmar. Laterna Magica. Berlin 2011
Berić, Gojko. Zbogom XX. stoljeće. Sjećanja Ive Vejvode. Zagreb 2013
Блатковић, Дргаољуб: нобеловац у новинама. Ниш 1996
Брајовић, Гордана. Андрић и Милица. Београд 1997
Breker, Arno. Im Strahlungsfeld der Ereignisse. Preußisch Oldendorf 1972
Цалић-Вајс, Весна. Порекло идеје о Евет-Ефендији и њена уметничка транспозиција у Андрићевом роману Омер-Паша Латас Свеске Zадужбине Иве Андрића. свеска 26. Београд 2009
Calic, Marie-Janine. Geschichte Jugoslawiens im 20. Jahrhundert. München 2010
Clark, Christopher. Die Schlafwandler. Wie Europa in den Ersten Weltkrieg zog. München 2013
Crnjanski, Miloš. Tagebuch über Čarnojević. Frankfurt 1993.
Crnjanski, Miloš. Ithaka. Leipzig 2008
Crnjanski, Miloš. Iris Berlina. Leipzig 2011
Crnjanski, Miloš. Ithaka und Kommentare. Berlin 2011

Cvetkovic, Ksenija und Sander, Martin. Chronist des Hasses, Hüter der Vielfalt – Streit um die Bosnien-Bilder des Ivo Andrić. Deutschlandradio Kultur, gesendet am 27. 11. 2011

Черовић, Божо. Босански омладинци и Сарајевски атентат. Сарајево 1930

Ћосић, Добрица. Иво Андрић и његово време Свеске Zадужбине Иве Андрића. свеска 9–10. Београд 1994

Ћосић, Добица. Писци мога века. Београд 2004

Даут, Кит; Трип Геневјев. Бажност Јелене у делу Иве Андрића. Свеске Zадужбине Иве Андрића. свеска 32. Београд 2015

Dedijer, Vladimir. Die Zeitbombe. Sarajewo 1914. Wien, Frankfurt, Zürich 1967

Димитријевић, Коста. Разговори и ћутања Ива Андрића. Београд 1976

Djilas, Milovan. Jahre der Macht. Im jugoslawischen Kräftespiel. Memoiren 1945–1966. München 1992

Драгојловић, Драган. Реч на отварању изложбе. Свеске Zадужбине Иве Андрића. свеска 22. Београд 2005

Цацић, Петар. Андрић у Берлину (1939–1941) и у „Данасу“ (1990). Свеске Zадужбине Иве Андрића. свеска 7. Београд 1991

Djukić Perišić, Žaneta. Pisac i priča. Stvaralačka biografija Ive Andrića. Novi Sad 2012

Džaja, Mato. Sjećanja: Ivo Andrić u Banjoj Luci. Свеске Задужбине Иве Андрића. Свеска 33. Београд 2016

Džaja, Srećko M. Bosnien-Herzegowina in der österreichisch-ungarischen Epoche (1878–1918). Die Intelligentsia zwischen Tradition und Ideologie. München 1994

Ђоковић, Милан. Фрагменти сећања. Свеске Zадужбине Иве Андрића. свеска 2. Београд 1983

Ђорђевић, Милентије. Александар Вучо (Књижевни портрет). Свеске Zадужбине Иве Андрића. свеска 11. Београд 1995

Ђорђевић-Мироња, Биљана. Стокхолмска стаза Иве Андрића Свеске Zадужбине Иве Андрића. свеска 28. Београд 2011

Ђорђић, Стојан. Француска Књижевна Критика о Андрићевим Романима. Свеске Zадужбине Иве Андрића. свеска 19. Београд 2002

Ђорђић, Стојан. О настајању Проклете авлије и генези Андрићевог књижевног стварања. Свеске Zадужбине Иве Андрића. свеска 28. Београд 2011

Ђукић Перишић, Жанета. Иви Андрићу, с поштовањем (посвете у Андрићевој личној библиотеци). Свеске Zадужбине Иве Андрића. свеска 11. Београд 1995

Ђукић Перишић, Жанета. Андрићеве Маргиналије – антологије индијске књижевности. Свеске Zадужбине Иве Андрића. свеска 14. Београд 1998

Ђукић Перишић, Жанета. Андрићеви берлински дани (1939–1941): уз дневник "Међу сиренама". Свеске Zадужбине Иве Андрића. свеска 28. Београд 2011

Ђукић Перишић, Жанета. Ангажовани писац. Свеске Zадужбине Иве Андрића. свеска 30. Београд 2013
Ђукић Перишић, Жанета. Андрићеви последњи дани. Свеске Zадужбине Иве Андрића. свеска 32. Београд 2015
Ђукић Перишић, Жанета. Отето од живота. Андрићеви романи – седамдесет година. Свеске Zадужбине Иве Андрића. свеска 32. Београд 2015
Ehrenburg, Ilija. Menschen – Jahre – Leben III. 1942–1965. München 1965
Eismann, Wolfgang. Keine Brücke über die Drina. Vom Streit über einen jugoslawischen Schriftsteller. Osteuropa, 55. Jg., 2/2005
Еренрајх Остојић, Макс. Разговори са Андрићем. Свеске Zадужбине Иве Андрића. свеска 18. Београд 2001
Fabry, Philipp W. Balkan-Wirren 1940–41. Diplomatische und milirärische Vorbereitung des deutschen Donauüberganges. Darmstadt 1966
Fischer, Gero und Okuka, Miloš (Hg). Terra Bosna. Klagenfurt 2002
Глишовић, Душан. Иво Андрић, Краљевина Југославија и Трећи рајх 1939–1941. I Том. Београд 2012
Глишовић, Душан. Дипломатски испит Иве Андрића из 1922. Године. Свеска 33. Београд 2016
Gogol, Nikolai, Die toten Seelen. Berlin (Schreitersche Verlagsbuchhandlung) o. J.
Gottschalk, Herbert (Hg). Jugoslawische Lyrik der Gegenwart. Gütersloh 1964
Grandits, Hannes. Herrschaft und Loyalität in der spätosmanischen Gesellschaft. Das Beispiel der multikonfessionellen Herzegowina. Wien 2008
Gregoric, Danilo. So endete Jugoslawien. (2. Aufl.) Leipzig 1944
Hamsun, Knut. Hunger. München 1927
Hassell, Ulrich von. Die Hassell-Tagebücher. 1938–1944. Berlin 1988
Hawkesworth, Celia. Ivo Andrić as Red Rag and Political Football. The Slavonic and East European Review. Vol. 80, No. 2. London 2002
Held, Jutta. Francisco de Goya mit Selbstzeugnissen und Bilddokumenten. Reinbek 1998
Hill, Leonidas E. Die Weizsäcker-Papiere 1933–1950. Frankfurt 1974
Hillgruber, Andreas. Staatsmänner und Diplomaten bei Hitler. München 1979
Hodel, Robert. Ivo Andrić: „Wesire und Konsuln" – Il faut cultiver son jardin. Zeitschrift für Slawistik Bd. 59, Heft 2, 196–221, 2014
Hoppe, Hans-Joachim. Bulgarien – Hitlers eigenwilliger Verbündeter. Eine Fallstudie zur nationalsozialistischen Südosteuropapolitik. Stuttgart 1979
Horvatić, Dubravko. Ivo Andrić u sklopu hrvatske književnosti. Свеске Zадужбине Иве Андрића. свеска 14. Београд 1998
Инђић, Триво. Андрић као дипломата. Свеске Zадужбине Иве Андрића. свеска 25. Београд 2008
Јакобсен, Пер. Омерпаша Латас – хроника, роман, фрагменти? (Textologia et marginalia). Свеске Zадужбине Иве Андрића. свеска 24. Београд 2007

Јандрић, Љубо. Са Ивом Андрием. Београд 1977
Janßen, Karl-Heinz. Die Zeit in der ZEIT. Berlin 1995
Јањић, Душан. Андрићево књижевно дело у Француској. Свеске Zадужбине Иве Андрића. свеска 8. Београд 1992
Jelčić, Dubravko. Andrićeve hrvatske teme i Andrić kao hrvatska Tema. Sveske Zadužbine Ive Andrića 16. Beograd 2000
Јовановић, Бојан. In memoriam: Петар Џаџић (1929–1996). Аутентичан Адрићев Тумач. Свеске Zадужбине Иве Андрића. свеска 13. Београд 1997
Jukić, Ilija. The Fall of Yugoslavia. New York/London 1974
Kadic, Ante. From Croatian Renaissance to Yugoslav Socialism. Plano 1969
Kafka, Franz. Der Proceß. Frankfurt 2007
Kalezić, Vasilije. Ivo Andrić u našim sporovima. Beograd 1985
Kaplan, Robert D. Balkan Ghosts: A Journey through history. New York 1993
Караулац, Мирослав. Андрићеви давни пријатељи. Свеске Zадужбине Иве Андрића. свеска 4. Београд 1986
Караулац, Мирослав. Један непознат Андрићев Портрет. Свеске Zадужбине Иве Андрића. свеска 5. Београд 1998
Караулац, Мирослав. Андрићев прелазак у Београд. Свеске Zадужбине Иве Андрића. свеска 17. Београд 2000
Караулац, Мирослав. Андрићеве године у дипломатији (I) Рим, Букурешт, Трст. Свеске Zадужбине Иве Андрића. свеска 20. Београд 2003
Караулац, Мирослав. Андрићеве године у дипломатији (II) Грац, Марцеј, Париз. Свеске Zадужбине Иве Андрића. свеска 21. Београд 2004
Караулац, Мирослав. Андрићеве године у дипломатији (III и IV). Свеске Zадужбине Иве Андрића. свеска 22. Београд 2005
Karaulac, Miroslav. Rani Andrić. Beograd 2003
Keil, Rolf-Dietrich. Puschkin: Ein Dichterleben. Frankfurt 1999
Kiesel, Helmuth. (Hg.) Ernst Jünger – Carl Schmitt. Briefe 1930–1983. Stuttgart 1999
Kiesel, Helmuth. Ernst Jünger. Die Biographie. München 2007
Кирилова, Олга. Стваралаштво Иве Андрића у СССР. Свеске Zадужбине Иве Андрића. свеска 4. Београд 1986
Kiš, Danilo. Život, literatura. Beograd 2007
Koetschet, Josef. Erinnerungen aus dem Leben des Serdar Ekrem Omer Pascha (Michael Lattas). Sarajevo 1885
Константиновић, Зоран. О Андрићевом докторату. Свеске Zадужбине Иве Андрића. свеска 1. Београд 1982
Константиновић, Зоран. Како је спашена Андрићева дисертација. Свеске Zадужбине Иве Андрића. свеска 12. Београд 1996
Константиновић, Зоран. О шестој фази рецепције Андрићевог дела на немачком језику. Свеске Zадужбине Иве Андрића. свеска 21. Београд 2004

Korb, Alexander. Im Schatten des Weltkriegs. Massengewalt der Ustaša gegen Serben, Juden und Roma in Kroatien 1941–1945. Hamburg 2013
Кош, Ерих. Андрићеви последњи дани. Свеске Zадужбине Иве Андрића. свеска 1. Београд 1982
Ковачевић, Јелена. Иво Андрић и Југословенско драмско позориште. Свеске Zадужбине Иве Андрића. свеска 30. Београд 2013
Lauer, Reinhard. Wer ist Miroslav K.? Klagenfurt 2010
Лазаревић, Бранко. Днебник једнога никога. Први део (1942–1946). Београд 2007
Лазаревић, Бранко. Днебник једнога никога. Други део (1947). Београд 2007
Lindgren, Astrid. Die Menschheit hat den Verstand verloren. Tagebücher 1939–1945. Berlin 2015
Lončar, Mate. Međunarodni skup o Ivi Andriću u Zagrebu. Свеске Zадужбине Иве Андрића. свеска 23. Београд 2006
Lovrenović, Ivan. Mjesto Ive Andrića u hrvatskoj književnosti. Свеске Zадужбине Иве Андрића. свеска 11. Београд 1995
Lovrenović, Ivan. Andrićev zagrebni život. Свеске Zадужбине Иве Андрића. свеска 20. Београд 2003
Mann, Thomas. Der Tod in Venedig. Berlin 1989
Mann, Thomas. Der Zauberberg. (6. Auflage) Frankfurt 2007
Марић, Димитрије. За књигу коју Време пише о Андрићу. Свеске Zадужбине Иве Андрића. Свеска 35. Београд 2018
Markovic, Marko S. Tausendundeine Nacht des Ivo Andrić. München 1962
Матуља, Сандор. Од Италије до Југославије: Забелешке о једном од Андрићевих путовања. Свеске Zадужбине Иве Андрића. свеска 18. Београд 2001
Mayer, Gregor. Verschwörung in Sarajevo. Triumph und Tod des Attentäters Gavrilo Princip. Wien 2014
Mazower, Mark. Inside Hitler's Greece. The Experience of Occupation, 1941–44. London 2001
Mazower, Mark. Salonica. City of ghosts. Christians, Muslims and Jews 1430–1950. London 2004
Миђуновић, Драгољуб. Фрагменти сећања. Свеске Zадужбине Иве Андрића. Свеска 35. Београд 2018
Мирковић, Никола. Изабране студије и критике. Београд 2009
Митровић, Андреј. Андрић као дипломата. Свеске Zадужбине Иве Андрића. свеска 7. Београд 1991
Митровић, Марија. Андрић и Италија. Свеске Zадужбине Иве Андрића. свеска 25. Београд 2008
Митровић, Марија. Италијанске историјско-политићке и културне теме у делу Иве Андрића. Свеске Zадужбине Иве Андрића. свеска 29. Београд 2012
Moorhouse, Roger. Berlin at war. New York 2010
Mučalica, Olga, Dragojlović, Anđelija. Ivo Andrić. Lični fond. Katalog, Beograd 1988

Мучалица, Олга. Из преписке Иве Андрића. Свеске Zадужбине Иве Андрића. свеска 6. Београд 1989

Немањић, Милош. Иво Андрић и албанско питање. Свеске Zадужбине Иве Андрића. свеска 31. Београд 2014

Nemec, Krešimir. Gospodar priče. Poetika Ive Andrića. Zagreb 2016

Neubacher, Hermann. Sonderauftrag Südost 1940–1945. Bericht eines fliegenden Diplomaten. Göttingen, Berlin, Frankfurt 1956

Никић, Љубомир. Избор И. Андрића за члана Српске краљевске академије. Свеске Zадужбине Иве Андрића. свеска 3. Београд 1985

Никић, Љубомир. Награда Српске краљевске академије И. Андрићу за Приповетке, 1924. Свеске Zадужбине Иве Андрића. свеска 3. Београд 1985

Нижетић-Чулић, Маја. Из моје старе биљежнице [Приредио Мирослав Караулац]. Свеске Zадужбине Иве Андрића. свеска 15. Београд 1999

Новак-Бајцар, Силвија. О потреби за историјом: Андрићев сусрет са Краковом. Свеске Zадужбине Иве Андрића. свеска 29. Београд 2012

Novak Bajcar, Silvija. Jelena, žena koje ima. Krakovska biografija Ive Andrića. Beograd 2015

Новакоивћ, Јелена. Иво Андрић и Стендал. Свеске Zадужбине Иве Андрића. свеска 15. Београд 1999

Новаковић, Јелена. Из Андрићевог публицистичког рада. Свеске Zадужбине Иве Андрића. свеска 28. Београд 2011

Новаковић, Јелена. Француски часопис посвећен Иви Андрићу. Свеске Zадужбине Иве Андрића. свеска 30. Београд 2013

o. V. Der Sarajevo-Prozeß. Deutsche Übersetzung der Anklageschrift nach dem kroatischen Originaltext. Berlin 1933.

o. V. О деведесетогодишњици рођења Иве Андрића. Свеске Zадужбине Иве Андрића. свеска 2. Београд 1983

o. V. Разговор Ларс Олоф Франзена са Гун Бергман. Свеске Zадужбине Иве Андрића. свеска 8. Београд 1992

o. V. У посети Иви Андрићу. Свеске Zадужбине Иве Андрића. свеска 8. Београд 1992

o. V. Запис Добрице Ћосића о Иви Андрићу [Приредила Ана Ћосић-Вукић]. Свеске Zадужбине Иве Андрића. свеска 15. Београд 1999

o. V. Verbrechen der Wehrmacht. Dimensionen des Vernichtungskrieges 1941–1944. Hamburg 2002

o. V. Масонски досије Иве Андрића из 1942. године [приредио Ненад Петровић]. Свеске Zадужбине Иве Андрића. свеска 22. Београд 2005

o. V. Библиографија Иве Андрића 1911–2011. Београд/Нови Сад 2011

o. V. Преглед важнијих догађаја од августа 2015. до августа 2016. Године. Свеске Задужбине Иве Андрића. Свеска 33. Београд 2016

Ortel, Karl, Speer, Dietrich. Die Sirenen von Berlin. Bilder, Zahlen und Erinnerungen. Krailling 2005

Палавестра, Предраг. Коментар уз Ратни дневник Иве Андрића. Свеске Zадужбине Иве Андрића. свеска 1. Београд 1982
Палавестра, Предраг. Андрићев драмски покушај. Свеске Zадужбине Иве Андрића. свеска 3. Београд 1985
Палавестра, Предраг. Андрић у Берлину. Свеске Zадужбине Иве Андрића. свеска 7. Београд 1991
Палавестра, Предраг. Трагови Андрићевих предсказања. Свеске Zадужбине Иве Андрића. свеска 13. Београд 1997
Палавестра, Предраг. Никола Мирковић. Књижевна студија. Свеске Zадужбине Иве Андрића. свеска 18. Београд 2001
Палавестра, Предраг. Гроб на Хајгејту. Свеске Zадужбине Иве Андрића. свеска 19. Београд 2002
Палавестра, Предраг. Селимовић, Андрић, ислам и Бошњаци. Свеске Zадужбине Иве Андрића. свеска 29. Београд 2012
Панић-Суреп, Милорад. Српске народне приповетке. Београд 1964
Parin, Paul. Es ist Krieg und wir gehen hin. Bei den jugoslawischen Partisanen. Berlin 1991
Parin, Paul. Kontroversen um Ivo Andrić. In: Über Grenzen. Jahrbuch für Literatur und Politik in Deutschland. Hg. von Frauke Meyer-Gosau und Wolgang Emmerich. Göttingen 1995
Parrott, Cecil. The tightrope. London 1975
Пауновић, Синиша. Пола века с Андрићем. Свеске Zадужбине Иве Андрића. свеска 20. Београд 2003
Пауновић, Синиша. Пола века с Андрићем (II). Свеске Zадужбине Иве Андрића. свеска 21. Београд 2004
Пауновић, Синиша. Пола века с Андрићем (III). Свеске Zадужбине Иве Андрића. свеска 22. Београд 2005
Пауновић, Александра. Историја приређивања Знакова поред пута Иве Андрића. Свеске Задужбине Иве Андрића. Свеска 33. Београд 2016
Павићевић, Александра. Зашто је Андрић кремиран? Свеске Zадужбине Иве Андрића. свеска 30. Београд 2013
Павићевић, Александра. Поруке (о) мртвом писцу: обликовање сећања и Књига жалости поводом смрти Иве Андрића. Свеске Zадужбине Иве Андрића. свеска 32. Београд 2015
Павловић, Лепосава Бела. Сећања на Иву Андрића. Свеске Zадужбине Иве Андрића. свеска 14. Београд 1998
Пековић, Ратко. Ангажовани Андрић (1945–1952) (говори, изјаве, путописи, репортаже). Свеске Zадужбине Иве Андрића. свеска 28. Београд 2011
Пековић, Ратко; Кљакић, Слободан. Ангажовани Андрић 1944–1954. Beograd 2012
Пелеш, Зорица. Лепосава Бела Ст. Павловић. Свеске Zадужбине Иве Андрића. свеска 30. Београд 2013

Perović, Jeronim. The Tito-Stalin split. A reassessment in the light of new evidence. In: Journal of cold war studies. Vol 9. no 2. Cambridge (MA) 2007
Петковић, Радослав. Обележавање стоте годишњице рођења Иве Андрића. Свеске Zадужбине Иве Андрића. свеска 9–10. Београд 1994
Петровић, Ненад. Андрић и Тито. Свеске Zадужбине Иве Андрића. свеска 27. Београд 2010
Петровић, Ненад Ж. Књижевно вече о Андрићевом делу у московској фабрици 1958. године: књижевна размена Југославије и СССР. Свеске Zадужбине Иве Андрића. свеска 29. Београд 2012
Picker, Henry. Hitlers Tischgespräche im Führerhauptquartier. Frankfurt 1989
Pirjevec, Jože. Tito. Die Biografie. München 2016
Поповић, Радован. Андрић и Чолаковић – једно пријатељство Свеске Zадужбине Иве Андрића. свеска 29. Београд 2012
Пузић, Милосава. Сећања на гос>н Ива. Свеске Zадужбине Иве Андрића. свеска 31. Београд 2014
R. P. Gavrilo Princips Bekenntnisse. Wien 1926
Рајчић, Бисерка. Како Пољаци данас виде Андрића Свеске Zадужбине Иве Андрића. свеска 6. Београд 1989
Ракић, Богдан. Енглески превод На дрини ћуприје. Свеске Zадужбине Иве Андрића. свеска 14. Београд 1998
Rakić, Bogdan. The Proof Is in the Pudding: Ivo Andrić and His Bosniak Critics. Serbian Studies: Journal of the North American Society for Serbian Studies 14(1). 2000
Rakić, Bogdan. Borislav Pekić: Sysiphus as Hero. Serbian Studies: Journal of the North American Society for Serbian Studies 15(1). 2001
Ранчевић, Горана. Милош Црњански и Иво Андрић: Прича о једном пријатељству. Свеске Zадужбине Иве Андрића. свеска 32. Београд 2015
Resulbegović-Defterdarević, Aziz. Grad Višegrad i okolica. Sarajevo 1934
Ресулбеговић-Дефтердаревић, Азиз. Град Вишеград и околица. Београд 1999
Richter, Angela. Andrićs „Znakovi pored puta“: Zum Verhältnis von Öffentlichem und Privatem. In: Tošović, Branko (Hg.). Ivo Andrić: Graz – Österreich – Europa, 155–166. Beograd 2009
Рисојевић, Ранко. О Босни и Херцеговини поводом Андрића. Свеске Задужбине Иве Андрића. Свеска 33. Београд 2016
Rizvić, Muhsin. Bosanski muslimani u Andrićevu svijetu. Sarajevo 1995
Rizvić, Muhsin. Bosanski muslimani u Andrićevu svijetu. Andrićeva doktorska dizertacija: „Razvoj duhovnog života u Bosni pod uticajem turske vladavine“. Свеске Zадужбине Иве Андрића. свеска 13. Београд 1997
Рослин, Фелисити. Иво Андрић и Госпођица. Свеске Zадужбине Иве Андрића. свеска 2. Београд 1983
Roth, Joseph. Radetzkymarsch. Amsterdam 1950

Самарџић, Радован. Андрићев Мост на Жепи Свеске Zадужбине Иве Андрића. свеска 2. Београд 1983
Scharping, Rudolf. Wir dürfen nicht wegsehen. Der Kosovo-Krieg und Europa. Berlin 1999.
Scherer, Anton. Ivo Andrić als Historiker. Österreichische Osthefte, Jahrgang 5, 1963/5
Schindler, John R. Unholy Terror. Bosnia, Al-Qa'ida, and the rise of global Jihad. St. Paul 2007
Schmitt, Carl: Ex Captivitate Salus. Dritte Auflage. Berlin 2010
Schramm. Percy Ernst (Hg.). Kriegstagebuch des OKW 1940–1941. Augsburg 2002
Siegel, Holger (Hg.). In unseren Seelen flattern schwarze Fahnen – Serbische Avantgarde 1918–1939. Leipzig 1992
Singh Mukerji, Vanita. Ivo Andrić. A critical biography. Jefferson, NC et al. 1990
Стипчевић, Никша. Иво Андрић – Преводилац и тумач Франческа Гвичардинија. Свеске Zадужбине Иве Андрића. свеска 2. Београд 1983
Stojadinovic, Milan. Ni rat ni pakt. Jugoslavija izmedju dva rata. Buenos Aires 1963
Стојков, Борислав. О преводу турцизама из Проклете авлије Иве Андрића на енглески језик. Свеске Zадужбине Иве Андрића. свеска 32. Београд 2015
Strömberg, Kjell: Kleine Geschichte der Zuerkennung des Nobelpreises an Ivo Andrić. In: Wesire und Konsuln. Zürich 1968
Sugar, Peter F. Industrialization of Bosnia-Hercegovina 1878–1918. Washington 1963
Sundhaussen, Holm. Sarajevo. Die Geschichte einer Stadt. Wien 2014
Шоја, Слободан. Двјестагодишњица француског конзулата у Босни (1806–2006). Травник, 12. мај 2006. године. Свеске Zадужбине Иве Андрића. свеска 23. Београд 2006
Танака, Казуо. Сусрети ц Андрићем. Свеске Zадужбине Иве Андрића. свеска 21. Београд 2004
Тарановски-Џонсон, Вида. Омерпаша Латас: Историја једног незавршеног романа. Свеске Zадужбине Иве Андрића. свеска 1. Београд 1982
Tartalja, Ivo. Ivo Andrić und Thomas Mann. In: Thomas Mann Jahrbuch Band 22, Herausgegeben von Thomas Sprecher und Ruprecht Wimmer. Frankfurt am Main 2010
Thiergen, Peter (Hg.). Ivo Andrić 1892–1992. Beiträge des Zentenarsymposions an der Otto-Friedrich-Universität Bamberg. München 1995
Тилар, Жан. Предговор. Свеске Zадужбине Иве Андрића. свеска 23. Београд 2006
Todorova, Maria. Imagining the Balkans. Oxford 1997
Тодоровић, Драгоје. Каталог личног фонда Иве Андрића. Свеске Zадужбине Иве Андрића. свеска 6. Београд 1989
Тодоровић, Невена. Нобеловац Иво Андрић у Грацу. Свеске Zадужбине Иве Андрића. свеска 27. Београд 2010
Tolstoi, Lew Nikolajewitsch. Die Annexion Bosniens und der Herzegowina. Berlin 1909
Tolstoj, Lew. Hadschi Murat. Zürich 2000

Tošović, Branko (Hg.). Ivo Andrić: Graz – Österreich – Europa. Beograd 2009
Tošović, Branko (Hg.). Die K. u. k. Periode im Leben und Schaffen von Ivo Andrić (1892–1922). Beograd 2011
Trotzki, Leo. Der Balkankrieg 1912–13. Essen 1996
Тутњевић, Станиша. Политички статус Иве Андрића у свјетлу једног новог извора. Свеске Zадужбине Иве Андрића. свеска 9–10. Београд 1994
Тутњевић, Станиша. Генеза једног аспекта рецепције дјела Иве Андрића. Свеске Задужбине Иве Андрића. Свеска 33. Београд 2016
Управни одбор Задужбине Иве Андрића. Управни одбор Задужбине Иве Андрића поводом смрти председника Родољуба Чолаковића. Свеске Zадужбине Иве Андрића. свеска 3. Београд 1985
Urban, Peter. Momentaufnahme Beograd. Spielzeit 1964/65. Schreibheft. Zeitschrift für Literatur 71
V. S. Srpske narodne pripovetke. Wien 1821
Васић, Дивна. Вишеградски Јевреји, суграђани којих више нема. Свеске Zадужбине Иве Андрића. свеска 28. Београд 2011
Васић, Дивна. О животу Љубомира Поповића, Андрићевог учитеља. Свеске Zадужбине Иве Андрића. свеска 29. Београд 2012
Vauhnik, Vladimir. Memoiren eines Militärattachés. Buenos Aires 1967
Villinger, Ingeborg, Jaser, Alexander. Briefwechsel Gretha Jünger / Carl Schmitt (1934–1953). Berlin 2007
Vucinich, Wayne S. (Hg.). Ivo Andrić Revisted: The Bridge Still Stands. Berkeley 1995
Вучковић, Радован. Андрићеви есејистичко-критички и путописни радови. Свеске Zадужбине Иве Андрића. свеска 11. Београд 1995
Вучковић, Радован. Историјски оквир Андрићевог романа "Омер-паша Латас". Свеске Zадужбине Иве Андрића. свеска 12. Београд 1996
Вучковић, Радован. Књига сусрета и разговора са Андрићем. Свеске Zадужбине Иве Андрића. свеска 14. Београд 1998
Вучковић, Радован. Андрић Историја и личност. Београд 2002
Вучковић, Радован. Велика Синтакса о Иви Андрићу. Београд 2011
Вучковић, Радован. Иво Андрић о Симону Боливару. Свеске Zадужбине Иве Андрића. свеска 30. Београд 2013
Вучковић, Радован. Иво Андрић и Млада Босна. Свеске Zадужбине Иве Андрића. свеска 31. Београд 2014
Вучковић, Радован. Боривоје Јевтић и Млада Босна. Свеске Zадужбине Иве Андрића. свеска 32. Београд 2015
Вучковић, Радован. Сусрет са Ивом Андрићем. Свеске Zадужбине Иве Андрића. свеска 32. Београд 2015
Вучковић, Радован; Ђукић Перишић, Жанета; Ђорђевић Мирона, Биљана. Критичко издање целокупних дела Иве Андрића: елаборат. Свеске Zадужбине Иве Андрића. свеска 32. Београд 2015

Вучо, Јулијана. Андрич и Вучови – сећања. Свеске Zадужбине Иве Андрића. свеска 11. Београд 1995
Вујновић, Станислава. О писцу и његовом делу у Знаковима поред пута. Свеске Zадужбине Иве Андрића. свеска 20. Београд 2003
Вуксановић, Миро. Иво Андрић о Вуковом Српском ријечнику. Свеске Zадужбине Иве Андрића. свеска 30. Београд 2013
Вуксановић, Миро. Палавестра. In memoriam. Свеске Zадужбине Иве Андрића. свеска 32. Београд 2015
Weizsäcker, Ernst von. Erinnerungen. München 1950
Würthle, Friedrich. Die Spur führt nach Belgrad. Die Hintergründe des Dramas von Sarajevo 1914. Wien, München 1975
Wurzbach, Constant von. Biographisches Lexikon des Kaiserthums Oesterreich (Eingesehen wurde die im Internet verfügbare Ausgabe.)
Задужбина Иве Андрића у Београду. Дело Иве Андрића у контексту европске књижевности и културе. Београд 1981
Zogović, Radovan. Bilješke o Andriću. Zitiert nach: http://ivanlovrenovic.com/2017/11/radovan-zogovic-biljeske-o-andricu/ Objavljeno 11/11/2017. Zuletzt abgerufen am 10.12. 2018
Живановић, Ђорђе. Један Андрићев неодржан говор. Свеске Zадужбине Иве Андрића. свеска 5. Београд 1988

INTERVIEWS

Ćosić, Dobrica. Belgrad, 22. 1. 2014
Karahasan, Dževad. Sarajevo, 23. 2. 2005
Popović, Nenad. Zagreb, 21. 2. 2005

Anmerkung:
Angeführt werden nicht unbedingt Erstausgaben, sondern jene, mit denen gearbeitet wurde und aus denen zitiert wird. Die Transkription der jeweiligen Titel wurde übernommen, weshalb einige Namen in verschiedener Schreibweise vorkommen (Tolstoi/Tolstoj, Gogol/Gogolj etc.). Die Anordnung folgt entweder dem lateinischen Alphabet (Titel in kyrillischer Schrift sind entsprechend eingefügt) oder der Chronologie (z. B. bei Originalwerken und Zeitungsartikeln).

Mitarbeit: Katharina Tyran

BILDNACHWEIS

© Museum der Stadt Belgrad

S. 59, 97, 142, 286, 374, 377, 379, 386, 389, 390, 393, 425, 442

© Bundesarchiv

S. 203, 210, 222

© Militärmuseum Belgrad

S. 303

© Privatarchiv

S. 317

Quelle: Брајовић, Гордана. Андрић и Милица. Београд 1997

S. 336

©Radoslav Grujić

S. 434

REGISTER